MANUAL OF HUMAN RESOURCES

EMPLOYMENT MANAGEMENT PRACTICE

姚均昌 / 著

企业人力资源用工管理

实务操作指南

中国法制出版社
CHINA LEGAL PUBLISHING HOUSE

序

2020年3月20日20点40分，我要将这时间节点记下来。这个时间既不是某个案件的代理时间，也不是某个事件的发生时间，而是本书完稿的时间。

很早就想写一本实操性比较强的书送给HR们，但一直没有抽出时间。其实这只是一个借口，就像鲁迅先生所说："时间就像海绵里的水，只要愿挤，总还是有的。"

这本书断断续续写了近三年的时间，只写了十多万字。一场突如其来的新型冠状病毒肺炎疫情，让居家办公的我有了大把的时间可以静下心来梳理本书的内容和实操技巧，将自己关在房间里一个多月，终于将本书完稿，愉悦的心情难以言表。

实话实说，是这本书中最核心的东西，我将自己这些年来代理的一些案例、实操技巧、风险防范等统统写进书里，希望能够给读者朋友带来一种解渴的快感。

经常会有朋友问我，别的律师都是做上市、并购等看起来很高大上的业务，你为什么偏偏去做别人都看不上的劳动法呢？哈哈，答案已经出来了，就是因为别人看不上劳动争议案件的代理，这才有我的生存空间。玩笑归玩笑，其实这条路走起来非常艰辛。

2008年1月1日，《劳动合同法》正式实施，由于许多用人单位、HR对该法的误读以及一些非专业人士的误导，导致劳动争议案件的数量开始增多。此时，我大学同学的兄长在北京开了一家公司，因与员工产生劳动争议，便来向我咨询劳动案件的问题。我拿着仲裁申请书，看着劳动者主张的诉求一头雾水，用仅有的一点劳动法知识去给人家解答。我这辈子都忘不掉那天的咨询，可以用"惨败"来形容。回到办公室，我将自己关起来痛苦地思考，如果连简单的劳动法都搞不明白，这律师以后还怎么做？

痛定思痛，在没人指导、帮助的情况下，我上网查法条、看案例，一点一点地记录，一点一点地琢磨，经常一个人厚着脸皮跑到仲裁庭、法院去旁听劳动争议案件的审理，再结合实践进行研究，那两年不管是坐地铁还是公交，手里拿的、包里装的肯定都是与劳动法相关的资料。久而久之，钻研得就更深，在经历了一些常人难以承受的痛苦，走过很多弯路之后，渐渐地就走上了劳动法这条不归路，一条通天阔路。

经验是一点一滴积累起来的。我在写作本书之前，也去市场上看过一些类似的书籍，但大多都是案例分析之类的，并没有一本真正的实操性很强的实务用书。现在很多企业的劳动用工管理还处于初级阶段，要么没有规章制度，要么随意解除劳动合同，甚至在员工出现违纪行为时不知道如何去应对，最终演变成劳动争议案件，以企业的败诉而告终。为此，我就产生了写一本具有实操性、指导性的书的想法，希望能尽量减少纠纷、化解矛盾，为建立和谐劳动关系做点小小的贡献。

律师这个职业就像杨绛先生所写，“围在城里的人想逃出来，城外的人想冲进去。对婚姻也罢，职业也罢，人生的愿望大都如此”。律师给人的感觉就是有着光鲜的外表、伶俐的口舌、可观的收入，实际上并非如此，每天承受的各种压力非常人所能想象。我研究生毕业之后就进了律所，在一个拓展业务的部门上班，每天的工作就是接受各种电话咨询，解答各种稀奇古怪的法律问题。现在想想，我要感谢那段时间的工作经历，让我在没有人指导、没有人教授的情况下，完全依靠个人的兴趣爱好和死缠烂打，通过自学顺利度过了律师实习期。如果没有那段时光的磨炼，可能也不会有本书的问世。

写作本书的初衷就是希望能够给企业的 HR 以帮助，让他们能够学以致用，让职场的劳动者们能够知法用法，远离恶意诉讼。这本书的内容大致是从企业招聘入手，到入职、劳动合同的履行与变更、员工的离职管理，再到社会保险等，共计九章，涉及日常用工管理过程中常见的疑难问题 118 个。但不仅仅是针对问题进行解答，而是聚焦于典型案例，通过案例告知大家遇到此类问题，应当如何应对，会出现什么样的法律后果；实操技巧是本书的精华之所在，笔者将自己多年来处理案件的实务操作经验倾囊相授，均写在本书之中；风险提示主要是提示企业或劳动者，在劳动合同履行期间遇到此类问题应当如何防范法律风险。我将本书的亮点总结如下，供各位读者朋友参考：

一、全面性

本书的内容涉及的范围比较广泛，从企业发布招聘广告到劳动者离职，以及社会保险等均有涉及，内容翔实，体例清晰，有理论、有案例、有实操，更有企业在用工管理过程中常用的法律文书，能够让读者朋友达到学以致用的目的。

二、实操性

这是本书最大的亮点，笔者结合实践操作经验，对日常用工管理中涉及的实际问题进行综合分析，以手把手、点对点的形式进行实操经验传授，以期让读者朋友从书中学到一些实操技巧，解决在日常用工管理中遇到的问题，避免劳动争议案件的产生，将争议消除在萌芽状态，共建和谐劳动关系。

三、实用性

本书除了具有可读性、实操性之外，还可以将其作为一本工具书进行使用，笔者将每一章节涉及的用工管理必备的一些法律文书均予以提供，免费赠送各类法律文书电子版共70个，力争做到让HR朋友拿来即用，通过使用一些规范性的法律文书，方便证据的收集与留存，避免相应的法律风险。

四、时效性

由于《劳动法》已经颁布实施25周年，《劳动合同法》也实施了12年，随着“互联网+”的兴起，新型用工形式层出不穷，由此引发的法律问题也越来越多地引起企业的关注。笔者在本书中，对“共享员工”等新型用工形式也作出了相应的解读和指导，向读者朋友提供最新的裁判观点和判决尺度，让企业在用工管理的过程中避免因对法律的误读、误解而引发新的争议和矛盾。

五、系统性

本书已涵盖所有与劳动用工相关的法律体系，包括劳动法、劳动合同法及司法解释、民法典等，以及各地最新的司法审判观点，让企业在用工管理的过程中逐渐从单一的用工管理向多重化的管理体系转变，在完善规章制度的同时，结合企业的实际情况进行综合考量，建立可量化、实操性更强的用工管理体系。

笔者力求通过本书的阐述和实操经验的指导，为企业合规用工、形成和谐劳动关系、积极预防和妥善应对各类劳动争议，尽到一点法律人的绵薄之力。

本书仅为笔者以自身有限的专业知识和职业经验，参照各地有关规定和相关司法实践，结合对有关法律、政策的理解，提出的法律分析意见和实操指引。如后续有关法律、法规、政策文件发生变化或与本书内容不一致的，以最新的规定和有关立法、司法、行政部门的最新解释为准。另，本书所选案例中的人物名称或姓名均为化名，如有雷同，纯属巧合。

鉴于时间仓促，水平有限，出现纰漏在所难免，如有不妥或疏漏之处，还请读者朋友多多批评指正并给予谅解。

是为序！

姚均昌

2020年3月21日

目 录

① 附表内容请扫描封底“法律法规全书”公众号获取，下同。

第一章
招聘与入职

第一节　招　聘

第 1 讲：用人单位的招聘广告违法了吗？

案例聚焦

曹某在网络上看到北京某公司招聘总裁助理的广告，认为自身条件符合该职位描述便投递了简历。一周过去了未收到任何回复，这时曹某才发现该招聘广告中赫然写着“此职位仅限女性，北京户口”。曹某感到很气愤，遂致电该公司，对方答复称该职位只招女性，必须具有北京户口，即使曹某其他条件都符合，公司也不会予以考虑。

曹某认为，该公司的行为违反了我国宪法和相关法律中关于公民享有平等就业权和用人单位不得性别歧视的规定，严重侵害劳动者的平等就业权，便向北京市某区人民法院提起民事诉讼，要求该公司书面赔礼道歉、赔偿经济损失，并要求支付精神损害抚慰金 10000 元。

法院经审理认为，虽然北京某公司在网络上发布招聘广告面向的是不特定的求职主体，但是广告中已列明“此职位仅限女性，北京户口”，限定了就业群体，侵犯了劳动者平等就业的权利，为此，依法判决北京某公司向曹某赔礼道歉，支付 2000 元精神损害抚慰金。

实操技巧

现在各种人才类报刊、网页的招聘广告，甚至电视台的求职栏目都是求职者获得求职信息的重要来源。企业在利用招聘广告发布招聘信息时，一定要仔细斟酌，切不可马虎大意。殊不知，就这样一个小小的招聘广告，在劳动争议案件中很可能是一个起到关键作用的证据。所以，为了避免招聘广告可能带来的法律风险，企业 HR 在拟定招聘广告时，应注意以下几个方面的内容：

一、避免招聘广告中含有歧视性条款

《劳动法》① 第 3 条第 1 款规定："劳动者享有平等就业和选择职业的权利、取得劳动报酬的权利、休息休假的权利、获得劳动安全卫生保护的权利、接受职业技能培训的权利、享受社会保险和福利的权利、提请劳动争议处理的权利以及法律规定的其他劳动权利。"《就业促进法》第 26 条规定："用人单位招用人员、职业中介机构从事职业中介活动，应当向劳动者提供平等的就业机会和公平的就业条件，不得实施就业歧视。"

由此可知，劳动者享有平等就业和选择职业的权利，如果用人单位在招聘广告中设置歧视性的条款，如性别歧视、地域歧视、残疾人歧视、对乙肝携带者的歧视等歧视性条款，则极易给企业带来诉讼或行政处罚的风险。此外，对于一些特殊行业，只有在法律明文允许的情况下，才可以对特殊岗位的招聘条件作出相应的限制，如：食品卫生企业可以按照《食品安全法》的有关规定，在招工条件中明确拒绝招用患消化道传染病和有碍食品安全的疾病的人员从事接触直接入口食品的工作。所以，在上述案例中，招聘广告中含有性别歧视、户口歧视的条款，应当认定为违法，导致企业最终败诉。

二、拒绝利用招聘广告进行虚假宣传

企业通过发布招聘广告来招揽人才，是对人才资源需求的客观反映，必须忠实地反映企业人力资源需求的基本情况，向求职者表明企业的发展现状和未来的发展趋势，不能对企业的实际情况进行夸大，虚构一些企业信息来误导求职者。对于招聘岗位的晋升机会、挑战、责任等要诚实地一一列出，树立以诚待人的企业形象，杜绝言过其实、夸大其词、别有用心的招聘广告。否则，一旦招聘广告的信息不实被人识破之后，企业只会得到声名狼藉的恶果。

三、招聘广告中的薪酬条件要清楚

为了防范招聘广告中的一些潜在风险，企业发布招聘广告的内容应当尽量具体，对于工作报酬、福利等条件也应当予以列明，因为这些条件恰恰是求职者所关心的问题，也是招聘广告中的一个核心问题。如果企业在招聘广告中对这些内

---

① 为便于阅读，本书相关法律文件标题中的"中华人民共和国"字样都予以省略。

容含糊其词，很可能会让一些优秀的求职者不知道自己入职后会获得多少劳动报酬而不愿意前来应聘；当然，也有一些应聘的求职者事后了解企业的真实劳动报酬后不愿意前来报到，同时浪费了企业和求职者的时间、精力和金钱。因此，招聘广告中的一些关键性的内容一定要写清楚，避免使用一些含糊其词的用语为企业带来不必要的麻烦和损失。

风险提示

1. 在招聘广告中要尽量避免出现含有歧视性内容的条款，如“只招男性”“身高1.75米以上”“不招乙肝病毒携带者”“仅限当地户口持有者”等。发布广告的要求可以宽泛一些，在收到应聘简历后，再针对岗位的具体职责要求进行人才的筛选。

2. 企业在发布招聘广告之前，应当先让律师帮助审查其合法性与合理性，提出修改意见，避免出现一些潜在的法律风险。

3. 企业对于发布的招聘广告，无论是网络发布还是通过纸媒发布，都应当作为证据予以保留备案，以防将来发生仲裁或诉讼时，面临举证不能的后果。

4. HR应当把握住案件管辖的问题，一旦因招聘广告中涉及就业歧视等问题而引发纠纷，不属于劳动争议的受案范围，应当直接向企业注册地或实际经营地的基层人民法院起诉。

5. 在招聘广告中不要轻易地进行承诺，避免因承诺的年终奖、福利年假、工资标准等与实际情况存在一定的差距而产生纠纷。

法律依据

《劳动法》第3条；《就业促进法》第1、26—31、62条；《就业服务与就业管理规定》第20条

第2讲：招聘广告中是否需列明录用条件？

案例聚焦

某科技公司通过网络发布招聘广告的方式录用朱某为该公司销售部经理，并与朱某签订为期3年的劳动合同，约定3个月的试用期。工作2个月后，人力资源部书面通知朱某解除劳动合同，理由是朱某在2个月的工作期间内没有完成公司规定的销售额，不符合公司的录用条件。朱某对这样的结果难以接受，遂向公

司所在地的劳动仲裁委员会申请劳动仲裁，要求某科技公司继续履行劳动合同。

劳动仲裁委员会经审理认为，某科技公司以朱某在试用期的工作不符合录用条件为由解除劳动合同，又没有举证证明已向朱某公示具体的录用条件。据此，认定招聘广告中的招聘条件就是朱某应聘岗位的录用条件。最终，劳动仲裁委员会支持了朱某的仲裁请求。

实操技巧

在日常生活中，各式各样的招聘广告随处可见。招聘广告的发布不可随意而为之，应当结合招聘岗位的需求列明相应的招聘条件。但用人单位应当注意，不能将招聘广告中的招聘条件作为将来管理员工的录用条件。针对招聘广告中的相关注意事项及要求，笔者作如下描述，以供参考。

一、招聘广告中对岗位要求的录用条件要明确

用人单位在招聘有关岗位人员，特别是关键岗位时，往往是通过招聘广告的形式，对所需人员提出相应的要求。同样，劳动者也正是通过企业公布的招聘广告来进一步了解用人单位的企业性质、规模大小、招聘岗位的职责、招聘的人数及相关的薪酬、福利待遇等信息。因此，招聘广告是用人单位向应聘者履行告知义务的最好方式之一。一旦发生劳动争议，用人单位可以此为据，证明已经公开了相关信息。

现实中，有很多HR想当然地认为，招聘广告中的招聘条件与录用条件是同一概念。实际则不然，招聘条件与录用条件的区别主要体现在以下两点：

1. 主体不同。招聘条件针对的主要是茫茫人海中潜在的应聘者，只有应聘者自身情况符合招聘条件的要求，才会去投递简历；录用条件针对的是已经符合招聘条件，并已经被用人单位实际录用，还处于试用期内的具体劳动者。

2. 要求不同。招聘条件要求的是应聘者具有初步资格，包括学历、工作经历、专业职称、技术资格等基本条件；录用条件则是用人单位考察劳动者是否符合某个岗位的具体要求所包括的全部条件，是用人单位在试用期结束后能否继续履行劳动合同的前提条件。

因此，建议用人单位在制作招聘广告时，对每个岗位所要求的劳动者应具备的学历、工作经历、专业职称、技术资格或应当持有的证书等录用条件加以具体明确的表达。

二、招聘广告要与用人单位的规章制度相吻合

招聘广告的内容还应与用人单位规章制度的有关内容相吻合，这样一旦在试用期内发生是否符合录用条件的争议，招聘广告就能够起到有效的证明作用。同样，劳动者在被用人单位录用后，也应该保存好招聘广告，一旦在试用期内被解雇，先看看自己是否真的不符合录用条件，以免被用人单位利用试用期的有关规定将自己解雇。

在上述案例中，某科技公司败诉的原因就在于公司发布的招聘广告中并没有列明具体的录用条件，而且在劳动合同签订后，也没有明确具体的岗位职责，更没有书面告知朱某具体的工作内容以及岗位要求。因此，在劳动仲裁过程中，某科技公司拿不出双方认可的关于具体岗位要求的书面证据。既然双方没有约定具体的岗位职责，就无法证明朱某不符合公司的录用条件。所以，某科技公司与朱某解除劳动合同的行为就属于违法解除，裁定其继续履行劳动合同是没有问题的。

三、不建议用人单位在招聘广告中列明录用条件

通过前文分析可知，招聘广告中所列明的招聘条件与劳动者入职后约定的录用条件是不同的法律概念，在实际操作中也存在巨大的区别。招聘条件的要求相对比较宽泛、笼统，试用期录用条件相对比较具体明确，一旦劳动者在试用期被证明不符合录用条件，用人单位就可以依据《劳动合同法》第 39 条第 1 项的规定，与其解除劳动合同。但是，招聘广告中的招聘条件仅仅是针对该种招聘职位约定的一个筛选人才的条件，不能将其作为将来录用后的考核标准进行使用。故，不建议用人单位在招聘广告中列明录用条件，否则将面临违法解除劳动合同的法律风险。

四、对于招聘广告中的相关信息不建议过于具体明确

在司法实践中，经常见到一些用人单位发布的招聘广告非常具体明确，比如薪资待遇为人民币 10000 元，要求必须是 211、985 之类的重点院校毕业生等。看似该广告的招聘要求比较高大上，实则触犯了法律的强制性规定，涉嫌就业歧视。因此，笔者建议用人单位在招聘广告中对于劳动者应聘职位的薪资待遇、学历要求、年龄要求、性别要求等不要过于具体明确，对于薪资标准仅写一个大概的区间即可。因为用人单位进行招聘并通过简历的筛选才能决定最终面试的人选，主动权在用人单位的手中，如果将广告中的内容书写得过于具体明确，不仅不能达到招聘的目的，而且往往将自己陷入侵犯就业平等权的纠纷之中。

风险提示

1. 企业应在招聘广告中明确职位具体的录用条件，切忌简单、空泛，可以对学历、工作能力、专业技能、工作经验、工作态度等方面进行详细的规定；同时，企业对发布的招聘广告，也应当予以保留备案。

2. 招聘各个职位的“录用条件”应事先向劳动者公示，让其签字确认，并保留证据。

3. 企业的 HR 应当清楚“招聘条件”与“录用条件”的区别，二者不可混用，即使招聘广告中没有明确录用条件，事后在发放录用通知书、签订劳动合同时也应当予以明确，并要求劳动者签字确认，以免出现上述案例中的情况。

4. 企业在试用期解除与员工的劳动合同，举证责任在用人单位，即要拿出证据证明员工不符合录用条件，不能只凭感觉来评判员工是否符合录用条件。而要证明员工不符合录用条件，需要以考核结果为依据。所以，企业除了要设定完备的录用条件外，还需要完善试用期的考核制度。

法律依据

《劳动合同法》第 39、48 条

第二节　面　试

第 3 讲：在面试应聘人员时，您尽到告知义务了吗？

案例聚焦

北京某广告公司通过网络招聘平面设计师，在招聘广告上写明了“高薪招聘平面设计师，待遇优厚，名额有限，欲聘从速”等字样。正在找工作的江某被该招聘广告深深吸引，按照招聘广告上的地址前去面试。在面试的过程中，江某如实回答了对方的询问，因只关心薪水问题，并没有向面试人员了解该公司的一些信息，面试人员也没有告诉他与工作相关的其他情况。

两天后，北京某广告公司电话告知江某被录用，让其前去签订劳动合同。等到正式上班，江某才发现工作地点不是之前面试的地方，而是位于一个交通不便利的郊区，周围环境也很差，职位也不是“平面设计师”。江某立即决定离开这家公司，经理却不同意。为此，江某向公司所在地的劳动争议仲裁委员会申请劳动仲裁。

劳动争议仲裁委员会经审理认为，北京某广告公司通过发布虚假广告进行招聘，而在招聘时也没有对劳动者履行相应的告知义务，构成了欺诈，其与江某订立的劳动合同属于无效。

实操技巧

因企业的 HR 在面试应聘者的过程中，没有如实告知与劳动者所要从事岗位相关的工作内容、工作条件、工作地点、职业危害、安全生产状况、劳动报酬以及劳动者要求了解的其他情况而引发的纠纷比比皆是。国家为了保障劳动者权利，在《劳动合同法》第 8 条对企业的告知义务进行了明确规定。

一、企业应尽到如实告知的义务

（一）企业应如实告知应聘者关于企业的相关信息

应聘者之所以投递简历前来应聘，是因为对企业品牌的认可或者是对招聘广告中刊登的相关内容的认可。HR 在对应聘者进行面试时，不要开门见山地询问、了解应聘者的学历、工作经历等情况，而是应该先向应聘者介绍企业的一些信息，如企业的经营规模、部门设置、经营范围、人员数量、在同行业所处位置、竞争优势、发展前景等信息，让应聘者先缓解紧张的情绪，对企业的基本情况有一个大致的了解，消除其内心的疑惑。同时，这些信息也是应聘者在面试后决定是否选择该企业就业的前提。

（二）企业应如实告知应聘者工作内容、工作条件等内容

根据《劳动合同法》第 8 条的规定，用人单位招用劳动者时，应当如实告知劳动者工作内容、工作条件、工作地点、职业危害、安全生产状况、劳动报酬，以及劳动者要求了解的其他情况。因此，企业在对应聘者进行面试时，除了依据应聘者的求职简历和相应岗位的入职条件进行详细的询问外，还要将应聘者应聘岗位的工作内容、工作条件、工作地点、职业危害、安全生产状况等信息予以详细告知。例如，企业有义务向劳动者提供安全的生产条件，如果企业的生产条件存在一定的安全隐患，在将来的工作过程中就有可能会造成劳动者罹患职业病或导致工伤事故的发生。所以，企业在招用劳动者的时候应当如实告知工作内容、工作条件等内容。

（三）企业应如实告知应聘者薪酬、福利待遇

除了《劳动合同法》第 8 条规定的一些企业应当主动向应聘者告知的信息外，应聘者在面试中主动询问下列信息时，用人单位也应当予以详细说明：(1) 关于劳动报酬的情况，包括：工资、奖金、计薪方式、福利待遇、社会保险、住房

公积金等；（2）企业规章制度的情况，包括：企业员工手册内的各项劳动纪律、行为规范、考勤制度、休假制度、请假制度、处罚制度以及劳动合同的签订等。

二、企业未尽到如实告知义务的法律后果

在面试时，企业与应聘者处于平等的位置，双方是基于诚信原则坐到一起进行洽谈，应聘者有权要求了解企业的相关情况，除涉及商业秘密外，企业都应当予以如实回答。如果企业没有尽到相应的告知义务，保障劳动者的知情权，一旦应聘者通过面试，正式建立劳动关系后，提出企业在招聘时没有尽到如实告知义务，存在欺诈的情形，而企业又无法提供尽到告知义务的书面证据，最终将导致双方订立的劳动合同无效。根据《劳动合同法》第26条的规定，以欺诈、胁迫的手段或者乘人之危，使对方在违背真实意思的情况下订立或者变更的劳动合同无效或部分无效。员工不但可以单方解除劳动合同，而且还可要求企业支付经济补偿金。

在上述案例中，首先是某广告公司通过网络发布虚假信息，欺骗劳动者；其次是该公司没有按照《劳动合同法》第8条的规定，向劳动者履行告知义务，隐瞒了公司位置偏僻、交通不便等信息，也未将与岗位相关的工作条件告诉江某。根据《劳动合同法》第26条第1款第1项规定，以欺诈、胁迫的手段或者乘人之危，使对方在违背真实意思的情况下订立劳动合同的，劳动合同无效或者部分无效。某广告公司在招用江某时，没有告知公司有关劳动条件等重要法定事项，构成欺诈，该公司与江某订立的劳动合同无效。

风险提示

1. 企业在对应聘人员进行面试时，必须如实告知劳动者工作内容、工作条件、工作地点、职业危害、安全生产状况、劳动报酬，以及劳动者要求了解的其他情况，避免用工风险的产生。最好能够将这些告知内容以书面形式提供给求职者，例如，向应聘者提供职位说明书，要求其签字确认，并予以存档保存，方便在劳动争议发生时提供书面证据。

2. 如果面试时没有收集已经尽到告知义务的证据，企业也可以在员工入职时，在《入职登记表》《劳动合同》或《员工手册》等材料中注明：公司已告知本人工作内容、工作条件、工作地点、职业危害、安全生产状况、劳动报酬和其他与岗位相关的情况，并要求劳动者本人签名确认。

法律依据

《劳动合同法》第8、26条

第 4 讲：用人单位在面试时应如何行使知情权？

案例聚焦

2012 年 3 月，王某到北京某建筑设计公司应聘副总规划师职位，并提供了某知名大学建筑设计专业的博士学位证书。该公司比较看重王某的学历背景，在面试时，也没有对其进行过多的询问，几天后就书面通知王某被录用。王某在办理入职手续时，在《入职登记表》中填写的专业为“建筑设计”、学历为“博士”。

公司在之后的工作中发现，王某设计的图纸存在诸多问题，而且其工作能力完全不符合其岗位要求。经公司 HR 调查发现，王某提供的某知名大学建筑设计专业的博士学位证书是虚假的，其本人只是本科学历。随后，该公司向法院提起诉讼，要求确认劳动合同无效，并要求王某赔偿公司的经济损失。

法院经审理认为，了解劳动者真实状况是用人单位的权利，而如实说明自身状况也是劳动者必须履行的义务，学历是公司与王某建立劳动关系的必备条件。王某向公司提供了虚假的学历证明，存在欺诈行为，在此基础上双方订立的劳动合同应属无效。

实操技巧

面试对于每一个劳动者来说，应该都不是一个陌生的词汇。面试既是劳动者了解用人单位具体信息的途径，也是用人单位了解劳动者情况的一个桥梁。但是，如果劳动者在面试时故意隐瞒某些真实情况，这不仅仅是违反诚信的问题，还会导致所签订劳动合同无效。为此，对于面试环节的每一步骤，切不可粗心大意。

一、应聘者应当向企业如实告知自己的基本信息

《劳动合同法》不仅规定了企业应对员工尽到如实告知的义务，同时也规定用人单位有权了解应聘者与劳动合同直接相关的基本情况，应聘者应当如实说明。

企业在招聘员工时，往往只能通过应聘者投递的求职简历来了解应聘者的一些基本信息。所以，HR 在对应聘者进行面试时，要结合应聘岗位的要求进行询问，比如工作经历、工作年限、学历等信息，应聘者也应当如实回答面试官的提问。在实践中，有的企业会要求应聘者在面试时填写《求职登记表》或《面试人员信息登记表》，应聘者也应当实事求是地填写，切忌虚假陈述。

二、应聘者未履行如实告知义务的法律后果

在面对激烈的市场竞争时，一些应聘者为了获得工作机会，故意隐瞒真实情况，虚构自己的工作年限、虚假陈述工作经历，更有甚者不惜提供虚假学历、学位证件等来欺骗招聘企业。在这种情况下，企业就很难招聘到优秀的人才，甚至会因为对应聘者作出错误的判断而签订劳动合同，导致在将来的工作中给企业带来重大损失。

根据《劳动合同法》第26条、第28条的规定，虽然应聘者的行为最终会被认定为欺诈，因欺诈手段而订立的劳动合同可认定为无效劳动合同，但是企业仍要支付应聘者在此之前工作的劳动报酬。因此，企业在招聘员工时应注意核实应聘者提供的资料，并进行详细的询问、记录，以免留下用工隐患。

诚实信用是法律规定的签订劳动合同的原则之一，也是用人单位、应聘者的一项法定义务。在上述案例中，王某虚构博士学历诱使公司产生错误认识，继而作出与其签订劳动合同的意思表示，已经具备了民事欺诈行为的法律特征。根据《劳动合同法》第26条的规定，以欺诈、胁迫的手段或者乘人之危，使对方在违背真实意思的情况下订立或者变更劳动合同的，该劳动合同无效或者部分无效。王某虚构学历的欺诈行为，决定了其与公司签订的劳动合同无效。

风险提示

1. HR在通知应聘者来面试时，最好要求应聘者提交真实的材料，并在每一环节都设置相应的承诺书，让应聘者亲自签字确认。

2. 为预防应聘者在面试时存在欺诈行为，企业应事先准备好内容详尽的《求职登记表》，包括教育经历、工作经历、工作年限等具体情况，让求职者按照《求职登记表》上的要求进行填写，并让其签字确认。

3. 有条件的企业可以在征得应聘者的同意后，对面试的过程进行全程录音录像，并对音像资料进行妥善保管，在将来发生劳动争议时，可作为证据使用。

4. 由于最终录用的劳动者存在不确定性，用人单位在面试的过程中，不要向应聘者作出任何承诺，特别是虚假承诺，否则需要为此承担法律责任。

法律依据

《劳动合同法》第8、26、28条

第5讲：用人单位在面试时是否侵犯了应聘者的隐私权？

案例聚焦

北京某大学应届毕业生李小姐和许多的求职者一样，去参加人才招聘会，并将自己精心准备的多份简历投向了心仪的招聘公司。几天后，李小姐接到某公司的面试电话。

面试官在询问李小姐的年龄、学历等基本情况后，又询问李小姐是否有男朋友。得到否定的回答后，进而又问："如果有一个客户对你提出性要求，你会答应吗?"李小姐羞怒得满脸通红，不知如何作答，说了一句"变态"，摔门而去。

实操技巧

很多HR都认为面试是一件非常轻松容易的事情，但笔者却不这样认为。面试就像生活中的"相亲"一样，不能仅仅被对方外表所迷惑，还应当深入地了解一些过往经历。但是，作为用人单位在面试时不可逾越道德底线，更不能"耍流氓"。

一、HR在面试时，不要询问与工作无关的信息

企业通过招聘广告很难在短时间内找到所需要的人才，HR为了全方位地了解应聘者的情况，往往会询问一些与工作岗位有关的年龄、健康状况、学历、职称等个人信息，但也有HR询问一些与工作岗位无直接联系的家庭情况、血型、社会关系、婚姻状况等涉及个人隐私的信息，甚至有的还会问及诸如"有没有男（女）朋友""如何看待婚前性行为"等问题。虽然HR在询问这些问题时可能是出于某个岗位工作性质的权衡考虑或者是考察应聘者的随机应变能力，但往往在面试的过程中，因操作不当而侵犯应聘者的隐私权。

招聘者与应聘者地位是平等的，招聘人员应该对应聘者有起码的尊重，这样才能真正招贤纳才。相反，如果像上述案例中那样，应聘者一开始就对招聘单位侵犯其隐私权的行为有了反感，即使最终被聘用，也肯定会对工作产生影响，这恐怕也是招聘者不愿看到的。

二、对应聘者的求职简历应当妥善保存

在现实中，企业在人才市场进行招聘时，会收到很多应聘者投递的求职简历。这些求职简历中往往会涉及许多个人隐私信息，如姓名、家庭住址、照片、联系电话、身份证号、工作经历、兴趣爱好等。应聘者的求职简历不是公共信息，而是投向特定的企业，此时企业和应聘者之间已经形成了一种合同关系，无论最终聘用与否，企业都有义务保护应聘者的个人信息不对外泄露。

从法律上来说，求职简历是应聘者的私人物品。如果企业当面将求职者的个人简历撕掉，是对求职者的一种侮辱。一旦应聘者将此种信息提供给媒体，会对企业的信誉和在公众心目中的形象造成重大的损失。所以，企业的 HR 对应聘者的求职简历应当予以妥善保管，可以将不符合企业要求的应聘者的求职简历退还给应聘者。

三、侵犯应聘者隐私权的法律后果

隐私权是指自然人享有的私人信息、秘密依法受到保护，不被他人非法侵扰、知悉、收集、利用和公开的一种人格权。

如果 HR 在工作时粗心大意，没有对求职简历进行妥善的处理，可能会被一些别有用心的人利用，甚至有的 HR 将应聘者的求职简历转卖给第三方谋取私利，从而侵犯应聘者的隐私权，轻则承担相应的民事赔偿责任，情节严重的，将构成刑事犯罪。

风险提示

1. HR 在筛选求职简历时，对于那些字迹工整、经过精心设计、符合企业要求的求职者简历，可以放到企业的人才库内，以备将来之用。

2. 企业 HR 在面试应聘人员时，仅需结合岗位的需要就劳动者自身的工作经历、学历等与劳动合同履行相关的信息进行询问，不要去询问一些与工作无关的事情，以防侵犯应聘者的隐私权，给企业和个人带来负面影响。

3. 在面试时进行录像，必须征得应聘者同意，并且该录像只能用于招聘过程中的人员筛选，如果要用于人力资源管理方面的专业研讨，则必须征得应聘者同意且隐去其姓名。切记，面试的录像更不能用于商业目的。

4. HR 应采取相应的安全措施保管求职简历，对于不符合企业要求的求职简历可以统一进行销毁，除非获得司法授权或法律另有规定，不能将收集的个人信息向任何第三方泄露或公开。

法律依据

《劳动合同法》第 8 条；《民法典》第 110 条；《刑法》第 253 条之一

第三节　录用通知书

第 6 讲：录用通知书具有法律效力吗？

案例聚焦①

38 岁的熊先生原本在一家大型超市门店担任店长，月薪过万元。2011 年 6 月，一家猎头公司致电熊先生，推荐他到苹果贸易公司担任零售店经理。经过认真比较和考虑，熊先生认为苹果贸易公司的待遇和发展前景都不错，于是欣然接受。经过初试、复试和三试，苹果贸易公司于 2011 年 7 月 4 日向熊先生发出电子聘书，提供一年近 20 万元的酬劳，并告知他已启动“中智安全检查”，即对即将入职的员工进行背景调查，如不符合要求，苹果贸易公司将取消该工作聘书。两天后，熊先生在打印聘书上签字并回传至苹果贸易公司。翌日，苹果贸易公司向熊先生发出入职通知书，并要求于报到前准备好原工作单位人力资源部出具的解除劳动关系证明函或退工单。

熊先生立即按照苹果贸易公司要求，向超市提出辞职并解除劳动合同。几天后，熊先生再次收到苹果贸易公司电子邮件，通知他参加 7 月 17 日的新店培训。然而此后苹果贸易公司既没有按照当初约定的时间安排熊先生参加培训，也没有为他办理入职手续。同年 7 月 19 日，苹果贸易公司人力主管打来电话，称熊先生未通过“中智安全检查”，决定撤销聘书。原来，苹果贸易公司的供应商出示了一份报告，报告显示熊先生早前工作过的一家公司对他评价不高，称他“在运营管理上未按公司要求完成，店面业绩也未达到公司要求，曾受到过运营商投诉”。熊先生一怒之下将苹果贸易公司诉至法院，要求追究其缔约过失责任，赔偿经济损失 6.5 万元。

苹果贸易公司则辩称：自己在整个聘用过程中没有任何过错，也曾告知原告有背景调查，且发现问题后第一时间告知了原告，所以不应当承担缔约过失责

① 案例来源：《解放日报》2012 年 2 月 8 日，http：//newspaper. jfdaily. com/jfrb/html/2012 －02/08/content_ 744313. htm.

任；公司的工作邀请是有条件的要约，条件没有成立的情况下，要约完全可以撤销。

法院经审理认为，苹果贸易公司发出的聘书中约定将对熊先生进行须令被告满意的背景调查，但苹果贸易公司事后发出的电子邮件明确要求原告提前准备好解除劳动关系证明函或退工单。原告熊先生基于对被告的合理信赖，根据被告的要求与原单位办理了解除劳动关系的手续后，被告却仅凭一份报告通知原告撤销聘书，明显有违诚实信用原则，使原告的利益受损，应承担缔约过失责任。法院酌定损失赔偿数额为3.5万元。

实操技巧

录用通知书（offerletter），是指企业在招聘人才的最后一个环节，向拟录用的劳动者发出的希望与之建立劳动关系的意思表示。在现实生活中，很多企业经过对应聘者笔试、面试考核决定录用时，会向应聘者发放录用通知书，以体现该企业对人才的尊重。由于录用通知书在《劳动法》《劳动合同法》等法律规定中并没有提及，其法律效力没有明确的规定，也不是企业与劳动者订立劳动合同的必经程序。为此，很多企业的HR片面地认为录用通知书仅仅是向应聘者发出的一个“通知”而已，不具有法律效力。这种想法是错误的，录用通知书既然得以存在，还是有其相应的法律效力和存在的必要性的。

一、录用通知书属于“要约”

根据《民法典》合同编的有关规定，当事人双方订立合同一般采取要约、承诺的方式进行。要约是希望和他人订立合同的意思表示，该意思表示应当符合下列规定：（1）内容具体确定；（2）表明经受要约人承诺，要约人即受该意思表示约束。根据上述法律规定得知，企业制作的录用通知书中包含明确的与应聘者即将从事工作相关的全部主要信息，而且是希望应聘者在接到该录用通知书后，与之建立劳动关系的真实意思表示，完全符合要约的全部构成要件，属于要约。既然录用通知书是由企业向应聘者发出的，也就具备要约的法律效力。

二、应聘者对“要约”作出的意思表示属于“承诺”

根据《民法典》合同编的相关规定，“承诺”是指受要约人作出的同意要约内容以成立合同的意思表示。承诺一旦生效，合同即成立并产生法律约束力。也就是说，应聘者在接到企业发出的录用通知书后，按照录用通知书上规定的时间完成相应要求的行为，可以认定其同意了要约内容，即属于对企业发出要约的承诺，双方的合同可以宣告成立，任何一方违反录用通知书的约定，都应当承担缔约过失的违约责任。

三、录用通知书发出后不能撤销

根据法律规定，在录用通知书送达应聘者之前，企业是可以撤回的，此时该通知不会产生“要约”的法律效力。但是，一般情况下录用通知书发出后是不能撤销的，因为录用通知书上通常明确说明了期限和相应的具体要求，应聘者完全有理由相信录用通知书是不可撤销的。同时，如应聘者在收到录用通知书后，已经做好了前去报到上班的一切准备，此时企业以应聘者不符合录用要求或招聘岗位不存在等理由单方撤销的，属于违背诚实信用原则，应当向应聘者承担“缔约过失”的违约赔偿责任。

四、录用通知书应包含的内容

前面已经论述，录用通知书属于要约，一经应聘者承诺即具有法律约束力。一旦录用通知书的内容有瑕疵，在应聘者入职后，因种种原因不符合岗位的要求，或应聘者没有前来报到，导致岗位空缺，会给企业带来不必要的麻烦和损失。所以，企业制作的录用通知书的内容是否符合规范，能否防范潜在的法律风险就显得尤为重要。一份合格的录用通知书应包括以下内容：（1）岗位名称与岗位职责：要在录用通知书中明确岗位名称及岗位职责，一旦在试用期发现员工不符合岗位的具体要求，可与其解除劳动合同。（2）入职日期：要明确应聘者的入职日期，如果应聘者没有按照录用通知书确定的日期前往报到，视为放弃，该录用通知书自动失效。（3）劳动合同期限及试用期期限。（4）待遇说明：在录用通知书中要对相应的福利待遇作出明确的说明，具体包括月薪，企业是否代扣个人所得税，奖金、提成及年终奖，社会保险、住房公积金及其他福利，是否持有企业股份等。（5）工作时间：在录用通知书中应将企业的工时制度、具体的作息时间安排予以告知。（6）工作地点：要明确具体的工作地点。（7）应聘者需提交的资料：录用通知书、离职证明、居民身份证、学历证书原件、资格证书、体检合格证明、照片等资料。（8）设定条件：要设定录用通知书生效及失效的条件。（9）设定回执：当应聘者收到录用通知书后，可以让其在回执处签字寄回企业，若在规定的日期未收到回执，视为放弃，该录用通知书将自动失效。（10）温馨提示：可以在录用通知书中告知应聘者前来企业的乘车或驾驶路线，便利超市、餐馆的位置等信息，让应聘者感受到企业文化和人文关怀。（11）加盖公章：录用通知书应加盖企业的公章才能生效。

在上述案例中，熊先生在收到录用通知书后积极地作出回应，并向原单位辞职，熊先生的行为构成承诺。苹果贸易公司的单方违约行为使熊先生在一定程度上遭受损失，应当予以赔偿。此外，从法律角度来说，法院不能强行要求双方签订劳动合同，根据《劳动合同法》的规定，劳动合同的签订应当遵循合法、公平、平等自愿、协商一致、诚实信用的原则。因此，在劳动合同无法订立的情况下，熊先生只能要求苹果贸易公司赔偿自己因辞职遭受的经济损失。

风险提示

1. 企业在发出录用通知书前，一定要仔细斟酌确定应聘者是不是企业所需要的，经过企业内部录用审批之后方可发出，切不可随意发出。

2. 企业应在录用通知书中逐一列明不予录用的除外情形，以保留一定的主动权。如应聘者声明拥有的相关证件不能有效提供时，用人单位不予录用等。

3. 在录用通知书中，应明确应聘者承诺的期限，建议在录用通知书中设置回执栏寄回的截止期限，要求应聘者收到通知后及时予以寄回，这样操作可为企业争取主动权。若应聘者放弃该职位，企业可以提前做好补充该职位人员的相关准备，避免人力、财力的浪费。

4. 在录用通知书中应明确违约责任，若应聘者在承诺后未能履行如期到企业报到的义务，企业可以要求其承担相应的违约责任。这样可以让应聘者更加慎重地决定是否作出承诺。

5. 企业招聘的相关岗位若有体检要求的，最好是在发放录用通知书之前安排应聘者进行体检，由企业根据应聘者的体检结果来决定是否录用，同时还可以防止因涉嫌就业歧视引发的劳动争议。

6. 因录用通知书发生争议的，属于民事争议，不是劳动争议，企业或应聘者均可向被告所在地的人民法院起诉。

法律依据

《民法典》第471—483、500条

第7讲：企业能否以录用通知书来替代劳动合同？

案例聚焦

2012年8月，张某到某科技公司应聘，经过层层筛选，张某成为该公司的录用对象之一。录用名单确定后，公司按照内部招聘程序向张某发出了录用通知书，其中标注了工作岗位、地点、工资报酬等。张某接到通知书后便到公司办理了入职手续，双方没有签订书面劳动合同。

2013 年 3 月，该公司以生产经营发生严重困难，与张某协商解除劳动合同，并愿意按照法律规定向张某支付经济补偿金。张某表示，公司没有与他签订书面的劳动合同，按照法律规定，公司应当向他支付在职期间的双倍工资。该公司认为，公司在决定录用张某时，向其发放了录用通知书，通知书中包括了工资数额、福利待遇、试用期期限、岗位等内容。因此，录用通知书就是劳动合同，不存在向张某支付双倍工资的问题。双方最终未能协商一致，张某向该公司所在地的劳动争议仲裁委员会申请劳动仲裁。

仲裁委员会经审理认为，录用通知书是用人单位想要与劳动者建立劳动关系的单方意愿，而劳动合同是证明用人单位与劳动者建立劳动关系的法律文件，二者不能相互代替。最后，依法裁决某科技公司向张某支付未签订劳动合同的双倍工资。

实操技巧

录用通知书与劳动合同分别具有不同的法律性质和用途，二者不可混同，在日常管理中要区别使用，否则将会面临被认定为未签订劳动合同的法律风险。

一、录用通知书是缔结劳动合同的意思表示

在司法实践中，录用通知书与劳动合同起着不同的作用。在第 6 讲已经提到，从法律角度讲，录用通知书是企业向劳动者发出的缔结劳动合同的要约，待劳动者针对录用通知书的内容作出承诺之后，即双方的意思表示达成一致，该劳动合同成立。

二、签订劳动合同是录用通知书的最终目的

企业向劳动者发出录用通知书，待劳动者实际入职后，应当在一个月内与劳动者签订正式的劳动合同。劳动合同可以包括录用通知书中与劳动合同有关的部分内容，也可以在协商一致后，对相应的内容进行变更。劳动合同签订后，企业可以选择使录用通知书失效，也可将其作为劳动合同的附件而继续有效，在二者约定不一致时，应当以劳动合同的约定作为确定劳动权利义务的依据。因此，发放录用通知书并不能免除企业签订书面劳动合同的法定义务。在上述案例中，企业未按照法律规定与张某签订书面劳动合同，根据《劳动合同法》第 82 条的规定，需要向张某支付未签劳动合同的双倍工资。

三、录用通知书不能替代劳动合同

根据《劳动合同法》第17条的规定，劳动合同应当具备以下条款：(1) 用人单位的名称、住所和法定代表人或者主要负责人；(2) 劳动者的姓名、住址和居民身份证或者其他有效身份证件号码；(3) 劳动合同期限；(4) 工作内容和工作地点；(5) 工作时间和休息休假；(6) 劳动报酬；(7) 社会保险；(8) 劳动保护、劳动条件和职业危害防护；(9) 法律、法规规定应当纳入劳动合同的其他事项。劳动合同除前述规定的必备条款外，用人单位与劳动者可以约定试用期、培训、保守秘密、补充保险和福利待遇等其他事项。录用通知书仅仅是告知劳动者被录用并限期入职办理手续的告知书，与劳动合同在内容、用途、法律性质及后果方面均存在不同。为此，笔者提示用人单位，无论录用劳动者时是否向其发放录用通知书，一旦劳动者入职就应当及时与其签订书面的劳动合同，并在合同中约定以劳动合同约定的内容为准。

风险提示

1. 录用通知书在法律性质上属于要约，企业不能以录用通知书来替代劳动合同。在应聘者办理入职手续时，就应当与其完成劳动合同的签订，并明确所有约定均以劳动合同为准，以避免承担不利后果。

2. 最好不要将录用通知书作为劳动合同的附件，可在录用通知书中明确“在签订劳动合同后，录用通知书失效”。

3. 企业的HR一定要注意，虽然有些录用通知书的内容具备《劳动合同法》第17条规定的必备条款，但录用通知书毕竟不是正式的书面劳动合同，而且不是一式两份。为此，建议企业一定要签订书面的劳动合同，避免支付二倍工资的法律风险。

法律依据

《劳动合同法》第10、81、82条

第四节　入职审查

第 8 讲：您是否招用了尚未解除或终止劳动合同的员工？

案例聚焦

2011 年 5 月，肖某被北京某食品公司（以下简称食品公司）聘为实验工程师，合同期限为 5 年。肖某到任后，天天将自己关在实验室里进行科研工作。功夫不负有心人，三个月后，肖某研发出一种新产品，产品一上市，就受到诸多消费者的喜爱和好评，为食品公司带来了丰厚的利润。同时，该消息也引起北京某商贸公司（以下简称商贸公司）的高度关注，并私下里出重金邀请肖某加盟。

2012 年 3 月，肖某以请病假为由，前往位于市区的商贸公司处工作，并与其签订了劳动合同。两个月后，食品公司才从代理商处得知肖某已在商贸公司上班。经过调查确认后，食品公司要求肖某回来上班，肖某对此置之不理。食品公司通过律师与商贸公司进行沟通，希望能让肖某回食品公司工作，其他事项既往不咎，但商贸公司以已与肖某签订劳动合同为由予以拒绝。在协商无果的情况下，食品公司向某区劳动争议仲裁委员会提起仲裁申请，要求肖某与商贸公司对食品公司 200 万元的经济损失承担连带赔偿责任。

仲裁委员会经过审理认为，肖某的擅自离开给食品公司造成了较大损失，不仅前期投入大量资金的研究项目无法维系，也造成在售产品在后期维护方面出现一系列的问题；而商贸公司则恶意挖人，并且在明知肖某尚未与食品公司解除劳动合同的情况下，仍与肖某签订劳动合同，因此判决商贸公司与肖某承担连带责任，向食品公司支付赔偿金 200 万元。

实操技巧

在实践中，有些用人单位在招聘劳动者时，由于没有对劳动者入职前的背景进行调查，导致出现劳动者与其他用人单位尚未解除劳动合同而入职的情况。此种情况在现实中存在极大的法律风险，如果该劳动者背负商业秘密且原劳动关系尚未解除，一旦给原用人单位造成经济损失的，现用人单位需承担赔偿责任。

一、员工想跳槽，需履行合法手续

劳动合同是劳动者与用人单位确立劳动关系、明确双方权利和义务的协议，依法订立的劳动合同对双方均有约束力。本案中肖某与食品公司依法签订的劳动合同，内容齐全，手续完备，不存在欺诈与受胁迫行为，是合法有效的。虽然劳动合同双方当事人经协商一致，可以解除劳动合同，但根据《劳动合同法》的规定，劳动者解除劳动合同需提前 30 日书面通知用人单位。这既是劳动者的义务，也是劳动者解除劳动合同的法定程序，未履行此程序，用人单位可以不同意解除劳动合同。在上述案例中，肖某既没有提前 30 日以书面形式通知食品公司解除劳动合同，也没有履行相应的工作交接手续，而是以请病假为由，前往商贸公司上班，这严重违反《劳动合同法》的规定，是一种欺诈行为。为此，肖某应当对自己的违法行为承担责任。

二、HR 在员工入职时应审查其是否具有《解除或者终止劳动合同证明书》

根据《劳动合同法》第 50 条的规定，用人单位应当在解除或者终止劳动合同时出具解除或者终止劳动合同的证明，并在 15 日内为劳动者办理档案和社会保险关系转移手续。由此可知，劳动者无论是以何种原因与用人单位解除劳动合同，都有权要求用人单位向其出具《解除或者终止劳动合同证明书》，用人单位也有义务予以出具。

HR 在新员工入职时，应让其出示《解除或者终止劳动合同证明书》，以证明其已经与之前服务的用人单位解除或终止劳动合同，不存在任何的关联关系。如果新入职的员工无法出具《解除或者终止劳动合同证明书》，HR 应当谨慎处理，可以进行相应的背景调查，进一步确认是否已经解除劳动关系，避免给企业带来不必要的损失。

三、企业聘用尚未解除劳动关系的劳动者，需承担连带赔偿责任

根据《劳动合同法》第 91 条的规定，用人单位招用与其他用人单位尚未解除或者终止劳动合同的劳动者，给其他用人单位造成损失的，应当承担连带赔偿责任。《违反〈劳动法〉有关劳动合同规定的赔偿办法》第 6 条规定，用人单位招用尚未解除劳动合同的劳动者，对原用人单位造成经济损失的，除该劳动者承担直接赔偿责任外，该用人单位应当承担连带赔偿责任。可见，用人单位在招用职工时，应查验终止、解除劳动合同证明以及其他能证明该职工与任何用人单位不存在劳动关系的凭证后，方可与其签订劳动合同。如果劳动者没有与原单位解除劳动合同的，不应与之签订劳动合同，否则，该用人单位应当承担连带赔偿责任。在上述案例中，商贸公司出于对人才的渴求，用高薪挖走肖某，也没有对肖某是否与原单位解除劳动合同关系作初步审查，就直接安排肖某上岗工作，其行为严重侵害了食品公司的合法权益，且给食品公司造成了重大经济损失。所以，食品公司以肖某和商贸公司作为共同被告，要求二者承担连带赔偿责任符合法律的规定。

风险提示

1. 为防止聘用尚未解除劳动关系的劳动者，导致承担对原用人单位经济损失的赔偿责任，HR 在招聘时，除新参加工作的劳动者外，一定要查验劳动者与原用人单位解除或者终止劳动关系的证明，或者其他能够证明劳动者与任何单位不存在劳动关系的凭证，方可与其签订劳动合同，建立劳动关系。

2. HR 还应学会辨别《解除或者终止劳动合同证明书》的真伪，以防上当受骗，具体做法有：（1）要求劳动者提供与原单位的《解除或者终止劳动合同证明书》，保留该证明书原件，并进行核实；（2）如果劳动者与原单位尚未解除劳动合同的，可以要求劳动者让原单位出具同意该员工入职新单位的书面证明，并加盖公章。

3. 对于那些既不能提供《解除或者终止劳动合同证明书》，又不能出具原单位同意其入职新单位的书面证明的劳动者，最好是不予录用；如果是企业不可或缺的优秀人才，可暂缓办理入职手续，先对其进行入职前的背景调查，待核实后，根据具体情况，进行斟酌处理。

4. HR 在审查员工入职情况时，还应注意新入职的劳动者是否与原单位签订了竞业限制协议，特别是高级管理人员、高级技术人员和其他负有保密义务岗位的人员，必要时可以向原单位进行求证，以免给企业造成不必要的损失。

5. 在审查入职员工的信息时，一定要查验是否是拟录用的劳动者本人，避免因冒名顶替给企业带来用工风险。

法律依据

《劳动合同法》第 91 条；《违反〈劳动法〉有关劳动合同规定的赔偿办法》第 6 条

第9讲：企业能拒绝录用乙肝病原携带者吗?

案例聚焦

高某曾是上海一家单位的助理工程师，通过测试被北京某技术公司录取。但在高某正式办理了上海公司的离职手续之后，北京某技术公司却拒绝与高某签订劳动合同，理由是高某的体检结果显示为“小三阳”，不符合录用条件。

高某认为，北京某技术公司的行为违背了用人单位招用人员，不得以携带乙肝病原为由拒绝录用的原则。故高某诉至法院，请求判令北京某技术公司公开向高某赔礼道歉；赔偿高某因受就业（乙肝）歧视而遭受的经济损失29250元，赔偿高某精神损害抚慰金50000元。

法院根据查明的事实，认定北京某技术公司拒绝录用高某的行为违反了平等就业的原则，遂依法判决北京某技术公司向高某书面赔礼道歉，并赔偿经济损失17572.75元、精神损害抚慰金2000元。

实操技巧

劳动者享有平等的就业权，任何人或单位均不得对他人的就业或求职作出任何限制或歧视性的约束，否则需承担法律责任。

一、劳动者享有平等就业的权利

根据《劳动法》第3条的规定，劳动者享有平等就业的权利。《劳动和社会保障部关于维护乙肝表面抗原携带者就业权利的意见》则明确要求保护乙肝表面抗原携带者的就业权利。除国家法律、行政法规和卫生管理部门规定禁止从事的易使乙肝扩散的工作外，用人单位不得以劳动者携带乙肝表面抗原为由拒绝录用或者辞退乙肝表面抗原携带者。劳动者与用人单位之间就订立劳动合同的相关事宜进行协商并从事相应准备工作的过程，应受法律的规制。在协商订立劳动合同的过程中，用人单位依法享有自主用人的权利，但其行使权利应当依照法律、法规的规定进行，切实保障劳动者平等就业的合法权益。

二、用人单位不得以劳动者是乙肝病原携带者而拒绝录用

根据《就业促进法》第30条的规定，用人单位招用人员，不得以是传染病病原携带者为由拒绝录用。但是，经医学鉴定传染病病原携带者在治愈前或者排除传染嫌疑前，不得从事法律、行政法规和国务院卫生行政部门规定禁止从事的易使传染病扩散的工作。同时，《食品安全法》第45条也规定，食品生产经营者应当建立并执行从业人员健康管理制度。患有国务院卫生行政部门规定的有碍食品安全疾病的人员，不得从事接触直接入口食品的工作。由此可知，用人单位在录用劳动者时，除从事相关直接入口食品的工作岗位外，不得以任何理由拒绝劳动者就业。

三、如果用人单位存在就业歧视，将要承担相应的法律责任

在现实生活中，用人单位以拟录用的劳动者携带乙肝病原为由拒绝予以录用的，或者将乙肝病毒血清学指标作为入职前体检标准的，这些做法都是违法的行为，不但会被劳动保障行政部门责令改正，并处不同数额的罚款，同时还需向遭受损害的劳动者承担一定数额的赔偿责任。

在上述案例中，高某到北京某技术公司处应聘的工作岗位系工程师，并非国家法律、行政法规和国务院卫生行政部门规定禁止乙肝病原携带者从事的工作类型，因此，北京某技术公司拒绝录用高某的行为已违反了平等（公平）就业原则。在北京某技术公司违反平等（公平）就业原则拒绝录用高某的情况下，高某自原单位离职至其再次就业前的经济损失作为信赖利益损失，应由北京某技术公司予以赔偿。同时，北京某技术公司以高某体检结果为乙肝“小三阳”而拒绝录用的行为，无疑会导致高某遭受巨大心理压力及承受相应精神痛苦，故法院判令北京某技术公司向高某支付精神损害抚慰金的做法是正确的。

风险提示

1. 如果用人单位根据自身情况，需要劳动者在入职前进行身体健康状况检查的，可以要求劳动者到三甲医院进行体检，但不得要求开展乙肝项目检测（即乙肝病毒感染标志物检测，包括乙肝病毒表面抗原、乙肝病毒表面抗体、乙肝病毒e抗原、乙肝病毒e抗体、乙肝病毒核心抗体和乙肝病毒脱氧核糖核苷酸检测等，俗称“乙肝五项”和HBV－DNA检测等），不得要求提供乙肝项目检测报告，也不得询问是否为乙肝表面抗原携带者。最终由企业的HR根据劳动者体检的结果斟酌是否予以录用，但不得以劳动者是乙肝表面抗原携带者而拒绝录用。

2. HR应当结合本单位的企业性质、拟招录岗位的具体情况等信息，进行合理的安排，除卫生行政部门核准并予以公布的特殊职业外，健康体检非因劳动者要求不得检测乙肝项目，用人单位不得以劳动者携带乙肝表面抗原为由拒绝聘用或辞退、解聘；有关检测乙肝项目的检测体检报告应密封，由劳动者自行拆阅，HR不得擅自拆阅他人的体检报告，侵犯他人的隐私权。

3. 虽然现行的法律法规并没有规定劳动者在入职前必须进行身体健康检查，但为了预防各种潜在风险，建议用人单位在劳动者入职前进行体检，并将劳动者提供的体检证明作为录用员工的一个条件，以避免员工入职后因身体健康状况入院而进入医疗期等问题。

法律依据

《就业促进法》第30条；《食品安全法》第45条

第10讲：企业可以要求新入职的员工缴纳保证金吗？

案例聚焦①

2008年1月，李某与上海某公司签订一份固定期限的劳动合同。同年4月，双方又签订一份《保守企业商业秘密协议书》，上海某公司向李某收取了保证金6000元。2013年4月，李某提出辞职。同年5月，李某向区劳动争议仲裁委员会申请仲裁，要求上海某公司归还保证金6000元，支付竞业限制补偿金1.2万余元等。该仲裁委员会于7月10日作出裁决：上海某公司归还李某保证金6000元；支付竞业限制补偿金3650元。李某与上海某公司不服仲裁裁决，均诉至法院。

在法庭上，李某诉称，自己在提出辞职，经上海某公司同意后，因要求上海某公司返还收取的保密押金、支付竞业限制补偿金等遭到拒绝，故要求上海某公司归还李某保密押金6000元及相应利息；支付竞业限制补偿金2.9万余元。上海某公司则辩称，对于保密押金6000元及利息，归还没有争议；对于竞业限制补偿金，没有合同约定，不同意支付。

法院认为，双方签订保密协议后，上海某公司向李某收取保密押金6000元。根据我国劳动法律规定，用人单位不得以任何形式向劳动者收取定金、保证金和抵押金及相关物品，上海某公司应当予以返还并支付相应利息。同时，根据《上海市劳动合同条例》规定，劳动合同当事人可以在劳动合同或者保密协议中约定竞业限制条款，并约定在终止或者解除劳动合同后，给予劳动者经济补偿。因双方在保密协议中约定了竞业限制期限，故上海某公司应在双方劳动关系终结后支

---

① 案例改编自中国法院网，原文链接：http：//www.chinacourt.org/article/detail/2007/01/id/233594.shtml，最后访问时间：2013年10月5日。

付竞业限制补偿金。最终法院判决上海某公司返还李某6000元保密押金并支付相应利息；支付竞业限制补偿金3000元。

实操技巧

在现实生活中，一些用人单位与劳动者签订劳动合同时，常常收取保证金或以定金、押金、保险金、风险抵押金等名义变相收取保证金，甚至是扣押劳动者身份证、学历证等证件。用人单位利用其强势地位迫使劳动者接受不合理的条款，而处于弱势地位的劳动者常常会接受这些不合理要求。那么，用人单位的这些做法是否合理呢？

一、用人单位收取保证金是违法行为，应予以返还

实践中，有些用人单位在新员工入职时，要求其提供保证人，缴纳保证金、风险抵押金等，甚至有的用人单位以变相的方法或手段达到向员工收取抵押金的目的，如收取服装费、培训费、住宿费等。根据《劳动合同法》第9条的规定，用人单位招用劳动者，不得扣押劳动者的居民身份证和其他证件，不得要求劳动者提供担保或者以其他名义向劳动者收取财物。同时，《劳动部关于贯彻执行〈中华人民共和国劳动法〉若干问题的意见》第24条也规定，用人单位在与劳动者订立劳动合同时，不得以任何形式向劳动者收取定金、保证金（物）或抵押金（物）。由此可知，用人单位在劳动者入职后，不得要求劳动者提供担保或者以其他名义向劳动者收取财物，不得扣押劳动者的居民身份证和其他证件，否则就是违法行为，应当予以返还。所以，用人单位的HR在办理员工入职手续时，切记不得向员工收取任何的保证费用，也不得扣押员工提交的身份证件和学历证明等证件，以免给用人单位带来麻烦和诉讼之累。

二、用人单位以收取保证金等方式留住员工的做法不可取

实践中，有的用人单位利用自身的强势地位，为了留住人才，限制劳动者的合理流动，通过扣押劳动者的身份证、学历证书、资格证书和其他证明个人身份的证件等达到目的。自《劳动合同法》实施后，进一步明确了劳动者有自主择业的权利，用人单位不能仅仅依靠收取保证金等方式留住员工，这样不但留不住，而且是违法的。用人单位不妨从自身找原因，制定完善的规章制度和绩效考核激励措施，形成企业文化，增强员工归属感，这才是用人单位的最终目的。

另外，用人单位要留住企业的核心人才，除了要完善规章制度外，对于一些需要出资进行培训的员工，最好是在试用期结束、转正之后进行，并与之签订完善的《培训协议》和《竞业限制协议》，而不是采取收取高额的风险抵押金等做法。

风险提示

1. 无论是何种性质的企业，均不得以任何名义向求职者收取抵押金、服装费、产品押金、风险金、报名费、培训费等，也不得扣押劳动者的身份证、学历证书、资格证书等，这些行为都属违法行为；招聘单位对本单位的职工进行培训，也不得向其收取培训费。

2. 与劳动者依法解除或者终止劳动合同后，用人单位应当及时与劳动者办理工作交接手续，为其出具《解除或者终止劳动合同证明书》，并办理社会保险关系和人事档案的转移，不得以各种理由扣押劳动者的档案或者其他相关物品，否则，会受到相应的处罚。

3. 为减小企业劳动用工的风险，可以聘请专业律师参与企业规章制度的完善，设置合理的绩效考核制度，根据岗位设置不同的管理办法，以提高企业的管理水平，进一步达到留住人才的目的。

4. 一些企业可能会在员工入职之后为其配备笔记本电脑等市场价值较高的办公用品，为防止员工将其损坏或遗失，可以在员工入职时，让其填写办公用品领用登记表，并设置领用物品损坏或遗失的赔偿办法，从而避免让员工提供保证金的法律风险。

法律依据

《劳动合同法》第9、84条；《劳动部关于贯彻执行〈中华人民共和国劳动法〉若干问题的意见》第24条；《最高人民法院关于审理劳动争议案件适用法律若干问题的解释（二）》第5条

第11讲：入职登记表能代替劳动合同吗?

案例聚焦

甘某于2012年6月进入某玩具公司从事玩具装箱工作，工作期间月工资2000元，后甘某于2013年7月向该公司提出辞职申请，且就工作期间该公司未与其签订书面劳动合同事宜，向该公司主张未签订书面劳动合同的双倍工资，经协商未果，即向区劳动争议仲裁委员会申请仲裁，要求该公司支付未签订书面劳动合同的二倍工资差额部分共计22000元。

某玩具公司提出其招聘新员工入司时，均要求员工填写入职登记表并签字确认，甘某在入职时也填写了入职登记表，同时加盖了公司的公章，因此公司已经与其签订了书面劳动合同，故主张驳回甘某要求支付未签订书面劳动合同二倍工资差额部分的请求。

仲裁委员会经审理查明，甘某确已在某玩具公司提供的员工入职登记表上填写了个人简历，并签字确认上述信息的真实性，且公司也加盖了其公章，但入职登记表中缺少劳动合同必备的条款，不能将其与书面的劳动合同相混淆，故认为某玩具公司实际并未与甘某订立劳动合同，该公司应向甘某支付未订立书面劳动合同两倍工资差额。

实操技巧

入职登记表是新员工入职时填写的一个基本的文件资料，其目的在于了解员工的基本情况，并将其作为将来工作的一个参考。用人单位不能将员工的入职登记表与劳动合同相混淆。

一、入职登记表不能代替劳动合同

一般情况下，《入职登记表》只是劳动者入职时履行入职登记手续所填写的书面文件，并不具备双方签订劳动合同的意思表示，签订后一般也仅由用人单位保存，劳动者无法持有，故一般情况下不能将其视为合法有效的劳动合同。根据《劳动合同法》第 10 条的规定，建立劳动关系，应当订立书面劳动合同。也就是说，劳动者与用人单位建立劳动关系后，必须签订书面的劳动合同，而是否填写入职登记表，法律对此并没有作出规定。

同时，根据《劳动合同法》第 17 条的规定，劳动合同应当具备以下条款：(1) 用人单位的名称、住所和法定代表人或者主要负责人；(2) 劳动者的姓名、住址和居民身份证或者其他有效身份证件号码；(3) 劳动合同期限；(4) 工作内容和工作地点；(5) 工作时间和休息休假；(6) 劳动报酬；(7) 社会保险；(8) 劳动保护、劳动条件和职业危害防护；(9) 法律、法规规定应当纳入劳动合同的其他事项。由此可见，劳动合同法明确了劳动者与用人单位签订的书面劳动合同必须包含上述九项内容，否则就不能视为一份完善的劳动合同，存在很大的法律风险。

在上述案例中，用人单位要求劳动者填写的入职登记表只是劳动者个人基本信息的体现，并不含有一些劳动合同必备的条款，不能将其视为劳动合同。如果用人单位提供的入职登记表中包含了劳动合同必备的条款，那么在双方签字盖章后，可以视为一份合法有效的劳动合同。

二、以入职登记表代替劳动合同可能面临的法律后果

强制用人单位与劳动者签订劳动合同是《劳动合同法》创设的一项保障劳动者权益的法律制度。在现实生活中，一些用工不规范的用人单位却没有采用劳动行政部门制作的规范合同，而是采用自行制作的劳动合同文本，有的甚至让劳动者填写《入职登记表》等文件代替书面劳动合同，这种做法既损害了劳动者的合法权益，也给用人单位带来了很大的用工隐患和法律风险。依照《劳动合同法》第10条、第82条的规定，用人单位应在法定期限内与劳动者签订书面劳动合同，否则应承担支付二倍工资差额的法律责任。因此，在员工入职后，用人单位应当及时与劳动者签订劳动合同，不能因为急需用工，就简单地填写一份入职登记表了事。

风险提示

1. HR应当注意，入职登记表应从劳动用工法律风险防范角度进行合理设计，须包含以下几方面的内容：员工基本信息，尤其是身份证号、年龄、户籍地、通信地址；员工工作经历，以及联系人、联系方式，以便必要时进行背景调查；设置劳动者保证无欺骗或隐瞒相关事项，否则可解除劳动合同的条款；设置入职时间栏，将来在面临仲裁或诉讼时，能更好地承担举证责任；必须让劳动者本人签字确认，避免机打无签字或只留电子版。

2. 员工入职后，用人单位应与劳动者平等协商，并按照《劳动合同法》的规定以规范的形式签订正式的合同文本，切不可用入职登记表代替劳动合同；即使用人单位因急需用工，希望通过让劳动者入职时填写入职登记资料的形式签订书面劳动合同的，用人单位也应当注意将相应的入职登记资料的内容按照《劳动合同法》对书面劳动合同必备条款的要求进行完善，同时应对劳动者进行必要的提示和说明，在内容上要体现出双方对上述内容和约定的确认，并且尽量一式两份，双方各执一份。

3. 在员工填写入职登记表后，一定要仔细核对员工的身份证信息是否是本人；核对年龄状况，避免使用童工；提示劳动者确认，如有弄虚作假或隐瞒的情况，属于严重违反公司规章制度，同意公司有权解除劳动合同或对劳动合同作无效认定处理；同时，还需提醒劳动者，当其通信地址及手机号码发生变化时，要及时通知用人单位进行变更备案。

4. 在入职登记表的下方应当包含如下条款：（1）承诺条款，即“本人已知

晓入职登记表所记载事实为公司决定录用的唯一依据，保证所提供信息不存在会造成公司误解的任何遗漏，也不存在任何程度的虚假陈述，否则视为欺诈，公司有权随时解除合同”；（2）邮件送达条款，即“上述记载地址为公司文书法定送达地址，如有变更，应以书面形式告知公司，若发生收件人拒绝签收或其他无法送达的情形，本人同意从公司寄出之日起视为公司已经送达”。

法律依据

《劳动合同法》第10、17、82条

第12讲：职工名册真的很重要吗?

案例聚焦

吕某系北京某信息公司销售部经理，2013年4月18日，吕某以公司未及时足额支付劳动报酬为由提出离职，后办理了离职手续。2013年4月29日，吕某向某区劳动争议仲裁委员会申请仲裁，要求公司支付工资差额8000元及25%的经济补偿金；支付2010年3月1日至2013年4月18日的经济补偿金28000元。

双方在计算经济补偿金的期限上发生争议，公司认为吕某的入职时间为劳动合同约定的时间，即2011年3月1日，而不是吕某主张的2010年3月1日。吕某坚称自己在入职该公司后的一年内未签订劳动合同，直到2011年3月1日才签订书面的劳动合同。

仲裁庭和法院经审理均认定，吕某于2010年3月1日入职公司，2013年4月18日离职，最终判决公司应向吕某支付2010年3月1日至2013年4月18日的经济补偿金。

实操技巧

职工名册又称职工花名册，是用人单位制作的用于记录本单位劳动者基本情况及劳动关系情况的书面材料。《劳动合同法》也规定用人单位必须建立职工名册，其目的一方面是督促用人单位规范用工，另一方面是在用人单位将来发生劳动争议时作为重要证据。从某种意义上说，这既是劳动行政管理部门对用人单位规范管理的一种手段和有效形式，也是对用人单位的一种保护。

一、用人单位必须建立职工名册

根据《劳动合同法》第 7 条规定，用人单位自用工之日起即与劳动者建立劳动关系，用人单位应当建立职工名册备查。可见，建立职工名册是用人单位的法定义务。职工名册是用人单位规范用工的一个重要方面，自用工之日起，用人单位就应当将职工载入名册。在很多劳动争议中，职工名册还是证明劳动者具体入职时间的重要证据。如果用人单位没有建立职工名册，则要承担因此而带来的不利法律后果。

二、职工名册的内容

《劳动合同法实施条例》第 8 条规定："劳动合同法第七条规定的职工名册，应当包括劳动者姓名、性别、公民身份号码、户籍地址及现住址、联系方式、用工形式、用工起始时间、劳动合同期限等内容。"由此可知，职工名册主要包含下列内容：

1. 劳动者的基本信息，包括劳动者的姓名、性别、公民身份证号码、户籍地址及现住址、联系方式。这些信息属于劳动者的隐私范畴，用人单位应当予以保密。

2. 用工形式，包括全日制用工、非全日制用工、劳务派遣等。这属于劳动法律关系的重要信息，用人单位在与劳动者建立劳动关系时，应当予以说明，并将其记入职工名册之中。

3. 用工起始时间，即劳动者实际为用人单位提供劳动的具体时间。这是非常重要的信息，在很多劳动争议中，职工名册是证明劳动者具体入职时间的重要证据。

4. 劳动合同期限，包括固定期限、无固定期限或者以完成一定工作任务为期限。企业在处理此问题时，要根据实际情况进行约定，规避相应的法律风险。该问题在第二章进行详述，此处不再赘述。

除上述内容以外，用人单位职工名册还可以记载与用人单位或者职工有关的其他内容，例如文化程度、用工类型、是否参加社会保险、离职方式等。

三、用人单位没有依法建立职工名册，将承担的法律后果

《劳动合同法实施条例》第 33 条规定："用人单位违反劳动合同法有关建立职工名册规定的，由劳动行政部门责令限期改正；逾期不改正的，由劳动行政部门处 2000 元以上 2 万元以下的罚款。"可见，如果用人单位没有依法建立职工名册，将面临劳动行政部门的行政处罚。

风险提示

1. 企业HR应当在员工入职后，及时将员工的信息录入职工名册，并让员工本人签字确认。

2. 发生劳动争议时，职工名册可以作为证明存在劳动关系、劳动者的入职时间、劳动合同的期限等的重要证据。

3. 当员工的个人信息发生变化时，也应当及时予以变更，特别是员工的居住地址、联系方式等，这是用人单位在依照规章制度向员工寄送相应的文件或物品时的送达地址，否则，用人单位可能因送达不能而导致不必要的麻烦与损失。

法律依据

《劳动合同法》第7条；《劳动合同法实施条例》第8、33条

第五节 规章制度

第13讲：企业应当如何制定规章制度才具有法律效力?

案例聚焦①

张某原是北京某纺织厂的工人，在工作期间趁人不备偷了三尺纱布装入包中，下班后走出工厂大门时被保安发现。随即，保安将其情况上报至厂方。最终，厂方以张某违反纺织厂的规章制度为由与其解除劳动关系，将其辞退。

张某不服将工厂诉至北京市某区劳动争议仲裁委员会，在该案审理过程中，厂方提供了自己单位的规章制度，即“若发现本单位职工有偷盗行为的，一律解除劳动合同”。最终，仲裁庭结合各种证据，认为纺织厂的规章制度虽然合法，但是其内容显失公平且不合理，因此不能作为案件审理的依据，依法裁决张某与某纺织厂之间的劳动合同继续履行。

---

① 案例摘编自中国法院网，原文链接：http：//www.chinacourt.org/article/detail/2010/10/id/430773.shtml，最后访问时间：2013年11月8日。

实操技巧

规章制度是指用人单位制定的组织劳动过程和进行劳动管理的规则和制度的总和，是企业内部的“法律”。规章制度内容广泛，包括用人单位经营管理的各个方面，用人单位制定规章制度应紧密结合企业自身情况并严格依法进行，做到“合法、合理、全面、具体”。规章制度是管理员工、企业正常运转的重要依据，其重要性对于用人单位而言是不言而喻的，用人单位在制定规章制度时应当遵循以下几点：

一、用人单位的规章制度应当具备以下几个关键要素

根据《劳动合同法》第4条之规定，用人单位应当依法建立和完善劳动规章制度，保障劳动者享有劳动权利、履行劳动义务。用人单位在制定、修改或者决定有关劳动报酬、工作时间、休息休假、劳动安全卫生、保险福利、职工培训、劳动纪律以及劳动定额管理等直接涉及劳动者切身利益的规章制度或者重大事项时，应当经职工代表大会或者全体职工讨论，提出方案和意见，与工会或者职工代表平等协商确定。在规章制度和重大事项决定实施过程中，工会或者职工认为不适当的，有权向用人单位提出，通过协商予以修改完善。用人单位应当将直接涉及劳动者切身利益的规章制度和重大事项决定公示，或者告知劳动者。由此可知，建立规章制度是用人单位的法定义务，既有利于保护企业的利益，也能够保障劳动者的劳动权利。同时，用人单位在制定企业规章制度时应做到以下几点：

（一）规章制度要内容合法、用语规范，不得违反公序良俗原则

实践中，很多企业在制定规章制度时因对现行法律法规不了解，又过于保护企业自身的利益，致使其制定的规章制度因某些内容违反法律的强行性规定而不具有法律效力。比如，有的企业在规章制度中明确规定，女职工在职期间不得怀孕，否则将与其解除劳动合同，这样的规定就明显违反法律、违背公序良俗原则，侵犯了女性的生育权利。又如，有的用人单位在规章制度中规定，公司安排员工加班，是对公司的一种奉献，员工必须无条件服从，且不支付加班费，这就违反了《劳动法》关于休息休假和加班的规定而无效。因此，用人单位在制定规章制度时，一定要严格遵守法律法规的规定，不得违反公序良俗原则，否则，如规章制度因违反法律规定而无效，只会给企业造成更大的损失和带来不必要的麻烦。

（二）规章制度的制定应当经过民主程序

实践中，很多用人单位在制定规章制度时，往往只是经单位的几个少数领导

讨论决定，未经职工代表大会讨论，亦未与工会协商即发布实施；也有企业是人力资源部门拟订，经相关领导批示后即颁布实施，未经职工代表大会讨论，亦未与工会协商等。根据《劳动合同法》的有关规定，用人单位在制定、修改或者决定有关劳动报酬、工作时间、休息休假、劳动安全卫生、保险福利、职工培训、劳动纪律以及劳动定额管理等直接涉及劳动者切身利益的规章制度或者重大事项时，应当经职工代表大会或者全体职工讨论，提出方案和意见，与工会或者职工代表平等协商确定。如果企业制定的规章制度未履行上述民主程序，对于劳动者而言将不具有法律效力。

用人单位在制定规章制度时常见的民主程序及举证方式如下：

序号	民主程序	具体实施方法	举证方式
1	向全体员工征求意见	用人单位在规章制度制定完毕后发送给全体员工，要求员工填写《征求意见表》并收回留存，根据反馈的意见对规章制度进行修订	《征求意见表》
2	召开全员大会	会议开始前签到，在会议中听取员工的表决意见，并进行记录、磋商，制作成会议纪要	签到表+会议纪要
3	召开职工代表大会	会议开始前签到，在会议中听取代表的表决意见，并进行记录、磋商，制作成会议纪要	签到表+会议纪要
4	召开工会代表大会及听取职工代表意见	会议开始前签到，在会议中听取代表的表决意见，并进行记录、磋商，制作成会议纪要	签到表+会议纪要

（三）规章制度确定后应当向劳动者公示

在现实发生的劳动争议案件中，有很多企业都信誓旦旦地表示有规章制度，而且也是按照规章制度的规定对员工进行处理。但事实并非如此，在法庭上，经常出现单位出示规章制度，但员工对此却矢口否认的情形。员工不是说自己没有见过，就是说没有个人的签字，一概不予认可，让单位的规章制度处于不被认可的状态，造成这种问题的原因就在于用人单位的规章制度没有向员工进行公示告知。因此，许多企业的规章制度根本不为员工所知，也无法得到全面贯彻。用人单位的规章制度一定要用书面形式向全体员工公示告知，否则对员工不产生效力。为此，笔者建议用人单位通过《规章制度告知书》的形式要求员工签收，或者通过培训的形式并要求员工签到，将这些证据留存即可，但不建议用人单位采用公告栏张贴、电子邮件发送或办公系统公示等方式，这些方式最终的举证责任在用人单位，增加了举证的难度。

二、用人单位制定的规章制度不合法、不完善的法律风险

（一）规章制度的内容不合法，或未经民主程序、未向员工进行公示告知，则在仲裁或诉讼中不能作为审理劳动争议案件的依据

《最高人民法院关于审理劳动争议案件适用法律若干问题的解释》第19条明确规定，用人单位的规章制度，只有通过民主程序制定，不违反国家法律、行政法规及政策规定，并已向劳动者公示的，且不与劳动合同、集体劳动合同相冲突，才可以在劳动仲裁和司法审判中作为审理劳动争议案件的依据。否则，用人单位的规章制度对劳动者是没有约束力的。

（二）规章制度的内容不合法，企业要承担行政责任或赔偿责任

根据《劳动合同法》第80条的规定，用人单位直接涉及劳动者切身利益的规章制度违反法律、法规规定的，由劳动行政部门责令改正，给予警告；给劳动者造成损害的，应当承担赔偿责任。

（三）规章制度的内容不合法，劳动者可以随时解除劳动合同

根据《劳动合同法》第38条的规定，用人单位的规章制度违反法律、法规的规定，损害劳动者权益的，劳动者可以解除劳动合同，用人单位需向劳动者支付经济补偿金。

（四）规章制度的内容不合法，将导致企业用工风险加大

用人单位制定规章制度的主要目的是规范企业的用工管理及维护正常生产秩序，降低用工风险。劳动争议案件具有复杂性、多变性，仅靠劳动合同的约定来规范劳动关系是不够的，必须通过制定合法有效的规章制度来规范企业的发展。因此，在企业的日常运转过程中，规章制度才是有效用工管理、处理问题员工、解决劳动争议的重要法宝。在劳动争议的仲裁或诉讼中，如果用人单位制定的规章制度被认定无效，在处理劳动争议案件时就会处于被动的局面，导致不必要的损失。

风险提示

1. 用人单位在制定规章制度时，应注意保留已履行法定程序的相关证据，如会议记录，讨论、协商的经过等书面证据；如果经过与工会协商的，协商的会议纪要应经工会盖章，工会主席签字确认。

2. 在履行告知程序方面，需要保留已告知的证据，如员工手册发放签收记录、规章制度培训签到记录、规章制度考试试卷、用工录用表确认等；在依据规

章制度处理争议或者解除劳动合同时，需要保留违规调查方面的证据。

3. 对规章制度进行修改时，如果涉及劳动者切身利益的，也要履行民主程序，并保留职工代表大会或者全体职工讨论、协商的书面证据，履行公示程序。

4. 规章制度不但要合法，也要具有一定的合理性，要避免使用“罚款”等词语；对于一些涉及劳动者违纪情形的处理，一定要量化、具有可操作性，避免使用一些空洞、虚无缥缈的词语，比如“不团结同事”等；避免设置对自己不利的条款，如拖欠工资的支付25%的经济补偿金、经批评教育无效解除劳动合同等；避免不好执行的条款表述，如“旷工×次解除劳动合同”等；同时，对规章制度中涉及的重大、较大、天数等进行明确的界定。

法律依据

《劳动合同法》第4、38、80条；《最高人民法院关于审理劳动争议案件适用法律若干问题的解释》第19条

第14讲：应当如何理解“严重违反用人单位的规章制度”？

案例聚焦①

赵某于2011年4月14日入职北京某置业公司，当日双方签订劳动合同，合同期限为三年，岗位是综合维修工。2013年9月5日，北京某置业公司在调取监控录像时发现，赵某在2013年8月18日将价值300余元的拖把拿回家，其行为属于严重违反公司的规章制度，遂于2013年9月9日向赵某发出解除劳动关系通知书。

赵某认为北京某置业公司属于违法解除劳动关系，在对仲裁裁决不服的情况下，向法院提起诉讼，要求支付违法解除劳动合同的赔偿金。

一审法院审理认为，北京某置业公司以赵某违反单位规章制度为由与其解除劳动关系于法无据，属于违法解除劳动关系，应当支付原告违法解除劳动关系经济赔偿金12284.55元。北京某置业公司不服一审判决，提起上诉，二审法院予以维持。

① 案例选编自中国裁判文书网，网址链接：http：//www.court.gov.cn/zgcpwsw/bj/bjsdezjrmfy/bjsxcqrmfy/ms/201411/t20141115_4131659.htm，最后访问时间：2014年11月15日。

实操技巧

《劳动合同法》第39条规定："劳动者有下列情形之一的，用人单位可以解除劳动合同：……（二）严重违反用人单位的规章制度的……"需要特别强调的是，用人单位的规章制度是否合法关系到该条的具体适用。首先，用人单位规章制度的内容必须符合法律、法规的规定；其次，用人单位的规章制度必须经过民主程序制定，并且已经向劳动者进行公示告知。只有在符合这两个条件的前提下，用人单位才可依据规章制度来管理员工、解除劳动合同。

一、规章制度必须要具有可操作性

在实际操作中，应当如何认定劳动者的行为"严重违反用人单位的规章制度"？对何种行为属"严重"，何种行为属"不严重"，法律上并没有具体标准。这就需要用人单位根据本单位的客观情况在规章制度中予以明确，并需做到公平合理。

因此，用人单位在制定规章制度时，一定要根据企业自身的实际情况量身定做，切不可随意而为之，制定一些不好操作的条款，特别是对于"一般违纪""严重违纪""重大损失""一般损失""严重失职""不符合录用条件"等情况应进行细化，使之具有可操作性，比如规定为"一个月内迟到、早退累计三次（含）以上者"，或"连续旷工3天或一年内累计旷工达15天以上者"。

二、对于严重违纪员工的处理

对于一般违纪的员工，用人单位可以根据规章制度给予劳动者一定的书面警告，并让劳动者亲自书写保证书或检讨书，让其说明违反规章制度的事实以及对违纪行为的认识等。同时，用人单位一定要将已经对劳动者履行教育义务的证据资料，如处罚文书、保证书、谈话记录等妥善保存。如果员工在一定期限内累计达到三次书面警告的，就可以转化成严重违纪，用人单位可以根据《劳动合同法》及规章制度与劳动者解除劳动合同。

在上述案例中，北京某置业公司认为赵某侵占公司财物的行为，构成严重违纪，遂决定与其解除劳动合同。但是，在庭审中，由于北京某置业公司作出解除决定所依据的规章制度对此行为的规定不够规范，且没有充足的证据证明赵某的行为构成严重违纪，最终只能吞下败诉的苦果。

风险提示

1. 用人单位应根据本单位的实际情况确定"严重违纪"的量化标准，并遵循规章制度制定、修改的民主程序，且向劳动者公示。如果用人单位的规章制度本身不合法，或制定、修改程序不合法，或未向劳动者公示，用人单位以劳动者严重违反规章制度为由解除劳动合同的，属违法解除劳动合同。

2. 实践中，用人单位应在规章制度中将“严重”这个抽象的概念变为具体的可操作的条款，比如，可根据公司实际情况规定旷工 3 天属于“严重”违反规章制度，1 个月内一般违纪累计达 3 次以上的视为“严重”违反规章制度等。

3. 对于一些无法量化的违纪情形，则可以选择累计的方式进行处理。还有一些轻微违反劳动纪律的情况，因为尚不构成严重违反，用人单位难以以此解除劳动合同，但劳动者屡屡违反的，用人单位往往觉得不知如何处理，比如劳动者在上班期间从事一些与工作无关的事务，打私人电话、看小说等。这些行为在规章制度中难以穷尽，且情节一般比较轻微，但对于劳动者屡屡触犯的情况，则可以在规章制度中规定，用人单位一经查实，给予书面警告，三次书面警告以上的视为严重违反规章制度。一旦这样设定，就会使得规章制度的内容变得全面而具有可操作性，使用人单位在行使用工管理权时，能够有“法”可依。

4. 对于劳动者的违纪行为，用人单位一定要注意留存相关的书面证据，以便在将来发生劳动争议时，做到有理有据。

法律依据

《劳动合同法》第 39 条

第 15 讲：规章制度能作为劳动合同的附件吗？

案例聚焦

郑某于 1998 年 10 月 5 日进入某宾馆工作，先后从事过客房服务员、领班、主管、副经理职务，2005 年 12 月担任客房部经理，2012 年 3 月 7 日担任宾馆安保部经理。2008 年 11 月 11 日，某宾馆与郑某签订无固定期限劳动合同，并将《员工手册》《员工奖惩条例》及其他规章制度作为劳动合同的附件。

2013 年 3 月 25 日，某宾馆以郑某存在对同事进行殴打、辱骂的行为，属于严重违反宾馆制度为由，立即向郑某下发了《解除劳动合同通知书》，将其辞退。随后，郑某因不同意仲裁裁决，起诉要求某宾馆支付违法解除劳动合同赔偿金 175885 元。

法院经审理认为，本案的焦点在于某宾馆解除其与郑某的劳动合同是否合法。本案一、二审期间，某宾馆均明确表示其主张的郑某弄虚作假、有欺骗行为系指安保部所提的建议中“员工收入一年比一年下降”“上班的人累死也买不起房子，挣的工资还不如退休的多”等内容。某宾馆在诉讼中主张其解除合同的理由还包括郑某在职工大会上有对同事进行辱骂的行为。但是，某宾馆在职工大会上宣布解除与郑某的劳动合同时，并未提及郑某辱骂同事一节，且某宾馆向郑某发出的《解除劳动合同通知书》中也未指明郑某存在辱骂同事的行为。故对某宾馆的上述主张，法院并未采纳，最终认定某宾馆系违法解除劳动合同并判令某宾馆向郑某支付违法解除劳动关系赔偿金。

实操技巧

一般情况下，只要用人单位制定的规章制度程序和内容合法，就可以作为企业奖惩员工的依据，具有法律效力。但是在实务操作中，笔者遇到很多企业为了“节约”纸张，同时也是为了履行规章制度向员工进行公示告知的程序，遂将规章制度直接作为劳动合同的附件予以体现。一旦发生劳动争议，在庭审中，对于规章制度是否公示告知，往往会出现相互扯皮的情形，用人单位往往会处于非常被动的局面。那么，将规章制度作为劳动合同的附件到底是否有效呢？主要体现在以下几个方面：

第一，如果用人单位制定的规章制度的内容违反法律法规的强制性规定，那么该制度本身就是无效的，即使该规章制度作为有效的劳动合同的附件向员工进行公示告知，也照样是无效的。

第二，如果该规章制度的内容和劳动合同中约定的条款不一致，存在相互矛盾的地方，劳动者有权作出对自己有利的选择和解释。如果劳动者选择优先适用劳动合同中的条款，由于劳动合同是双方协商一致达成的，其效力往往高于规章制度，此时规章制度中相应的条款对劳动者就不再具有约束力。

第三，如果将规章制度作为劳动合同的附件，在制定或修改规章制度时，很可能会导致其修改的内容与劳动合同约定的内容不一致；同时，修改后的规章制度很有可能因为效力不及劳动合同及其附件而导致无效。

第四，如果将规章制度作为劳动合同的附件，在实际操作中将会面临一个最直接的问题，那就是如果需要对规章制度进行修改，往往会涉及劳动合同的变更问题；法律明确规定，变更劳动合同必须经双方协商一致。若劳动者拒绝变更原劳动合同就会导致新修订的规章制度对劳动者不具有约束力、新旧制度共存的问题，此时如何进行用工管理呢？

在上述案例中，某宾馆虽主张郑某在“建言献策”活动中存在弄虚作假、有欺骗行为，但该活动原本就是让职工对宾馆工作提建议、献计策，开门纳谏、言者无过应是此次活动的应有之义，对建言者应有一定程度的包容。故此，即便郑某的建议中存在部分失实或夸大的成分，也不构成《员工手册》中所述的弄虚作假、有欺骗行为，更不构成可以解除劳动关系的理由和依据，不应因此追究建言者的责任，更不应以此为由辞退员工。

风险提示

1. 建议 HR 在实际操作中，不要将规章制度作为劳动合同的附件以履行对劳动者的告知义务，最好将二者分开进行，让员工签收《员工手册签收单》或《员工手册告知书》，并备案保存。

2. 即使用人单位有合法有效的规章制度，在对违纪员工进行处理时，也不要盲目进行，一定要收集相关的证据，包括书证、人证、视听资料等，并根据员工的违纪行为，结合规章制度的具体规定进行处理。如果不知如何处理，最好咨询相关的专业劳动法律师。

3. 若一定要将规章制度作为劳动合同的附件予以体现，建议只列明规章制度的各项名称即可，另外再让员工签收《员工手册签收单》或《员工手册告知书》，并将其备案保存。

法律依据

《最高人民法院关于审理劳动争议案件适用法律若干问题的解释（二）》第16条

第二章
劳动合同的订立

第一节　试用期

第16讲：企业可以反复约定试用期吗？

案例聚焦

王先生在某知名医药公司销售部工作，2013年8月，王先生为期3年的劳动合同到期，公司人力资源部门通知其续签劳动合同，并将其升任为华北区销售总监，但同时规定，新上任的管理人员必须要经过3个月的试用期。

虽然王先生认为续约还要再次约定试用期不合理，但为了升职加薪，就同意与公司续签了为期3年的劳动合同，并约定了3个月的试用期。之后，由于王先生在工作中出现了较大的失误，公司在试用期即将结束前，以王先生在试用期内的表现不符合录用条件为由与之解除劳动合同。王先生感到很委屈，经过咨询律师得知同一用人单位续签劳动合同时再次约定试用期的做法是违法的，于是向北京市某区仲裁机构提起了仲裁。

仲裁委员会经审理认为，某知名医药公司反复约定试用期，并以王先生在试用期内的表现不符合录用条件为由与之解除劳动合同的做法是违法的，属于违法解除劳动合同，裁决某知名医药公司向王先生支付违法解除劳动合同的赔偿金。

实操技巧

试用期是指用人单位和劳动者建立劳动关系后为相互了解、选择而约定的不超过6个月的考察期。《劳动合同法》之所以规定试用期，是因为一方面，用人单位可以利用试用期制度考察和遴选适合本企业工作岗位的劳动者，维护自己的利益；另一方面，劳动者也可以通过试用期对用人单位的工作内容、劳动条件和劳动报酬、企业文化等进行必要的了解，以确定自己是否继续在该企业工作。针对用人单位能否反复约定试用期的问题，分析如下：

一、在劳动合同中约定试用期的作用

约定试用期主要有以下作用：第一，规范人力资源操作流程，为用人单位节约人力、财力成本。用人单位对于新录用的劳动者设置试用期，其目的就是全面考察和遴选适合企业发展需求和符合工作岗位要求的劳动者，以维护企业的利益，节约人力、财力成本。第二，有助于员工尽快了解企业文化，融入工作氛围，留住人才。劳动者可以在试用期内更好地了解企业文化，融入工作氛围，用人单位也可以通过试用期尽快发掘人才，并通过提前转正等方式，挽留符合企业发展需求的人才。第三，试用期内可随时行使劳动合同解除权，无提前通知义务。用人单位在试用期内，一旦发现劳动者不符合企业的要求或违反企业的规章制度，可以以其不符合录用条件为由，与其解除劳动合同；当然，劳动者如果发现企业不适合自己的发展，也可以提前 3 天告知用人单位，与其解除劳动合同。第四，试用期内解除劳动合同无须支付任何经济成本。用人单位在试用期内以员工不符合录用条件为由解除劳动合同，其前提是必须有向员工公示告知明确的录用条件及员工不符合录用条件的相关书面证据，一旦条件成立，用人单位即可解除劳动合同，无须向劳动者支付经济补偿金。第五，可排除禁止解除条款的适用。根据《劳动合同法》的规定，劳动者患病或者非因工负伤，在规定的医疗期内的，或者女职工在孕期、产期、哺乳期的，用人单位不得与其解除劳动合同。但是，如果上述特殊员工在试用期内严重违反用人单位的规章制度或不符合用人单位的录用条件，用人单位仍可行使单方解除权，这样就可以排除《劳动合同法》中一些禁止解除条款的适用。

二、关于试用期的法律规定

目前，试用期已经在企业用工中被广泛应用，《劳动合同法》也对试用期作出了较为明确的规定：

（一）对试用期期限的限制

用人单位可以根据岗位需求和劳动者的实际情况来确定劳动合同期限的长短。根据《劳动合同法》的规定，劳动合同期限的长短，决定了试用期期限的长短，二者之间是密切相连的。《劳动合同法》第 19 条第 1 款规定：劳动合同期限 3 个月以上不满 1 年的，试用期不得超过 1 个月；劳动合同期限 1 年以上不满 3

年的，试用期不得超过 2 个月；3 年以上固定期限和无固定期限的劳动合同，试用期不得超过 6 个月。具体分析详见下表：

劳动合同期限	试用期期限
以完成一定工作任务为期限	不得约定试用期
劳动合同期限 <3 个月	
3 个月≤劳动合同期限 <1 年	试用期≤1 个月
1 年≤劳动合同期限 <3 年	试用期≤2 个月
劳动合同期限≥3 年	试用期≤6 个月

注：根据《民法典》第 1259 条的规定，民法所称的“以上”“以下”“以内”“届满”，包括本数；所称的“不满”“超过”“以外”，不包括本数。由此可知，如果劳动合同的期限为 3 年，试用期限最长可以约定为 6 个月；如果劳动合同的期限为 1 整年，试用期限最长可以约定为 2 个月。HR 在与劳动者签订劳动合同时，一定要算准日期，千万不要约定期限为 1 年零 1 天或 3 年零 1 天的劳动合同。

（二）对试用期次数的限制

根据《劳动合同法》第 19 条第 2 款的规定，同一用人单位与同一劳动者只能约定一次试用期。试用期对于用人单位来说，主要是考核员工是否符合本企业用人的基本要求，是否适合本企业工作岗位的需要。因此，用人单位不得反复约定试用期。比如，员工 A 与 B 公司解除劳动合同，时隔 3 年后，员工 A 又再次回到 B 公司工作，即使员工 A 的工作岗位与原来的工作岗位不同，B 公司也不得与其再次约定试用期。

（三）劳动者试用期考核不合格能否延长试用期

《劳动合同法》第 19 条第 1 款规定了试用期期限的上限，如果劳动者在试用期内达不到用人单位的要求，用人单位可根据《劳动合同法》第 39 条第 1 项的规定，以劳动者在试用期期间不符合录用条件为由解除劳动合同，但不得延长试用期。用人单位延长试用期的，属于违法约定试用期。但是，在实务操作中，有很多用人单位与劳动者签订的劳动合同中约定的试用期期限并未达到法律规定的上限，比如，用人单位与劳动者签订了 3 年期限的劳动合同，合同中约定试用期为 3 个月，并没有达到 6 个月的上限，那么，用人单位可否在 3 个月试用期满后以劳动者不符合录用条件为由再次延长试用期至 6 个月呢？根据司法实践经验，如果用人单位与劳动者约定的试用期届满后，用人单位再次延长试用期的，属于再次约定试用期的情形，违反了“同一用人单位与同一劳动者只能约定一次试用期”的规定，属于违法约定试用期。

三、违法约定试用期的法律后果

根据《劳动合同法》第83条的规定，用人单位违反本法规定与劳动者约定试用期的，由劳动行政部门责令改正；违法约定的试用期已经履行的，由用人单位以劳动者试用期满月工资为标准，按已经履行的超过法定试用期的期间向劳动者支付赔偿金。比如，A公司与员工B签订1年期限的劳动合同，约定试用期为3个月，月工资为3500元。试用期满，A公司以员工B在试用期期间不符合录用条件为由，与其解除劳动合同，则A公司应向员工B支付违法约定试用期的赔偿金3500元。

在本讲案例中，医药公司在与王先生签订劳动合同时，存在两个明显的违法行为，一是反复约定试用期；二是以不符合录用条件为由与王先生解除劳动合同。《劳动合同法》明确规定，同一用人单位与同一劳动者只能约定一次试用期，虽然王先生在续签劳动合同时工作岗位发生变动，但其与医药公司的劳动关系并没有发生变化，不能重复约定试用期。因此，第二次签订的劳动合同中，医药公司与王先生约定二次试用期的条款无效，医药公司应支付相应的赔偿金。

风险提示

1. 企业在与劳动者签订劳动合同时，约定的试用期期限应符合法律规定，千万不要超期约定试用期，更不得反复约定试用期。企业应当根据劳动者具体情况、岗位需求、劳动合同期限，有针对性地设置试用期，以避免相应的法律风险，防止给企业带来不必要的经济损失。

2. 用人单位不得只与劳动者签订试用期合同。根据法律规定，劳动合同仅约定试用期的，视为没有约定试用期，试用期合同将被视为一次固定期限的劳动合同。

3. 企业与新员工约定试用期时，一定要采用书面形式，在劳动合同中予以体现。以口头形式约定试用期的，将被认定为没有约定试用期，劳动者可主张用人单位支付工资差额或以用人单位克扣工资为由提出解除劳动合同，要求用人单位支付经济补尝金。

法律依据

《劳动合同法》第19、83条

第 17 讲：企业录用退役军人是否可以约定试用期?

案例聚焦

林某于2018年6月从某部队复员后，自主就业被某信息公司录用。双方在签订劳动合同时，就能否约定试用期产生了分歧。

林某认为，自己在部队服役已经8年，复员到地方参加工作，单位不应该再约定试用期。公司则认为，林某是公司新招收的职工，根据《劳动合同法》的规定，在初次签订劳动合同时公司有权与劳动者约定试用期。为此，双方产生争议。

实操技巧

退役军人，指退出现役的军人，包括转业军人、复员军人、退伍军人等。退役军人是特殊群体，在维护国家安全和人民利益等方面作出了巨大的贡献，应当在就业等方面给予其一定的优待。关于退役军人就业能否约定试用期，以及退役军人军龄能否累计计算为工龄等问题，在司法实践中也存在一定的争议。笔者结合实际情况，作如下分析：

一、用人单位在接收退役军人时能否约定试用期

试用期是指用人单位和劳动者相互了解、相互适应的考察期。根据《劳动合同法》第19条的规定，新录用的劳动者符合下列情形之一的，不得约定试用期：一是劳动合同期限不满3个月的；二是签订以完成一定工作任务为期限的劳动合同的；三是约定过试用期的职工离职后，又重新入职的；四是签订非全日制劳动合同的。退役军人显然不属于上述四种情形。根据《退役士兵安置条例》第3条的规定，国家建立以扶持就业为主，自主就业、安排工作、退休、供养等多种方式相结合的退役士兵安置制度，妥善安置退役士兵。由此可知，对于退役军人的安置方式主要分为三类：（1）自主就业。义务兵和服现役不满12年的士官退出现役的，由人民政府扶持自主就业。对自主就业的退役士兵，由部队发给一次性退役金。（2）安排工作。《退役士兵安置条例》第29条规定：“退役士兵符合下列条件之一的，由人民政府安排工作：（一）士官服现役满12年的；（二）服现役期间平时荣获二等功以上奖励或者战时荣获三等功以上奖励的；（三）因战致残被评定为5级至8级残疾等级的；（四）是烈士子女的。”（3）退休与供养。

《退役士兵安置条例》第41条第1款规定："中级以上士官符合下列条件之一的，作退休安置：（一）年满55周岁的；（二）服现役满30年的；（三）因战、因公致残被评定为1级至6级残疾等级的；（四）经军队医院证明和军级以上单位卫生部门审核确认因病基本丧失工作能力的。"同时，被评定为1级至4级残疾等级的义务兵和初级士官退出现役的，由国家供养终身。由于退休与供养的退役军人已经享受退休待遇，不再受《劳动合同法》的调整，笔者在此不再赘述。那么，自主就业和安排工作的退役士兵，在进入企业工作时是否可以约定试用期呢？《国务院办公厅、中央军委办公厅关于志愿兵、义务兵退出现役到地方工作后工资待遇问题的通知》第3条规定，志愿兵转业、义务兵退伍后，无论分配到何单位、从事何种工作，均不实行学徒期、熟练期、试用期的待遇，直接按上述规定确定工资。如分配的工作与在部队从事的专业不对口，需进行专业技术培训的，其培训期间的工资由所在单位照发。这一规定中提到"分配"，具有国家干预的意思，属于"安排工作"范畴。所以，对于安排工作的退役军人，用人单位不得约定试用期。

对于自主就业的退役军人，《劳动部复关于退伍军人参加工作后的工龄和试用期问题》规定："关于退伍军人参加工作后的工龄计算和是否需要试用期问题，我们认为根据国务院一九五七年七月二十九日议字34号的有关规定，他们在服兵役期间以及超期服役期间的军龄，都可以计算为本工作单位的连续工龄。至于试用期，他们退伍后直接由国家统一分配工作的，不需要试用期；如果退伍后即还乡，又被企业吸收参加工作的，根据我部一九五九年十二月五日发各地试行的《关于劳动力招收和调配的若干规定》的通知规定，一般应是合同工，也不需要试用期。"虽然这一文件出台的时间比较久远，但并未被废止，仍然有效。所以，用人单位招用自主就业的退役军人也不得约定试用期。

二、退役军人的军龄是否应当累计计算为工龄

所谓工龄，就是劳动者在用人单位工作的年限，分为社会工龄和企业工龄。军龄，是指军人在部队服役的年限。

根据《兵役法》第64条的规定，军人服现役年限计算为工龄，退出现役后与所在单位工作年限累计计算。《退役士兵安置条例》第37条规定，由人民政府安排工作的退役士兵，服现役年限和符合本条例规定的待安排工作时间计算为工龄，享受所在单位同等条件人员的工资、福利待遇。同时，《关于进一步加强由政府安排工作退役士兵就业安置工作的意见》关于落实岗位待遇的规定中明确，退役士兵享受所在单位正式员工同工龄、同工种、同岗位、同级别待遇。军龄10

年以上的，接收的企业应当与其签订无固定期限劳动合同，接收的事业单位应当与其签订期限不少于3年的聘用合同。任何部门、行业和单位不得出台针对退役士兵的歧视性措施，严禁以劳务派遣等形式代替接收安置。

因此，根据上述法律的规定，退役军人在部队服役期间的军龄应当累计计算为本单位的工龄，在计算其未休年休假等涉及工作年限时，应当累计计算。

三、退役军人的军龄是否作为计算经济补偿金的工作年限

根据《劳动和社会保障部办公厅关于复转军人军龄及有关人员工龄是否作为计算职工经济补偿金年限的答复意见》规定，“按照《中华人民共和国兵役法》和中共中央、国务院、中央军委《军队转业干部安置暂行办法》（中发〔2001〕3号）第三十七条以及国务院、中央军委《关于退伍义务兵安置工作随用人单位改革实行劳动合同制度的意见》（国发〔1993〕54号）第五条规定，军队退伍、复员、转业军人的军龄，计算为接收安置单位的连续工龄……因此，企业与职工解除劳动关系计发法定的经济补偿金时，退伍、转业军人的军龄应当计算为‘本单位工作年限’”。

风险提示

1. 根据《关于进一步加强由政府安排工作退役士兵就业安置工作的意见》的规定，用人单位在接收退役军人时，军龄10年以上的，接收的企业应当与其签订无固定期限劳动合同，接收的事业单位应当与其签订期限不少于3年的聘用合同，退役军人与其他员工享受相同的待遇。

2. 用人单位不得对退役军人的就业安置实施歧视性措施，严禁以劳务派遣等形式代替接收安置。

3. 退役军人在工作中也应当遵守用人单位的各项规章制度，如有违反的，用人单位可以依据制度的规定对其作出处理，但要注意证据的留存。

法律依据

《劳动合同法》第19条；《退役士兵安置条例》第3条

第 18 讲：企业应当给处于试用期期间的员工缴纳社会保险吗？

案例聚焦

2013 年 4 月 11 日，北京某文化公司与张某签订劳动合同书，期限为 3 年，自 2013 年 4 月 11 日起至 2016 年 4 月 11 日止，试用期自 2013 年 4 月 11 日起至 2013 年 7 月 10 日止，工资为每月人民币 10000 元，职位为副总经理。

张某入职后，因考虑到在北京购车买房需要有缴纳社会保险满 5 年的记录，多次催促北京某文化公司为其缴纳社保，但北京某文化公司一直没有为其办理社保的转移和缴纳手续。2013 年 8 月 6 日，张某以邮寄方式向北京某文化公司送达《被迫解除劳动合同通知书》，以北京某文化公司未为其缴纳社会保险为由，提出自 2013 年 8 月 6 日起被迫解除劳动关系。

随后，张某向北京市某区劳动仲裁委员会申请仲裁，要求北京某文化公司支付解除劳动关系的经济补偿金 5000 元。最终，仲裁委认定北京某文化公司未依法为张某缴纳社会保险，故张某以此为由向北京某文化公司提出解除劳动关系并要求支付经济补偿金，理由正当，依法予以支持。

实操技巧

《劳动合同法》自 2008 年颁布实施以来，仍然有不少企业为了降低用工成本、减少费用支出，拒绝为劳动者缴纳社会保险，因为企业不为劳动者缴纳社会保险而产生的纷争越来越多。用人单位对于所有员工，包括试用期内的员工，都应及时缴纳社会保险，否则就是违法的，存在一系列的法律风险。

一、用人单位应当给试用期的员工缴纳社会保险

根据《劳动合同法》的相关规定，试用期期间包含在劳动合同的期限内。前文已经说过，试用期只是用人单位对劳动者的一个考察期，不但要签订劳动合同，而且试用期的约定也不得违反法律规定。同时，《劳动合同法》第 38 条明确规定，在劳动关系存续期间，用人单位应当依法为劳动者缴纳社会保险。因此，用人单位对于处于试用期的员工，仍应承担为其依法缴纳社会保险的法定义务。

二、试用期期间不为员工缴纳社会保险的法律风险

当前，用人单位在试用期期间不给员工缴纳社会保险，仍是一种很常见的社会现象，一旦因此而发生争议，用人单位将处于败诉的地位。

（一）劳动者可以提出解除劳动合同，并要求支付经济补偿金

根据《劳动合同法》第38条第1款第3项的规定，用人单位未依法为劳动者缴纳社会保险费的，劳动者可以解除劳动合同。这是法律赋予劳动者的单方解除劳动合同的权利。《社会保险法》第58条规定，用人单位应当自用工之日起30日内为其职工向社会保险经办机构申请办理社会保险登记。未办理社会保险登记的，由社会保险经办机构核定其应当缴纳的社会保险费。由此可见，用人单位应当在员工入职30日内向社会保险经办机构申请办理社会保险登记，为其缴纳社会保险，这是用人单位的法定义务。如果用人单位没有为其员工办理社保缴纳手续，劳动者可依据《劳动合同法》第38条的规定，向用人单位提出解除劳动合同，并要求用人单位支付经济补偿金，此时解除劳动合同，劳动者无需提前30日告知。

（二）试用期内员工发生工伤、生育时，企业需承担赔偿责任

一般情况下，只要用人单位为劳动者缴纳了社会保险，如果员工存在工伤、医疗、生育等情形时，所产生的医疗费、伤残补助金等费用，可以根据《社会保险法》的相关规定，由社会保险基金来承担。如用人单位没有为劳动者缴纳社会保险，劳动者在试用期或者在劳动合同履行期间发生工伤、医疗、生育等情形时，所产生的一切费用都应当由用人单位承担，这样将会给用人单位带来巨额的赔偿责任和巨大的经济支出，不利于用工成本的控制。

（三）用人单位将面临补缴社会保险及行政处罚的法律风险

如果用人单位不为试用期员工缴纳社会保险，一旦员工到社保稽核部门进行投诉要求补缴，社会保险费征收机构将会责令用人单位限期缴纳；如果用人单位逾期仍未缴纳的，社会保险费征收机构可以向银行和其他金融机构查询其存款账户，并可以申请县级以上有关行政部门作出划拨社会保险费的决定，书面通知其开户银行或者其他金融机构划拨社会保险费。社会保险费征收机构还可以申请人民法院扣押、查封、拍卖用人单位的价值相当于应当缴纳社会保险费的财产，以拍卖所得抵缴社会保险费。另外，社会保险费征收机构有权对用人单位自欠缴之日起，按日加收万分之五的滞纳金；逾期仍不缴纳的，由有关行政部门处欠缴数额一倍以上三倍以下的罚款。

在上述案例中，张某以北京某文化公司未为其缴纳社会保险为由，提出被迫解除劳动关系的做法，符合法律的规定，仲裁委作出的裁决也是正确的。

风险提示

1. 用人单位应及时为试用期员工缴纳社会保险，千万不要存在侥幸心理。

2. 对于新入职的员工，要及时书面通知其提供办理社会保险所需的材料或办理社会保险转移手续，如员工拒绝办理或拖延不办的，要及时根据规章制度作出处理，并注意书面证据的收集。

3. 要求试用期员工签订《放弃社保声明书》的行为属于无效，不能规避不缴纳社会保险的风险；员工要求用人单位将个人承担的社保部分以现金发放给个人，个人声明不缴纳社会保险的行为亦属于无效。

法律依据

《劳动合同法》第38条；《社会保险法》第63条

第19讲：劳动者在试用期期间进入医疗期该如何处理？

案例聚焦

2014年3月10日，王某与北京某科技公司签订了3年期的劳动合同，约定试用期为3个月。在试用期内，王某的右眼被诊断为急性黄斑出血，随即医院开出病假单。3个月过去了，王某的病情仍未好转，而且王某的岗位是游戏制作，视力不行，很难按要求上岗。鉴于王某的实际情况，公司在王某医疗期结束后与其解除了劳动关系。随后，王某将北京某科技公司告上仲裁庭，要求公司支付医疗补助费。公司认为已支付了经济补偿金，不应再支付医疗补助费。

仲裁委经审理认为，王某患病在家休养，公司给予了3个月的医疗期并无不妥。医疗期结束后，王某仍不能从事公司安排的工作，公司可以与王某解除劳动合同，但同时，公司还应该支付医疗补助费。

实操技巧

医疗期，是指劳动者在劳动合同期限内患病或非因工负伤，依法享有的停止工作、治疗休息的时间。那么，试用期内的员工是否享有和正式员工一样的医疗期待遇？答案是肯定的。

一、员工即使在试用期内也应当享受医疗期等待遇

（一）关于病假与医疗期问题

病假，是指劳动者本人因患病或非因工负伤，需要停止工作进行就医治疗时，向用人单位提交由医生出具的《诊断证明书》，用人单位准许休息一定时间的手续。医疗期是企业职工因患病或非因工负伤停止工作、治病休息且用人单位不得解除劳动合同的时限。根据《企业职工患病或非因工负伤医疗期规定》的规定，企业职工因患病或非因工负伤，需要停止工作医疗时，根据本人实际参加工作年限和在本单位工作年限，给予3个月到24个月的医疗期（如下表所示）。

实际工作年限	10年以下		10年以上				
本单位工作年限	5年以下	5年以上	5年以下	5—10年	10—15年	15—20年	20年以上
医疗期月数	3	6	6	9	12	18	24

注：1. 医疗期3个月的按6个月内累计病休时间计算；6个月的按12个月内累计病休时间计算；9个月的按15个月内累计病休时间计算；12个月的按18个月内累计病休时间计算；18个月的按24个月内累计病休时间计算；24个月的按30个月内累计病休时间计算。

2. 医疗期计算应从病休第一天开始累计计算。如：应享受3个月医疗期的职工，如果从2015年3月5日起第一次病休，那么，该职工的医疗期应在3月5日至9月5日之间确定，在此期间累计病休3个月即视为医疗期满。其他依此类推。另外，员工的病休期间，公休、假日和法定节日包括在内。

试用期包含在劳动合同期限内，试用期内员工也与用人单位建立了正式的劳动关系。劳动者在试用期内患病或非因工负伤，也享有医疗期的权利。根据上述规定可知，试用期员工的医疗期根据其实际参加工作年限确定，可以享受的医疗期为3个月或更长。

（二）医疗期的待遇

员工在医疗期内，用人单位除应同意员工休息治疗外，还应给予员工病假工资。《劳动部关于贯彻执行〈中华人民共和国劳动法〉若干问题的意见》规定，职工患病或非因工负伤治疗期间，在规定的医疗期间内由企业按有关规定支付其病假工资或疾病救济费，病假工资或疾病救济费可以低于当地最低工资标准支付，但不能低于最低工资标准的80%。由此可知，劳动者在医疗期内，用人单位应当按照相关规定或劳动合同、集体合同的约定向其支付病假工资；如果对于病假工资没有约定的，用人单位向劳动者支付的病假工资不得低于用人单位所在地最低工资标准的80%。

二、用人单位在医疗期内不得解除或终止劳动合同

根据《劳动合同法》第42条第3项的规定，劳动者患病或者非因工负伤，在规定的医疗期内的，用人单位不得以提前30日以书面形式通知劳动者本人或

者额外支付劳动者一个月工资的方式，解除劳动合同。因此，劳动者在试用期内，用人单位依据已向劳动者进行公示告知的录用条件，结合考核结果，可以以劳动者在试用期不符合录用条件为由，与其解除劳动合同。但是，一旦劳动者在试用期患病或者非因工负伤进入医疗期的，用人单位不得与劳动者解除劳动合同。劳动者的医疗期未满，即使试用期届满的，用人单位也不得解除劳动合同，必须为劳动者办理转正手续；待医疗期满后，劳动者经考核不能从事原工作，也不能从事另行为其安排的工作的，用人单位方可与其解除劳动合同。

如果劳动者仍处在医疗期内，但此时其劳动合同到期的，用人单位也不得以劳动合同到期为由，与其终止劳动合同。用人单位应当提前 30 日书面告知劳动者，劳动合同到期不再续签，即如劳动者处在法定医疗期内，劳动合同续延至医疗期结束。

三、用人单位在医疗期满后解除或终止劳动合同需支付经济补偿金和医疗补助金

根据《劳动合同法》第 40 条第 1 项的规定，劳动者患病或者非因工负伤，在规定的医疗期满后不能从事原工作，也不能从事由用人单位另行安排的工作的，用人单位可以提前30 日以书面形式通知劳动者本人或者额外支付劳动者一个月工资的方式，解除劳动合同。另外根据《劳动部关于实行劳动合同制度若干问题的通知》，劳动者患病或者非因工负伤，合同期满终止劳动合同的，用人单位应当支付不低于 6 个月工资的医疗补助费；对患重病或绝症的，还应适当增加医疗补助费。《劳动部办公厅关于对劳部发〔1996〕354 号文件有关问题解释的通知》中规定，《劳动部关于实行劳动合同制度若干问题的通知》中规定的“劳动者患病或者非因工负伤，合同期满终止劳动合同的，用人单位应当支付不低于 6 个月工资的医疗补助费”，是指合同期满的劳动者终止劳动合同时，医疗期满或者医疗终结被劳动鉴定委员会鉴定为 5—10 级的，用人单位应当支付不低于六个月工资的医疗补助费。鉴定为 1—4 级的，应当办理退休、退职手续，享受退休、退职待遇。

当然，如果用人单位在医疗期内，就迫不及待地与劳动者解除劳动合同的，属于违法解除，此时劳动者主张用人单位支付违法解除的赔偿金，且没有进行劳动能力鉴定的，将不符合发放医疗补助费的条件。因为用人单位已经为其违法解除劳动合同付出了代价，无需再向劳动者支付医疗补助费。

风险提示

1. 用人单位在与劳动者建立劳动关系后，应当及时为劳动者缴纳社会保险；

医疗保险是确保劳动者在受伤、患病等情况下能依法享受基本医疗的保障；如果用人单位未依法为劳动者缴纳社会保险致使劳动者无法享受医疗保险待遇，用人单位应当赔偿劳动者由于无社会保险而造成的医疗待遇等损失。

2. 用人单位在录用劳动者时，应当严格依照本单位实际和岗位的要求来设置录用条件，录用条件是用人单位在试用期内行使解除劳动合同权利的最重要的依据之一。

3. 为了避免一些本来可以预防的劳动者在试用期即进入医疗期的尴尬状况，应当设置体检流程，把控员工的身体条件。

4. 如果劳动者因为身体状况进入医疗期，为了便于管理员工，可以与患病员工签订《医疗期协议》，约定医疗期的期限、病假工资的支付标准、福利待遇的给付、社会保险的缴纳、劳动合同的变更、解除和终止、劳动能力的鉴定等。

法律依据

《劳动合同法》第21、40条

第20讲：女员工在试用期怀孕的，用人单位能否与其解除劳动合同?

案例聚焦

姜某于2014年3月1日入职某设计公司，职务为设计师，并在入职当天填写了《入职登记表》，签订了《劳动合同书》，同时还签收了《录用条件告知书》《员工手册》。双方约定的合同期限为3年，其中试用期为3个月。姜某在试用期内工作效率低下，设计出来的图纸多次出现差错，而且还经常无故缺勤，不请假，其行为严重违反公司的规章制度，影响了公司业务的正常开展。

当公司领导找到姜某谈话时，姜某却向领导出示了自己已被检查出怀孕的报告单，并提出休病假的要求。此种行为让领导很不高兴，领导将情况告知了人事部门。2014年5月12日，某设计公司以姜某在试用期内不符合公司的录用条件为由，与其解除了劳动合同。姜某对此不服，以自己已怀孕不能解除劳动合同为由向劳动仲裁委员会申请仲裁，要求撤销某设计公司解除劳动合同的决定，继续履行原劳动合同。

劳动仲裁委员会经审理认为，虽然姜某在试用期内怀孕，但是其在试用期内的考核达不到公司的录用要求，某设计公司以姜某在试用期内不符合公司的录用条件为由，与其解除劳动合同的做法是正确的，属于合法解除，遂依法驳回了姜某的仲裁请求。

实操技巧

在试用期内又涉及劳动者“三期”的问题，在现实中是经常存在且让 HR 难以处理的问题，用人单位在处理该类问题时稍有不慎，就会被认定为违法解除劳动合同，给后续的员工管理带来负面效应。因此，与在试用期内怀孕的女职工解除劳动合同，需要综合考虑法律依据、具体的录用条件、举证责任、法律后果等相关因素，不可盲目进行操作。

一、用人单位在试用期内解除不符合录用条件的“三期”女职工的劳动合同，须具有法律依据

根据《劳动合同法》第 39 条的规定，试用期内劳动者被证明不符合录用条件的，用人单位可以解除劳动合同。这里的“劳动者”包含“三期”女职工。因此，用人单位在解除与不符合录用条件的“三期”女职工的劳动合同时，必须要有明确具体的法律依据，千万不能因为女职工在试用期内怀孕，就以怀孕作为不符合录用条件的理由与其解除劳动合同。另外，如果用人单位没有设定具体的试用期录用条件等考核标准，对于试用期内怀孕的女职工，就不可以与其解除劳动合同。

二、用人单位须对试用期内的“三期”女职工录用条件的设定与考核承担举证责任

所谓“录用条件”，在前文中已经进行了论述，简单地说，录用条件是指用人单位确定所要聘用的劳动者的最终条件，属于要约，一旦与劳动者达成一致，则成为试用期内进行考核的依据。用人单位可以在与劳动者签订劳动合同的同时约定录用条件，并依此对劳动者进行考核。用人单位在进行试用期考核时，一定要客观地反映员工的真实表现，作出客观评价，不可随意而为之，更不可做出对他人人身攻击、语言侮辱的行为等。

三、用人单位违法解除“三期”女职工劳动合同的法律后果

根据《劳动合同法》第 48 条的规定，用人单位违反规定解除或终止劳动合同，劳动者要求继续履行劳动合同的，用人单位应当继续履行；劳动者不要求继续履行劳动合同或者劳动合同已经不能继续履行的，用人单位应当依照经济补偿标准的二倍向劳动者支付赔偿金。但在司法实践中，处在试用期的劳动者工作时间较短，无论其月工资数额的高低，如用人单位在理由不充足的情况下解除劳动合同，劳动者一般都会选择要求继续履行劳动合同。

因此，在上述案例中，虽然姜某在试用期内怀孕，但是其并没有履行相应的请假手续，违反用人单位的规章制度，工作中也经常出现差错。况且，姜某在入职时已经签收了《录用条件告知书》。某设计公司以姜某在试用期内不符合公司的录用条件为由，与其解除劳动合同的做法是没有问题的。相反，如果该公司没有相应的录用条件，以姜某在试用期怀孕为由，与其解除劳动合同，则属于违法解除。

风险提示

1. 对于处在孕期、产期、哺乳期的女职工在合同约定的试用期内被发现不符合录用条件的，用人单位可以与其解除劳动合同。但是，用人单位必须在劳动者入职时或劳动合同中明确录用条件，并向劳动者公示告知，最好保存劳动者签收的书面证据。

2. 用人单位在处理与“三期”女职工的劳动关系时，要充分了解和遵守有关“三期”女职工劳动保护的法律法规，尤其是涉及解除劳动合同时，需三思而后行，否则，用人单位将承担违法解除劳动合同的不利法律后果。另外，“三期”女职工也要遵守法律法规、用人单位的规章制度及合同约定的义务，否则即使在“三期”内也同样存在被合法解除劳动合同的可能。

3. 如果女职工在试用期内怀孕的，用人单位不得滥用录用条件来进行考核，该转正的就应当办理转正手续，享受“三期”待遇；如果怀孕女职工被证明不符合录用条件的，也应当及时地在试用期内作出处理。一旦超出试用期，无论其试用期考核是否合格，用人单位均不得以“不符合录用条件”为由解除劳动合同。

法律依据

《劳动合同法》第 21、39、48 条

第 21 讲：企业能向在试用期辞职的劳动者主张违约责任吗？

案例聚焦

2014 年 5 月，黄某经应聘到北京某软件公司担任软件设计主管一职，双方签订了一份为期 3 年的劳动合同，并约定试用期为 6 个月。试用期刚过 1 个月，黄某的工作能力就得到了公司高层的认可，因此公司决定派其到清华大学参加为期3个月的软件开发高级项目培训，培训的一切费用由公司承担，双方并为此签订了一份服务期协议，约定服务期限为5年，若黄某提前解约，需向公司支付与培训费相当的违约金5万元。经过培训，黄某的软件开发水平又上了一个台阶。在培训期间，黄某结识了另外一家软件公司的副总，二人相谈甚欢，该副总极力邀请黄某到他所在的公司工作，承诺薪水也比之前有大幅度的提高。黄某完成培训后，回到公司不久便提出辞职。公司在接到黄某的辞职信之后提出，根据双方签订的服务期协议，黄某需支付5万元违约金后，公司方能为其办理离职手续。黄某则认为自己在试用期内，有权随时提出辞职。随后，公司申请了仲裁，要求黄某支付违约金5万元。仲裁委没有支持公司的请求，公司不服，向法院起诉。一审法院经审理，依法驳回了北京某软件公司的诉讼请求。

实操技巧

根据《劳动合同法》的规定，如果用人单位为劳动者提供专项培训费用对其进行专业技术培训的，可以与该劳动者订立书面协议约定服务期。若劳动者违反服务期约定的，应当按照约定向用人单位支付违约金。那么，在上述案例中，公司也是按照法律规定对黄某进行出资培训，为何在仲裁及诉讼中均以败诉而告终呢？这里再一次涉及试用期的问题。对此，可以从以下几个方面进行解答：

一、用人单位可以要求劳动者支付违约金的情形

根据《劳动合同法》的规定，用人单位可以要求劳动者支付违约金的情形，主要包括以下两种：

（一）用人单位出资对劳动者进行专项技术培训，并约定服务期的

如果用人单位为劳动者提供了专项培训费用，并对其进行专业技术培训，可以与该劳动者订立书面的培训协议，约定一定期限的服务期，双方应当遵循诚实信用的原则，依约履行义务。如果劳动者在服务期限内提出解除劳动合同的，会给用人单位造成潜在既得利益的损失，甚至是打乱公司内部相关的计划安排，应当按照培训协议的约定向用人单位支付一定数额的违约金。劳动者向用人单位支付违约金的数额不得超过用人单位提供的培训费用，即不得超过约定服务期尚未履行部分所应分摊的培训费用。具体计算公式为：

违约金 = 培训费用总额 ×（1 - 已履行服务期年限/服务期年限）

（二）用人单位与劳动者之间约定竞业限制的

用人单位可以与高级管理人员、高级技术人员和其他负有保密义务的人员在

劳动合同或者保密协议中约定竞业限制条款，或者签订竞业限制协议，约定在解除或者终止劳动合同后，用人单位在竞业限制期限内按月给予劳动者经济补偿，如果劳动者违反竞业限制约定的，应当按照约定向用人单位支付违约金。违约金的数额由双方进行约定，但不宜过高，否则会因显失公平而被判酌定支付。

二、用人单位对试用期员工出资培训的法律风险

试用期员工还处在用人单位的考察阶段，至于其是否符合用人单位的录用标准，需要经过一段时间的考核来认定。对于处在试用期的员工，可以让其参加公司内部组织的各类培训，让其尽快掌握工作技巧，熟悉公司的内部环境及发展状况，让其快速成长，但不宜出资让其参加公司外部的专项技术培训。试用期毕竟是劳资双方的磨合期，是否可以正式按照劳动合同的约定履行各自的权利义务，有待进一步考核。故笔者不建议用人单位对试用期的员工进行出资培训，以避免因员工违背诚信而遭受经济损失。

三、用人单位对试用期员工离职的法律风险控制

（一）劳动者在试用期提出解除劳动合同的

根据《劳动合同法》第 37 条的规定，劳动者在试用期内提前 3 日通知用人单位，可以解除劳动合同。这是法律赋予劳动者的在试用期单方解除劳动合同的权利，只要劳动者提前 3 日以书面形式告知用人单位即可解除劳动合同，不受其他条件的限制，如服务期等。

所以，劳动者如果在试用期提出解除劳动合同的，用人单位应当根据法律规定及时为其办理相应的离职手续，没必要以各种理由刁难劳动者。如果因为用人单位未能及时向劳动者出具离职证明，造成劳动者无法及时再就业的，用人单位还需承担相应的赔偿责任。

（二）用人单位在试用期提出解除劳动合同的

如果用人单位在试用期内认为劳动者不符合录用条件的，可以与劳动者解除劳动合同，且无需支付经济补偿金。但是，用人单位应当注意，在试用期解除劳动合同必须要有充足的证据证明已向劳动者公示告知录用条件，并且在试用期内提出，否则就是违法解除劳动合同。

风险提示

1. 不可盲目地在试用期出资对员工进行培训，若确因工作需要进行培训的，可以提前对试用期员工进行转正，签订培训协议，再行出资培训。

2. 试用期法律风险防范要点：（1）不能超期约定；（2）不能口头约定；（3）不

能重复约定试用期；（4）不能仅单独签订试用期合同；（5）需参加社保；（6）不能随时解雇；（7）需书面约定录用条件且向劳动者告知；（8）试用期应避免出资培训；（9）以不符合录用条件解除劳动合同必须在试用期内作出决定，超出试用期无效。

法律依据

《劳动合同法》第22、37条

第二节 固定期限劳动合同

第22讲：停薪留职下岗内退人员能与新单位建立劳动关系吗？

案例聚焦①

李某系富强公司职工，双方签订有无固定期限劳动合同。因为企业经营的原因，1990年起李某开始在富强公司待岗。李某虽然待岗，但是其与富强公司之间的劳动关系一直存续，且自待岗之日起，富强公司每月向李某支付生活费，并一直为其缴纳社会保险。

2005年9月，李某进入玉林公司工作，并先后三次与该公司签订劳务合同。2011年7月15日，李某在前往玉林公司上班途中发生交通事故。此后因受伤治疗，李某未再到岗工作。2011年10月27日，玉林公司向李某送达解除劳务关系通知书，通知载明因李某长达3个月无法正常工作，严重违反公司规章制度，并以此为由提出与其解除劳务合同。李某为确认工伤，以要求确认与玉林公司之间存在劳动关系为由提出仲裁申请，随后诉至法院。

法院经审理认为李某与玉林公司签订的合同尽管名为劳务合同，但具备劳动合同的性质，故法院认定双方之间存在劳动关系。

① 案例选自2014年7月22日北京市海淀区人民法院发布的《海淀区劳动争议审判情况白皮书》。

实操技巧

中国经济的转型及社会发展等各种因素，致使在劳动关系中存在四种情况比较特殊的人群，即未达到法定退休年龄的内退人员、停薪留职人员、下岗待岗人员、企业经营性停产放长假人员。他们并没有达到法定退休年龄，仍然有能力为社会创造财富，并运用自己的能力养家糊口。对于这四类特殊人群再就业的情形应当如何认定？笔者在此作简要分析：

一、未达到法定退休年龄的内退人员、停薪留职人员、下岗待岗人员、企业经营性停产放长假人员在退休之前与新用人单位属于劳动关系

根据《最高人民法院关于审理劳动争议案件适用法律若干问题的解释(三)》第8条的规定，企业停薪留职人员、未达到法定退休年龄的内退人员、下岗待岗人员以及企业经营性停产放长假人员，因与新的用人单位发生用工争议，依法向人民法院提起诉讼的，人民法院应当按劳动关系处理。由此可见，上述所说的这四类特殊人群，在重新就业之后，与新的用人单位之间建立的是劳动关系，而不是劳务关系。此外，如果这些人员在原来的用人单位继续缴纳社会保险，而又以新的用人单位未为其缴纳社会保险为由，提出解除劳动合同并要求经济补偿金的，均不会得到支持。这也是目前劳动用工中比较特殊的一种情形。在上述案例中，李某与玉林公司之间应当是建立了劳动关系，李某在前往玉林公司上班途中发生交通事故，根据相关规定，应当被认定为工伤。

二、未达到法定退休年龄的内退人员、停薪留职人员、下岗待岗人员、企业经营性停产放长假人员再就业之后，其与原用人之间单位也属于劳动关系

根据上面的分析得知，未达到法定退休年龄的内退人员、停薪留职人员、下岗待岗人员、企业经营性停产放长假人员在退休之前与新用人单位建立的是劳动关系。那么，这四类特殊人群与原来的用人单位之间的关系如何认定呢？一般情况下可以认定为原用人单位与其保持劳动关系，相关待遇依双方的约定。双方未约定或约定不明的，结合国家法律法规和政策、同行业同类型劳动者保护标准，从保护劳动者的基本利益角度和用人单位现实情况进行综合判断。在上述案例中，李某在前往玉林公司上班途中发生交通事故，其被认定为工伤后，相应的工伤待遇应当由玉林公司承担。如果玉林公司与富强公司之间有约定的，按照其约定进行处理。

风险提示

1. HR 在招聘员工时，一定要注意进行入职资格和就业情形的审查，当遇到未达到法定退休年龄的内退人员、停薪留职人员、下岗待岗人员、企业经营性停产放长假人员这四类人员时，也要与其签订劳动合同。

2. 当企业录用未达到法定退休年龄的内退人员、停薪留职人员、下岗待岗人员、企业经营性停产放长假人员这四类人员时，要注意其社会保险的缴纳情况，并要求其写书面声明；如果原单位已经为其缴纳社会保险的，为避免因工伤等情形的发生而面临巨额支出，应当为其缴纳工伤保险及商业保险。

3. 用人单位对待企业内部的所有员工都应当一视同仁，不得进行就业歧视，更不可对未达到法定退休年龄的内退人员、停薪留职人员、下岗待岗人员、企业经营性停产放长假人员等四类人员区别对待，这样不利于企业文化的建设与发展，更不利于企业内部用工的合规性管理。

法律依据

《最高人民法院关于审理劳动争议案件适用法律若干问题的解释（三）》第7、8条

第23讲：企业与劳动者订立缺乏劳动合同必备条款的协议是否存在法律风险？

案例聚焦①

高某于2010年5月19日入职北京某科技公司，并签订协议书约定："甲方（北京某科技公司）职责：承诺乙方（高某）在甲方工作期间的劳动报酬，每月税后12500元人民币，目前每月发放10000元人民币（社会保险、医疗保险等个人承担部分应扣除），剩余部分春节前发放，每年税后保底15万元人民币。乙方职责：高某负责结构专业的设计工作。"2010年7月22日，双方再次签订协议书，将高某劳动报酬提高至每月税后16667元，每月发放12000元，每年税后保底20万元，就其他内容未作变更。

高某认为上述协议书并不符合劳动合同的要求，因此要求北京某科技公司支付未签订劳动合同二倍工资差额。北京某科技公司认为上述协议就高某的岗位职责与工资待遇等作出约定，即系双方间签订的劳动合同，并认可2010年5月19

① 案例改编自张钢成：《劳动争议纠纷诉讼指引与实务解答》，法律出版社2014年版，第112页。

日至2011年3月15日期间高某系与北京某科技公司存在劳动关系。

为此，高某申请仲裁要求北京某科技公司支付未签订劳动合同的二倍工资差额。仲裁裁决没有支持高某的请求。高某不服仲裁裁决结果，向法院提起诉讼。

法院经过审理认为，高某先后于2010年5月19日和7月22日与北京某科技公司签订协议书，该两份协议书均明确载明高某的工资标准，以及负责结构专业的设计工作。上述协议书的内容欠缺《劳动合同法》规定的劳动合同期限、劳动条件等劳动合同的必备要件，故该两份协议书均不能认定为双方之间签订的劳动合同。因此，法院最终确认了双方之间的劳动关系，并判决北京某科技公司向高某支付未签订劳动合同的二倍工资差额。

实操技巧

现行的《劳动合同法》不仅对签订书面劳动合同作出了强制性规定，同时也对劳动合同应当具备的条款进行了明确规定。但是，在司法实践中，还是有很多企业拒绝与劳动者签订书面的劳动合同，或者即使签订了书面的劳动合同，但其内容缺乏劳动合同的必备条款，导致最终被认定为未签订书面劳动合同。因此，对于劳动合同必备条款的重要性，笔者在此予以详叙。

一、完整的劳动合同必须具备《劳动合同法》规定的条款内容

根据《劳动合同法》第17条的规定，劳动合同应当具备以下条款：（1）用人单位的名称、住所和法定代表人或者主要负责人；（2）劳动者的姓名、住址和居民身份证或者其他有效身份证件号码；（3）劳动合同期限；（4）工作内容和工作地点；（5）工作时间和休息休假；（6）劳动报酬；（7）社会保险；（8）劳动保护、劳动条件和职业危害防护；（9）法律、法规规定应当纳入劳动合同的其他事项。劳动合同除前款规定的必备条款外，用人单位与劳动者可以约定试用期、培训、保守秘密、补充保险和福利待遇等其他事项。因此，只要一份书面文件具备上述内容，无论其最终是否冠以“劳动合同”的名称，均可以被认定为劳动合同。也就是说，在判断一份书面文件是否具备劳动合同的性质时，主要判断该书面文件的内容是否足以证明双方的劳动关系，以及明确双方劳动关系的期限、工资标准、工作内容、工作地点等上述必备的基本内容。即使是一份入职登记表，如果里面的内容包括上述规定的劳动合同的必备条款，也可以将其认定为一份合格的劳动合同。反之，若一份书面文件不符合上述法律规定，不具备劳动合同必备条款等实质要件就不应被视为劳动合同。

二、不具备劳动合同必备条款的劳动合同效力的认定

当一份书面文件没有完全具备劳动合同的必备条款，仅就部分内容进行约定，其效力应当如何认定？如劳动合同不具备劳动合同必备条款，不能一概认定为无效。根据《劳动合同法》第18条的规定，劳动合同对劳动报酬和劳动条件等标准约定不明确，引发争议的，用人单位与劳动者可以重新协商；协商不成的，适用集体合同规定；没有集体合同或者集体合同未规定劳动报酬的，实行同工同酬；没有集体合同或者集体合同未规定劳动条件等标准的，适用国家有关规定。

在司法实践中，劳动合同文本一般是由用人单位提供的格式文本，从表面上看，劳动合同的条款内容是双方协商一致订立的，但实际上协商的空间很小。如果一份劳动合同缺少合同期限、工作内容、工作地点等必备条款的，说明劳动合同的双方对建立劳动关系缺乏基本的一致性，劳动合同并未因双方的签字盖章而成立生效，应当认定双方之间签订的书面文件不符合劳动合同的形式要件，不应认定为双方签订的劳动合同。

在上述案例中，虽然两份协议书中均明确载明高某的月工资标准，以及负责结构专业的设计工作等内容，但因协议书的内容欠缺《劳动合同法》规定的劳动合同期限、劳动条件、工作地点、工作条件等劳动合同的必备条款，故均不能认定为双方之间签订的劳动合同。

三、劳动合同不具备必备条款的法律后果

根据《劳动合同法》第81条的规定，用人单位提供的劳动合同文本未载明本法规定的劳动合同必备条款或者用人单位未将劳动合同文本交付劳动者的，由劳动行政部门责令改正；给劳动者造成损害的，应当承担赔偿责任。由此可见，如果一份劳动合同文本不具备劳动合同的必备条款，会导致劳动合同无法成立，如果因此给劳动者造成损失的，用人单位应当承担赔偿责任。

劳动合同文本不具备劳动合同必备条款致使劳动合同无法成立的，并不影响双方之间劳动关系的建立。如果因此而产生纠纷的，很容易因所签文书欠缺《劳动合同法》规定的劳动合同的必备条款，而被认定为双方之间未签订劳动合同，用人单位将承担应签而未签书面劳动合同的二倍工资。

风险提示

1. HR应当注意，劳动合同应当以书面形式订立，并具备劳动合同期限、工作内容、劳动保护和劳动条件、劳动报酬、社会保险等劳动合同法规定的必备条款。

2. 虽然从理论上说，《入职登记表》《录用条件告知书》等法律文书在一定情况下也具备劳动合同的必备条款，但不能因此而认定已经订立书面劳动合同，以避免被认定为未签书面劳动合同，要承担支付二倍工资的法律风险。

3. 一份完整的劳动合同必须具备法律规定的必备条款，但对于每一条款的内容如何规定，这是企业的用工自主权，要根据企业自身情况，结合岗位特点予以约定，不可盲目制定。

法律依据

《劳动合同法》第17、18、81条

第24讲：企业可以拒绝与劳动者签订书面劳动合同吗？

案例聚焦

王某自2014年3月4日至2014年11月30日在某文化发展公司工作，担任办公室文员，在工作期间双方未签订劳动合同。2014年12月2日，王某向劳动争议仲裁委员会申请仲裁，请求裁决某文化发展公司支付其未签订劳动合同的双倍工资。劳动争议仲裁委员会最后裁决某文化发展公司支付王某自2014年4月4日至2014年11月30日未签订劳动合同的双倍工资24000元。

某文化发展公司对仲裁裁决不服，诉至一审法院。诉讼中，某文化发展公司称王某来公司工作时，已经向王某发放了聘任书，实际上就是与王某签订了劳动合同。后来，是因为王某自身的原因没有签订劳动合同。基于此，公司认为未签订书面劳动合同的原因在于王某，公司在王某入职时发放的聘任书即可视为劳动合同，公司不应该承担法律责任。

法院经审理认为，某文化发展公司在2014年3月4日至2014年11月30日与王某的劳动关系存续期间一直未与王某签订劳动合同。某文化发展公司虽认为系王某的原因导致双方未签劳动合同，但未提交有效证据予以证明；某文化发展公司认为聘任书实际上就相当于与王某签订了劳动合同的主张亦无法律依据。故某文化发展公司应支付王某自2014年4月4日至2014年11月30日未签订劳动合同的双倍工资。

一审宣判后，某文化发展公司不服，以一审法院认定事实错误为由，提出上诉。二审法院经过审理认为，某文化发展公司未与劳动者签订书面劳动合同，就应该支付未签订书面劳动合同的双倍工资，原审法院所作判决并无不当，某文化发展公司的上诉理由不能成立，判决驳回上诉，维持原判。

实操技巧

《劳动合同法》实施后，用人单位与劳动者签订劳动合同的比例已经有了明显的上升，但是仍然有很多单位为了降低用工成本、规避法律而故意不与劳动者签订书面劳动合同。究其原因有很多，有用人单位HR遗忘的、有劳动者拒绝签订的、有用人单位对《劳动合同法》不重视而拒绝签订的等，甚至有的用人单位以不签订劳动合同来否认与劳动者之间的劳动关系。上述这些做法均与法律的规定相悖，最终均要承担相应的不利法律后果。

一、劳动合同订立与生效的法律要件

根据《劳动合同法》第10条的规定，建立劳动关系，应当订立书面劳动合同。已建立劳动关系，未同时订立书面劳动合同的，应当自用工之日起一个月内订立书面劳动合同。用人单位与劳动者在用工前订立劳动合同的，劳动关系自用工之日起建立。由此可见，书面形式是劳动合同的唯一合法形式，签订书面劳动合同也是法律的强制性规定。现行的法律不承认口头劳动合同，即使用人单位与劳动者达成口头的劳动合同，也应视为双方之间未订立劳动合同。

根据《劳动合同法》第17条的规定，订立的书面劳动合同应具备以下条款：（1）用人单位的名称、住所和法定代表人或者主要负责人；（2）劳动者的姓名、住址和居民身份证或者其他有效身份证件号码；（3）劳动合同期限；（4）工作内容和工作地点；（5）工作时间和休息休假；（6）劳动报酬；（7）社会保险；（8）劳动保护、劳动条件和职业危害防护；（9）法律、法规规定应当纳入劳动合同的其他事项。劳动合同除前款规定的必备条款外，用人单位与劳动者还可以约定试用期、培训、保守秘密、补充保险和福利待遇等其他事项。一份合法完整的劳动合同必须具备上述条款，否则就会导致合同不成立或视为双方之间未签订劳动合同。在上述案件中，某文化发展公司主张给王某发了聘任书实际上就是与王某签订了劳动合同，不符合法律规定。因为聘任书并不是书面的劳动合同，不具备书面劳动合同的必备条款，更没有替代劳动合同的效力。

根据《劳动合同法》第16条的规定，劳动合同由用人单位与劳动者协商一致，并经用人单位与劳动者在劳动合同文本上签字或者盖章生效。劳动合同文本由用人单位和劳动者各执一份。可见，劳动合同是用人单位与劳动者在协商达成一致基础上签订的，双方一旦签订就必须予以遵守，必须严格依照劳动合同的约定履行各自的权利义务。但是，劳动合同中内容的约定不得违反法律的规定，否则，劳动合同无效。

劳动合同的生效，是指已经成立的劳动合同在用人单位和劳动者之间产生一定的法律约束力。劳动合同成立，是指用人单位和劳动者意思表示一致，建立了劳动合同关系。劳动合同成立是劳动合同生效的前提，但劳动合同生效并不是劳动合同成立的必然结果。根据《劳动合同法》的规定，劳动合同生效必须具备以下几个条件：（1）劳动合同的双方当事人必须具备主体资格。作为用人单位一方必须是企业、个体经济组织、民办非企业单位、国家机关、事业单位或者社会团体等组织，作为劳动者一方必须是年满十六周岁具备劳动能力的公民。（2）劳动合同的内容和形式必须合法，即具备劳动合同必备条款且不能违反国家法律的相关规定。（3）劳动合同需由劳动者和用人单位协商一致订立，是双方真实的意思表示，任何一方采取欺诈、胁迫等手段与另一方签订劳动合同都是无效的。

二、用人单位拒绝签订书面劳动合同的法律后果

如前所述，用人单位与劳动者之间签订的书面劳动合同是明晰劳动关系、体现双方权利义务的最强有力的证据。用人单位不与劳动者签订劳动合同，劳动者仍然可以通过工资发放的银行明细、社会保险缴纳记录、名片、工作服等证据来证明与用人单位之间存在劳动关系，并因此而主张用人单位未签订劳动合同的二倍工资。根据《劳动合同法》第 82 条的规定，用人单位自用工之日起超过一个月不满一年未与劳动者订立书面劳动合同的，应当向劳动者每月支付二倍的工资。用人单位违反本法规定不与劳动者订立无固定期限劳动合同的，自应当订立无固定期限劳动合同之日起向劳动者每月支付二倍的工资。由此可知，只要用人单位不与劳动者订立书面劳动合同，劳动者就有权要求用人单位每月支付二倍的工资。这里的二倍工资罚则是《劳动合同法》的一项重要制度，起到了督促用人单位与劳动者订立书面劳动合同的作用，这也说明我国的劳动立法在依法维护用人单位经营自主权的同时，更侧重对弱势劳动者的权利保护。

同时，《劳动合同法实施条例》第 6 条规定："用人单位自用工之日起超过一个月不满一年未与劳动者订立书面劳动合同的，应当依照劳动合同法第八十二条的规定向劳动者每月支付两倍的工资，并与劳动者补订书面劳动合同；劳动者不与用人单位订立书面劳动合同的，用人单位应当书面通知劳动者终止劳动关系，并依照劳动合同法第四十七条的规定支付经济补偿。前款规定的用人单位向劳动者每月支付两倍工资的起算时间为用工之日起满一个月的次日，截止时间为补订书面劳动合同的前一日。"从该条文可见，即使是劳动者不与用人单位订立书面劳动合同的，用人单位也应当书面通知劳动者终止劳动关系，并依照规定支付经济补偿。本案中，某文化发展公司主张是因王某的原因导致劳动合同签订事宜一再拖延，故其不应支付未签订劳动合同的双倍工资，是没有法律依据的。因此，某文化发展公司应该支付王某未签订书面劳动合同的双倍工资，一、二审法院的判决是正确的。

风险提示

1. 可以证明用人单位与劳动者之间劳动关系的证据：双方签订的劳动合同；工资卡、工资存折、单位盖章确认的工资条或记录、单位盖章的职工花名册；用人单位为劳动者缴纳各项社会保险费的记录；用人单位向劳动者发放的“工作证”“服务证”等能够证明身份的证件；劳动者填写的用人单位招工招聘“登记表”“报名表”等招用记录；用人单位盖章的考勤记录；其他劳动者的证言等。

2. 用人单位应与劳动者签订书面劳动合同，拒绝口头约定劳动合同，更不要用不符合劳动合同必备要素的《录用通知书》《入职登记表》等书面文件来替代劳动合同。

3. 如果劳动者入职后以种种理由拒绝签订书面劳动合同的，应当及时地以书面形式告知劳动者终止劳动关系，最迟也要在劳动者入职后一个月内办理手续，切不可一拖再拖。

法律依据

《劳动合同法》第10、82条；《劳动合同法实施条例》第6条

第25讲：劳动者拒绝签订劳动合同的，用人单位是否需支付二倍工资？

案例聚焦①

陈某于2012年9月1日入职某餐饮公司，担任人事经理一职。2013年5月，陈某以个人发展原因，提出与餐饮公司解除劳动关系，餐饮公司批准了陈某的辞

① 案列选自2014年7月22日北京市海淀区人民法院发布的《海淀区劳动争议审判情况白皮书》。

职申请，为其结清了工资并办理了离职手续。但陈某离职后不久即要求餐饮公司支付未签订书面劳动合同的二倍工资差额90000元。

案件审理过程中，餐饮公司表示陈某全权负责公司所有员工的劳动合同签订工作。即便陈某未签订劳动合同，原因亦在于其本人意图以此牟利。餐饮公司向法院提交了陈某在入职时签收的岗位职责确认书。陈某认可上述证据材料的真实性，也认可其工作职责包括劳动合同的签订事宜，但坚称是餐饮公司不与其签订书面劳动合同。

法院经过审理认为，根据案件证据情况，需审查劳动合同未能签订的过错在于哪一方。现陈某未能举证证明其曾向公司提出签订劳动合同而公司予以拒绝，应当承担举证不能的法律后果。综合上述理由，法院判决驳回了陈某的全部诉讼请求。

实操技巧

实践中，用人单位对劳动者拒签劳动合同的做法都非常无奈，劳动者拒签劳动合同，往往会使用人单位处于非常尴尬的地位：若立即与劳动者终止劳动关系，那么招聘该员工的时间、人力等成本就打水漂了；若不终止劳动关系，继续用工的，又将面临支付双倍工资的风险。一旦用人单位没有做好证据保存，很难证明是劳动者拒签劳动合同。为此，笔者通过案例解析对于劳动者拒签劳动合同情形的处理给用人单位提供一些参考：

一、劳动者拒签劳动合同，用人单位可以立即终止劳动关系

用人单位自用工之日起即与劳动者建立劳动关系，根据《劳动合同法》第10条的规定，建立劳动关系，应当订立书面劳动合同。用人单位与劳动者之间已经建立劳动关系，但未同时订立书面劳动合同的，应当自用工之日起一个月内订立书面劳动合同。如果此时用人单位要求与劳动者签订书面劳动合同遭到拒绝的，根据《劳动合同法实施条例》第5条的规定，自用工之日起一个月内，经用人单位书面通知后，劳动者不与用人单位订立书面劳动合同的，用人单位应当书面通知劳动者终止劳动关系，无需向劳动者支付经济补偿，但是应当依法向劳动者支付其实际工作时间的劳动报酬。由此可知，自劳动者入职后一个月内，用人单位必须要以书面的形式通知劳动者签订劳动合同，劳动者明确拒绝的，用人单位可以立即以书面形式通知劳动者终止劳动关系，且无需向劳动者支付任何经济补偿。

二、劳动者拒签劳动合同，用人单位不立即终止劳动关系的法律后果

如果劳动者拒签劳动合同，但用人单位又因种种原因没有及时与劳动者终止劳动关系的，产生的法律后果有以下两种情况：

（一）用人单位与劳动者之间的劳动关系在一个月之后一年之内终止的

根据《劳动合同法实施条例》第 6 条的规定，用人单位自用工之日起超过一个月不满一年未与劳动者订立书面劳动合同的，应当依照劳动合同法第 82 条的规定向劳动者每月支付两倍的工资，并与劳动者补订书面劳动合同；劳动者不与用人单位订立书面劳动合同的，用人单位应当书面通知劳动者终止劳动关系，并依照劳动合同法第 47 条的规定支付经济补偿。前款规定的用人单位向劳动者每月支付两倍工资的起算时间为用工之日起满一个月的次日，截止时间为补订书面劳动合同的前一日。由此可知，即使未签订书面劳动合同的原因在于劳动者，但是用人单位怠于行使法律法规赋予的在一个月内终止劳动关系的权利，就必须承担相应的处罚，在终止劳动关系时应向劳动者支付两倍的工资及经济补偿金。

（二）用人单位与劳动者之间的劳动关系一直存续的

根据《劳动合同法》第 14 条第 3 款的规定，用人单位自用工之日起满一年不与劳动者订立书面劳动合同的，视为用人单位与劳动者已订立无固定期限劳动合同。可知，如果用人单位在一年之内未与劳动者订立劳动合同，或者说劳动者在一年之内一直拒绝与用人单位签订劳动合同的，就视为用人单位与劳动者之间已经订立无固定期限的劳动合同。如果劳动者在这期间提出离职的，用人单位仍然无法规避支付二倍工资的风险。为此，即使双方之间已经被视为订立劳动合同，用人单位也应当及时与劳动者签订书面的无固定期限劳动合同；如果劳动者还是拒签的，最好能够与劳动者协商一致解除劳动合同。

三、人事经理等高管因个人原因未签劳动合同，无需支付二倍工资的差额

在司法实践中，很多用人单位的人事管理部门负责人或主管人员的工作职责之一就是负责、督促与劳动者签订劳动合同。如果人事经理等高管依据《劳动合同法》第 82 条的规定向用人单位主张二倍工资的，若用人单位能够举证证明订立劳动合同属于该人事管理部门负责人的工作职责，则无需向其支付二倍工资的差额。但有证据证明人事管理部门负责人或主管人员曾向用人单位提出签订书面劳动合同，却遭到用人单位拒绝的，用人单位应当支付二倍工资的差额。所以，为避免在日常工作中因人事经理等高管未签劳动合同产生相应的纠纷，最好将相应的工作职责进行分工，相互督促签订书面劳动合同，一旦有拒签的，应当立即依据法律的规定作出处理。在上述案例中，陈某作为公司的人事经理，具体负责员工劳动合同的签订，其自己未签订劳动合同，并主张未签订劳动合同的二倍工资的请求，有悖于诚信原则，也与自身的工作职责相悖。故驳回其诉讼请求的做法是正确的。

风险提示

1. 企业在劳动者拒绝签订劳动合同时，从法律的角度来说，只有一个选择，就是书面通知劳动者立即终止劳动关系，否则就可能会面临支付双倍工资、签订无固定期限劳动合同的风险。

2. 从证据的角度来说，企业一定要保留已经履行书面通知义务的相应证据以及书面终止通知送达的证据，建议用人单位在录用员工的时候便让员工在入职声明或员工简历中书面确认接收公司书面文件的送达地址，这样用人单位在终止劳动关系时可以通过EMS方式邮寄通知并保存邮寄单，证明公司依法终止与拒签劳动合同的劳动者之间的劳动关系。否则，一旦发生劳动争议，用人单位在举证不能的情况下就可能陷入不利的局面。

3. 对于人事经理等高管的劳动合同，应当由专人负责，并让其签收岗位职责，明确其具体的职责范围包括签订劳动合同书等。

4. 善意地提醒劳动者，最好与企业签订书面的劳动合同，切不可觊觎双倍工资的规定，就拒绝签订书面劳动合同。事实上，这种不诚信的做法既不利于自身的发展，也不利于企业的用工管理，到头来还是竹篮打水一场空。

法律依据

《劳动合同法》第7条；《劳动合同法实施条例》第5、6条

第26讲：劳动者伪造虚假学历入职是否导致劳动合同无效？

案例聚焦①

2014年3月，钟女士入职东莞市一家皮具厂，任行政和人力资源总监，双方签订了书面劳动合同，约定钟女士的月薪为4万多元，试用期3个月，期满后调至5万多元，到职前需提交毕业证等证明文件复印件，若伪造资料，则不予录用。钟女士在提交给皮具厂的应聘材料中显示毕业学校为华南师范大学，曾任多家大型企业的行政总裁秘书、人力资源及行政总监等职位，并提交了“华南师范

① 案例选自中国法院网，http：//www.chinacourt.org/article/detail/2014/11/id/1489008.shtml，最后访问时间：2014年12月7日。

大学毕业证书”“学士学位证书”及相关离职证明。

2014年5月，皮具厂意外发现钟女士上述离职证明及毕业证书、学位证书竟然全部是伪造的。5月10日，皮具厂向钟女士发出解除劳动合同通知书，双方办理了离职交接。被辞退后，钟女士申请仲裁，要求皮具厂向其支付2014年3月至5月的工资及加班费8万多元、赔偿金4万多元，补缴社保费1000元等。仲裁委驳回了钟女士的申诉请求。

2014年9月，钟女士起诉至法院。法院经审理认为，双方签订的聘书中约定“伪造毕业证等资料者不录用”，劳动合同中也有若钟女士以欺诈手段订立合同使合同无效的，皮具厂可以解除合同等约定，可见钟女士的学历及其工作经验是其应聘皮具厂行政和人力资源总监职位的重要条件。钟女士伪造材料应聘，已构成欺诈，双方签订的聘书及劳动合同依法应属无效。故法院对钟女士的工资及加班费诉讼请求不予支持。钟女士请求皮具厂支付4万多元拖欠工资的赔偿金也缺乏事实依据，法院不予支持。

实操技巧

无效的劳动合同，是指用人单位与劳动者所订立的合同条款不符合法律、法规的规定，或缺少有效要件，导致全部或部分不具有法律效力的劳动合同。劳动合同无效是与劳动合同有效相对而言的概念，劳动合同依法成立，经双方当事人签字盖章即具有法律效力，对双方都有法律约束力，双方必须履行劳动合同中规定的义务。而无效劳动合同不能发生当事人预期的法律后果，造成劳动合同无效的责任者还应承担相应的法律责任。在司法实践中，造成劳动合同无效的原因有很多，笔者针对劳动合同无效的情形作简要的分析：

一、用人单位或劳动者导致劳动合同无效的法定情形

根据《劳动合同法》第26条的规定，下列劳动合同无效或者部分无效：

（一）以欺诈、胁迫的手段或者乘人之危，使对方在违背真实意思的情况下订立或者变更的

双方订立劳动合同、拟定劳动合同条款时应出于自愿，要遵守诚实信用原则。无效的劳动合同从订立时起就没有法律约束力，用人单位可以解除劳动合同。

欺诈是指劳动合同的一方当事人故意告知对方虚假情况，或者故意隐瞒真实情况，诱使对方当事人作出错误意思表示而签订劳动合同。欺诈应具备两个构成要件：（1）故意告知对方虚假情况，或者故意隐瞒真实情况；（2）诱使对方当事人作出错误意思表示。用人单位如对学历、工作经历等有特定要求，应在招聘时

明确告知。只有当劳动者故意隐瞒自己的学历、工作经历等信息，对公司录用产生重大影响，进而作出录用该劳动者的行为，才构成劳动者对用人单位的欺诈行为，由此签订的劳动合同才属无效。

胁迫是指劳动合同的一方当事人以对另一方当事人及其亲友的生命健康、荣誉、名誉、财产等造成损害，或者以给法人的荣誉、名誉、财产等造成损害为要挟，迫使对方作出违背真实意愿的意思表示而签订劳动合同。比如用人单位威胁劳动者抵押金不予退还或对劳动者的人身自由进行威胁等。

乘人之危是指劳动合同的一方当事人乘对方处于危难之机，为牟取不正当利益，迫使对方作出不真实的意思表示而签订劳动合同，严重损害对方利益。比如劳动者因经济紧张找工作，用人单位支付的工资低于最低工资标准；劳动者利用用人单位急切得到某种商业机会的心态，使用人单位不得不与有某种资源的劳动者签订不合理的劳动合同等。

（二）用人单位免除自己的法定责任、排除劳动者权利的

劳动合同的订立应遵循公平原则，劳动合同双方当事人的权利与义务应相一致。为了保障劳动者的合法权益，用人单位免除己方法定责任、排除劳动者权利的条款，如“一律不支付经济补偿金”“生死病老都与企业无关”“在劳动合同履行期间不得恋爱、结婚、生育”“在本公司工作不满一年的劳动者不享有年终奖”等条款无效。

（三）违反法律、行政法规强制性规定的

这是劳动合同无效情形的兜底条款，劳动合同主体、内容必须符合法律的规定，否则不能产生法律效力。（1）主体必须合法，即签订劳动合同的双方必须具有法律规定的用人单位资格和劳动者资格。（2）内容必须合法，我国的《劳动合同法》以及相关的法律规定中有很多强制性规定，用人单位必须遵守。如果违反法律的强制性规定，则该条款无效。（3）程序必须合法，劳动合同的订立必须遵循平等、自愿协商一致等原则。

二、劳动合同无效的法律后果

劳动合同是劳动者和用人单位之间就劳动权利和劳动义务达成一致的协议，是劳动者和用人单位之间缔结劳动关系的唯一合法形式。劳动合同一旦被确认全部或部分无效，即意味着劳动合同的全部或部分从订立时起就不具有法律效力，其产生的法律后果也不相同。

（一）劳动合同全部无效的法律后果

劳动合同全部无效，是指劳动合同的所有约定均对当事人双方不产生任何的

法律约束力，当事人之间的权利义务也全部归于消灭。其法律后果体现在：（1）可以随时解除劳动合同。根据《劳动合同法》第 38 条的规定，如果是由于用人单位的原因导致劳动合同无效的，劳动者可以随时提出解除劳动合同，并要求用人单位向其支付经济补偿金。根据《劳动合同法》第 39 条的规定，如果是由于劳动者的原因导致劳动合同无效的，用人单位可以随时提出解除劳动合同，此时则无需向劳动者支付经济补偿金。（2）劳动合同的无效不影响支付劳动报酬。根据法律规定，即使劳动合同被确认无效，但是劳动者已付出相应的劳动的，用人单位应当向劳动者支付劳动报酬，劳动报酬的数额参照本单位相同或者相近岗位劳动者的劳动报酬确定。（3）导致劳动合同无效的一方需赔偿无过错方的损失。根据《劳动合同法》第 86 条的规定，用人单位与劳动者签订的劳动合同被确认无效，给对方造成损害的，有过错的一方应当承担赔偿责任。

（二）劳动合同部分无效的法律后果

劳动合同部分无效，是指劳动合同中约定的部分条款对当事人双方不产生任何法律约束力，这些条款所涉及的双方权利义务归于消灭。劳动合同中部分条款的无效不影响劳动合同的效力，劳动合同的双方当事人可以通过协商等方式对无效条款进行补充或更正。如果因为部分条款的无效对一方当事人造成损失的，有过错的一方应当承担赔偿责任。

三、劳动合同被确认无效后，劳动者主张二倍工资没有依据

劳动合同被确认无效不等于双方没有签订书面劳动合同，无书面合同与合同无效是两个不同的概念。劳动合同无效是指已订立的劳动合同违反了法律的强制性规定而导致其对双方没有法律约束力。合同无效的前提是有劳动合同的存在，由于该合同符合了法定的情形而无效。用人单位与劳动者没有订立书面劳动合同是指双方之间的用工形成了事实劳动关系，但未依法订立书面劳动合同的违法情形。无书面劳动合同与劳动合同无效是两种不同的事实状态，有不同的法律后果，所依据的法律条文也不同。因此，在劳动合同被确认无效后，无论是哪一方的原因所致，均不得主张未签订劳动合同的二倍工资。

在上述案例中，正是由于钟女士采取欺诈手段订立合同才使合同无效。当然，如果劳动者在入职时存在欺诈的事实，但以后的工作过程中，劳动者能够完全胜任工作，用人单位再以欺诈为由主张劳动合同无效的，则显失公平。因此，用人单位在招聘时应如实履行告知义务，不管劳动者是否提出告知的请求，用人单位都必须如实履行告知的义务。而劳动者的义务是任意的，仅在用人单位要求劳动者告知与劳动合同直接相关的基本情况时，劳动者才负有如实告知的义务。

如用人单位不主张该权利，劳动者就没有必要告知。所以，用人单位应尽到注意审查义务，对应聘者个人资料的真实性进行严格审慎核查，维护自己的知情权，避免因劳动合同无效而带来不必要的损失。

风险提示

1. 若用人单位以劳动者学历虚假问题主张劳动合同无效的，应当及时主张；如果在员工已经完全胜任该工作或者在员工离职后，再以其存在欺诈为由主张劳动合同无效的，一般不予支持。

2. 用人单位在与劳动者签订劳动合同时，一定要对劳动合同中的条款进行协商确定，避免以欺诈、胁迫手段或者乘人之危与劳动者订立劳动合同，否则会导致劳动合同无效，并支付经济补偿金的法律后果。

3. 劳动合同部分条款无效，不影响劳动合同中其他条款的效力，用人单位与劳动者可以通过协商，对劳动合同进行变更或签订相关的补充协议。

4. 用人单位在招聘员工时，一定要仔细审查应聘者提供的资料，对于一些关键岗位，还可以通过背景调查的方式了解相关信息，避免因劳动者存在欺诈情形而导致劳动合同无效，给用人单位带来不必要的麻烦与损失。同时，用人单位也可以在规章制度、劳动合同及相应的《入职登记表》中声明提供虚假学历、工作经历等资料的，用人单位可以解除劳动合同。

法律依据

《劳动合同法》第26、86条

第三节　无固定期限劳动合同

第27讲：用人单位应与劳动者订立无固定期限劳动合同的情形有哪些？

案例聚焦

陈某于2003年6月1日入职北京某网络技术公司，担任技术工程师。北京某网络技术公司在陈某的原劳动合同到期后，于2009年6月1日与陈某签订了一份为期5年的劳动合同，合同中约定陈某的工资为15000元。2014年5月，陈某先后多次与北京某网络技术公司交涉，要求签订无固定期限劳动合同，但是北京某网络技术公司不同意续签。随后，陈某向单位邮寄签订无固定期限劳动合同通知书，要求与北京某网络技术公司签订无固定期限劳动合同。北京某网络技术公司在收到通知书后，依然拒不签订，并在2014年5月31日向陈某出具了《劳动合同终止通知书》。陈某于2014年6月3日向北京市某区劳动人事争议仲裁委员会申请劳动仲裁。

最终，仲裁委员会经审理认为，根据《劳动合同法》第14条第2款第1项之规定，陈某已经在单位连续工作满10年，且已经以书面形式向单位提出要求签订无固定期限劳动合同，故北京某网络技术公司应当签订无固定期限劳动合同，但是北京某网络技术公司仍然拒不签订，故根据《劳动合同法》第48条、第87条之规定，裁决北京某网络技术公司应向陈某支付违法终止劳动合同的赔偿金。

实操技巧

无固定期限劳动合同，是指用人单位与劳动者约定无确定终止时间的劳动合同。这里所说的“无确定终止时间”，是指劳动合同没有一个确切的终止时间，劳动合同的期限长短不能确定，只要没有出现法律规定或双方约定的终止或解除条件，双方当事人就要继续履行劳动合同规定的权利义务。但是没有终止时间并不是绝对的，一旦出现了法律规定或双方约定的情形，无固定期限劳动合同也同样能够解除。

自2008年《劳动合同法》实施以来，很多企业将无固定期限劳动合同视为洪水猛兽，想尽各种办法规避签订无固定期限劳动合同。其实这种做法完全是对法律的不理解，缺乏对无固定期限劳动合同制度的正确认识。同时，也有不少劳动者认为无固定期限劳动合同一经签订就不能解除，把无固定期限劳动合同视为“护身符”，千方百计要与用人单位签订无固定期限劳动合同。其实无固定期限劳动合同与固定期限劳动合同在实际用工管理过程中的运用是一样的，笔者在此作详细分析：

一、用人单位应与劳动者订立无固定期限劳动合同的情形有哪些

根据《劳动合同法》的规定，用人单位应与劳动者订立无固定期限劳动合同的情形主要包括以下几种：

（一）用人单位与劳动者协商一致，可以订立无固定期限劳动合同

根据《劳动合同法》的规定，用人单位与劳动者订立劳动合同应当遵循平等自愿、协商一致的原则。只要用人单位与劳动者协商一致，并且没有采取胁迫、欺诈、乘人之危等非法手段，内容符合法律的有关规定，就可以订立无固定期限劳动合同。在日常管理用工中，用人单位完全可以直接与劳动者签订无固定期限劳动合同，这样就可以约定6个月的试用期，用人单位可以利用试用期充分全面地了解员工，一旦发现不适合的，依然可以不符合试用期录用条件与劳动者解除劳动合同。

（二）劳动者在该用人单位连续工作满10年的

劳动者只要在用人单位连续工作满10年，就可以要求用人单位与其签订无固定期限劳动合同，且并不要求该10年劳动关系都要有书面劳动合同证明。此外，这里的连续工作满10年是指劳动者在该单位工作时间应该是连续的，其起算时间是用工之日而非有些读者所误解的《劳动合同法》实施之日。《劳动合同法实施条例》第9条明确规定，劳动合同法第14条第2款规定的连续工作满10年的起始时间，应当自用人单位用工之日起计算，包括劳动合同法施行前的工作年限。第10条规定，劳动者非因本人原因从原用人单位被安排到新用人单位工作的，劳动者在原用人单位的工作年限合并计算为新用人单位的工作年限。原用人单位已经向劳动者支付经济补偿的，新用人单位在依法解除、终止劳动合同计算支付经济补偿的工作年限时，不再计算劳动者在原用人单位的工作年限。在上述案例中，陈某正是因为自己在北京某网络技术公司连续工作满10年，才要求公司与其签订无固定期限劳动合同，最终得到仲裁庭的支持。

（三）用人单位初次实行劳动合同制度或者国有企业改制重新订立劳动合同时，劳动者在该用人单位连续工作满10年且距法定退休年龄不足10年的

这种情形主要是针对中国在经济转型中的特殊情况，这里的用人单位一般是国有企事业单位等，在此类用人单位初次实行劳动合同制度或者国有企业改制重新订立劳动合同时，适用这一规定。但这里规定得较为严格，就是要满足“双十”规则，即既要满足在该用人单位连续工作满10年，同时还要满足距法定退休年龄不足10年的规定（法定退休年龄：男60周岁；女职工50周岁，女干部55周岁）。劳动者只有同时满足“双十”规定，提出签订无固定期限劳动合同的要求时，用人单位才无权拒绝。如果一个劳动者在该用人单位连续工作满10年，但距离法定退休年龄超过10年，则不符合订立无固定期限劳动合同的情形。

（四）连续订立2次固定期限劳动合同，且劳动者没有《劳动合同法》第39条和第40条第1项、第2项规定的情形，续订劳动合同的

《劳动合同法》这样规定的立法本意在于避免用人单位采取签订短期劳动合同的方式侵害劳动者合法权益。用人单位只要与劳动者连续签订了两次固定期限劳动合同，且劳动者没有下列情形，用人单位就必须与劳动者签订无固定期限劳动合同：（1）在试用期内被证明不符合录用条件的；（2）严重违反用人单位的规章制度的；（3）严重失职，营私舞弊，给用人单位造成重大损害的；（4）劳动者同时与其他用人单位建立劳动关系，对完成本单位的工作任务造成严重影响，或者经用人单位提出，拒不改正的；（5）因《劳动合同法》第26条第1款第1项规定的情形致使劳动合同无效的；（6）被依法追究刑事责任的；（7）劳动者患病或者非因工负伤，在规定的医疗期满后不能从事原工作，也不能从事由用人单位另行安排的工作的；（8）劳动者不能胜任工作，经过培训或者调整工作岗位，仍不能胜任工作的。除了上述8种情形外，只要劳动者提出订立无固定期限劳动合同的，用人单位没有选择权，就必须与劳动者签订无固定期限劳动合同。但根据上海地区的规定，只要劳动者没有提出订立无固定期限劳动合同的要求，用人单位就可以终止劳动合同；根据北京地区的规定，用人单位则没有选择终止劳动合同的权利。

（五）视为订立无固定期限劳动合同的特殊情形

根据《劳动合同法》第14条第3款的规定，用人单位自用工之日起满一年不与劳动者订立书面劳动合同的，视为用人单位与劳动者已订立无固定期限劳动合同。这一规定对于用人单位而言，存在一定的法律风险，用人单位自用工之日起满一年未与劳动者订立书面劳动合同的，自用工之日起满一个月的次日至满一年的前一日应当向劳动者每月支付两倍的工资，并视为自用工之日起满一年的当日已经与劳动者订立无固定期限劳动合同，应当立即与劳动者补订书面的无固定期限劳动合同。

二、用人单位不依法签订无固定期限劳动合同的后果

劳动者与用人单位订立无固定期限劳动合同最大的一个好处就是《劳动合同法》第41条规定，用人单位在裁减人员时，应当优先留用与本单位订立无固定期限劳动合同的劳动者。

如果用人单位违法不与劳动者签订无固定期限劳动合同，需要承担的法律后果也是非常严重的。劳动者可以主张以下权利：（1）与用人单位仍然存在劳动关系的，自应当签订无固定期限劳动合同之日起可以要求用人单位支付二倍工资。（2）连续订立二次固定期限劳动合同，且劳动者没有《劳动合同法》第39条和

第40条第1项、第2项规定的情形，劳动者要求续订无固定期限劳动合同，用人单位违法终止无固定期限劳动合同的，劳动者可以主张违法终止劳动合同双倍的经济补偿金或者要求用人单位继续履行劳动合同，支付这期间的工资损失。（3）用人单位自用工之日起满一年不与劳动者订立书面劳动合同，视为用人单位与劳动者已订立无固定期限劳动合同。如果劳动者在这之后提出解除劳动合同，并主张之前未签订劳动合同二倍工资的，用人单位依然存在支付的法律风险。

风险提示

1. 用人单位与劳动者连续订立两次固定期限劳动合同之后，续订劳动合同，且劳动者没有《劳动合同法》第39条和第40条第1项、第2项规定之情形的，应当订立无固定期限劳动合同。

2. 无固定期限劳动合同不是“毒药”，也不是“洪水猛兽”，用人单位完全不用害怕，正常履行相关程序即可；只是在日常的用工管理过程中要注意相关证据的收集，如劳动者符合解除劳动合同的情形，仍然可以与其解除劳动合同。当然，双方经协商一致，也可解除劳动合同。

3. 用人单位在用工的过程中，无论是与员工订立固定期限劳动合同还是无固定期限劳动合同，都应当及时订立，避免因未订立劳动合同而面临支付双倍工资的后果。

法律依据

《劳动合同法》第14条

第28讲：对于签订无固定期限劳动合同的员工就不能解除劳动合同吗？

案例聚焦①

张女士于2006年10月20日与日立公司签订了无固定期限劳动合同，约定张女士的服务年限和服务奖励从2005年11月14日起计算，工作职位是商务经

① 《北京法院判决首例解除无固定期限劳动合同案》，http://news.sohu.com/20080721/n258276527.shtml，最后访问时间：2008年7月21日。

理，工作范围包括相关数据的录入工作；年基本工资为399621元，目标奖金为39962元。2007年10月起，张女士的基本工资调整为407453元，目标奖金为40745元。

2007年8月底，日立公司发现张女士负责的数据输入多次发生错误。为此，日立公司以电子邮件的形式多次与张女士就该情况进行沟通。2007年12月3日，张女士以电子邮件的形式告知日立公司负责人，称“在此通知您，我将从今天，即2007年12月3日起停止准备BIF（数据输入）的工作，对此我非常遗憾”。同日，张女士还发邮件通知其他员工：“在此通知诸位，我将停止准备BIF报告的工作，即日生效。我将拒绝回答诸位任何关于BIF的问题。”

从2007年12月3日起，张女士再未从事数据输入工作，但由其负责的其他工作，张女士仍然继续承担。2008年2月3日，日立公司通知张女士进入公司业绩改进计划。2008年2月25日，日立公司再次通知张女士进入PIP改进计划（职业培训提升计划），并告知张女士在PIP结束时，如果其业绩已经得到改进，公司将继续履行与她的劳动合同，如果其业绩没有得到改进，公司将正式下发解除劳动合同通知书。张女士在接到通知后，仍然表示拒绝。

2008年3月11日，日立公司向张女士发出《解除劳动合同通知书》，称公司决定于该日起解除双方的劳动关系。同时，日立公司向张女士支付了经济补偿金、提前通知金、年假工资等共计17万余元。

张女士认为公司属于违法解除与自己的劳动合同，向北京市劳动争议仲裁委员会申请了劳动仲裁。2008年4月30日，仲裁委员会驳回张女士的申诉请求。张女士不服裁决向北京市东城区人民法院起诉。

法院经审理查明：日立公司的《雇员工作规范》规定，有下列情形之一的属于严重违反劳动纪律：“蓄意不服从主管合理的工作安排、擅自离开工作岗位或者经常缺席。”对于《雇员工作规范》，张女士于2006年10月20日签署了《阅读声明》。

法院认为，劳动者严重违反单位规章制度的，用人单位可以解除劳动合同。张女士在工作中发生数据录入的差错，日立公司工作人员及相关领导多次与张女士进行沟通，但其拒不接受，并擅自决定停止了该项工作，且拒不参加公司的培训，其行为严重违反了该单位的规章制度。日立公司以张女士严重违反公司规章制度为由与其解除劳动合同并无不妥。为此，北京市东城区人民法院一审判决：驳回原告张女士的全部诉讼请求。

实操技巧

上述案例是北京市第一起无固定期限劳动合同员工被解除劳动合同案，从该案中，我们可以看到无固定期限劳动合同不是洪水猛兽，更不是“退回到计划经济时期的铁饭碗”。按照《劳动合同法》的相关规定，无固定期限劳动合同的解除与固定期限劳动合同的解除并没有本质区别。只要出现《劳动合同法》第39条、第40条规定的情形，用人单位就可以依法解除劳动合同。针对用人单位可以解除无固定期限劳动合同的几种情形，笔者在此逐一予以解答：

1. 如果用人单位首先提出与劳动者协商一致解除无固定期限劳动合同的，应按照劳动者在本单位的工作年限支付相应的经济补偿金；如果是劳动者提出与用人单位解除无固定期限劳动合同的，则无需向其支付经济补偿金。

2. 如果用人单位在劳动者入职后直接与其订立无固定期限劳动合同，劳动者在试用期被证明不符合录用条件的，用人单位可以直接解除无固定期限劳动合同，并且无需向劳动者支付经济补偿金，但必须要有充足的证据证明劳动者不符合录用条件，最好在劳动者入职时，让其签订《录用条件告知书》。

3. 用人单位有证据证明劳动者严重违反用人单位的规章制度的，可立即通知劳动者解除无固定期限劳动合同，并无需向其支付经济补偿金。

4. 劳动者严重失职、营私舞弊，给用人单位造成重大损害的，用人单位可以解除无固定期限劳动合同，并无需向其支付经济补偿金；用人单位应当注意，要保证其规章制度的内容必须合法且合理，经过相应的民主程序，并向劳动者进行公示告知，要求劳动者签字确认。另外，在规章制度中界定严重失职、营私舞弊、重大损害时，一定要根据企业自身的实际情况进行明确的量化，具有一定的可操作性，并注意相关证据的收集。只有这样才能有效、合法地与劳动者解除劳动合同。

5. 劳动者同时与其他用人单位建立劳动关系，对完成本单位的工作任务造成严重影响，或者经用人单位提出，拒不改正的，用人单位取得相关证据后，可立即通知解除无固定期限劳动合同，并无需向劳动者支付经济补偿金。

6. 劳动者以欺诈、胁迫的手段或者乘人之危，使用人单位在违背真实意思的情况下订立或者变更劳动合同的，用人单位可以解除无固定期限劳动合同，并无需向其支付经济补偿金。同时，用人单位应当注意相关证据的收集，如《入职登记表》中明确告知劳动者欺诈等行为的后果或让员工签收相应的岗位承诺书等。

7. 劳动者被依法追究刑事责任的，用人单位可以与劳动者解除无固定期限劳动合同，并无需向其支付经济补偿金。但是，用人单位应当注意区分“行政拘留”“刑事拘留”“刑事责任”。行政拘留是指法定的行政机关（专指公安机关）依法对违反行政法律规范的人，在短期内限制人身自由的一种行政处罚。刑事拘留是指公安机关、人民检察院对直接受理的案件，在侦查过程中，遇到法定的紧急情况时，对于现行犯或者重大嫌疑分子所采取的临时剥夺其人身自由的强制方法。刑事责任是指依据国家刑事法律规定，对犯罪分子追究的法律责任。根据《劳动部办公厅关于〈劳动法〉若干条文的说明》第25条的规定，被依法追究刑事责任，具体指：（1）被人民检察院免予起诉的；（2）被人民法院判处刑罚（刑罚包括主刑：管制、拘役、有期徒刑、无期徒刑、死刑；附加刑：罚金、剥夺政治权利、没收财产）的；（3）被人民法院依据刑法免予刑事处分的。

8. 劳动者患病或者非因工负伤，在规定的医疗期满后不能从事原工作，也不能从事由用人单位另行安排的工作的，用人单位提前30日通知劳动者本人，或者额外支付劳动者一个月工资后，可以与劳动者解除无固定期限劳动合同，同时应当按照劳动者工作年限支付经济补偿金。用人单位依据这一规定与劳动者解除无固定期限劳动合同的，在操作时应当注意需同时具备以下要件：（1）劳动者患病或者非因工负伤；（2）在医疗期满后不能从事原工作；（3）不能从事由用人单位另行安排的工作。至于医疗期的具体规定，详见《企业职工患病或非因工负伤医疗期规定》。

9. 劳动者不能胜任工作，经过培训或者调整工作岗位，仍不能胜任工作的，用人单位在提前30日通知劳动者本人，或者额外支付劳动者一个月工资后，可以解除无固定期限劳动合同，同时应按照劳动者工作年限支付经济补偿金。用人单位依据该规定与劳动者解除无固定期限劳动合同的，在操作时应当注意需同时具备以下要件：（1）劳动者不能胜任工作；（2）必须进行培训或者调整工作岗位；（3）经考核后，仍不能胜任工作。用人单位必须要有充足的证据，并结合规章制度的规定，对劳动者进行客观、公正、公平的考核。

10. 劳动合同订立时所依据的客观情况发生重大变化，致使劳动合同无法履行，经用人单位与劳动者协商，未能就变更劳动合同内容达成协议的，用人单位在提前30日通知劳动者本人，或者额外支付劳动者一个月工资后，可以解除无固定期限劳动合同，同时应当按照劳动者工作年限支付经济补偿金。根据《劳动部办公厅关于〈劳动法〉若干条文的说明》第26条的规定，客观情况发生重大变化，是指：（1）不可抗力；（2）企业迁移；（3）被兼并；（4）企业资产转移等。比如，一家公司从北京市海淀区搬到朝阳区，虽然劳动者的工作地点发生重大变化，但是这种变化并不足以导致原劳动合同无法履行，因此不能适用该规定。再如，一家公司从北京搬到上海，同样是工作地点的变化，但是北京与上海之间的距离足以导致原劳动合同无法履行，因此可以适用该规定。所以，用人单位在实际操作时，一定要注意其合理性，若一时拿不准的，可以咨询专业律师或与劳动者协商一致解除无固定期限劳动合同。

11. 用人单位依照企业破产法规定进行重整，需要裁减人员 20 人以上或者裁减不足 20 人但占企业职工总数 10% 以上的，用人单位应提前 30 日向工会或者全体职工说明情况，听取工会或者职工的意见后，裁减人员方案经向劳动行政部门报告，可以裁员，但应按照劳动者工作年限支付经济补偿金。在这种情况下，和本单位签订无固定期限劳动合同的劳动者应当优先留用。在迫不得已的情况下，可以与劳动者协商一致解除无固定期限劳动合同。

12. 用人单位生产经营发生严重困难，需要裁减人员 20 人以上或者裁减不足 20 人但占企业职工总数 10% 以上的，用人单位提前 30 日向工会或者全体职工说明情况，听取工会或者职工的意见后，裁减人员方案经向劳动行政部门报告，可以裁员，但应按照劳动者工作年限支付经济补偿金。在这种情况下，和本单位签订无固定期限劳动合同的劳动者应当优先留用。

13. 企业转产、重大技术革新或者经营方式调整，经变更劳动合同后，仍需裁减人员，需要裁减人员 20 人以上或者裁减不足 20 人但占企业职工总数 10% 以上的，可以裁员，但应按照劳动者工作年限支付经济补偿金。在这种情况下，和本单位签订无固定期限劳动合同的劳动者应当优先留用。

14. 其他因劳动合同订立时所依据的客观经济情况发生重大变化，致使劳动合同无法履行，需要裁减人员 20 人以上或者裁减不足 20 人但占企业职工总数 10% 以上的，可以裁员，但应按照劳动者工作年限支付经济补偿金。在这种情况下，和本单位签订无固定期限劳动合同的劳动者应当优先留用。

当然，如果劳动者具有以下几种情形的，用人单位除与劳动者协商一致外，不能依据上述 8—14 的相关规定单方解除与劳动者的无固定期限劳动合同：（1）从事接触职业病危害作业的劳动者未进行离岗前职业健康检查，或者疑似职业病病人在诊断或者医学观察期间的；（2）在本单位患职业病或者因工负伤并被确认丧失或者部分丧失劳动能力的；（3）患病或者非因工负伤，在规定的医疗期内的；（4）女职工在孕期、产期、哺乳期的；（5）在本单位连续工作满 15 年，且距法定退休年龄不足 5 年的；（6）法律、行政法规规定的其他情形。

风险提示

1. 企业可以根据员工的情况区别对待：如果从公司长远发展角度考虑，员工属于公司业务需要，而且不会导致成本太高，公司可以考虑与之签订较长时间的固定期限劳动合同；对于一些不确定未来是否需要的员工，公司可以考虑与之签订合适期限的劳动合同，到期后及时终止劳动合同。

2. 企业也可采取非全日制用工的方式避免签订无固定期限劳动合同，对于这种用工形式，公司需要完善考勤制度，注意用工时间和工资支付期限等方面的风险。

3. 合法地利用劳务派遣形式来避免签订无固定期限劳动合同是一个不错的方式，但企业需要谨慎选择劳务派遣单位，明确约定双方的法律责任，在用工过程中对劳务派遣单位进行监督。

4. 再次提醒用人单位，在管理员工的过程中，一定要注意相关证据的收集与保留，同时完善企业内部的规章制度，尽量量化操作流程，使之具有一定的可操作性，以确保将来处理违纪员工时，能够有“法”可依。

5. 对于已签订无固定期限劳动合同的劳动者，如果要与其解除劳动合同，用人单位应当首先与劳动者协商一致解除劳动合同；若无法协商一致的，或者没有协商解除劳动合同可能性的，应当收集相应的有力证据，并结合《劳动合同法》的规定进行操作，避免因证据不足而导致违法解除。

6. 用人单位无论采用何种方式与劳动者解除无固定期限劳动合同，都应当注意送达程序的履行，避免解除程序上的违法。

法律依据

《劳动合同法》第39、40条

第29讲：因法定事由续延致劳动合同超过10年是否必须续签无固定期限劳动合同？

案例聚焦

2004年2月17日，李某入职北京某科技有限公司。2008年《劳动合同法》实施后，公司与其签订了一份为期5年的劳动合同，劳动合同期限自2008年1月

1 日至2012 年12 月31 日。

2012 年12 月1 日，北京某科技有限公司通过邮政快递向李某发出书面通知书表示：虽然公司与李某的劳动合同期满，公司决定不再与其续签劳动合同，但鉴于李某目前处于怀孕期间，公司与李某的劳动合同将续延至李某的哺乳期结束。

2014 年3 月24 日，李某在哺乳期结束后，要求公司与其签订无固定期限劳动合同，其理由是，根据《劳动合同法》有关规定，劳动者在该用人单位连续工作满10 年，劳动者提出续订劳动合同的，除劳动者提出订立固定期限劳动合同外，应当订立无固定期限劳动合同。其于2004 年2 月17 日入职，至2014 年3 月24 日，连续工作已满10 年，故公司不能与其终止劳动关系，且应当与其签订无固定期限劳动合同。公司不同意，并按照法律规定支付经济补偿金后与李某终止了劳动关系。

李某对公司的决定不服，向北京市某劳动争议仲裁委提起仲裁，要求公司继续履行劳动合同，并与其签订无固定期限劳动合同。

仲裁委经审理认为，劳动合同到期前，公司明确作出了合同到期后不再续签的意思表示。根据相关规定，劳动合同期满，合同自然终止。因法定事由致使劳动合同续延的，并非不得终止。故公司依法与李某终止劳动关系的行为于法不悖，李某要求公司继续履行劳动合同，并签订无固定期限劳动合同的请求，缺乏依据，难以支持。据此，北京市某劳动争议仲裁委依法驳回了李某的仲裁请求。

实操技巧

笔者在前文中已经多次强调无固定期限劳动合同的订立条件、订立情形等内容，但是，对于用人单位与劳动者之间因为法定事由续延致劳动合同超过10 年是否应续签无固定期限劳动合同的问题，不能一概而论。在当前的司法环境下，各地司法实践中的做法并不统一，有的地方认为，因法定事由而续延劳动合同的，至相应情形消失时劳动合同终止；有的地方则认为，因法定事由而续延劳动合同，致使合同履行期超过10 年，劳动者要求签订无固定期限劳动合同的，用人单位应当订立无固定期限劳动合同。

一、第一种意见：劳动合同因法定事由而续延至相应情形消失时，劳动合同自然终止

根据北京市的司法实践经验，并结合北京市高级人民法院和北京市劳动争议仲裁委员会的会议纪要精神，劳动合同期满，但存在《劳动合同法》第42 条规定的法定事由而续延至相应情形消失时终止，致使合同履行期超过10 年，劳动

者要求签订无固定期限劳动合同的，这种情况不能视为符合《劳动合同法》第14条的规定，对劳动者要求签订无固定期限劳动合同的请求不予支持。但用人单位在终止合同时，应根据劳动者在2008年1月1日之后的工作年限支付劳动者相应的经济补偿金。

同时，《上海市高级人民法院关于适用〈劳动合同法〉若干问题的意见》规定，劳动合同期满，合同自然终止。合同期限的续延只是为了照顾劳动者的特殊情况，对合同终止时间进行了相应的延长，而非不得终止。《劳动合同法》第45条也明确规定："劳动合同期满，有本法第四十二条规定情形之一的，劳动合同应当延续至相应的情形消失时终止……"在法律没有对终止的情况作出特别规定的情况下，不能违反法律关于合同终止的有关规定随意扩大解释，将订立无固定期限合同的后果纳入其中。因此，法定的续延事由消失时，劳动合同自然终止。

二、第二种意见：劳动合同因法定事由而续延至相应情形消失时，致使劳动合同履行期超过10年的，应当订立无固定期限劳动合同

《江苏省高级人民法院、江苏省劳动争议仲裁委员会关于审理劳动争议案件的指导意见》规定："劳动合同期限届满后，因下列情形而续延，致使劳动者在同一用人单位连续工作满十年，劳动者提出订立无固定期限劳动合同的，应予支持：（一）从事接触职业病危害作业的劳动者未进行离岗前职业健康检查，或者疑似职业病病人在诊断或者医学观察期间的；（二）患病或者非因工负伤，在规定的医疗期内的；（三）女职工在孕期、产期、哺乳期的。"

《浙江省高级人民法院民一庭关于审理劳动争议纠纷案件若干疑难问题的解答》第5条规定，"劳动合同期满，因劳动者有下列情形之一而续延，因此达到劳动者在同一用人单位连续工作满10年，劳动者提出订立无固定期限劳动合同的，用人单位应当与劳动者订立无固定期限劳动合同：从事接触职业病危害作业的劳动者未进行离岗前职业健康检查，或者疑似职业病病人在诊断或者医学观察期间的；患病或者非因工负伤，在规定的医疗期内的；女职工在孕期、产期、哺乳期的"。

《2011年深圳市劳动人事争议疑难问题研讨会纪要》第6条规定，劳动合同期限因法定情形（如工伤、患病或非因工负伤、女职工"三期"等）续延的，续延期间应当计算为劳动者在本单位的工作年限。劳动者的工作年限依法续延满10年，劳动者提出订立无固定期限劳动合同的，用人单位应当与其订立无固定期限劳动合同。

之所以存在上述两种不同的观点，主要原因在于对《劳动合同法》相关条款的理解不同。笔者同意北京、上海的观点，在劳动合同到期后，由于劳动者出现法律规定的特殊情形，不能立即与其终止劳动合同时，用人单位在迫不得已的情况下对原劳动合同予以续延，致使劳动合同的期限超过10年，不能据此就简单认定劳动者在同一用人单位连续工作满10年。待法定事由消失后，劳动合同应当予以终止，否则会加重企业负担，让企业的用工自主权形同虚设。

风险提示

1. 一旦企业的员工出现不得解除劳动合同的法定事由的，应根据所在地的具体规定进行处理，不可盲目解除或终止劳动合同。

2. 当员工出现不得解除劳动合同的法定事由，导致不能立即解除劳动合同的，用人单位应当及时以书面形式告知劳动者，并让其签收，保留相关的书面证据。

3. 如果员工符合企业发展需求的，应当及时与员工续签无固定期限劳动合同，避免不必要的麻烦。

法律依据

《劳动合同法》第42、45条

第四节　以完成一定工作任务为期限的劳动合同

第30讲：以完成一定工作任务为期限的劳动合同到期终止后是否需支付经济补偿金？

案例聚焦

张某于2010年6月3日入职某监理公司，担任总监代表，2010年8月，双方签订劳动合同，约定："本劳动合同的类型为：以完成一定工作为期限的合同；项目部为：李家庄两限房；项目名称：李家庄限价商品住房（三期）14#、15#住宅、25#商业工程；合同终止日期为：李家庄限价商品住房（三期）工程竣工；工作地点：北京市李家庄；张某的月工资为8000元；张某患病或非因工负伤，其病假工资、疾病救济费和医疗待遇等按照国家和地方有关规定执行。”某监理公司认为2013年11月7日工程完工，工程竣工验收时间为2013年11月7日，劳动合同因项目竣工而终止。

因工程已经竣工，受房地产市场的限制，某监理公司决定不再与张某续签劳动合同，并将劳动合同到期终止日告知张某。张某表示同意，但双方在经济补偿金的支付上产生分歧。随后，张某向北京市某区劳动争议仲裁委员会申请劳动仲裁，要求某监理公司向其支付经济补偿金28000元。最终，北京市某区劳动争议仲裁委员会支持了张某的仲裁请求。

实操技巧

以完成一定工作任务为期限的劳动合同，是指用人单位与劳动者约定以某项工作的完成为合同期限的劳动合同。这种类型的劳动合同在日常生活中也比较常见，只要用人单位与劳动者协商一致，就可以订立以完成一定工作任务为期限的劳动合同。某一项工作或工程开始之日，即为合同开始之时，此项工作或工程完毕，合同即告终止。如以完成某项科研任务、工程的完工为期限的劳动合同，以及带有临时性、季节性的劳动合同。对于以完成一定工作任务为期限的劳动合同的理解，笔者在此予以详细叙述：

一、用人单位在什么情形下可以与劳动者订立以完成一定工作任务为期限的劳动合同

用人单位可以与劳动者签订以下几类以完成一定工作任务为期限的劳动合同：（1）以完成单项工作任务为期限的劳动合同；（2）以项目承包方式完成承包任务的劳动合同；（3）因季节性原因而临时用工的劳动合同；（4）其他双方约定的以完成一定工作任务为期限的劳动合同。

在上述案例中，某监理公司为保证项目工程的完工以及监理工作的顺利进行，经与张某协商一致后签订以完成一定工作任务为期限的劳动合同，符合法律的规定。

二、以完成一定工作任务为期限的劳动合同能否约定试用期

根据《劳动合同法》第19条的规定，以完成一定工作任务为期限的劳动合同或者劳动合同期限不满3个月的，不得约定试用期。可知，以完成一定工作任务为期限的劳动合同，是以工作任务完成作为劳动合同的终止条件，工作任务完成的时间即为劳动合同的终止时间。对于用人单位的一些工作任务而言，有时无法准确确定工作任务具体的完成时间，而且往往这种劳动合同的期限具有一定的

不可预见性，如果约定试用期，不但对劳动者不公平，而且作为用人单位也无法客观公正地对劳动者进行试用期考核。因此，对于以完成一定工作任务为期限的劳动合同，用人单位不得约定试用期。

三、以完成一定工作任务为期限的劳动合同到期终止的，用人单位是否需要支付经济补偿金

《劳动合同法》第46条规定，除用人单位维持或者提高劳动合同约定条件续订劳动合同，劳动者不同意续订的情形外，用人单位终止固定期限劳动合同的，应当按照劳动者的工作年限向其支付经济补偿金。该条规定是针对固定期限劳动合同到期，用人单位或劳动者不同意续订劳动合同的情形，但对于以完成一定工作任务为期限的劳动合同到期终止的，用人单位是否需要支付经济补偿金，并没有作出明确的规定，这也是《劳动合同法》的一大缺陷。

对于签订以完成一定工作任务为期限的劳动合同的劳动者来说，此类合同到期终止的，劳动者无论工作时间长短，均已付出一定的劳动，如果其劳动合同到期不续签，再不支付一定数额的经济补偿金，势必会造成劳动者的心理失衡，不利于劳动关系的稳定及和谐社会的建立。因此，为了弥补《劳动合同法》中的这一漏洞，《劳动合同法实施条例》第22条规定，以完成一定工作任务为期限的劳动合同因任务完成而终止的，用人单位应当依照劳动合同法第47条的规定向劳动者支付经济补偿。

风险提示

1. 用人单位与劳动者签订劳动合同的类型，由双方协商确定，但一定要避免表面上是以完成一定工作任务为期限的劳动合同，实质是固定期限劳动合同，以达到某种不法目的，侵害劳动者的合法权益。

2. 如果用人单位确因工作任务的需要，与劳动者订立以完成一定工作任务为期限的劳动合同的，不得约定试用期。

3. 用人单位经与劳动者协商一致订立以完成一定工作任务为期限的劳动合同时，一定要将合同类型、具体的工作任务、任务起始时间、劳动报酬等事项约定清楚，在工作任务完成后应当及时终止劳动合同。

法律依据

《劳动合同法》第47条；《劳动合同法实施条例》第22条

第31讲：与用人单位签订一次固定期限劳动合同和一次以完成一定工作任务为期限的劳动合同后，劳动者能否主张订立无固定期限劳动合同？

案例聚焦

邹某从某大学毕业后，被某研究所录用。此时，某研究所正为某项课题研究而寻求科研人才，邹某加入后，某研究所经与邹某协商，签订了一份以完成一定工作任务为期限的劳动合同，约定邹某独立完成某项课题研究，由研究所按月向其支付劳动报酬。

2012年12月，邹某顺利完成该项目的研究，并获得科研成果奖。某研究所对邹某出色完成该项科研，表示非常满意。2013年1月，某研究所又与邹某签订了一份一年期限的劳动合同。在邹某的劳动合同即将到期时，某研究所决定不再与邹某续签劳动合同，并将此事以书面形式告知了邹某。邹某认为自己工作很努力，而且已经得到所里的肯定，主张按照《劳动合同法》的规定，某研究所应与其签订无固定期限劳动合同。后双方协商不成，邹某向北京市某区劳动争议仲裁委员会申请仲裁。最终，仲裁委员会经开庭审理，依法驳回了邹某的仲裁请求。

实操技巧

自《劳动合同法》颁布实施以来，劳动者的维权意识越来越强，但由于存在对《劳动合同法》的误读、误解，再加上一些法律从业者的误导，造成劳动争议纠纷数量不断攀升，给当前建造和谐劳动关系添加了一些不和谐的因素。那么，与用人单位签订一次固定期限劳动合同和一次以完成一定工作任务为期限的劳动合同后，劳动者能否主张订立无固定期限劳动合同？笔者从以下几个方面进行详细阐述：

一、用人单位与劳动者签订一次固定期限劳动合同和一次以完成一定工作任务为期限的劳动合同后，可以不订立无固定期限劳动合同

根据《劳动合同法》第14条关于“无固定期限劳动合同，是指用人单位与劳动者约定无确定终止时间的劳动合同。用人单位与劳动者协商一致，可以订立无固定期限劳动合同。有下列情形之一，劳动者提出或者同意续订、订立劳动合同的，除劳动者提出订立固定期限劳动合同外，应当订立无固定期限劳动合同：……（三）连续订立二次固定期限劳动合同，且劳动者没有本法第三十九条和第四十条第一项、第二项规定的情形，续订劳动合同的……”的规定，只要劳动者与用人单位已连续订立二次固定期限劳动合同，且劳动者没有《劳动合同法》第 39 条和第 40 条第 1 项、第 2 项规定的用人单位可以依法解除劳动合同的情形，劳动者提出与用人单位续订劳动合同，并要求订立无固定期限劳动合同的，用人单位就应当与劳动者订立无固定期限劳动合同。

根据《劳动合同法》第 12 条关于“劳动合同分为固定期限劳动合同、无固定期限劳动合同和以完成一定工作任务为期限的劳动合同”的规定，固定期限劳动合同和以完成一定工作任务为期限的劳动合同系两种独立的劳动合同类型。在上述案例中，邹某与某研究所连续签订了一次以完成一定工作任务为期限的劳动合同和一次固定期限劳动合同，邹某据此要求某研究所与其续订无固定期限劳动合同，不符合法律规定。

二、以完成一定工作任务为期限的劳动合同所涉及的劳动时间

以完成一定工作任务为期限的劳动合同实质上属于有固定期限的劳动合同。所以，以完成一定工作任务为期限的劳动合同中的劳动者享有与固定期限劳动合同中的劳动者一样的休息休假权利，如果存在加班的情况，用人单位应当按照法定的支付标准向劳动者支付加班费。

三、签订以完成一定工作任务为期限的劳动合同应为劳动者缴纳社保

社会保险是劳动合同的必备条款，社会保险是国家通过立法建立的劳动者在年老、患病、生育、伤残、失业时从社会获得物质帮助和服务的制度。社会保险具有法定性和强制性，用人单位必须执行法律法规有关社会保险的各项规定。只要劳动者与用人单位之间建立劳动关系，用人单位就应当为劳动者办理缴纳社会保险的手续，这是《劳动合同法》对用人单位的强制规定，也是用人单位的法定义务。即使用人单位与劳动者之间订立以完成一定工作任务为期限的劳动合同，用人单位也应当为劳动者办理社会保险。

四、签订以完成一定工作任务为期限的劳动合同也应当订立书面合同

即使用人单位与劳动者订立以完成一定工作任务为期限的劳动合同，也应当以书面形式签订合同。如果用人单位自用工之日起超过一个月不满一年未与劳动者订立书面劳动合同的，应当向劳动者支付双倍工资。如果符合满一年不与劳动者订立书面劳动合同的情况，将被视为用人单位与劳动者已订立无固定期限的劳动合同。因此，用人单位必须严格依照法律的规定与劳动者签订书面形式的劳动合同。

风险提示

1. 用人单位如果确因工作需要与劳动者订立以完成一定工作任务为期限的劳动合同，在工作任务完成后，不与劳动者续签的，应当按照工作时间向劳动者支付经济补偿金；用人单位不得故意与劳动者签订一次固定期限劳动合同和一次以完成一定工作任务为期限的劳动合同，来规避订立无固定期限劳动合同。否则，以完成一定工作任务为期限的劳动合同最终很可能被认定为固定期限劳动合同，给用人单位带来不必要的麻烦和风险。

2. 用人单位在与劳动者订立以完成一定工作任务为期限的劳动合同时，一定要在劳动合同中明确工作任务的具体内容及完成的时间节点，以避免双方在劳动合同履行过程中发生争议，导致劳动合同无法终止。

3. 以完成一定工作任务为期限的劳动合同在履行的过程中与固定期限的劳动合同、无固定期限的劳动合同毫无二致，用人单位同样应给劳动者缴纳社会保险、提供劳动条件、支付劳动报酬等。

法律依据

《劳动合同法》第12、15、19条

第五节 培训与服务期

第32讲：用人单位对劳动者进行职业培训能否约定服务期？

案例聚焦

2012年5月4日，王某入职北京某空调维修中心从事空调维修工作，双方签订了期限为2012年5月4日至2015年5月3日的《劳动合同书》，并约定3个月的试用期。随后，维修中心安排王某到合作空调厂家进行职业技能培训，并签订《关于出资培训的协议》，协议约定王某需在维修中心工作满3年，否则需返还全部培训费用及培训期间的工资。王某在维修中心工作至2014年10月31日后自行离职。王某在职期间，维修中心曾安排其参加6次（合计24天）由空调厂家提供的技术培训，培训内容为空调设备的技术维修及安装调试。维修中心为王某报销差旅费10842.6元及培训费7200元。

北京某空调维修中心认为，王某在未经公司同意的情况下，从2014年10月31日起自行离职，至今未向公司交接工作。王某在公司工作时间不满3年，根据双方劳动合同的约定，王某需返还全部培训费用及培训期间的工资。为此，北京某空调维修中心向北京市某区劳动争议仲裁委员会提出仲裁申请，要求王某返还2012年5月至2014年11月的培训费用、培训期间的工资。

后仲裁委员会经审理裁决驳回了北京某空调维修中心的仲裁请求。北京某空调维修中心不服该仲裁结果向法院提起诉讼。

法院经审理认为，北京某空调维修中心安排王某参加的技能培训是由空调厂家提供，培训内容为空调设备的技术维修及安装调试，在性质上应属空调维修工种的基础职业培训，并非《劳动合同法》第22条所规定的专项技术培训。依据《劳动合同法》第25条之规定，除劳动者违反服务期约定和违反竞业限制规定的情形以外，用人单位不得与劳动者约定由劳动者承担违约金，故《关于出资培训的协议》中就职业培训所约定的服务期和违约责任条款应属无效。北京某空调维修中心要求王某返还2012年5月至2014年11月的培训费用、培训期间的工资，缺乏法律依据，法院不予支持。综上，法院最终判决驳回北京某空调维修中心的全部诉讼请求。

实操技巧

在现实生活中，有许多用人单位为了达到培养人才、挽留人才的目的，选择较为优秀的员工，出资将其送到国外或知名高校进行专项技术培训，并与其签订《专项技术培训协议书》，约定相应的服务期限。然而，由于很多用人单位对法律条款的误读、误解，认为对劳动者进行上岗前的职业培训或者在劳动合同履行过程中进行职业培训，也可以与劳动者约定一定期限的服务期，导致了一些原本可以避免的劳动争议的产生。

一、服务期应如何理解，在何种情况下可以与劳动者约定服务期

服务期是指劳动者与用人单位约定的劳动者在获得特殊待遇后必须为用人单位提供服务的期限。服务期可以长于劳动合同的期限，只要是双方的真实意思表示并通过协议固定下来，就对双方均具有约束力。用人单位在与劳动者约定服务期时，应当特别注意以下两个方面的内容：第一，约定服务期的前提是用人单位出资对劳动者进行专项技术培训。根据《劳动合同法》第22条的规定，用人单

位为劳动者提供专项培训费用，对其进行专业技术培训的，可以与该劳动者订立协议，约定服务期。由此可知，用人单位与劳动者约定服务期，必须要具备以下两个方面条件：（1）用人单位为劳动者提供专项培训费用。在现实生活中，用人单位出资对劳动者进行培训，一般是根据公司发展的需要及岗位的需求选择国内知名的高校或国外的教育机构进行培训。用人单位提供的培训费用，包括用人单位为了对劳动者进行专业技术培训而支付的有凭证的培训费用、培训期间的差旅费用以及因培训产生的用于该劳动者的其他直接费用。（2）用人单位对劳动者进行专业技术培训。用人单位与劳动者约定服务期的前提必须是对劳动者进行专业的技术培训，而不是入职前的岗前培训，也不是提高劳动者的工作技能而提供的职业培训。

第二，在服务期内，劳动者不能解除或终止劳动合同。在劳动合同期限内，只要用人单位与劳动者约定了服务期，劳动者就不能简单地认为，只要提前30日通知用人单位就可以解除劳动合同。因为服务期是用人单位留住人才、防止人才流失的一种手段，在服务期届满前，劳动者不能随意解除劳动合同；如果劳动者在服务期限内执意要求解除劳动合同，需按照有关协议的约定，向用人单位支付违约金。

二、用人单位应当正确区分岗前培训、职业培训与专项培训

所谓岗前培训，就是用人单位在新员工入职时，向其介绍企业的各项规章制度、企业文化以及企业的业务和同事，使得新员工熟悉自己的岗位职责，熟悉工作流程，尽快融入工作中去。

对于职业培训，根据《劳动法》的规定，劳动者享有平等就业和选择职业的权利、取得劳动报酬的权利、休息休假的权利、获得劳动安全卫生保护的权利、接受职业技能培训的权利、享受社会保险和福利的权利、提请劳动争议处理的权利以及法律规定的其他劳动权利。用人单位应当建立职业培训制度，按照国家规定提取和使用职业培训经费，根据本单位实际，有计划地对劳动者进行职业培训。从事技术工种的劳动者，上岗前必须经过培训。由此可知，接受职业技能培训是劳动者的一项基本劳动权利，有计划地对劳动者进行相应的职业技能培训是用人单位的法定义务。

“专项培训”一词，则出现在《劳动合同法》第22条中，即“用人单位为劳动者提供专项培训费用，对其进行专业技术培训的，可以与该劳动者订立协议，约定服务期”。所以，专项培训主要是针对特殊岗位和专门岗位的员工，培训的内容也仅仅是专业技能及专业知识，是用人单位为了提高生产效率，满足特殊岗位的需要，对劳动者进行的专业操作技能及专业知识的培训。专项培训的认定需满足以下两个要件：一是要针对劳动者本人；二是要有明确的培训费用支出凭证。

由此可见，在明确了“岗前培训”“职业培训”“专项培训”的概念后，对“专项培训”的认定应集中在对培训内容的专业性及培训对象的专门性的辨别上。在上述案例中，北京某空调维修中心培训的内容为空调设备的技术维修及安装调试，培训对象王某为普通空调维修工，相关培训也只是属于空调维修工种的基础职业培训，故法院认定《关于出资培训的协议》中的培训性质应属于职业培训，而不是专项培训的做法是正确的。

三、用人单位与劳动者在协商一致后能否就职业培训约定服务期

用人单位对劳动者进行专项培训的，可以与劳动者约定一定期限的服务期。那么，用人单位对劳动者进行职业培训的，尤其是有些职业培训需要在一段时间内到第三方进行培训学习，用人单位为保证相关费用支出的合理回报，达到留住人才的目的，能否在双方协商一致的基础上，与劳动者签订基于职业培训的服务期？

在司法实践中，存在两种主要观点：一种观点认为，在现代社会，职业培训已经不再是简单的入职教育，往往都是安排劳动者到企业外部进行培训，并且大多都是有偿培训。在这种情况下，如果用人单位不采取一定的有效措施，往往对劳动者随意提出解除劳动合同的情形无法进行约束，导致用人单位的利益受损，有违公平原则，不利于经济市场健康有序的发展。所以，只要用人单位与劳动者协商一致，就可以约定一定期限的服务期；若劳动者违反服务期约定的，则应返还一定比例的培训费用。

另一种观点则认为，《劳动合同法》第25条就违约金的约定进行了限制性规定，即除竞业限制和服务期可以约定违约金外，用人单位不得与劳动者约定由劳动者承担违约金。另外根据《劳动合同法》第22条的规定，服务期约定违约金主要是基于专项培训产生服务期的情形。如果职业培训也可以约定服务期的话，则有违《劳动合同法》第25条关于违约金的限制性规定，同时也与《劳动法》第68条的规定相违背，不利于企业的发展和培训制度的建立。笔者同意第二种观点，该种观点更有利于和谐劳动关系的建立。在上述案例中，虽然北京某空调维修中心与王某签订了《关于出资培训的协议》，并就职业培训约定了服务期和违约责任条款，但因其违反了法律的强制性规定而无效。

风险提示

1. 用人单位只有为劳动者提供了专业技术培训才可以与劳动者约定一定期限的服务期。如果只是一般性的岗前教育且没有支付培训费用的相关证据，则不得与劳动者约定服务期。即使约定服务期，服务期依法应为无效。

2. 如果劳动者违反了培训协议关于服务期的相关规定，需要向用人单位支付相应的违约金。此时，用人单位应注意：培训费用包括用人单位为了对劳动者进行专业技术培训而支付的有凭证的培训费用、培训期间的差旅费用以及因培训产生的用于该劳动者的其他直接费用；违约金的数额不得超过用人单位提供的培训费用；用人单位要求劳动者支付的违约金不得超过服务期尚未履行部分所应分摊的培训费用。

3. 如果用人单位为其招用的劳动者办理了本地户口，双方据此约定了服务期和违约金的，由于该约定违反了《劳动合同法》第25条的规定，属于无效。如果确因劳动者违反了诚实信用原则，给用人单位造成损失的，可以要求劳动者给予赔偿。

法律依据

《劳动合同法》第22、25条

第33讲：用人单位存在违法行为，劳动者被迫辞职是否应支付违约金？

案例聚焦

田某于2014年6月研究生毕业后，通过校园招聘进入北京某知名网络公司从事动漫研发工作，担任研发工程师，并与公司签订了3年期劳动合同。因田某表现优异，提出了很多有创造性的建议，公司决定出资让其到日本进行为期3个月的培训。随后，双方签订了《员工培训协议》，约定田某在结束培训后需在公司工作的服务期为5年，如因个人原因未完成服务期，则按违约处理，需向公司支付违约金20万元。2014年9月3日，公司将田某送至日本进修，在此期间该公司一共为其支付了10万元的培训费用。

2015年4月8日，田某以该公司未给其缴纳社会保险费为白，向公司寄送了

《被迫解除劳动合同通知书》。田某的这一行为让公司领导大为恼火，于2015年5月12日将田某诉至北京市某区劳动人事争议仲裁委员会，要求田某支付违反服务期约定解除劳动合同的违约金20万元。仲裁委经过审理认为，田某虽与该公司约定了5年期限的服务期，但由于该公司违法在先，田某被迫提出解除劳动合同的做法并无不当，依法驳回了该网络公司的仲裁请求。最终，该案件经过一审、二审，均驳回了网络公司的诉讼请求。

实操技巧

在司法实践中，用人单位出资对劳动者进行专项技术培训，其终极目的就是留住人才，为公司创造效益。虽然《劳动合同法》第22条规定，用人单位出资对劳动者进行专业技术培训，只要双方协商一致，签订培训协议，就可以约定一定期限的服务期。既然是双方合意达成的协议，双方就应当遵守约定，依法履行各自的义务。如果劳动者违反服务期约定的，应当按照约定向用人单位支付违约金，这也是公平原则的体现。但如果用人单位在劳动合同履行期间存在违法用工的情形，劳动者仍然可以提出解除劳动合同。

一、只要用人单位存在违法情形的，劳动者就可以提出解除劳动合同的要求

在司法实践中，并非在约定的服务期内，只要劳动者提出解除劳动合同都被视为违反服务期约定，均需承担相应的违约责任，需要具体问题具体分析，主要是看劳动者提出解除合同的理由。如果劳动者是因个人原因离职，或者是通过猎头寻找到更加适合自己发展的公司而准备跳槽的，这些行为均属于违反服务期约定的行为，须向用人单位承担违约责任。

根据《劳动合同法》第38条规定，用人单位有下列情形之一的，劳动者可以解除劳动合同：（1）未按照劳动合同约定提供劳动保护或者劳动条件的；（2）未及时足额支付劳动报酬的；（3）未依法为劳动者缴纳社会保险费的；（4）用人单位的规章制度违反法律、法规的规定，损害劳动者权益的；（5）因本法第26条第1款规定的情形致使劳动合同无效的；（6）法律、行政法规规定劳动者可以解除劳动合同的其他情形。用人单位以暴力、威胁或者非法限制人身自由的手段强迫劳动者劳动的，或者用人单位违章指挥、强令冒险作业危及劳动者人身安全的，劳动者可以立即解除劳动合同，不需事先告知用人单位。只要用人单位存在上述几种情形，无论劳动者是否处于服务期内，均可以提出解除劳动合同。在上述案例中，用人单位为员工缴纳社会保险费，是一项法定的强制性义务，不属于当事人可以约定的事项。该网络公司未依法为田某缴纳社会保险费系一种违法行

为，劳动者田某因此根据《劳动合同法》第 38 条的规定解除劳动合同，并不属于违反服务期的约定。

二、因用人单位违法在先，劳动者无需支付违约金

根据《劳动合同法实施条例》第 26 条第 1 款的规定，用人单位与劳动者约定了服务期，劳动者依照《劳动合同法》第 38 条的规定解除劳动合同的，不属于违反服务期的约定，用人单位不得要求劳动者支付违约金。也就是说，如果用人单位存在违法行为在先，即使在约定的服务期内，劳动者仍可提出解除劳动合同，此时不属于违反服务期约定，也无须向用人单位支付违约金。

在上述案例中，正是由于用人单位未依法为员工缴纳社会保险费，违反了法定义务，属于违法行为，田某因此而提出解除劳动合同是有法律依据的。

三、劳动者提出辞职后，还可主张用人单位向其支付经济补偿金

《劳动合同法》第 46 条规定："有下列情形之一的，用人单位应当向劳动者支付经济补偿：（一）劳动者依照本法第三十八条规定解除劳动合同的……"由此可知，无论劳动者是否处于服务期内，只要用人单位存在《劳动合同法》第 38 条规定的任一情形的，劳动者就可以提出解除劳动合同，并要求用人单位根据其工作年限的长短，向其支付经济补偿金。在上述案例中，正是由于某网络公司的违法行为导致其最终竹篮打水一场空，赔了夫人又折兵，这一案例也向其他有类似情况的用人单位敲响了警钟。

风险提示

1. 如果用人单位选择出资对员工进行培训，并约定服务期限的，一定要合法履行劳动合同，切不可抱有幻想，一旦出现《劳动合同法》第 38 条规定的任一情形，劳动者就可以提出解除劳动合同，届时，用人单位不但不能向劳动者主张违约金，还应当向其支付经济补偿金。

2. 同时也提醒用人单位，无论员工是否身负一定期限的服务期，均应当合法经营、合法用工，切实履行劳动合同约定的义务，避免损人不利己情况的出现。

3. 如果用人单位在经营过程中，确因资金周转困难，无法向员工足额支付工资时，可以通过召开职工大会，并告知工会等履行相应的民主程序，取得员工的理解，一旦资金到位后，及时予以补发，以避免违法行为的出现。

法律依据

《劳动合同法》第 38 条；《劳动合同法实施条例》第 26 条

第 34 讲：劳动者因严重违纪而被解除劳动合同后，用人单位能否主张违约金？

案例聚焦

2013 年 4 月，李某通过猎头公司进入北京某计算机软件开发公司从事计算机应用软件的开发。双方订立了劳动合同，合同期限为 2013 年 4 月 1 日至 2016 年 3 月 31 日，李某同时参加了公司对新员工入职关于规章制度内容的培训。在随后的工作中，李某的工作表现非常突出，得到公司上下的一致认可。与此同时，正赶上公司准备研发一个新项目，遂决定让李某外出进修。2013 年 8 月，公司出资 20 万元将李某送至美国进行为期 3 个月的软件开发方面的专项技术培训，双方并签订了一份培训服务协议，约定李某在公司的服务期为 5 年（2013 年 8 月 1 日至 2018 年 7 月 31 日），如违反服务期约定需赔偿违约金 50 万元。

2013 年 11 月，李某学成归来后继续在原岗位工作。2015 年 3 月，李某以家中有事为由请假三天。三天后，李某未到公司上班。经公司人力资源部门的同事多方联系，仍然无法与李某取得联系。后公司又通过其他方式与李某取得了联系，但李某却拒绝到公司工作。随后，公司以书面形式通知李某限期返岗工作，李某对此置之不理。在经多次协商无法达成一致的情况下，公司根据公司的规章制度以及《劳动合同法》第 39 条，于 2015 年 4 月对李某作出了解除劳动合同的决定。在解除劳动合同的同时，公司向李某主张了 30 万元的违约金。公司要求李某支付违约金不成，故向当地劳动争议仲裁委员会提出了仲裁申请，其仲裁请求为：要求被申请人李某向公司支付违反服务期协议的违约金 30 万元。

当地劳动争议仲裁委员会经审理认为，李某确实存在旷工的行为，按照公司规章制度的规定，李某的行为属于严重违纪，公司与其解除劳动合同属于合法解除。又由于李某在服务期内违反服务协议的约定，应当承担违约责任；但鉴于李某已经履行一段时间，且违约金的数额过高，经过折算，最终裁定李某向北京某计算机软件开发公司支付违约金 14 万余元。

实操技巧

在司法实践中，有很多的 HR 以及劳动者认为，即使劳动者存在严重违纪的行为，用人单位与其解除劳动合同，也是用人单位单方解除劳动合同，并不是劳动者主动单方提出解除劳动合同，故劳动者无需支付违约金。这种理解是错误的，也过于片面，针对该问题，应从以下几个方面进行理解：

一、因劳动者严重违纪解除劳动合同，用人单位可以向其主张违约金

根据《劳动合同法》第 39 条第 2 项的规定，劳动者严重违反用人单位的规章制度，用人单位可以解除劳动合同。这是《劳动合同法》赋予用人单位单方解除劳动合同的权利，只要用人单位有证据证明劳动者确实存在严重违反规章制度的行为，就可以依法与其解除劳动合同，且无需支付任何补偿。那么，用人单位对处于服务期内的劳动者提出解除劳动合同，劳动者是否就无需承担相应的违约责任呢？答案是否定的。如果劳动者在服务期内不存在违规违纪的行为，是因用人单位单方原因提出解除劳动合同，无论最终是协商一致解除，还是用人单位违法解除，此时劳动者均无需支付违约金，原因在于劳动者在这一过程中不存在任何过错。如果是因为劳动者存在明显的过错，根据《劳动合同法实施条例》第 26 条的规定，劳动者严重违反用人单位的规章制度，用人单位与劳动者解除约定服务期的劳动合同的，劳动者应当按照劳动合同的约定向用人单位支付违约金。由此可知，因劳动者严重违纪解除劳动合同，用人单位可以向其主张违约金。另外，如果劳动者在服务期内还存在以下情形之一的，即使是用人单位单方解除劳动合同，劳动者仍需支付违约金：劳动者严重失职，营私舞弊，给用人单位造成重大损害的；劳动者同时与其他用人单位建立劳动关系，对完成本单位的工作任务造成严重影响，或者经用人单位提出，拒不改正的；劳动者以欺诈、胁迫的手段或者乘人之危，使用人单位在违背真实意思的情况下订立或者变更劳动合同的；劳动者被依法追究刑事责任的。

二、劳动者支付违约金的数额应按其服务期限进行递减

根据《劳动合同法》第 22 条的规定，劳动者违反服务期约定的，应当按照约定向用人单位支付违约金。违约金的数额不得超过用人单位提供的培训费用。用人单位要求劳动者支付的违约金不得超过服务期尚未履行部分所应分摊的培训费用。由此可知，对于违约金数额的确定应当遵照以下两点：一是违约金数额不能超过用人单位支付的培训费用总额，即有支付凭证的培训费用、培训期间的差旅费用以及因培训产生的用于该劳动者的其他直接费用；二是劳动者履行部分服务期后违约的，支付的违约金以尚未履行的服务期应分摊的培训费用为限进行递减。

三、用人单位在与服务期内违纪的劳动者解除劳动合同时，应当注意证据的收集

如果用人单位依据《劳动合同法》第 39 条的规定与劳动者解除劳动合同，

必须要有充足的证据予以支持，不可盲目行使解除权，避免因违法解除带来经济损失，同时还无法向劳动者主张服务期解除劳动合同的违约金。这就要求用人单位要不断地完善自身的规章制度，平时注意对劳动者的考核，注意相关书面证据的收集；同时，还应当注意处理违纪员工在程序上的合法性与合理性等问题。

风险提示

1. 一旦用人单位与劳动者约定服务期，就应当注意相关证据的留存，比如培训费用的支出凭证、工资发放的凭证、劳动者存在违纪行为的记录等。

2. 对于试用期的员工不可出资对其进行专项技术培训，因为此时劳动者还处于考察期，双方之间还不是非常了解。如果因为工作需要或对优秀人才进行培养，可以对试用期的劳动者提前转正，或者不与其约定试用期。

3. 当劳动者违反服务期的约定，用人单位向其追究违约金时，应当按照培训协议的约定进行，并结合实际的出资数额根据服务期限进行平均计算；注意区分服务期违约金数额与竞业限制违约金数额，不可将二者混为一谈。

法律依据

《劳动合同法》第22条；《劳动合同法实施条例》第26条

第六节　保密与竞业限制

第35讲：用人单位能否向违反《保密协议》的员工主张赔偿责任？

案例聚焦

2012年3月，袁某入职北京某科技有限公司，担任销售经理一职，双方在签订劳动合同的同时，还签署了《保密协议》，约定袁某有义务保守在工作过程中所知悉的北京某科技有限公司的商业秘密。双方协议将商业秘密定义为所有与北京某科技有限公司生产经营密切相关的、能为其带来经济利益的，不论以任何形式和载体存在的技术、经营等方面的信息和材料，主要包括技术信息和商业信息。双方约定的保密期限为劳动合同期满及袁某离职后的2年内。

2014年8月，袁某以书面形式向公司提出辞职，公司经挽留无果后，同意其离职。在袁某办理离职手续时，在离职审批表中双方约定：袁某从公司离开时不得带走任何的文件资料，包括纸质文件、电子文件、录音录像等信息资料；袁某承诺将继续遵守双方签订的《保密协议》，如果违反承诺，需向北京某科技有限公司支付违约金人民币100万元，如因袁某的泄密行为造成北京某科技有限公司的其他重大损失的，还需另行承担相应法律责任。

2014年9月，袁某通过猎头公司举荐，应聘到北京某科技有限公司的竞争对手北京某信息公司担任销售总监一职。袁某在北京某信息公司工作期间，利用其私自保留的北京某科技有限公司的客户名单和客户信息，以北京某信息公司的名义向外进行宣传和报价，造成北京某科技有限公司的客户大量流失。北京某科技有限公司经过调查取得相应的证据后，分别向北京某信息公司和袁某发出律师函，要求停止相关侵权行为。北京某信息公司和袁某对北京某科技有限公司的警告置之不理。随后，北京某科技有限公司委托律师向北京市某区人民法院提起诉讼，认为袁某违背双方《保密协议》的约定，要求其赔偿人民币100万元。

北京市某区人民法院经审理认为，袁某跳槽后利用其掌握的客户名单和客户信息进行商业行为，其行为侵犯了北京某科技有限公司的商业秘密，应当承担相应的赔偿责任。后经主审法官调解，袁某向北京某科技有限公司支付赔偿金60万元。

实操技巧

随着经济的发展和科技的更新换代，企业为了加强市场竞争力，往往都会对自己的商业秘密加以保护。对于那些在日常工作中能够接触到企业商业秘密的员工，企业在管理的过程中一般都是与其签订《保密协议》或《竞业限制协议》，以达到保护商业秘密的目的。然而，有些员工却在经济利益面前冒天下之大不韪违反相关约定，侵害他人的商业秘密，从而承担相应的法律责任。

一、何为"商业秘密"

根据《反不正当竞争法》第9条的规定，商业秘密，是指不为公众所知悉、具有商业价值并经权利人采取相应保密措施的技术信息、经营信息等商业信息。由此可知，企业的技术信息和经营信息若要作为"商业秘密"受法律保护，就必须具备以下四个方面的要件，即"不为公众所知悉""能为权利人带来经济利益""具有实用性""经权利人采取保密措施"。商业秘密包括技术信息和经营信息两大类。技术信息是管理和处理信息所采用的各种技术的总称。它主要是应用计算机科学和通信技术来设计、开发、安装和实施的信息系统及应用软件，也常被称为信息和通信技术，主要包括传感技术、计算机技术和通信技术。经营信息，是指技术信息以外的能够给权利人带来竞争优势的用于经营的信息。一般包括以下两类：（1）具有秘密性质的市场信息以及与市场密切相关的商业情报或信息，比如原材料价格、销售市场和竞争公司的情报、招投标中的标底及标书内容，还包括供销渠道、贸易记录、客户名单、产销策略等。（2）经营管理方法和与经营管理方法相关的资料和信息，这一般是指合理有效地管理各部门、各行业之间的相互合作与协作，使生产与经营有机运转的秘密，通常表现为管理的模式、方法、经验以及管理公关等。

二、用人单位与员工签订《保密协议》是否需支付保密费

保密协议，是指协议当事人双方之间约定不得向任何第三方披露商业秘密等信息的协议。如果负有保密义务的一方当事人违反协议约定，将保密信息披露给第三方，将要承担民事责任甚至是刑事责任。关于保密费的支付标准和方式，法律没有作统一、具体的规定，各地的地方性法规对此规定也各不相同。《劳动合同法》亦没有对保密费的标准和支付方式作出规定。劳动者保守用人单位的商业秘密是劳动合同的附随义务，只要用人单位与劳动者建立劳动关系，劳动者就负有保守用人单位商业秘密的义务，不因劳动合同未约定或劳动合同的解除及终止而终止。即使用人单位不向员工支付保密费，劳动者仍负有保密的义务，不得随意泄露。

三、员工侵害商业秘密的法律后果

根据《反不正当竞争法》第9条的规定，侵犯商业秘密的具体行为主要包括：（1）以盗窃、贿赂、欺诈、胁迫、电子侵入或者其他不正当手段获取权利人的商业秘密；（2）披露、使用或者允许他人使用以前项手段获取的权利人的商业秘密；（3）违反保密义务或者违反权利人有关保守商业秘密的要求，披露、使用或者允许他人使用其所掌握的商业秘密；（4）教唆、引诱、帮助他人违反保密义务或者违反权利人有关保守商业秘密的要求，获取、披露、使用或者允许他人使用权利人的商业秘密。第三人明知或者应知商业秘密权利人的员工、前员工或者其他单位、个人实施上述违法行为，仍获取、披露、使用或者允许他人使用该商业秘密的，视为侵犯商业秘密。若劳动者侵害用人单位的商业秘密，根据其侵害后果的严重程度需承担不同的法律责任。

根据《劳动法》第102条的规定，劳动者违反本法规定的条件解除劳动合同或者违反劳动合同中约定的保密事项，对用人单位造成经济损失的，应当依法承担赔偿责任。《反不正当竞争法》第 17 条规定：“经营者违反本法规定，给他人造成损害的，应当依法承担民事责任……因不正当竞争行为受到损害的经营者的赔偿数额，按照其因被侵权所受到的实际损失确定；实际损失难以计算的，按照侵权人因侵权所获得的利益确定。经营者恶意实施侵犯商业秘密行为，情节严重的，可以在按照上述方法确定数额的一倍以上五倍以下确定赔偿数额。赔偿数额还应当包括经营者为制止侵权行为所支付的合理开支。经营者违反本法第六条、第九条规定，权利人因被侵权所受到的实际损失、侵权人因侵权所获得的利益难以确定的，由人民法院根据侵权行为的情节判决给予权利人五百万元以下的赔偿。”

以上规定适用于保密协议没有明确违约责任的情况，如果保密协议对违约责任的承担方式已作明确约定，应按双方的意思表示处理。此外，对于其他用人单位招用尚未解除劳动合同的职工，构成共同侵权对原用人单位造成损失的，除职工承担赔偿责任外，可同时要求该单位承担连带赔偿责任，其份额一般不低于赔偿总额的 70%。

如果劳动者违反保密协议侵犯他人商业秘密性质严重的，可以构成刑事犯罪。按照《刑法》第 219 条的规定，侵犯商业秘密给企业造成重大损失的，处 3 年以下有期徒刑或者拘役，并处或者单处罚金，造成特别严重后果的，处 3 年以上 7 年以下有期徒刑并处罚金。在追究侵权人刑事责任的同时，用人单位还可根据《刑事诉讼法》的规定，提起附带民事诉讼，要求侵权人承担民事赔偿责任。

四、员工侵害商业秘密的证据如何收集

根据《最高人民法院关于审理不正当竞争民事案件应用法律若干问题的解释》第 14 条的规定，当事人指称他人侵犯其商业秘密的，应当对其拥有的商业秘密符合法定条件、对方当事人的信息与其商业秘密相同或者实质相同以及对方当事人采取不正当手段的事实负举证责任。其中，商业秘密符合法定条件的证据，包括商业秘密的载体、具体内容、商业价值和对该项商业秘密所采取的具体保密措施等。

在司法实践中，很多企业明明知道员工就是在利用公司的相关商业秘密获取非法利益，但对于员工的具体违约行为或侵权行为，却很难取得相应的证据予以证明。侵犯商业秘密行为的证据形态主要表现在以下几个方面：（1）以不正当手段直接窃取权利人的商业秘密；（2）以金钱、财物等方法引诱他人泄露商业秘密；（3）通过胁迫等手段索取权利人的商业秘密；（4）披露、使用或允许他人使用通过不正当手段获得的商业秘密；（5）违反保密义务披露或使用他人商业秘密；（6）用人单位的员工违反合同约定或者违反用工单位保守商业秘密的要求，披露、使用或者允许他人使用其所掌握的商业秘密；（7）第三人明知或者应知属于前述违法行为获得的商业秘密，仍使用、披露权利人的商业秘密；（8）其他有损于权利人商业秘密的行为。用人单位在取得上述相关证据后，应当及时进行公证，以达到证据保全的目的。

风险提示

1. 在员工离职时，HR应当彻底、及时地要求员工交还相关工作资料，如相关电脑、U盘、光盘、工作文件、图纸、数据等，并要求员工在离职交接单上签字确认。

2. 用人单位应当与知悉或者可能知悉、接触商业秘密信息的员工或者第三人签订保密协议；对商业秘密信息的存放、借阅、转移等作专门档案管理，对作废文件、资料予以专门处理；在商业秘密信息资料、文件、图纸上编制密级。

3. 用人单位对于离职员工侵犯商业秘密的行为，应当及时进行证据收集和公证，以避免损失的进一步扩大。

法律依据

《劳动法》第102条；《反不正当竞争法》第9条

第36讲：用人单位迟延支付经济补偿金的，能否向劳动者追究其违约责任？

案例聚焦

李某于2013年8月16日入职北京某通信服务公司，担任VIP服务组服务经理，双方在入职当天签订了《劳动合同》，并签订了《竞业限制协议》，约定李某离职后6个月内，不得直接或间接地自己从事或为他人从事与北京某通信服务公司有业务竞争关系的活动，也不得在与北京某通信服务公司有同类业务并具有竞争关系的任何单位及该任何单位控股、参股或实际控股的单位中任职或兼职。同时还约定，在李某离职后的竞业限制期间内，北京某通信服务公司按照不低于李某离职前12个月平均工资收入的30%标准（税前）每月支付经济补偿金，竞业限制补偿金支付方式为委托银行转账至李某指定的账户；支付时间为北京某通信服务公司每月在职员工的工资发放日，即每月的10日；若因北京某通信服务公司的原因超过约定的支付日期3个工作日以上，仍未向李某支付当月竞业限制补偿金的，视为北京某通信服务公司放弃要求李某继续履行竞业限制义务，本协议效力终止；如果李某在离职后违反竞业限制协议的约定，其应当按照离职前12个月工资性收入总额的二倍支付违约金。

2014年6月16日，李某因个人原因从北京某通信服务公司离职。在办理离职手续时，北京某通信服务公司的人事经理以口头形式告知李某无需履行竞业限制协议。2014年7月11日，北京某通信服务公司向李某的个人账户汇款4327.87元。李某在收到此笔款项后，分别于2014年7月14日、2014年7月15日以手机短信的形式向北京某通信服务公司的人事经理询问款项的具体明细，是否包含7月份的竞业限制补偿金，均未得到明确的答复；2014年7月16日，李某入职北京某通信股份有限公司。2014年7月23日，李某再次以手机短信的形式询问6月份工资明细，得到的回复是，系统还没好，正在解决中，请耐心等待。2014年7月28日，北京某通信服务公司的人事经理电话告知李某4327.87元款项性质包含2014年6月工资及竞业限制补偿金。2014年7月29日，李某从北京某通信股份有限公司离职。

2014年8月，北京某通信服务公司申请劳动仲裁，要求李某承担违约责任，并支付违约金169860.56元。北京某劳动仲裁委员会经开庭审理，驳回了北京某通信服务公司的仲裁请求。北京某通信服务公司不服仲裁裁决，又起诉至北京某区人民法院。

北京某区人民法院经审理认为，因北京某通信服务公司在支付李某2014年6月工资时，没有明确告知其工资数额中是否包含竞业限制补偿金，在李某多次询问的情况下，也未给予明确的答复，正是由于北京某通信服务公司在管理上的瑕疵导致李某误以为北京某通信服务公司放弃要求履行竞业限制义务；李某在2014年7月28日得知工资中包含竞业限制补偿金后，于2014年7月29日从北京某通信股份有限公司离职，其主观上并不存在过错。故依法驳回北京某通信服务公司的诉讼请求。

实操技巧

用人单位之所以与员工约定竞业限制，其目的是保护商业秘密，限制员工到与本单位生产或者经营同类产品、从事同类业务的有竞争关系的其他用人单位，或者自己开业生产或者经营同类产品、从事同类业务。当用人单位与员工签订竞业限制协议，并要求员工在离职后予以履行时，就应当遵守协议的约定，尽到相应的告知义务，否则，就会因为怠于履行义务而酿成苦果。

一、用人单位无论是否要求劳动者履行竞业限制义务，均需以书面形式告知

虽然《劳动合同法》及相关的司法解释并没有明确规定，用人单位在与劳动者订立竞业限制协议后，在劳动者离职时，应当明确告知劳动者是否履行竞业限制义务。但是，《最高人民法院关于审理劳动争议案件适用法律若干问题的解释（四）》第7条规定，当事人在劳动合同或者保密协议中约定了竞业限制和经济补偿，当事人解除劳动合同时，除另有约定外，用人单位要求劳动者履行竞业限制义务，或者劳动者履行了竞业限制义务后要求用人单位支付经济补偿的，人民法院应予支持。同时，该解释第8条规定，当事人在劳动合同或者保密协议中约定了竞业限制和经济补偿，劳动合同解除或者终止后，因用人单位的原因导致3个月未支付经济补偿，劳动者请求解除竞业限制约定的，人民法院应予支持。由此可知，在劳动者离职时，要求劳动者履行竞业限制义务的，就应当按照竞业限制协议的约定向劳动者支付经济补偿金；如果由于用人单位在劳动者离职时未明确告知或口头告知劳动者无需履行竞业限制，3个月后或一段时间后，劳动者主张其已经履行了竞业限制协议的约定，要求用人单位向其支付经济补偿的，用人单位往往处于极其被动的境地。所以，已签订竞业限制协议的劳动者在离职时，用人单位最好以书面形式告知劳动者是否需要履行竞业限制协议。

二、用人单位在支付竞业限制补偿金后，应当履行告知义务

一旦用人单位在劳动者离职时明确表示要求其履行竞业限制的，就应当按照《竞业限制协议》的约定按时足额支付竞业限制补偿金，特别是在员工离职时，其工资等并没有结算，要等到发薪日统一进行发放的，由于该笔金额的数额往往要比员工实际得到的工资数额多，有可能包含加班费、经济补偿金、工资、未休年假工资、竞业限制补偿金等，如果用人单位仅仅将该笔款项支付给员工，没有及时告知其包含的款项明细，则很容易引起劳动者的误解，导致不必要的纷争。正如上述案例中所发生的情节一样，正是由于用人单位在支付竞业限制补偿金后，怠于履行告知义务，且在劳动者多次催问的情况下仍没有及时告知其具体的款项明细，造成虽然员工违约在先，但用人单位最终败诉的法律后果。

三、用人单位在录用劳动者时，应当审查其是否存在竞业限制

在第一章中，笔者已经多次提到如果用人单位在员工入职时没有尽到审慎审查的义务，很有可能会因为员工背负竞业限制之义务，而给用人单位带来不必要的麻烦。为此，用人单位在录用员工、办理相关的入职手续时，除了要求提供相关的离职证明、身份证件外，还应当进一步审查了解劳动者是否存在竞业限制的情况。如果劳动者存在竞业限制之义务，原用人单位不但可追究劳动者的违约责任，同时也可因不正当竞争而追究用人单位的法律责任。

四、竞业限制协议中约定的违约金不宜过高

如果劳动者违反竞业限制协议的约定，就应当承担一定的违约责任，这是法律赋予用人单位的权利，同时也是对劳动者违反诚实信用原则的一种惩罚。当事人享有协商约定违约条款的权利，法律允许当事人约定一定数额的违约金，或者约定因违约产生的损失赔偿额的计算方法。同时，依据公平与诚实信用原则，法律对于约定的违约金过分高于实际损失的情况亦作出了限制性规定。如果用人单位与劳动者约定的违约金过高，与按月支付的经济补偿极其不对等，很容易造成利益的失衡，不利于和谐劳动关系的建立。

根据《最高人民法院关于适用〈中华人民共和国合同法〉若干问题的解释（二）》第29条的规定，当事人主张约定的违约金过高请求予以适当减少的，人民法院应当以实际损失为基础，兼顾合同的履行情况、当事人的过错程度以及预期利益等综合因素，根据公平原则和诚实信用原则予以衡量，并作出裁决。因此，在劳动者违反诚实信用原则和职业道德的情况下，要求其承担一定数额的违约金无可厚非，这也是对用人单位利益的一种保护。但是，如果双方约定的违约金过高，显失公平的，劳动仲裁或者人民法院在案件审理的过程中，会结合具体的情形，酌量裁决违约金的数额。

风险提示

1. 对于竞业限制协议的签订时间，一般是在劳动者办理入职手续时同劳动合同一起签订；当劳动者离职时，用人单位应当结合劳动者实际的工作岗位、接触商业秘密的可能性等因素，综合考量是否要求劳动者履行竞业限制义务。

2. 无论用人单位最终是否要求劳动者履行竞业限制义务，都应当以书面形式告知劳动者，并让劳动者亲自签收。

3. 用人单位在向劳动者支付竞业限制补偿金后，应当及时以电子邮件、手机短信、书面通知等形式向劳动者进行说明，同时，支付该笔款项时应当在银行代付款时注明该笔费用的性质，以避免不必要的麻烦与纷争。

法律依据

《劳动合同法》第90条；《最高人民法院关于审理劳动争议案件适用法律若干问题的解释（四）》第7条

第 37 讲：劳动者可以要求用人单位解除竞业限制协议吗？

案例聚焦

刘某于2013年3月入职北京某科技公司担任技术研发部经理，双方在签订劳动合同的同时，还签订了《竞业限制协议》，约定刘某在劳动关系解除或终止后一年内不得自己从事与本公司有竞争关系的同类业务，不得以任何直接或间接的方式受雇于任何从事同类业务或与本公司具有竞争关系的经营单位、组织、企业或者个人，或以任何其他方式为该等机构提供服务。公司将在刘某离职后按月向其支付竞业限制的经济补偿金5000元；若刘某违反竞业限制的约定，则需要向公司支付违约金20万元。

2015年7月，刘某向公司提出辞职，公司在挽留无果的情况下同意刘某离职，并要求刘某履行《竞业限制协议》约定的义务。2015年9月，刘某以北京某科技公司未向其支付竞业限制的经济补偿金为由，以书面形式向北京某科技公司正式提出解除双方的竞业限制协议，并于第二天便入职另一家有同类业务的信息技术公司工作。

北京某科技公司在收到刘某的书面通知之后，认为刘某不能单方解除《竞业限制协议》，随即通过银行转账的方式支付刘某两个月的竞业限制补偿金1万元，并要求其继续履行竞业限制义务，在得知刘某已经入职另一家有同类业务的信息技术公司后，遂委托律师向劳动争议仲裁委员会申请仲裁，要求刘某支付违反竞业限制的违约金20万元。

某劳动争议仲裁委员会经审理认为，双方签订的《竞业限制协议》是双方的真实意思表示，合法有效。虽然北京某科技公司没有及时按月向刘某支付竞业限制的经济补偿金，但在间隔1个月后及时进行补救，向其支付了2个月的补偿金，不存在相关司法解释所规定的3个月未支付经济补偿的行为。故认定刘某在没有催告的情况下，擅自入职竞争对手公司，其行为构成违约，最终裁决刘某向北京某科技公司支付违约金20万元。

实操技巧

虽然笔者在前面的章节中提到，在劳动者离职时是否要求其履行竞业限制义务，决定权在于用人单位，劳动者往往是处于比较被动的地位。但是，一旦劳动者在此后按照双方的约定履行了竞业限制义务，而用人单位未按照约定向劳动者支付竞业限制的补偿金时，劳动者就可以选择是否继续履行竞业限制。为此，用人单位在要求劳动者履行竞业限制的情况下，应当注意以下几点，以更好地避免用工成本的增加：

一、因用人单位的原因导致3个月未支付经济补偿，劳动者可以要求解除竞业限制协议

根据《最高人民法院关于审理劳动争议案件适用法律若干问题的解释（四）》第8条的规定，当事人在劳动合同或者保密协议中约定了竞业限制和经济补偿，劳动合同解除或者终止后，因用人单位的原因导致3个月未支付经济补偿，劳动者请求解除竞业限制约定的，人民法院应予支持。由此可知，既然用人单位与劳动者双方约定了竞业限制，在劳动者离职后，双方均应当遵守竞业限制的约定，履行各自的义务。如果在劳动者离职后，因用人单位的原因导致3个月未支付经济补偿的，劳动者可以申请劳动仲裁要求解除竞业限制的约定。当然，在实践中，也有一些劳动者为了规避竞业限制，故意注销自己的银行账户或者卡号，导致用人单位无法往账户或者卡号进行转账。然后，劳动者再主张因用人单位的原因未按照约定支付经济补偿，故而要求解除竞业限制。此时用人单位在主观上并无过错，劳动者仍然应当履行竞业限制。

二、在竞业限制期限内，用人单位可随时提出解除竞业限制协议的请求

用人单位在按约定向劳动者支付竞业限制的补偿金一段时间后，根据企业的实际情况和市场竞争的发展，认为劳动者已经没有必要继续履行竞业限制的，就可以单方向劳动者提出解除竞业限制协议的请求。根据《最高人民法院关于审理劳动争议案件适用法律若干问题的解释（四）》第9条的规定，在竞业限制期限内，用人单位请求解除竞业限制协议，人民法院应予支持。在解除竞业限制协议时，劳动者请求用人单位额外支付劳动者3个月的竞业限制经济补偿的，人民法院应予支持。也就是说，用人单位向劳动者提出解除竞业限制的，需要向劳动者额外支付3个月的竞业限制经济补偿。之所以这样规定，是为了更好地保护劳动者的生存权，同时又维护了用人单位经营管理的自主权，从而实现二者之间的利益平衡。

三、如果用人单位违法在先，劳动者是否仍需履行竞业限制

根据《劳动合同法》第38条的规定，用人单位有下列情形之一的，劳动者可以解除劳动合同：（1）未按照劳动合同约定提供劳动保护或者劳动条件的；（2）未及时足额支付劳动报酬的；（3）未依法为劳动者缴纳社会保险费的；（4）用人单位的规章制度违反法律、法规的规定，损害劳动者权益的；（5）因本法第26条第1款规定的情形致使劳动合同无效的；（6）法律、行政法规规定劳动者可以解除劳动合同的其他情形。用人单位以暴力、威胁或者非法限制人身自由的手段强迫劳动者劳动的，或者用人单位违章指挥、强令冒险作业危及劳动者人身安全的，劳动者可以立即解除劳动合同，不需事先告知用人单位。当用人单位存在上述规定的情形之一时，劳动者可以提出解除劳动合同，并要求用人单位向其支付经济补偿金。不论是用人单位还是劳动者违法解除劳动合同，都不必然导致竞业限制约定的失效。依据上述法律规定解除劳动合同的，因竞业限制是双方当事人之间的约定，具有相对独立性，无论是用人单位违法解除劳动合同还是用人单位存在违法行为，均不影响竞业限制约定的有效性。用人单位违法解除劳动合同或存在违法行为的，《劳动合同法》已经为劳动者提供了相应的民事补偿或救济措施。用人单位承担了相应法律责任后，劳动者和用人单位双方仍应受到竞业限制协议的约束。

风险提示

1. 对于用人单位来说，应当按照竞业限制协议的约定，按时足额向劳动者支付竞业限制的补偿金；如果因为劳动者将其持有的银行卡或账户注销，导致无法向劳动者支付补偿金的，应当及时将该笔费用进行提存，或者保留相关无法正常付款的证据。同时，还可以与劳动者进行联系，通过现金或邮政汇款的方式进行支付，但一定要保留相关的书面证据材料。

2. 对于劳动者而言，当用人单位连续3个月未向其支付竞业限制的补偿金时，可以以书面形式催告用人单位，并通过申请劳动仲裁的方式要求解除竞业限制协议；用人单位单方提出解除竞业限制协议的，劳动者可以向其主张再额外支付3个月的补偿金，以保护自己就业生存的权利。

3. 无论是用人单位还是劳动者，都不能想当然地认为一方存在违法的事实，其签订的竞业限制就属于无效或失效，劳动合同的解除或终止并不影响竞业限制协议的效力。

法律依据

《劳动合同法》第38条；《最高人民法院关于审理劳动争议案件适用法律若干问题的解释（四）》第8、9条

第38讲：员工因违反竞业限制协议向用人单位支付违约金后，还需继续履行竞业限制义务吗？

案例聚焦[①]

2010年4月，邓某入职甲公司担任高级客户经理，每月工资1万元。同日，双方签署雇员保密协议。同年10月，邓某自甲公司离职，双方签订了一年期限的竞业限制协议，甲公司支付邓某竞业限制补偿金6万元；双方还约定如邓某违反协议，则应支付公司违约金30万元。后甲公司调查得知邓某离职后到与该公司存在竞争关系的乙公司工作，起诉要求邓某返还竞业限制补偿金、支付违约金并继续履行竞业限制义务。

庭审中，甲公司提交的乙公司的营业执照、年审结果等，证实了甲公司与乙公司存在竞争关系。甲公司提供了公证书、特快专递底单等证据，证实了邓某确实在乙公司工作。法院经审理认为，邓某在离职前担任高级客户经理，并与甲公司签署雇员保密协议，约定了一年的竞业限制期限，双方约定的竞业限制范围也没有超出法定范畴，且甲公司也按约定支付了邓某6万元补偿金，综上，法院确认竞业限制协议合法有效。同时，法院可以确认甲公司与乙公司的基本业务存在竞争关系，邓某确实向乙公司提供劳动。故法院认定邓某在乙公司从事相关业务活动构成了对竞业限制协议的违反，其需如约支付甲公司违约金。邓某既已违反竞业限制协议，便丧失获取补偿金的合理理由，故邓某需返还甲公司竞业限制补偿金。法院判决邓某返还甲公司支付的竞业限制补偿金6万元并支付违约金30万元，且仍需在竞业限制期间履行竞业限制义务。

实操技巧

如果劳动者与用人单位签订了合法有效的竞业限制协议且劳动者自离职后按月领取了竞业限制补偿金，则劳动者就应当按照约定遵守竞业限制义务。如果劳动者没有遵守上述约定，从事了竞争性活动，原用人单位可以要求劳动者承担返还已经领取的竞业限制补偿金、支付竞业限制违约金并在竞业限制期限内继续履行竞业限制义务的法律责任。

---

① 案例来源：《人民政协报》2015年4月28日。

一、劳动者违反竞业限制的约定，用人单位可以追究其违约责任

根据《劳动合同法》第 23 条第 2 款的规定，对负有保密义务的劳动者，用人单位可以在劳动合同或者保密协议中与劳动者约定竞业限制条款，并约定在解除或者终止劳动合同后，在竞业限制期限内按月给予劳动者经济补偿。劳动者违反竞业限制约定的，应当按照约定向用人单位支付违约金。由此可知，用人单位在与劳动者签订竞业限制协议后，如果劳动者违反竞业限制协议的约定，很有可能会造成用人单位商业秘密的泄露，从而引起不正当市场竞争，扰乱市场秩序，为此，用人单位可以依据法律规定，向劳动者主张相应的违约责任。

虽然竞业限制协议对劳动者的约束会对其就业产生一定的影响，比如无法继续发挥自己的专长，或者因竞业限制而导致无法就业，从而导致社保无法缴纳等问题。但笔者认为，这些均不是客观因素造成的，法律之所以规定用人单位可以与高级管理人员、高级技术人员和其他负有保密义务的人员订立竞业限制协议，其目的在于保护企业的知识产权和商业秘密，维护市场竞争的良好秩序，如果没有相应的限制，就会造成市场就业及竞争的混乱，不利于企业商业秘密的保护和有序市场的建立。

二、劳动者在承担违约责任后，仍需继续履行竞业限制义务

负有竞业限制义务的员工在离开岗位后一定期限内自营或为他人经营与其原任职的企业同类的经营业务的，应当承担相应的违约责任。针对劳动者存在违约行为之后的处理，《最高人民法院关于审理劳动争议案件适用法律若干问题的解释（四）》第 10 条进一步作出了明确规定，在劳动者存在违约行为之时，劳动者支付违约金并不必然导致竞业限制义务的解除，用人单位仍有权要求劳动者在余下的竞业限制期内继续履行竞业限制义务。

在上述案件中，考虑到邓某在甲公司的特殊地位以及掌握核心客户资料的实际情况，即使邓某按照约定支付了违约金，也必须继续履行竞业限制协议，否则甲公司的合法权益将难以得到保护。所以，对于劳动者而言，不应抱有侥幸心理，认为即使违反了竞业限制约定的义务，只要支付一定数额的违约金之后，就万事大吉了，按约定履行义务才是上上之策。

风险提示

1. 用人单位一旦发现劳动者违反竞业限制的约定，就可以收集相关证据追究其违约责任，并根据其竞业限制期限的长短，再决定是否需要劳动者继续履行竞业限制义务。

2. 如果用人单位明知道劳动者违反竞业限制，但苦于没有有效书面证据予以证明的，此时，用人单位就应当想办法取证，比如通过向劳动者就业的单位邮寄快递、查询社会保险缴纳情况、查询纳税完税证明等多角度进行查证。

3. 作为劳动者应当履行竞业限制约定的义务，做到诚实守信，可以先到不是同行业或竞争对手的其他单位进行就业过渡，千万不要抱有侥幸心理，一旦其行为违反竞业限制的约定，就需要承担数额较大的违约金。

法律依据

《劳动合同法》第23条；《最高人民法院关于审理劳动争议案件适用法律若干问题的解释（四）》第10条

第三章
劳动合同的履行

第一节　工作时间

第39讲：在标准工时制度下，员工午餐时间计入工作时间吗？

案例聚焦

王某于2015年6月入职北京某文化公司，从事图书的编辑工作，在办理入职手续时，公司的人事口头告知王某，公司实行的是标准工时制度，即每天8：30上班，17：30下班，12：00—13：00为午餐休息时间；同时，公司人事还告知王某在公司下发的《员工手册》中对工作时间有明确的规定，王某当场签收了《员工手册》。工作几天后，王某感觉不适应公司的上班时间，认为公司每天安排的工作时间超出国家规定的标准工作时间，遂找到人事负责人反映此事，并说自己之前工作单位实行的“朝九晚五”制度才是国家规定的标准工作时间。公司将午餐时间排除在工作时间之外，要求员工一天上班9小时的做法是违法的。因此，要求公司对工作时间作出调整，否则，就应当每天支付一个小时的加班费。公司则认为，每天安排员工工作时间是8小时，每周工作时间40个小时，并没有超出法律的规定，况且现在很多企业都实行这样的工作时间，故拒绝了王某的要求。

随后，王某便以公司违反法律规定，没有为员工提供劳动条件为由提出离职，并向劳动监察大队就工作时间问题进行投诉。

实操技巧

在现实生活中，上述案例中提到的“朝九晚五”或“朝九晚六”等工作时间都是比较常见的，往往也是比较容易产生纠纷的地方。有的劳动者认为在一天的工作时间中，午餐、午休时间均应当包含在工作时间之中，不能将其排除在外，否则就是侵犯了劳动者的休息权利，就应当支付延长工作时间的加班费。实际上，这种理解是片面的，还应当结合实际情况进行客观、全面的解析：

一、关于标准工作时间相关问题的法律规定

虽然《劳动法》第36条规定，国家实行劳动者每日工作时间不超过8小时、平均每周工作时间不超过44小时的工时制度。但是，在随后颁布的《国务院关于职工工作时间的规定》第3条规定："职工每日工作8小时、每周工作40小时。"这一规定对之前的工作时间进行了更改，即实行职工每日工作8小时、每周工作40小时的标准工时制度。

同时，《关于职工全年月平均工作时间和工资折算问题的通知》对职工全年月平均制度工作天数和工资折算进行了进一步明确和指导：

（一）制度工作时间的计算

年工作日：365天－104天（休息日）－11天（法定节假日）＝250天

季工作日：250天÷4季＝62.5天/季

月工作日：250天÷12月＝20.83天/月

工作小时数的计算：以月、季、年的工作日乘以每日的8小时。

（二）日工资和小时工资的折算

按照《劳动法》第51条的规定，法定节假日用人单位应当依法支付工资，即折算日工资、小时工资时不剔除国家规定的11天法定节假日，也就是说，法定节假日虽然不算作工作时间，但是算作计薪天数。据此，日工资、小时工资的折算为：

日工资：月工资收入÷月计薪天数

小时工资：月工资收入÷（月计薪天数×8小时）

月计薪天数＝（365天－104天）÷12月＝21.75天

此时，应当注意区分20.83天与21.75天的正确运用，20.83天是每月的实际工作天数，也就是我们经常说的工作日，在计算综合工时中比较常见；21.75天是经过折算之后的计薪天数，在结合员工当月实际出勤天数进行工资结算时，应当以21.75天进行计算，而不是20.83天。例如，某员工的月工资标准为2175元，当月实际出勤天数为15天，那么其当月工资的计算方法为：2175元÷21.75天×15天＝1500元。

二、现实中常见的"做六休一"未必需支付加班费

根据《劳动法》第38条的规定，用人单位应当保证劳动者每周至少休息一日。同时,《劳动部关于〈劳动法〉若干条文的说明》中规定,用人单位必须保证劳动者每周至少有一次 24 小时不间断的休息。通过对这些条文的解读,我们可以得知,无论是用人单位安排劳动者“做五休二”还是“做六休一”,只要其工作时间控制在每日 8 小时、每周工作不超过 40 小时,就是符合法律规定的。比如,用人单位根据本企业的实际经营状况,安排员工每周实际工作六天,但每天工作时间为 6. 5 小时,周日进行休息。通过折算,员工一周的工作时间仅为 39 小时,并未超过法定的 40 小时。所以,此时用人单位安排的“做六休一”的工作时间就是合法的,无需向员工支付加班费。

三、午餐时间是否包含在工作时间之中,需具体问题具体分析

在日常工作中,劳动者在工作期间上厕所、喝水,以及进行午餐休息等,是劳动者正常的生理机能需求,用人单位不得因此而限制劳动者,否则就是属于未给劳动者提供劳动条件,强迫劳动者进行劳动。至于午餐时间是否包含在工作时间之中,相关的法律法规对此并没有明确的规定,还是要结合用人单位的具体情形来进行认定:如果用人单位规定的工作时间“朝九晚五”,即一天工作 8 小时,那么这时午餐休息时间包含在工作时间之中。如果用人单位的规章制度明确规定每天 8:30 上班,17:30 下班,12:00—13:00 为午餐休息时间,此时的午餐时间就不能算作工作时间。在上述案例中,北京某文化公司采取的就是这种方式,也是符合法律规定的,劳动者为此而主张加班费的,不会得到支持。

风险提示

1. 用人单位在安排劳动者的工作时间时,一定要严格遵守法律的规定,并将具体的作息时间写进规章制度,让员工进行签收。

2. 用人单位应当将工作时间控制在每日工作不超过 8 小时、每周工作不超过 40 小时,合理安排员工的上下班时间和午餐时间,不要随意延长工作时间;如果岗位存在特殊性,可以申请实行综合工时制度,或者实行不定时工作制。

3. 用人单位对于一些特殊岗位的劳动者,若因高温天气停止室内或室外作业的,应当安排其进行休息及防暑降温,不得因高温天气缩短劳动时间而克扣劳动者的工资,同时还要及时足额发放高温津贴。

法律依据

《劳动法》第 36 条;《国务院关于职工工作时间的规定》第 3 条

第40讲：公司高管实行不定时工作制，需要进行审批吗？

案例聚焦

张女士在北京某公司担任财务总监职位，后以公司经常性加班且未向其支付加班费为由提出离职，并将公司诉至仲裁庭。在仲裁庭驳回张女士的仲裁请求后，张女士又起诉至法院，主张解除劳动关系经济补偿金、未签劳动合同二倍工资差额、超时加班及节假日加班工资、未休年假工资、3年的年终奖共计32万余元，其中加班费14500余元。

在庭审中张女士称，自2011年3月至2015年2月，她已在北京某公司连续工作了4年，其在职期间存在平时超时加班、休息日加班和法定节假日加班的情况，但公司从未向其支付过加班工资。北京某公司则辩称，张女士属于高级管理人员，实行的是不定时工作制，公司也不存在加班的事实，故请求法院依法驳回张女士的诉讼请求。

法院经审理，认定张女士属于高级管理人员，实行的是不定时工作制，遂依法驳回了张女士主张加班费的诉求。

实操技巧

近年来，企业高管主张加班工资的劳动争议案件逐渐增多。然而对于企业高管加班是否应付加班费、若实行不定时工作制是否需要劳动监察部门审批等问题，劳动者及用人单位均存在一定误区。笔者针对该问题进行详细解答：

一、何谓高级管理人员

高级管理人员，又称高管，在《劳动法》《劳动合同法》中并没有对高级管理人员的范围作出明确规定，但是，根据《公司法》第216条的规定，高级管理人员，是指公司的经理、副经理、财务负责人，上市公司董事会秘书和公司章程规定的其他人员。由此可知，高级管理人员就是指公司管理层中担任重要职务、负责公司经营管理、掌握公司重要信息的人员，主要包括经理、副经理、财务负责人，上市公司董事会秘书和公司章程规定的其他人员。

由于高级管理人员对于公司的经营管理和业绩效益负有重要的责任，在人力资源管理过程中也是比较重要的群体，所以，《公司法》对他们的任职资格也规定了比一般劳动者较为严格的限制性条件。根据《公司法》的规定，有下列情形之一的，不得担任公司的董事、监事、高级管理人员：（1）无民事行为能力或者限制民事行为能力；（2）因贪污、贿赂、侵占财产、挪用财产或者破坏社会主义市场经济秩序，被判处刑罚，执行期满未逾5年，或者因犯罪被剥夺政治权利，执行期满未逾5年；（3）担任破产清算的公司、企业的董事或者厂长、经理，并对该公司、企业的破产负有个人责任的，自该公司、企业破产清算完结之日起未逾3年；（4）担任因违法被吊销营业执照、责令关闭的公司、企业的法定代表人，并负有个人责任的，自该公司、企业被吊销营业执照之日起未逾3年；（5）个人所负数额较大的债务到期未清偿。上述各项规定，适用于有限责任公司和股份有限公司的董事、监事和高级管理人员。高级管理人员如果在任职期间出现上述情形的，公司应当解除其职务。

二、对高管实行不定时工作制是否需审批，各地做法不同

不定时工作制，也叫无定时工时制，它没有固定工作时间的限制，是针对因生产特点、工作性质特殊需要或职责范围，需要连续上班或难以按时上下班，无法适用标准工作时间或需要机动作业的职工而采用的一种特殊工作时间制度，是我国现行的基本工作时间制度之一。根据《劳动部关于企业实行不定时工作制和综合计算工时工作制的审批办法》第4条的规定，企业对符合下列条件之一的职工，可以实行不定时工作制：（1）企业中的高级管理人员、外勤人员、推销人员、部分值班人员和其他因工作无法按标准工作时间衡量的职工；（2）企业中的长途运输人员、出租汽车司机和铁路、港口、仓库的部分装卸人员以及因工作性质特殊，需机动作业的职工；（3）其他因生产特点、工作特殊需要或职责范围的关系，适合实行不定时工作制的职工。

那么，企业实行不定时工作制的，是否双方约定就可以履行？答案是否定的。实行不定时工作制的企业要按照规定报批或备案，《劳动部关于企业实行不定时工作制和综合计算工时工作制的审批办法》第7条规定，中央直属企业实行不定时工作制和综合计算工时工作制等其他工作和休息办法的，经国务院行业主管部门审核，报国务院劳动行政部门批准。地方企业实行不定时工作制和综合计算工时工作制等其他工作和休息办法的审批办法，由各省、自治区、直辖市人民政府劳动行政部门制定，报国务院劳动行政部门备案。因此，仅仅是用人单位和劳动者双方约定实行不定时工作制还不够，不仅用人单位必须先行报批或备案，而且还要看劳动者具体的岗位性质、工作职责等内容。

对于高管实行不定时工作制是否需经审批，各地做法不同。就北京而言，依据《北京市企业实行综合计算工时工作制和不定时工作制的办法》第16条规定，企业中的高级管理人员实行不定时工作制，不办理审批手续。所以，对于北京地区企业的高管来说，实行不定时工作制，无需进行审批。

三、实行不定时工作制的劳动者能否主张加班费

根据《劳动部关于企业实行不定时工作制和综合计算工时工作制的审批办法》第6条的规定，对于实行不定时工作制和综合计算工时工作制等其他工作和休息办法的职工，企业应根据《劳动法》第一章、第四章有关规定，在保障职工身体健康并充分听取职工意见的基础上，采用集中工作、集中休息、轮休调休、弹性工作时间等适当方式，确保职工的休息休假权利和生产、工作任务的完成。同时，《劳动部关于贯彻执行〈中华人民共和国劳动法〉若干问题的意见》第67条规定，经批准实行不定时工作制的职工，不受劳动法第41条规定的日延长工作时间标准和月延长工作时间标准的限制，但用人单位应采用弹性工作时间等适当的工作和休息方式，确保职工的休息休假权利和生产、工作任务的完成。由此可知，实行不定时工作制的劳动者不能主张加班费。为此，《工资支付暂行规定》对此给予了肯定的答案，该规定第13条规定，实行不定时工时制度的劳动者，无需向劳动者支付在法定标准工作时间以外工作的劳动报酬。另外，《北京市工资支付规定》亦规定，用人单位对实行不定时工作制的劳动者，不适用加班工资的规定。

但是，也有例外情形，比如上海、深圳的《工资支付条例》中规定，安排不定时工时制的人员在法定假日加班，应当按300%的日工资标准支付加班费。为此，笔者提醒用人单位，应当参照当地的具体规定予以执行，避免不必要劳动争议的产生。

风险提示

1. 用人单位应当根据企业的性质以及岗位的不同，选择适合的工时制度，高级管理人员可以实行不定时工作制，避免因劳动者延长工作时间而产生纠纷。

2. 企业的高管人员实行不定时工作制是否需要进行审批或备案，应当根据当地的具体规定进行处理，切不可盲目地实行不定时工作制，避免因延长工作时间而被劳动者索要加班费。

法律依据

《公司法》第216条

第41讲：公司实行综合工时制为何还要支付加班费？

案例聚焦

2010年6月1日，张某到北京某物业公司从事电工工作，双方最后一次签订书面劳动合同的期限至2016年5月31日，双方在劳动合同中明确约定执行综合计算工时工作制。2014年11月28日，张某以公司克扣其工资，经常性地延长工作时间且不支付加班费等理由，提出被迫解除劳动合同。随后，张某在2014年12月3日向北京市某区劳动争议仲裁委员会申请劳动仲裁，请求裁决北京某物业公司支付2010年6月1日至2014年11月28日期间的加班费、工资差额、经济补偿金等共计8万多元。

北京市某区劳动争议仲裁委员会经审理认为，北京某物业公司执行以月为计算周期的综合计算工时工作制，在计算周期内安排申请人在法定节假日以及超出标准工作时间工作应当足额支付加班工资，张某要求支付2012年11月28日后的加班工资的请求，予以支持，此前的加班工资，因超过法定仲裁时效，不予认定。裁决后，当事人双方对该仲裁裁决结果均不服，诉至法院。

法院结合张某所从事的岗位特点，经质证的证据及有关法律规定认为，虽然北京某物业公司实行综合计算工时工作制，但其每月安排张某工作的时间也不应超出法定工作时间。结合双方提交的证据，经过测算，北京某物业公司安排张某的工作时间超出法定的时间，故应当向其支付加班费。

实操技巧

实践中，由于行业性质的不同，可以实行不同的工时制度，但无论企业实行何种工时制度，都应当遵守法律的规定，在合理的工作时间安排员工进行劳动。一旦用人单位违反法律规定延长工作时间，就应当向劳动者支付延长工作时间的加班工资：

一、什么是综合计算工时制

综合计算工时工作制，是指因工作性质特殊或者受季节及自然条件限制，需在一段时间内连续作业，以标准工作时间为基础，以周、月、季、年等为周期综合计算工作时间的一种工时制度。《关于职工全年月平均工作时间和工资折算问题的通知》对职工全年月平均制度工作天数的折算以及工作时间的计算作出了明确的规定：

年工作日：365 天 - 104 天（休息日） - 11 天（法定节假日） = 250 天；

季工作日：250 天 ÷ 4 季 = 62.5 天/季；

月工作日：250 天 ÷ 12 月 = 20.83 天/月；

工作小时数的计算：以月、季、年的工作日乘以每日的 8 小时。

假如某企业实行的是综合计算工时工作制，并且是以月为周期计算工作时间，那么该企业在当月安排劳动者工作的时间应为：20.83 天/月 × 8 小时 ≈ 167 小时。实行综合计算工时工作制的，工作时间不再区分制度工作日与公休日。劳动者在综合计算工时的一个周期内只要总的实际工作时间没有超过法定的总工作时间的，即使其在公休日工作，企业也不需支付 200% 的加班工资。

二、用人单位实行综合计算工时制应报经劳动行政部门审批

原劳动部于 1994 年 12 月 14 日颁布的《关于企业实行不定时工作制和综合计算工时工作制的审批办法》明确规定，企业实行综合计算工时工作制应报经劳动行政部门审批。用人单位实行综合计算工时工作制而未经劳动行政部门批准的，应认定用人单位实行标准工时工作制，用人单位安排劳动者加班的，应当按照《劳动法》的相关规定支付加班工资。

三、综合计算工作时间超过标准工作时间部分，仍应支付加班费

根据《关于企业实行不定时工作制和综合计算工时工作制的审批办法》第 5 条规定，企业对符合下列条件之一的职工，可实行综合计算工时工作制，即分别以周、月、季、年等为周期，综合计算工作时间，但其平均日工作时间和平均周工作时间应与法定标准工作时间基本相同。由此可知，如果用人单位安排劳动者综合计算工作时间超过法定标准工作时间的，用人单位应当支付不低于劳动者本人小时工资标准的 150% 的加班工资；用人单位安排劳动者在法定节假日工作的，应按不低于劳动者本人小时工资标准的 300% 支付加班工资。因此，实行综合计算工时工作制的企业在综合计算周期内，如果劳动者的实际工作时间超过该周期的法定标准工作时间的，超过部分应视为延长工作时间，单位要按规定支付职工加班工资。

如果用人单位经批准实行综合计算工时工作制，在计算周期内，若日（或周）平均工作时间没超过法定标准工作时间，但某一具体日（或周）的实际工作时间超过 8 小时（或 40 小时），“超过”部分是否应视为加班？答案应该是否定的，在综合计算周期内，某一具体日（或周）的实际工作时间可以超过 8 小时（或 40 小时），只要综合计算周期内的总实际工作时间没有超过总法定标准工作时间，就不视为加班，无需支付加班费。

风险提示

1. 企业不得自主实行综合计算工时制，若因工作性质或季节性生产等客观因素的限制，可以实行综合计算工时制，但必须向劳动行政部门申请，在获得书面批准，并办理有关手续后，方可实施。

2. 在实行综合计算工时工作制的情况下，尽管用人单位可以安排劳动者在每个工作日工作 8 小时以上，但仍应当注意劳逸结合，切实保障劳动者身体健康及休息的权利。

3. 企业要有规范的公司财务、工作时间、考勤管理制度，对劳动者的工作内容、工作时间、工资发放等要有明确、详细的规定和记录，并要求劳动者签字确认，严格控制综合计算工时制度下的工作时间。

法律依据

《劳动法》第 36 条；《国务院关于职工工作时间的规定》第 3 条

第二节　休息休假

第 42 讲：休息日安排员工进行培训是否需要支付加班费？

案例聚焦

杨某于2014 年8 月入职北京某教育科技公司，担任财务主管，工作一段时间后，杨某发现公司有一个不成文的规定，那就是公司的所有员工都必须在每个月最后一周的周六进行全天的集体培训学习，培训的内容囊括各个方面。同时，周末进行培训也不支付加班费，更没有调休等处理方案。杨某几次找到公司的负责人说明此事，提出支付加班费均被拒绝。随后，杨某以公司拖欠加班费等理由提出离职。

2015 年 3 月，杨某向北京市某劳动仲裁委员会申请劳动仲裁，要求北京某教育科技公司支付加班费、年终奖等费用，共计 65000 元。北京市某劳动仲裁委员会经审理后认为，北京某教育科技公司安排员工在周六进行培训，属于劳动时间的延续且培训的内容与工作相关，故认定应当支付加班费。最终，北京市某劳动仲裁委员会裁决北京某教育科技公司需向杨某支付加班费、年终奖等费用40000元。

实操技巧

在实际工作中，用人单位在工作时间安排员工进行内部的培训，一般都属于正常的工作内容；那么，如果用人单位安排员工在周末进行与工作内容相关的培训，是否属于加班，是否需要向劳动者支付加班费呢？

一、用人单位在休息日安排员工进行培训应当视为“加班”

所谓的“加班”一般指用人单位出于生产经营的需要，安排劳动者在法定工作时间以外进行工作。根据《劳动法》第41条的规定，用人单位由于生产经营需要，经与工会和劳动者协商后可以延长工作时间。由此可知，认定劳动者“加班”需满足以下两个条件：一是安排劳动者“加班”的主体是用人单位，二是劳动者在法定工作时间以外所从事的是生产和工作。在上述案件中，公司利用休息日进行培训学习的目的是提高员工的工作能力和专业素养，以便更好地为公司创造经济价值，可以认定是工作时间的外延，并与从事的工作内容相关，应当视为加班。

如果用人单位出资让员工在周末参加第三方机构组织的各类培训，是否算加班呢？用人单位出资对劳动者在周末进行培训，其目的在于培养劳动者的劳动技能和专业知识，以便更好地为用人单位服务，提升用人单位的经济效益。同时，周末培训占用劳动者的休息时间，是用人单位的安排而非劳动者的自主行为，所以应当认定属于加班行为。

二、用人单位在休息日安排员工进行培训不一定要支付加班费

《劳动法》第44条第2项规定，休息日安排劳动者工作又不能安排补休的，支付不低于工资的200%的工资报酬。由此可知，休息日加班应优先安排补休，其目的是保障劳动者得到足够的休息，实现劳动者的休息权。因此，用人单位在休息日安排员工加班可以优先安排补休，不能安排补休时再向员工支付加班工资。

三、因用人单位的原因未支付加班费，劳动者可主张经济补偿金

根据《劳动合同法》第38条的规定：“用人单位有下列情形之一的，劳动者可以解除劳动合同：（一）未按照劳动合同约定提供劳动保护或者劳动条件的；（二）未及时足额支付劳动报酬的……”由此可知，若用人单位未及时向劳动者足额支付劳动报酬，劳动者可以提出解除劳动合同。那么，加班工资属于劳动报酬吗？《关于工资总额组成的规定》第 4 条规定：“工资总额由下列六个部分组成：（一）计时工资；（二）计件工资；（三）奖金；（四）津贴和补贴；（五）加班加点工资；（六）特殊情况下支付的工资。”所以，加班工资属于劳动报酬的组成部分。为此，劳动者以未及时足额支付加班工资为由提出解除劳动合同的，用人单位应当依据《劳动合同法》第 47 条的规定，向劳动者支付解除劳动合同的经济补偿金，并补发加班工资。

风险提示

1. 用人单位若因工作需要安排劳动者在周末进行业务培训的，应当优先安排调休，并做好相应的调休记录；同时，建议用人单位不要利用周末进行培训，确因工作需要进行培训的，应当合理利用工作时间进行，充分保障劳动者休息的权利。

2. 用人单位利用周末安排员工进行集体活动，如春游、拓展训练等活动，属于用人单位工作的一部分，应当及时安排调休或支付相应的费用，同时为员工购买意外保险，以防意外事故的发生。若员工在活动中受到伤害的，属于工伤，用人单位应当积极配合，申请工伤认定和索赔。

3. 用人单位安排员工在周末加班，不一定就必须支付加班费，应当优先安排员工进行调休，确因工作需要无法进行调休的，需支付加班费用。另外，用人单位安排员工加班应当让员工填写加班申请表，并签字，以防员工恶意索取加班工资。

法律依据

《劳动法》第 44 条；《劳动合同法》第 38 条

第 43 讲：新入职的员工可以休年休假吗？

案例聚焦

2015 年 3 月 2 日，王某入职北京某网络公司工作，担任客户经理一职。在办理入职手续的当天，王某签订了劳动合同、竞业限制协议、员工手册告知书等文件。2015 年 8 月 5 日，王某向公司人力资源部申请年休假。第二天，公司人力资源部书面回复王某："根据公司《员工手册》的规定，新入职员工需在公司连续工作满12个月以上才能享受带薪年休假。"

王某认为公司剥夺了她休息休假的权利，并且公司《员工手册》的规定与法律规定相违背。经过几次申请均被拒绝后，王某一气之下，遂向公司人力资源部提出离职。随后，王某向北京市某区劳动人事争议仲裁委员会申请仲裁，要求公司支付其2015年3月2日至2015年8月12日期间应休未休年休假工资。王某认为自己的累计工作年限已满10年，之前已在其他公司连续工作超过12个月，有社保缴纳记录为证，其享有带薪年休假的权利。公司未安排其享受带薪年休假，应当支付其应休未休年休假工资。

北京某网络公司则辩称，公司的《员工手册》是根据《职工带薪年休假条例》关于"职工连续工作满1年以上的，享受带薪年休假"的规定制定的。因此，新入职员工需要在本公司工作满12个月以上才能享受带薪年休假。王某才入职不足6个月，公司无需向王某支付应休未休年休假工资。

北京市某区劳动人事争议仲裁委员会经审理认为，王某在进入北京某网络公司工作之前已在其他用人单位连续工作超过12个月，因此在进入新公司当年符合享受带薪年休假的条件。根据法律的规定，当年应休年休假天数按照其在本单位剩余日历天数折算确定。最终，仲裁委依法作出裁决，要求北京某网络公司按照王某当年应休年休假天数支付其未休年休假的工资。

实操技巧

近几年，劳动争议案件逐渐增多，在这些劳动争议案件中，多数的诉求中均会包含要求用人单位支付未休年休假工资。国家一直在强调要充分保障劳动者休息休假的权利，年休假就是劳动者享有休息休假权利最重要的一部分。实践中，仍有许多用人单位并未按照法律的规定切实履行休假制度，从而引发劳动争议。

一、劳动者享受年休假的条件

《人力资源和社会保障部办公厅关于〈企业职工带薪年休假实施办法〉有关问题的复函》中对带薪年休假享受条件进行了明确解释："关于带薪年休假的享受条件《企业职工带薪年休假实施办法》第三条中的'职工连续工作满12个月以上'，既包括职工在同一用人单位连续工作满12个月以上的情形，也包括职工在不同用人单位连续工作满12个月以上的情形。"根据此解释，新入职员工只要入职前在同一用人单位或不同用人单位连续工作满12个月以上，就能在入职后享受当年带薪年休假。所以，在上述案例中，北京某网络公司的辩称是对法律的误解，只要王某能够证明其在不同用人单位连续工作满12个月以上，就享有休年休假的权利。

二、新入职的员工以及中途离职的员工也享有年休假

（一）职工享受年休假天数的计算

1. 根据职工累计工作时间进行计算。根据《职工带薪年休假条例》第3条的规定，职工累计工作已满1年不满10年的，年休假5天；已满10年不满20年的，年休假10天；已满20年的，年休假15天。只要员工能够提供证据证明其累计工作时间满一年，就可以享受相应的年休假天数，这就要求用人单位仔细审核员工的累计工作时间。

2. 新入职员工享受年休假天数的计算。根据《企业职工带薪年休假实施办法》第5条的规定，职工新进用人单位且连续工作满12个月以上的，当年度年休假天数，按照在本单位剩余日历天数折算确定，折算后不足1整天的部分不享受年休假。具体年休假天数的折算方法为：年休假天数＝（当年度在本单位剩余日历天数÷365天）×职工本人全年应当享受的年休假天数。

比如，李四在A单位工作了5年10个月，在B单位工作了4年5个月，今年10月6日到C单位工作。李四累计工作的时间为10年3个月，今年他在C单位的剩余日历天数为10月6日至12月31日，总计为87天。因此其今年年休假天数为：（87天/365天）×10天＝2.4天，即李四今年在C单位仍可享受2天年休假。

用人单位应当注意，对于新入职员工享有的年休假天数，不是依据员工入职时间来计算当年度的剩余日历天数，而是以连续工作满12个月的时间点为计算年休假天数的起始时间。同时，按日历天数折算，折算不足1整天的不享受年休假，根据员工工作年限，计算推断得出入职73天（10月20日入职）、37天（11月25日入职）、25天（12月7日入职）是可享当年年休假的，企业在招聘人员时应予以注意。如下表所示：

累计工作年限	年休假天数	是否享受年休假的时间节点
1年≤累计工作年限＜10年	5天	员工当年度剩余日历天数＜73天，如10月20日之后入职
10年≤累计工作年限＜20年	10天	员工当年度剩余日历天数＜37天，如11月25日之后入职
20年≤累计工作年限	15天	员工当年度剩余日历天数＜25天，如12月7日之后入职

3. 离职员工享受年休假天数的计算。根据《企业职工带薪年休假实施办法》第12条的规定，用人单位与职工解除或者终止劳动合同时，当年度未安排职工休满应休年休假的，应当按照职工当年已工作时间折算应休未休年休假天数并支付未休年休假工资报酬，但折算后不足1整天的部分不支付未休年休假工资报酬。具体年休假天数的折算方法为：（当年度在本单位已过日历天数÷365天）×职工本人全年应当享受的年休假天数－当年度已安排年休假天数。如果用人单位当年已安排职工年休假的，多于折算应休年休假的天数不再扣回。

比如，王五在A单位工作了5年10个月，在B单位工作至今年11月30日合同到期时，在B单位的工作年限为4年5个月，本年度年休假只休了1天，那么王五折算未休年休假天数为：（335天/365天）×10天－1天＝8.4天，核准年休假天数为8天。

如下表所示：

累计工作年限	年休假天数	是否享受年休假的时间节点
1年≤累计工作年限＜10年	5天	员工在本单位当年度已过日历天数＜73天
10年≤累计工作年限＜20年	10天	员工在本单位当年度已过日历天数＜37天
20年≤累计工作年限	15天	员工在本单位当年度已过日历天数＜25天

4. 约定福利年休假天数的计算。根据《企业职工带薪年休假实施办法》第13条的规定，劳动合同、集体合同约定的或者用人单位规章制度规定的年休假天数、未休年休假工资报酬高于法定标准的，用人单位应当按照有关约定或者规定执行。在司法实践中，许多用人单位在规章制度中或劳动合同中与劳动者约定一定天数的福利年休假，年休假的天数按照劳动者入职时间的长短进行计算。这种约定是有效的，当用人单位与劳动者因福利年休假发生争议时，参照法定年休假的工资支付标准进行计算。所以，用人单位在约定福利年休假时，应当考虑本单位的实际情况，并及时安排劳动者进行休假。

（二）职工未休年休假工资的计算

根据《企业职工带薪年休假实施办法》第10条的规定，用人单位经职工同意不安排年休假或者安排职工年休假天数少于应休年休假天数，应当在本年度内对职工应休未休年休假天数，按照其日工资收入的300%支付未休年休假工资报酬，其中包含用人单位支付职工正常工作期间的工资收入。用人单位安排职工休年休假，但是职工因本人原因且书面提出不休年休假的，用人单位可以只支付其正常工作期间的工资收入。

同时，用人单位在计算未休年休假工资报酬的日工资时，应当以职工本人的月工资除以月计薪天数（21.75天）进行折算。应当注意，这里的月工资是指职工在用人单位支付其未休年休假工资报酬前12个月剔除加班工资后的月平均工资。在本用人单位工作时间不满12个月的，按实际月份计算月平均工资。另外，职工在年休假期间享受与正常工作期间相同的工资收入。实行计件工资、提成工资或者其他绩效工资制的职工，日工资收入的计发方式与上述计算方法相同。

比如，张某在A公司工作两年后，通过猎头公司跳槽至B公司，入职时间为2015年3月1日，月工资为23750元，其中包含加班费用2000元。2015年8月30日，B公司以张某在试用期不符合录用条件为由与其解除劳动合同。张某则提出未休年休假工资的支付问题。张某未休年休假天数＝（180天÷365天）×5天＝2.5天；张某未休年休假工资＝（23750元－2000元）÷21.75天×200%×2天＝4000元。

（三）职工年休假法律风险的防范

通过上面分析可以看出，劳动者主张未休年休假工资对于用人单位来说也是一项不菲的成本支出。为此，用人单位应当根据本企业生产、工作的具体情况，并考虑劳动者本人意愿，统筹安排职工年休假。用人单位对劳动者的年休假在1个年度内可以集中安排，也可以分段安排，一般不跨年度安排。如果用人单位因生产、工作特点确有必要跨年度安排劳动者年休假的，可以跨1个年度安排。另外，如果用人单位确因工作需要不能安排劳动者休年休假的，经劳动者本人同意，可以不安排劳动者休年休假，对劳动者应休未休的年休假天数，单位应当按照该职工日工资收入的300%支付未休年休假工资报酬。

当然，在实际工作中，用人单位安排劳动者休年休假，但是劳动者因本人原因且书面提出不休年休假的，用人单位可以只支付其正常工作期间的工资收入。因此，作为用人单位的HR在日常管理过程中，应当及时安排劳动者休年休假，做好相应的书面记录，并让员工进行签字确认。

三、年休假时效的计算

《劳动争议调解仲裁法》第27条规定：“劳动争议申请仲裁的时效期间为一年。仲裁时效期间从当事人知道或者应当知道其权利被侵害之日起计算……劳动关系存续期间因拖欠劳动报酬发生争议的，劳动者申请仲裁不受本条第一款规定的仲裁时效期间的限制；但是，劳动关系终止的，应当自劳动关系终止之日起一年内提出。”由此可知，只有因拖欠劳动报酬发生争议的，劳动者申请仲裁不受一年仲裁时效期间的限制。但是对于未休年休假工资适用何种时效，关键在于年休假工资是否属于“劳动报酬”。众所周知，年休假工资包含两部分，一是100%的工资报酬，二是用人单位未安排劳动者相应休假的，需要额外再支付200%的工资报酬。对于正常带薪年休假情况下的100%工资报酬适用“追索劳动报酬的特殊仲裁时效”并无争议，争议焦点主要集中于应休而未休的年休假给予的额外200%的工资报酬是否属于劳动报酬。

结合各地法院的司法实践可知，对于“年休假工资”不应以“工资”而论，应当以其法律性质来分析认定。年休假是劳动者休息休假权利的体现，应休而未休年休假折算工资，即200%的工资报酬是因劳动者休息权不能享有而转化的经济补偿，并非劳动者固有劳动报酬的一部分。换言之，劳动者未休年休假工资中，虽然含有“工资”二字，但是并不具有“工资”的性质。因此“年休假工资”应适用普通时效的规定，即劳动者主张应休而未休年休假工资的诉讼时效为一年。

风险提示

1. 无论是新入职的员工，还是中途离职的员工，只要其符合“连续工作满12个月以上”的前提条件，均享有休年休假的权利，至于最终能够享受几天年休假，可以根据其当年度剩余的日历天数和度过的日历天数进行折算。如果用人单位规章制度中存在“新入职员工需在公司连续工作满12个月以上才能享受带薪年休假”“员工在公司中途离职的，不享受年休假”等类似规定的，属于无效。

2. 对于劳动者主张未休年休假工资的时效问题，虽然笔者认为应适用一般普通时效，即一年；但是，有些法院在判决时也会依据特殊时效来认定，还须用人单位根据具体情况灵活掌握。另外，针对劳动者主张年休假工资的问题，用人单位应当结合相关的证据及时效进行抗辩，比如休假申请表、社保缴纳情况、劳动合同、工资支付凭证等。

法律依据

《职工带薪年休假条例》第2条；《劳动争议调解仲裁法》第27条

第44讲：员工请事假可以不批准吗?

案例聚焦

2014年7月，李某在研究生毕业后，通过面试应聘进入北京某电气公司工作，任职设计工程师。2014年12月，李某以结婚为由，向公司提出休婚假的申请，并提交了结婚证原件及复印件。随后，公司准许李某休婚假，因其符合晚婚的条件，遂给予10天的婚假。婚假到期后，李某通过手机短信向部门经理请事假3天，公司考虑到李某刚刚新婚，便同意其请3天事假。3天到期后，李某仍没有到公司工作，人力资源部遂拨打李某的电话询问原因，但始终无人接听。人力资源部又通过手机短信和电子邮件的形式，向李某询问返岗事宜。

李某通过手机短信再次向部门经理提出请事假20天，原因是陪伴新婚妻子在欧洲度蜜月。李某的这种行为彻底将公司领导激怒，不但没有批准他的事假，反而要求人力资源部门对此事作出严肃处理。人力资源部通过李某留存的地址和电话，向其寄送了《限期返岗通知书》。几天后，李某回到公司工作，并就请事假未得到领导批准一事讨说法。

公司人力资源部向其解释了请事假的流程和审批手续，并告知公司的规章制度中对请事假有明确的规定。但是，李某却认为，自己刚刚新婚，向公司请一段时间的事假是合理的，公司不予批准的行为不但不能彰显公司的人文关怀，还侵犯了他休息休假的权利。随后，李某以公司不向其提供劳动条件为由提出辞职，并申请劳动仲裁，主张公司向其支付解除劳动合同的经济补偿金。

仲裁委员会经审理认为，员工请事假的批准权在于用人单位，用人单位可以根据员工请事假的具体情形作出是否批准的决定。李某因新婚，在已经享有10天婚假的基础上，公司已批准3天的事假，对于其后再次申请20天事假进行旅游的请求可以不予批准。同时，用人单位不批准事假是其用工自主权的体现，不属于未向劳动者提供劳动条件。故，认定李某属于因个人原因离职，公司无需向其支付经济补偿金，依法驳回李某的仲裁请求。

实操技巧

请事假看似非常简单，几乎每个员工都因故请过事假，但是，如果在此事上处理不当就会存在一定的法律风险。事假，顾名思义，就是员工因私事或其他个人原因请的假。现针对事假等相关事项进行详细的分析。

一、请事假的批准权在于用人单位

在日常经营管理过程中，员工除国家已明确规定的各种公休节假日和假期以外，如遇特殊情况本人必须离开工作岗位的可请事假，但批准权在于用人单位。员工提出请事假的，原则上应由本人事先亲自提出书面申请，填写《请假审批单》，明确请假的类型、事由、请假的时间，再按用人单位相关规章制度进行审核批准，由主管领导签字审批后，报人事部门备案。如果员工未经请假擅自离开工作岗位，或者假满未经批准续假而逾期不归的，应按旷工论处。

一般情况下，员工不会存在恶意请事假的情形，这样往往得不偿失。所以，用人单位遇到员工因故请事假的，在不影响本职工作的情况下，可以给予批准。另外，用人单位应当完善自身的规章制度，明确员工请事假的流程及批准权限，既要依据规章制度进行审批，也要综合考虑员工的实际情况，以彰显企业文化。在上述案例中，李某在依法享受婚假的基础上，单位已经批准其 3 天的事假，其得寸进尺地要求 20 天事假的做法违背诚实信用的基本原则，公司综合考虑实际情况及所在岗位工作的需要，未批准其申请，也是符合法律规定的。

二、员工请事假期间可以不向其发放工资

员工请事假期间并未向用人单位提供劳动，用人单位原则上无需向员工支付事假期间的劳动报酬。虽然《工资支付暂行规定》对员工请事假是否计发工资未作出明确规定，但是，各地的工资支付规定均对此作出明确的规定，比如《北京市工资支付规定》第 22 条规定：“劳动者在事假期间，用人单位可以不支付其工资。”《江苏省工资支付条例》第 26 条规定：“劳动者有下列情形之一的，用人单位可以不予支付其期间的工资：（一）在事假期间的……”《广东省工资支付条例》第 25 条规定：“劳动者因事假未提供劳动期间，用人单位可以不支付工资。”由此可知，若员工请事假，用人单位可依据规定进行处理。如果用人单位的规章制度中对于员工请事假期间工资的计发方式有明确规定的，依据制度的具体规定进行处理。

员工请事假期间的工资计发方式为：

假如员工 A 的月工资标准为 2175 元，2015 年 9 月期间，员工 A 因家庭原因向公司请事假 3 天，那么员工 A 在 9 月份的工资应为多少？

根据《关于职工全年月平均工作时间和工资折算问题的通知》的规定，请事假应按月平均计薪天数 21. 75 天来折算扣除工资。

员工 A 的日工资为：2175 元 ÷21. 75 =100 元/天；

员工 A 应被扣除的工资为：100 元/天 ×3 天 =300 元；

员工 A 在 9 月应当领取的工资为：2175 元 -300 元 =1875 元。

如果用人单位还存在全勤奖、餐补等情形的，应当根据其规章制度的规定及对应的天数进行扣减。如果员工当月请事假天数较多，用人单位也可以根据其实际出勤天数计薪。

三、员工请事假达到一定天数，不一定可以再休年休假

根据相关法律的规定，无论员工是在同一家用人单位还是在两家以上用人单位，只要能够证明其连续工作满 12 个月以上，就享有依法休年休假的权利。但是，《职工带薪年休假条例》第 4 条规定："职工有下列情形之一的，不享受当年的年休假：（一）职工依法享受寒暑假，其休假天数多于年休假天数的；（二）职工请事假累计 20 天以上且单位按照规定不扣工资的；（三）累计工作满 1 年不满 10 年的职工，请病假累计 2 个月以上的；（四）累计工作满 10 年不满 20 年的职工，请病假累计 3 个月以上的；（五）累计工作满 20 年以上的职工，请病假累计 4 个月以上的。"由此可见，如果员工在一个自然年度内请事假累计在 20 天以上，且用人单位不扣其事假期间工资的，将不再享有当年度的年休假；如果当年度的年休假已经享受，根据《企业职工带薪年休假实施办法》第 8 条的规定，员工将不再享受下一年度的年休假。这就要求用人单位对于员工请事假、休年休假等情形，及时做好书面记录，并要求员工签字确认。同时，用人单位还应当注意，如果员工在当年度虽然请事假累计天数达到 20 天以上，但依据规定已经扣除其对应事假天数工资的，此时员工仍享有休年休假的权利，用人单位不得予以剥夺。

风险提示

1. 建议用人单位根据经营管理的实际情况进一步完善自身的规章制度，将员工请事假的具体流程予以明确，以便在将来的工作中有理有据地进行员工管理。

2. 员工提出请事假的，应由本人事先亲自提出书面申请，填写《请假审批单》，明确请假的类型、事由、时间，签字确认后再按用人单位相关规章制度审核批准，由主管领导签字审批后，报人事部门备案。

3. 如果员工提出请事假，用人单位可以根据其具体情况决定是否批准；若员工在请事假到期后尚未返岗工作的，不要盲目地按照旷工进行处理，应当通过其留存的地址和联系电话了解情况，先要求员工返岗工作，然后再按照规章制度的规定进行处理，并保留相应的书面证据。

4. 在员二提出事假请求时，用人单位可以根据其年休假的实际情况，让其用年休假与事假进行折抵。

法律依据

《职工带薪年休假条例》第 4 条

第三节　工资支付

第 45 讲：业务提成属于工资的组成部分吗？

案例聚焦

王某是一家电子产品销售公司的销售经理，负责电脑、打印机等电子设备的销售工作，由于王某踏实肯干，在公司内部的销售业绩一直都比较靠前，每月收入也比较可观。但随着市场竞争的日益激烈，电子商务的迅猛发展，王某所在的公司受到比较大的冲击，致使其销售业绩出现滑坡，公司的收入也不容乐观。为此，公司决定改变经营策略，并裁减部分员工。

王某最终被列入裁减名单，当公司的人事与他协商解除劳动合同时，王某爽快地答应可以解除劳动合同，但对最终经济补偿金的支付数额产生不满。原来，公司在计算王某的经济补偿金时，只按照劳动合同约定的基本工资进行计算，并未将他每月获得的业务提成计算进去。为此，王某坚持要将业务提成部分的收入计算到经济补偿金中，至于电话补贴、餐费补贴等可以不要，公司予以拒绝。

无奈之下，王某向北京市某区劳动人事争议调解仲裁委员会申请劳动仲裁。庭审中，该公司的代理人主张其单位的工资构成为岗位工资加业务提成，而业务提成不属于工资，所以，在计算经济补偿金的具体数额时，无需将业务提成计算进去。仲裁委员会经审理认为，业务提成属于员工工资的一部分，公司的说法不成立。最终经仲裁委员会调解，该公司向王某支付经济补偿金 10 万余元。

实操技巧

在上述案例中，本来是一件完全可以避免对簿公堂的事情，却因企业的处理不当，导致双方针锋相对。在司法实践中，很多企业的薪资一般都是由基本工资、绩效工资等几部分构成，但在最终计算经济补偿金时，仍应将员工的收入计算进去。针对工资的组成、经济补偿金的计算方式等问题，在此作详细的分析：

一、业务提成属于工资的组成部分

根据《劳动部关于贯彻执行〈中华人民共和国劳动法〉若干问题的意见》第53条的规定，工资是指用人单位依据国家有关规定或劳动合同的约定，以货币形式直接支付给本单位劳动者的劳动报酬，一般包括计时工资、计件工资、奖金、津贴和补贴、延长工作时间的工资报酬以及特殊情况下支付的工资等。

劳动者的以下劳动收入不属于工资范围：（1）单位支付给劳动者个人的社会保险福利费用，如丧葬抚恤救济费、生活困难补助费、计划生育补贴等；（2）劳动保护方面的费用，如用人单位支付给劳动者的工作服、解毒剂、清凉饮料费用等；（3）按规定未计入工资总额的各种劳动报酬及其他劳动收入，如根据国家规定发放的创造发明奖、国家星火奖、自然科学奖、科学技术进步奖、合理化建议和技术改进奖、中华技能大奖等，以及稿费、讲课费、翻译费等。

同时，根据《关于工资总额组成的规定》第4条的规定，工资总额由下列六个部分组成：（1）计时工资；（2）计件工资；（3）奖金；（4）津贴和补贴；（5）加班加点工资；（6）特殊情况下支付的工资。第6条规定，计件工资是指对已做工作按计件单价支付的劳动报酬。包括：（1）实行超额累进计件、直接无限计件、限额计件、超定额计件等工资制，按劳动部门或主管部门批准的定额和计件单价支付给个人的工资；（2）按工作任务包干方法支付给个人的工资；（3）按营业额提成或利润提成办法支付给个人的工资。

综上，我们可以得知，工资一般包括计时工资、计件工资、奖金、津贴和补贴、延长工作时间的工资报酬以及特殊情况下支付的工资等。而劳动者获得的业务提成属于劳动成果报酬的一部分，属于计件工资制的组成部分，故业务提成应当属于工资的性质。

二、经济补偿金的计算方法

《劳动合同法》第47条规定："经济补偿按劳动者在本单位工作的年限，每满一年支付一个月工资的标准向劳动者支付。六个月以上不满一年的，按一年计算；不满六个月的，向劳动者支付半个月工资的经济补偿。劳动者月工资高于用人单位所在直辖市、设区的市级人民政府公布的本地区上年度职工月平均工资三倍的，向其支付经济补偿的标准按职工月平均工资三倍的数额支付，向其支付经济补偿的年限最高不超过十二年。本条所称月工资是指劳动者在劳动合同解除或者终止前十二个月的平均工资。”

该条规定的是经济补偿金的支付标准及计算方式，至于经济补偿金的计算基数问题，依据《劳动合同法实施条例》第27条的规定，“劳动合同法第四十七条规定的经济补偿的月工资按照劳动者应得工资计算，包括计时工资或者计件工资以及奖金、津贴和补贴等货币性收入。劳动者在劳动合同解除或者终止前12个月的平均工资低于当地最低工资标准的，按照当地最低工资标准计算。劳动者工作不满12个月的，按照实际工作的月数计算平均工资”。应当注意，这里提到经济补偿的月工资按照劳动者应得工资计算，包括计时工资或者计件工资以及奖金、津贴和补贴等货币性收入。也就是说，经济补偿金应当以劳动者应得工资为基数进行计算，即税前工资，包含劳动者个人缴纳的社会保险、住房公积金费用，以及年终获得的年终奖或十三薪、业务提成等货币性收入。所以，用人单位在计算劳动者的经济补偿金时，应当将劳动者在离职前12个月的所有工资性收入均计算进去，不得将劳动者个人缴纳的社会保险、住房公积金等费用予以扣除。经济补偿金的具体计算公式为：

经济补偿金＝劳动者在离职前12个月的所有工资性收入总和/12×工作期限（注：如果劳动者月工资高于用人单位所在直辖市、设区的市级人民政府公布的本地区上年度职工月平均工资3倍的，向其支付经济补偿的标准按职工月平均工资3倍的数额支付，向其支付经济补偿的年限最高不超过12年。）

风险提示

1. 作为用人单位而言，应当对劳动者的工资性收入进行合理核算，同时，为了节省一些用工成本，可以对员工的工资结构进行调整。

2. 经济补偿的月工资按照劳动者应得工资计算，包括计时工资或者计件工资以及奖金、津贴和补贴等货币性收入。劳动者在劳动合同解除或者终止前12个月的平均工资低于当地最低工资标准的，按照当地最低工资标准计算。

3. 劳动者的工作年限按照其在用人单位的实际工作时间进行核算，按每满一年支付一个月工资的标准向劳动者支付。六个月以上不满一年的，按一年计算；不满六个月的，向劳动者支付半个月工资的经济补偿。比如：员工A是2012年7

月 1 日入职公司工作，2015 年 9 月 30 日，经双方协商一致解除劳动合同，那么员工 A 在公司的工作年限就是 3 年 3 个月（2012 年 7 月 1 日—2015 年 9 月 30 日），其经济补偿金的计算系数应当是 3.5 个月。

法律依据

《劳动合同法》第 47 条；《劳动合同法实施条例》第 27 条；《关于工资总额组成的规定》第 4 条

第 46 讲：公司对违纪员工实施罚款，属于克扣工资吗？

案例聚焦

黄某是北京一家信息科技公司的员工，在该公司从事 IT 技术信息的研发工作。由于黄某的家离公司比较远，而且每天早上上班的时间正赶上上班高峰期，即使乘坐地铁上班，也需要先乘坐公交车进行换乘，所经路段车流量较大经常性堵车，致使黄某每周都会迟到几次。按照公司规章制度中考勤管理的规定，工作时间为 8：30 至 17：30，若员工上班迟到或早退一次，罚款 100 元，而且公司对考勤管理得比较严格。黄某每月领到的工资都会因为迟到而被公司扣除 1000 多元的罚款。

久而久之，黄某认为公司的考勤制度不合理，且其从网上查询得知，公司不得从员工的工资里进行罚款。当黄某找到人力资源部门质问时，公司却认为，公司的规章制度是经过民主程序制定，且黄某在入职时已经阅读并签字确认，对其迟到行为进行处罚也是公司用工管理的一部分，无论是谁均需予以遵守。为此，双方发生争议。随后，黄某在咨询律师后，以公司克扣工资为由提出离职，并要求公司补发工资及支付相应的经济补偿金。

实操技巧

在司法实践中，用人单位均会根据企业自身的性质而制定相应的规章制度，并通过一系列的规章制度来规范管理员工的行为。有些用人单位为了惩罚违纪员工，在规章制度中设定一定数额的罚款，以达到管理惩戒的目的。从法律角度来看，单位可以对违纪员工处以罚款吗？通过对员工罚款就一定能够达到管理员工的目的吗？这些问题都关系到劳动者的切身利益。

一、公司的考勤制度关于罚款的规定是否合法

目前，之所以有些企业认为可以对员工进行罚款，是依据 1982 年国务院颁布的《企业职工奖惩条例》（已失效），该条例第 12 条规定："对职工的行政处分分为：警告，记过，记大过，降级，撤职，留用察看，开除。在给予上述行政处分的同时，可以给予一次性罚款。"通过该条可以看出，企业可以对员工进行处分，并且有权进行罚款。但是，应当注意，在该条例中对员工进行罚款的前提是企业对员工进行"行政处分"。而只有行政机关才有相应的行政处罚权，例如《行政处罚法》第 8 条规定："行政处罚的种类：（一）警告；（二）罚款；（三）没收违法所得、没收非法财物；（四）责令停产停业；（五）暂扣或者吊销许可证、暂扣或者吊销执照；（六）行政拘留；（七）法律、行政法规规定的其他行政处罚。"用人单位只是一般的民事主体，不是法律意义上的行政机关，不具有法律赋予的行政处罚权。另外，1982 年国务院颁布的《企业职工奖惩条例》是历史变迁过程中遗留的问题，随着市场经济的发展和政企分离改革，企业已经脱离原来的行政色彩，该部条例也早已被《劳动法》《劳动合同法》所替代。所以，企业无权对员工进行罚款。如果用人单位的规章制度中规定企业可以对违纪员工进行罚款的，均是与现行的法律规定相违背，对员工不具有约束力。

二、公司对员工实施罚款是否属于克扣工资

通过上述分析，我们得知用人单位不具有行政处罚的权利，无权对员工实施罚款，否则就属于违法行为。因此，企业从员工的工资里扣罚款的行为会被认定为一种克扣工资的行为。一旦被认定属于克扣工资，企业需要将克扣的工资足额返还员工，按照《劳动合同法》第 85 条规定，劳动者可以向劳动保障行政部门进行举报，要求用人单位补发克扣工资并支付克扣工资数额的 50%—100% 的赔偿金。另外，《劳动合同法》第 38 条规定："用人单位有下列情形之一的，劳动者可以解除劳动合同：……（二）未及时足额支付劳动报酬的……"劳动者可以依据该条规定，向用人单位提出被迫解除劳动合同，要求用人单位补发工资并支付相应的经济补偿金。

三、公司在什么情况下可以扣发员工工资

法律法规规定用人单位不得克扣劳动者工资，这是要保障劳动者在正常提供劳动的情况下最基本的生活权利，保护劳动者的合法权益，但也不是绝对的。根据《工资支付暂行规定》第 16 条的规定，因劳动者本人原因给用人单位造成经济损失的，用人单位可按照劳动合同的约定要求其赔偿经济损失。经济损失的赔偿，可从劳动者本人的工资中扣除。但每月扣除的部分不得超过劳动者当月工资

的20%。若扣除后的剩余工资部分低于当地月最低工资标准，则按最低工资标准支付。同时，《工资支付暂行规定》第15条规定："用人单位不得克扣劳动者工资。有下列情况之一的，用人单位可以代扣劳动者工资：（1）用人单位代扣代缴的个人所得税；（2）用人单位代扣代缴的应由劳动者个人负担的各项社会保险费用；（3）法院判决、裁定中要求代扣的抚养费、赡养费；（4）法律、法规规定可以从劳动者工资中扣除的其他费用。"

另外，用人单位与劳动者依法签订的劳动合同中有明确规定的，用人单位的工资总额与经济效益相联系，经济效益下浮时，工资相应下浮的，因劳动者请事假扣发工资等情形，也不属于用人单位克扣工资的情况，但用人单位应当做好相应的书面记录。

四、如对于违纪员工不能罚款，应当如何处理

虽然上文特别强调了不能在规章制度中规定因员工的违纪而对其罚款，但可以通过其他形式达到对违纪员工进行惩罚的目的。比如：（1）可以将员工的工资拆分成几个部分，如基本工资＋岗位工资＋绩效工资＋全勤奖等，对于员工迟到、早退、旷工等违纪行为，从全勤奖或绩效工资中进行扣减。若采用此种方式，一定要有与之相配套的绩效考核办法等。（2）可以在规章制度中规定，迟到一次或早退一次将给予一次口头警告，采用违纪行为累计制，直至构成严重违纪解除劳动合同。（3）可以采用乐捐制度，若员工出现迟到、早退或旷工等行为，可以向固定的捐款箱中捐款，以达到惩罚违纪行为的目的。（4）用人单位还可以在规章制度中规定将员工的违纪行为与年终评优、年终奖金的发放等相结合，一旦员工的违纪行为达到一定程度，将丧失年终评优或获得年终奖的机会。

风险提示

1. 用人单位应当对本公司的规章制度的内容进行检查，查看其内容是否违法，是否含有罚款等词语，及时进行改正，不要实施相应的罚款制度。

2. 用人单位管理员工，特别是员工的出勤情况，可以对工资的构成进行调整，以设置相应的全勤奖、绩效工资等方式来代替罚款，达到管理员工的目的。

3. 当用人单位对劳动者的工资进行扣减时，一定要让劳动者签字确认，并保留相应的书面记录，以避免劳动者主张用人单位克扣工资而产生不必要的麻烦。

法律依据

《劳动合同法》第38条；《工资支付暂行规定》第16条

第47讲：对员工实行年薪制，在发放部分工资后，根据其考核结果发放剩余部分合理吗？

案例聚焦

王某于2014年3月26日经应聘进入北京某商业发展公司，从事公司商业品牌的发展工作，担任总经理职位。双方签订了3年的劳动合同，约定王某的年薪为税后150万元人民币，月薪为125000元，同时约定每月发放60%，即每月发放75000元，其余40%部分将在年终根据其考核情况一并发放，但双方未就王某的岗位职责、考核标准等作出明确的约定。

2015年1月25日，北京某商业发展公司以书面形式告知王某，经过一年的合作及公司品牌运营，结合相应的考核结果，王某的能力无法胜任总经理一职，决定对其进行工作岗位的调整，并拒绝向王某支付剩余的40%年薪，即人民币60万元。为此，双方产生争议，王某坚持认为自己完全可以胜任总经理一职，自从自己入职该公司后，公司的品牌形象在业内也得到极大的提升，且一切都在向既定的方向发展，并拒绝公司的调整安排。2015年3月25日，北京某商业发展公司以王某不能胜任工作为由与其解除劳动合同。

王某随后申请劳动仲裁，要求北京某商业发展公司向其支付拖欠的工资、未休年休假工资，继续履行劳动合同。北京市某劳动争议仲裁委员会经审理后认为，虽然北京某商业发展公司与王某在劳动合同中约定了年薪制，实行的是基本年薪（60%）+绩效年薪（40%），并就年薪的发放形式作出了明确的约定，但是对于王某绩效年薪的部分并没有约定相应的绩效考核评判标准，现北京某商业发展公司以王某不能胜任工作为由解除劳动合同缺乏证据支持。最终，在仲裁员的主持下，北京某商业发展公司与王某达成调解协议，由北京某商业发展公司一次性向王某支付补偿60万元。

实操技巧

根据《工资支付暂行规定》的规定，工资至少每月支付一次，实行周、日、小时工资制的可按周、日、小时支付工资。也就是说，用人单位向劳动者支付工资的周期至少是每月支付一次，即使用人单位与劳动者约定实行年薪制，企业也应当每月预付部分工资，年终结算，其目的在于保护劳动者最基本的生存权，保障其基本的生活需要。至于双方约定年薪制后，工资应当如何发放，发放多少，就需要根据双方的约定进行认定。

一、实行年薪制，仍需按月向劳动者支付工资

年薪制是以年度为单位，依据企业的生产经营规模和经营业绩，确定并支付劳动者年薪的分配方式。一般情况下，年薪制是由基本薪资与绩效工资或风险工资两部分构成，一般是针对企业内部的高级管理人员而设定的薪酬方式，如董事长、总经理等，越来越多的企业对职业经理人也实施年薪制，其目的在于通过高薪，激发劳动者更大的热情为企业创造更多的业绩，也是留住人才的一种方式。

目前，我国法律并没有对年薪制的组成结构、发放方式作出明确的规定，属于企业用工自主权的范畴。但是，年薪制只是一种劳动报酬的结算方式，不同于传统的月薪制而已，归根结底还是属于工资的发放形式。根据《工资支付暂行规定》的规定，工资必须在用人单位与劳动者约定的日期支付。如遇节假日或休息日，则应提前在最近的工作日支付。工资至少每月支付一次，实行周、日、小时工资制的可按周、日、小时支付工资。即使企业实施的是年薪制，也应当每月向劳动者预付部分工资。例如，《上海市企业工资支付办法》第6条规定，企业应当每月至少支付一次工资。支付工资的具体日期由企业与劳动者约定。如遇法定休假日或休息日，通过银行发放工资的，不得推迟支付工资；直接发放工资的，应提前支付工资。对实行年薪制或按考核周期兑现工资的劳动者，企业应当每月按不低于最低工资的标准预付工资，年终或考核周期期满时结算。又如，《南京市企业工资支付办法》第12条规定："工资结算周期应当不得违反下列规定：……（二）实行年薪制的，应当每月预付工资，年终结算，预付工资不得低于当地企业最低工资……"所以，无论是国家性的规定，还是地方性的规定，均规定工资的支付周期至少是一个月支付一次，这是硬性要求，若有违反就属于拖欠工资的行为。

二、企业实行年薪制，应当合理进行薪资架构调整

企业实行年薪制的目的是对劳动者形成激励机制、约束机制和风险机制，为企业健康有序的发展注入新鲜的血液。如果用人单位在聘用劳动者时与其约定实行年薪制，就应当对年薪制的结构进行合理的设计，既能有效提高劳动者的工作积极性，又能进一步促进企业的发展与风险收益。在年薪制的薪资结构中，除了基本薪资外，对于绩效薪资（风险薪资）部分应当根据企业的经营效益、劳动者的工作职责、经营性风险等方面进行客观的评估，确定一定的比例，同时还需要

就本部分的薪资支付进行合理的绩效考核和风险评估，以避免出现上述案例中的情况，虽然双方约定的是年薪制，但对绩效考核未约定相应标准，最终就只能按照劳动合同约约定进行支付，实际上并未达到绩效考核的真正目的。

三、拖欠劳动者的年薪仍需承担支付经济补偿金的风险

年薪只是工资的发放方式不同而已，与日常的月薪并无本质区别，用人单位在与劳动者约定年薪后，除了按月向其支付工资外，若年终还有部分需要进行结算的，仍需根据双方之间的约定和相关的考核标准发放剩余年薪。若用人单位因种种理由予以推脱而拒不支付的，属于恶意拖欠工资的行为，劳动者以此为由提出解除劳动合同的，用人单位将面临补发工资，并支付经济补偿金的法律风险。

风险提示

1. 企业在设计薪酬体系时，应学会变减法为加法，重新设计薪酬结构，让薪酬结构变得更合理、更容易操作。

2. 公司在下达绩效考核文件的同时，应当与劳动者约定相应的绩效考核指标，明确双方的职责、考核的范围、考核周期、考核办法和考核结果的使用等内容，让劳动者签字确认。

3. 与员工约定年薪制，应当注意相关个人所得税的代扣问题，并将此事向劳动者进行说明，最好留下相关的书面证据，避免劳动者最终认为用人单位克扣工资而产生不必要的误会与纷争。

4. 若用人单位对劳动者进行绩效考核的，就应当制定具有可操作性、可量化的考核制度，经过民主程序之后，要求劳动者进行签收，比如在年初或月初向劳动者下达绩效任务书、目标责任书或责任状，年终或月末进行评比，除了实行主观人为的打分外，建议再进行客观的评价，向劳动者告知，并保留相应的证据。

法律依据

《工资支付暂行规定》第 7 条

第48讲：公司可以因员工买房而出具“虚假”的收入证明吗？

案例聚焦[①]

高某系北京某网络公司客服人员，双方因解除劳动合同经济补偿金的支付问题产生纠纷，并诉诸法庭。北京某网络公司主张高某月工资为2000元，而高某主张自己的月工资为4000元，并出示了一张加盖有北京某网络公司公章的收入证明。北京某网络公司认可公章的真实性，但称这是高某买房时，为了能从银行获得更高的贷款额度而要求公司出具的，高某的月工资并非4000元。

庭审中，高某承认因买房贷款需要而要求北京某网络公司出具了该份收入证明，但不认可北京某网络公司主张的月工资2000元的说法。北京某网络公司称收入证明之所以写成月工资4000元，是为了能让高某获得更高的银行贷款额度，公司是基于对高某的信任才出具的。此外，北京某网络公司还申请公司财务人员出庭作证，证人证明高某月工资为2000元。高某以该证人系北京某网络公司法定代表人的儿媳，与北京某网络公司存在利害关系为由，否认证人证言的真实性。经法官释明，北京某网络公司未能提供高某工作期间的工资表，也未能提供其他证据证明高某的月工资标准。

本案中，如何认定收入证明的效力是本案的争议焦点。主审法官认为，依据“谁主张谁举证”的原则，原被告双方对自己的主张负有举证责任。原告北京某网络公司对其主张的高某月工资2000元的事实未能举证，应承担举证不能的法律责任。此外，根据《北京市工资支付规定》，用人单位至少应保留员工离职前两年的工资支付记录备查，故劳动争议案件中用人单位对劳动者的工资标准负有举证责任，原告北京某网络公司未能提供高某工作期间的工资表，也未能提供其他可以证明高某月工资标准的证据，应承担举证不能的法律责任。

综上，法官认定高某提供的收入证明真实有效，判决原告北京某网络公司按照月工资4000元的标准向高某支付解除劳动合同经济补偿金。

实操技巧

随着社会经济的发展，收入证明的作用越来越大，如人身损害赔偿诉讼、信

---

① 案例来源：中国法院网，http://www.chinacourt.org/article/detail/2014/10/id/1466164.shtml，最后访问时间：2014年10月22日。

用卡办理、房屋按揭贷款、出国留学、劳动关系确认等都会涉及收入证明的使用问题，而在现实中，劳动者要求出具“虚高收入”的收入证明的事情屡见不鲜，殊不知，小小的一张收入证明，蕴藏着巨大的法律风险。

一、收入证明一旦出具，就具有很强的法律效力

所谓“收入证明”，就是用人单位对劳动者在职期间收入的书面确认，收入证明上一般会加盖公司公章。此时，不要小看加盖公章的法律后果，因为公司公章是公司处理内外部事务的印鉴，公司对外的正式信函、文件、报告均需使用公章，一旦加盖了公章就具有法律效力。用人单位对收入证明记载内容的认可不仅对第三人具有法律效力，对用人单位自身也产生法律效力。无论劳动者出于何种目的要求用人单位为其出具一份收入证明，都应当谨慎对待，不可盲目相信劳动者的单方陈述，特别是那些与用人单位毫无关系的个人通过其他关系找到用人单位让其帮助开具收入证明的，应当及时予以拒绝。否则，若此人拿着这份“虚假”的收入证明申请劳动仲裁，请求确认劳动关系及索要相关的经济补偿金时，如果用人单位没有能够有效反驳的证据，证明收入证明系因误解或受胁迫所出具的虚假证明，由于盖公章的真实性，最终会导致被认定双方之间存在劳动关系，产生一系列的经济损失。

二、出具虚假的收入证明将面临刑事犯罪的风险

根据《民事诉讼法》第111条的规定，诉讼参与人或者其他人伪造、毁灭重要证据，妨碍人民法院审理案件的，人民法院可以根据情节轻重予以罚款、拘留；构成犯罪的，依法追究刑事责任。人民法院对存在上述行为的单位，可以对其主要负责人或者直接责任人员予以罚款、拘留；构成犯罪的，依法追究刑事责任。由此可知，一旦用人单位为劳动者或其他人员出具“虚假”的收入证明，侵害对方当事人或国家的合法权益，扰乱人民法院依法作出正确、合理、公平的判决，则属于作伪证，人民法院可以根据情节轻重对用人单位的主要负责人或者直接责任人员予以罚款、拘留；构成犯罪的，依法追究刑事责任。

三、收入证明应当按照劳动者的实际收入出具

如果劳动者确因购房贷款、办理信用卡、侵权诉讼等需要开具收入证明时，用人单位可以满足其要求，但必须按照劳动者的真实收入状况如实开具。当劳动者要求开具的收入数额比实际收入高时，应当予以拒绝。同时，在为劳动者出具收入证明时，除了让劳动者对公章使用情况进行登记外，还应当要求对收入证明的真实用途、文件递交单位、使用期限作出书面承诺，并签字确认，以避免相关法律风险。另外，对于那些通过关系寻求帮助，要求为其出具收入证明的人员，更应当予以慎重，能拒绝的一概拒绝。

四、公章使用的法律风险防范与实操

所谓公章，是指用人单位在领取营业执照后，按照相关部门的要求刻制的公章、合同专用章、财务专用章、发票专用章等印章，其中公章是代表企业法人的具有法律效力的印章，其效力范围最为广泛。公章的管理与使用对于用人单位来说至关重要，往往公章对外象征着用人单位在行使权利、履行义务，对内则代表用人单位的某种行为或承诺。但在司法实践中，如果用人单位对公章的管理没有规范的制度和流程，导致公章被随意使用，将给用人单位带来极大的法律风险。

根据《民法典》第490条的规定，当事人采用合同书形式订立合同的，自当事人均签名、盖章或者按指印时合同成立。由此可知，对于合同的成立，在没有特别约定的情况下，只要双方当事人签名或盖章即可，公章对外代表的是用人单位的意思表示。如果用人单位因对公章保管不善，被他人私自加盖在“收入证明”“解除劳动合同通知书”等文书上，对用人单位是极其不利的。所以，笔者建议用人单位要规范公章的管理与使用流程，具体为：

（一）完善公章使用审批流程

用人单位应当针对公章的使用制定相应的“公章使用管理制度”，明确规定公章的使用需实行严格的审批制度，无论何人使用公章均需履行审批程序，并填写《公章使用审批单》，注明公章的用途、加盖在何种文件之上、用印数量、何人申请用印、加印文件的去向等，由相关领导层层审批。禁止任何人在空白合同、文件、介绍信、证明上使用公章。

（二）严格遵守公章管理规定

对公章的保管、使用、移交、销毁必须严格依照有关公章的管理规定执行。建议所有需要加盖公章的文件均由保管公章的人负责加盖，必须做到“章不离手、人在章在”，决不能让他人将公章带出或脱离保管人的视线。

（三）公章应当由专人保管

保管公章的人选必须是政治觉悟高、纪律性强的人员，在盖章前确保逐页阅览文件，决不能不看内容就在文件上盖章。同时，对于保管公章本人需要盖章的，建议在制度中规定，除要履行相应公章使用审批流程外，还必须要有相关主管领导的签字方为有效。

（四）对于重要的文件应当盖章并签字

建议用人单位在制度中明确规定，对于一些比较重要的文件，比如投标文件、劳动合同、授权委托书等文件除了加盖公章之外，还应当有法定代表人或具体负责人签字方为有效。

风险提示

1. 劳动争议案件中，在确认双方存在劳动关系的前提下，用人单位对劳动者的工资标准、入职时间、考勤等承担举证责任。同时，根据规定，用人单位应至少保存员工离职前两年的考勤记录和工资发放记录备查。因此，用人单位应建立完善的入职离职制度、考勤制度、工资发放制度。

2. 劳动者提出让用人单位为其出具虚假的“收入证明”“在职证明”等书面文件时，一定要慎重，一切内容均应当如实进行填写，并要求劳动者留下相关的书面资料，在签字确认后存档备查。

3. 用人单位对于公章的保管也应当由专人负责，不可随意放置或谁都可以用章、盖章，一旦公章使用不当或保管不当，被别有用心的劳动者在事先草拟的收入证明、提成证明、协商解除劳动合同通知书等相关文件资料上加盖公章，然后利用该文件恶意制造诉讼、索要巨额补偿等，对于用人单位来说是极其不利的。

法律依据

《民事诉讼法》第111条

第四节　加班费与年终奖

第49讲：公司可以用最低工资作为加班费的计算基数吗？

案例聚焦

周某系北京某电子科技公司的员工，因其与公司就向其支付加班费的计算基数存在争议，遂以公司未向其足额支付加班费为由提出解除劳动合同，并申请劳动仲裁。周某认为，其工资是由基本工资（北京市最低工资）和绩效工资两部分构成，公司在计算加班工资时，仅以基本工资作为计算基数不合法，应当以工资总额作为计算加班工资的基数，故要求公司补足差额部分，并支付经济补偿金。

公司则认为，将基本工资作为加班工资的计算基数，完全是按照双方在劳动合同中的约定履行的，并且其支付标准也不低于北京市最低工资，合法有效，故请求驳回周某的申诉。

经审理，劳动争议仲裁委员会裁决不支持周某的申诉请求，后周某不服该裁决，就加班费差额问题起诉至法院，要求公司按照每月工资总额计算加班工资，支付起诉之日前两年的加班工资差额8000元。北京市某区人民法院经审理认为，依据《北京市工资支付规定》第44条的规定，加班工资计算基数按劳动合同约定的工资标准确定。周某与公司签订的劳动合同是双方真实意思的表示，所约定的加班工资的计算基数为基本工资，且该基本工资不低于北京市最低工资标准，故这一约定合法有效，最终驳回周某的诉讼请求。

实操技巧

在目前的司法实践中，相关的法律中并没有明文规定加班工资的计算基数如何确定，这也是一个比较有争议的问题。一种观点认为，加班工资的计算基数不可以由双方约定，应当以劳动者正常工作时间所获得的工资为计算基数；另一种观点则认为，加班工资的计算基数可以由双方进行约定，只要不低于最低工资标准即可。在上述案例中，仲裁委员会及法院均采纳了后一种观点，认定双方可以约定加班工资计算基数。现笔者结合具体情况进行分析：

一、劳动者所得工资的范畴

司法实践中，在确定加班工资的计算基数时，往往都是按照劳动者的所有工资收入进行核算。那么，在确定加班工资基数之前，就必须要确定劳动者的工资范畴。根据《关于工资总额组成的规定》的规定，“工资”是指用人单位依据国家有关规定或劳动合同的约定，以货币形式直接支付给本单位劳动者的劳动报酬，一般包括计时工资、计件工资、奖金、津贴和补贴、延长工作时间的工资报酬以及特殊情况下支付的工资等。但根据《关于工资总额组成的规定》第11条的规定，劳动者的以下劳动收入不属于工资范围：（1）单位支付给劳动者个人的社会保险福利费用，具体有：职工死亡丧葬费及抚恤费、医疗卫生费或公费医疗费用、职工生活困难补助费、集体福利事业补贴、工会文教费、集体福利费、探亲路费、冬季取暖补贴、上下班交通补贴等；（2）劳动保护方面的费用，如用人单位支付给劳动者的工作服、解毒剂、清凉饮料等的费用；（3）按规定未列入工资总额的各种劳动报酬及其他劳动收入，如国家根据规定发放的创造发明奖、国家星火奖、自然科学奖、科学技术进步奖、合理化建议和技术改进奖、中华技能大奖等，以及稿费、讲课费、翻译费等。

二、加班费计算基数的确定

根据《劳动法》第44条的规定，用人单位应当按照劳动者正常工作时间工资报酬的一定标准支付劳动者加班工资。所谓“劳动者正常工作时间工资”是指劳动合同规定的劳动者本人所在工作岗位（职位）相对应的工资。由此可知，在确定劳动者加班费的计算基数时，只要劳动合同中约定了具体的工资数额，就可以以此为计算依据，但在实际操作中往往会出现不同的情况。就北京地区而言，《北京市工资支付规定》第44条规定：“根据本规定第十四条计算加班工资的日或者小时工资基数、根据第十九条支付劳动者休假期间工资，以及根据第二十三条第一款支付劳动者产假、计划生育手术假期间工资，应当按照下列原则确定：（一）按照劳动合同约定的劳动者本人工资标准确定；（二）劳动合同没有约定的，按照集体合同约定的加班工资基数以及休假期间工资标准确定；（三）劳动合同、集体合同均未约定的，按照劳动者本人正常劳动应得的工资确定。依照前款确定的加班工资基数以及各种假期工资不得低于本市规定的最低工资标准。”同时，《北京市劳动局、北京市高级人民法院关于劳动争议案件法律适用问题研讨会会议纪要》规定，对于加班工资的日或小时工资基数的确定，应参照《北京市工资支付规定》第44条的规定执行。用人单位与劳动者在劳动合同中约定了工资标准，但同时又约定以本市最低工资标准或低于劳动合同约定的工资标准作为加班工资基数，劳动者主张以劳动合同约定的工资标准作为加班工资基数的，应予支持。所以，对于加班工资计算基数的确定，在司法实践中存在不同的情况，还需具体问题具体分析：

（1）在劳动合同中明确约定了劳动者的工资数额，且该工资数额又与实际发放数额相一致，就应当以劳动合同中约定的工资作为加班费计算基数；（2）在劳动合同中没有明确约定劳动者的工资数额，或者仅约定不低于最低工资标准等，应当以劳动者实际工资数额作为计算基数；（3）在劳动合同中虽然没有明确约定劳动者的工资数额，但是约定了基本工资的数额，并约定以此作为计算加班费的基数的，应当以基本工资作为计算基数；（4）如果劳动者的工资是由基本工资和提成工资构成，且劳动者的基本工资与提成工资发放的时间不一致的，在计算加班费时，应当将两部分合计作为加班费计算基数；（5）对于实行计件工资的劳动者，应以劳动者在法定工作时间内的计件单价作为加班费计算基数；（6）对于实行综合计算工时工作制的劳动者，应将综合周期内的月平均工资作为加班费计算基数。

三、加班费的支付标准

（一）标准工时制下的加班费支付标准

根据《劳动法》第44条的规定，用人单位依法安排劳动者在标准工作时间以外工作的，应当按照下列标准支付劳动者加班工资：

1. 在日标准工作时间以外延长工作时间的，按照不低于小时工资基数的150%支付加班工资。例如，张三的月工资为2175元，某日下班后被领导安排加班3个小时，张三在该月的加班工资应当为：2175元÷21.75天÷8小时×3小时×150%＝56.25元。

2. 在休息日工作的，应当安排同等时间的补休，不能安排补休的，按照不低于日或者小时工资基数的200%支付加班工资。例如，李四的月工资为2175元，某周末被领导安排加班2天且事后也未安排其补休，李四在该月的加班工资应当为：2175元÷21.75天×2天×200%＝400元。

3. 在法定休假日工作的，应当按照不低于日或者小时工资基数的300%支付加班工资。例如，王五的月工资为2175元，国庆节期间被领导安排10月1日至3日在单位加班，王五在该月的加班工资应当为：2175元÷21.75天×3天×300%＝900元。

实行计件工资制的，劳动者在完成计件定额任务后，用人单位安排其在标准工作时间以外工作的，应当分别按照不低于计件单价的150%、200%、300%支付加班工资。

（二）综合计算工时制下的加班费支付标准

用人单位经批准实行综合计算工时工作制的，在综合计算工时周期内，用人单位应当按照劳动者实际工作时间计算其工资；劳动者总实际工作时间超过总标准工作时间的部分，视为延长工作时间，应当按照150%的支付标准向劳动者支付加班工资；安排劳动者在法定休假日工作的，应当按照200%的支付标准向劳动者支付加班工资。另外，在综合计算工时工作制的情况下，不存在周六、周日安排员工加班的情形，用人单位无须支付周六、周日上班的加班费或安排调休。

（三）不定时工作制下的加班费支付标准

如果用人单位经劳动行政部门批准实行不定时工作制度的，由于工作时间的灵活性和不固定性，实际上不存在延长工作时间和周六日加班的情况，用人单位无需向劳动者支付加班费。至于劳动者在法定节假日工作应否支付加班费的问题，法律对此并无明确规定，一般也无须向其支付加班费。但是，用人单位还需留意各地具体的地方性规定，例如《上海市企业工资支付办法》第13条第4款规定，经劳动保障行政部门批准实行不定时工时制的用人单位，在法定休假节日安排劳动者工作的，按照不低于劳动者本人日或小时工资标准的300%支付工资。

四、用人单位拒绝支付加班费的法律后果

前文中已经明确加班费属于劳动者应当获得的劳动报酬部分，属于工资的范畴。《劳动合同法》第38条规定："用人单位有下列情形之一的，劳动者可以解除劳动合同：……（二）未及时足额支付劳动报酬的……"《最高人民法院关于审理劳动争议案件适用法律若干问题的解释》第15条规定："用人单位有下列情形之一，迫使劳动者提出解除劳动合同的，用人单位应当支付劳动者的劳动报酬和经济补偿，并可支付赔偿金：……（四）拒不支付劳动者延长工作时间工资报酬的……"因此，只要劳动者向用人单位提出支付加班费的请求，但用人单位对此予以明确拒绝的，劳动者以此为由提出解除劳动合同，可以向用人单位主张相应的经济补偿金。

另外，《劳动合同法》第85条规定："用人单位有下列情形之一的，由劳动行政部门责令限期支付劳动报酬、加班费或者经济补偿；劳动报酬低于当地最低工资标准的，应当支付其差额部分；逾期不支付的，责令用人单位按应付金额百分之五十以上百分之一百以下的标准向劳动者加付赔偿金：……（三）安排加班不支付加班费的……"由此可知，用人单位不向劳动者支付加班费的，劳动者可以向劳动行政部门进行投诉，劳动行政部门责令用人单位限期支付加班费，而用人单位逾期不支付的，劳动者在申请劳动仲裁时，可以向用人单位主张按应付金额50%以上100%以下标准向其加付赔偿金。

五、用人单位应当如何控制管理员工的加班行为

用人单位在日常的生产经营中，应当合理安排劳动者的工作量，尽量让劳动者在标准工作时间内完成工作任务。若因行业的不同，确因工作需要安排劳动者加班的，应当及时做好相应的记录，并支付相应的加班费。如果用人单位的员工经常需要加班，甚至加班是一种常态，这不是一种正常的现象，必须引起用人单位足够的重视。另外，用人单位对于控制管理员工的加班行为，可以从以下几个方面进行考虑：

1. 制定合法有效的企业规章制度，实行加班审批制度。用人单位应当经过民主程序制定合法有效的规章制度，建立健全加班审批管理制度，严格加班申请流程，并向劳动者进行公示。若劳动者确因工作需要进行加班的，应由所在部门将加班申请交人力资源部审核后，报公司总经理批准后才可以安排加班，规定员工非因特殊情况，未经批准不得擅自在公司加班，严格控制加班。

2. 明确加班工资的计算基数，正确计算劳动者的加班工资。用人单位可以与劳动者在劳动合同中约定加班工资的计算基数，但不得低于当地的最低工资标准。在结算劳动者的工资时，无论是通过银行转账还是以现金形式发放，都应当让劳动者亲笔签字确认。

3. 部分岗位可实行不定时工作制。对于实行不定时工作制的劳动者，用人单位应按《劳动法》的规定，参照标准工时制核定工作量并采用弹性工作时间等适当方式，确保劳动者的休息休假权利和生产、工作任务的完成。对于用人单位中的高级管理人员、外勤人员、推销人员、部分值班人员和其他工作无法按标准工作时间衡量的劳动者可以实行不定时工作制。

4. 利用调休取代休息日加班费。根据《劳动法》第44条的规定，休息日安排劳动者工作又不能安排补休的，支付不低于工资的200%的工资报酬。因此，如果用人单位安排劳动者休息日加班的，有权优先选择安排劳动者补休以代替支付加班费。

风险提示

1. 在诉讼中，经用人单位和劳动者签字确认的考勤记录可以作为认定是否存在加班事实的依据；如果劳动者仅凭电子打卡记录要求认定存在加班事实的，一般不会得到支持。

2. 用人单位与劳动者虽然未书面约定实际支付的工资是否包含加班工资，但有证据证明已支付的工资包含正常工作时间工资和加班工资的，可以认定用人单位已支付的工资包含加班工资，但折算后的正常工作时间工资低于当地最低工资标准的，应当予以补差。

3. 用人单位与劳动者在劳动合同中约定加班工资的计算基数时，可以约定劳动者的基本工资作为计算加班费的依据，但不得低于用人单位所在地的最低工资标准。

4. 如果用人单位安排劳动者在周末加班的，应当及时安排劳动者调休，并做好相应的考勤记录的留存，要求劳动者签字确认。另外，如果法定节假日安排劳动者加班的，应当向其支付加班费，不得以调休予以替代。至于劳动者在标准工作日延长的工作时间，用人单位也应当向其支付加班费，不能用调休予以替代。

法律依据

《劳动法》第44条；《劳动合同法》第85条

第50讲：用人单位安排员工值班是否需要支付加班费？

案例聚焦

柳某于2011年3月入职北京某物业公司，从事给排水的维修养护工作，正常的上班时间为早上9点到下午5点，劳动合同约定柳某的工资构成是按基本工资（1600元）+绩效工资执行，柳某每月的平均工资为3500元。柳某在工作期间，每周都会有一至两天在白班（早上9点到下午5点）下班后，经公司安排进行夜班的值班，时间为下午5点至第二天早上9点，但在晚上10点后可以在值班室休息并可补休一天，额外再支付100元的值班费。柳某日常工作的主要任务是负责给排水设备的维修、保养和安装等，而在值班时间主要是应对突发事件。

2015年6月，柳某以公司存在延长劳动时间且未支付加班费为由提出离职，要求公司向其支付加班费和经济补偿金。在遭到公司的拒绝后，柳某遂向北京市某区劳动争议仲裁委员会申请劳动仲裁。仲裁庭开庭审理后，遂驳回了柳某的仲裁请求。

实操技巧

在日常生活中，用人单位根据岗位职责的需要，会安排某些岗位的员工在正常工作时间外进行值班处理突发事件，且值班的工作强度一般比日常工作要小得多。但是，劳动者往往会将值班误解为加班，从而引发劳动争议。

一、值班与加班的区别

从法律角度讲，值班、加班都是对法定标准工作时间的延长，也都是按照用人单位的安排进行工作，因此劳动者很容易对二者产生混淆。在司法实践中，加班与值班虽只有一字之差，但含义迥异，主要体现在以下3个方面：

第一，工作内容不同。值班是指用人单位因安全、消防、假日等需要，或处理突发事件、紧急公务等原因，安排本单位有关人员在夜间、公休日、法定休假日等非工作时间从事非本职工作的活动，一般为非生产性的责任，如看门、接听电话等。而加班是指用人单位因生产经营需要，安排劳动者在法定标准工作时间之外，继续从事本职工作。从工作内容上看，加班是劳动者本职工作的延续，而值班一般与本职工作有较大区别，不具有工作的延续性。

第二，工作强度不同。加班一般是由于工作量大或者时间紧迫，劳动者无法在正常时间内完成生产任务，通过延长劳动时间来完成工作。所以，加班一般都有一定的工作强度，劳动者的休息权很难得到保障。而值班一般没有时间上的紧迫性，在值班过程中，劳动者有较多的时间休息。另外，值班没有严格的时间限制，而加班则必须受《劳动法》关于“每日不得超过一小时；因特殊原因需要延长工作时间的，在保障劳动者身体健康的条件下延长工作时间每日不得超过三小时，但是每月不得超过三十六小时”的规定的限制。

第三，法律后果不同。关于值班，目前尚无专门法律对其进行规范，对于用人单位安排值班是否需要进行协商，劳动者能否拒绝值班等问题，往往由单位内部制定的规章制度予以调整。而加班却受《劳动法》《劳动合同法》《工资支付暂行规定》等诸多法律法规的调整，这些法律法规对加班程序、加班报酬都作出了明确而具体的规定。如加班报酬，根据法律规定，超时加班应当支付平时工资150%的加班费，双休日加班要支付200%的加班费，法定节假日加班要支付300%的加班费。

二、值班不同于加班，用人单位无需支付加班费

通过上面分析可知，值班一般是指用人单位根据实际需要，临时安排或根据规章制度安排劳动者从事与其本职工作无关联的工作，或者即使与本职工作相关，但值班期间可以休息而且工作强度不大。而认定劳动者的工作是否属于加班，应该从两个方面进行分析：（1）劳动者是否在正常工作时间外仍从事日常上班的工作内容或者用人单位安排的其他具体的生产、经营任务。（2）劳动者在正常上班时间外的工作强度是否等于或者高于日常工作。

为了避免劳动争议的发生，北京等地的高级人民法院及劳动部门，在其系统内的会议纪要中对“值班”作出了界定，明确了值班只需支付“值班津贴”，而不需要支付加班工资。如《北京市高级人民法院、北京市劳动争议仲裁委员会关于劳动争议案件法律适用问题研讨会会议纪要》规定：“下列情形中，劳动者要求用人单位支付加班工资的，一般不予支持：（1）用人单位因安全、消防、节假日等需要，安排劳动者从事与本职工作无关的值班任务；（2）用人单位安排劳动者从事与其本职工作有关的值班任务，但值班期间可以休息的。在上述情况下，劳动者可以要求用人单位按照劳动合同、规章制度、集体合同等支付相应待遇。”为避免发生关于值班的劳动争议，用人单位在节假日安排职工值班时，不妨将“加班”和“值班”的区别以及待遇标准事先作出说明，或者在企业规章制度中作出详细的界定和解释，以避免事后发生不必要的误会。

值得注意的是，也有用人单位为了逃避支付加班工资，安排职工在节假日到单位“值班”，而值班的内容则是劳动者本职工作的延续，或者安排具体的生产经营任务给劳动者，名为“值班”，实为加班，这种情况下用人单位需支付加班工资。

由于值班不等同于加班，因此值班不应由用人单位支付加班费。但值班也是单位安排的工作，单位也应给值班人员支付报酬，但对值班费或值班津贴的标准，没有明确的法律规定，应由单位依据相应规章制度执行。

三、用人单位若安排劳动者上夜班，需支付夜班津贴

对于一些生产型的企业来讲，往往存在夜班的情况。所谓夜班，是相对于白天上班而言，是指晚上上班的班次。有的企业将一天分成2个班次，白天叫白班，晚上叫晚班或夜班；也有8小时一个班次，一天分为3个班次的，分别为早班、中班和晚班（夜班）。目前，夜班津贴标准由各地相关职能部门自己制定，在国家层面尚无统一的具体标准，甚至有的地区关于夜班津贴的支付标准多年来未作改变。同时，由于企业类型复杂、劳动部门无力监管等多重原因，夜班津贴作为用人单位对夜班职工付出额外劳动的一种补偿，在具体落实中较为混乱，有相当多的夜班劳动者拿不到夜班津贴。

《最低工资规定》第12条第1款规定：“在劳动者提供正常劳动的情况下，用人单位应支付给劳动者的工资在剔除下列各项以后，不得低于当地最低工资标准：（一）延长工作时间工资；（二）中班、夜班、高温、低温、井下、有毒有害等特殊工作环境、条件下的津贴；（三）法律、法规和国家规定的劳动者福利待遇等。”可见，夜班津贴属于工资的范畴，但在向劳动者支付的最低工资里不得包含夜班津贴。用人单位安排劳动者上夜班，从人的生理机能方面来说，时间久了会对人体造成一定的伤害，所以，劳动者上夜班的，用人单位除支付正常的工资外，还应当向劳动者支付一定数额的夜班津贴。

风险提示

1. 对于24小时吃住在单位的保安、传达室门卫、仓库保管员等人员，其工作性质具有特殊性。如确因工作所需和单位要求，不能睡眠休息的，应认定为工作时间；如工作场所中同时提供了住宿或休息设施的，应合理扣除可以睡眠休息的时间，即劳动者正常上班以外的时间不应计算为工作时间，对超出标准工作时间上班的，用人单位应支付加班工资。在审判实践中，会综合考虑以下因素：用人单位是否就该岗位向劳动行政部门办理申请实行综合计算工时工作制、不定时工作制的审批手续（应注意审批的有效期和审批人数）；用人单位是否在工作场所内为劳动者配备必要的休息设施；用人单位的工作制度或规章制度中对劳动者具体工作内容、工作强度的要求（以判断劳动者按照该制度工作是否将导致事实上无法休息）；用人单位安排值班的人数（以考虑同一时段劳动者是否有轮换休息的可能性）。

2. 用人单位因安全、消防、节假日等需要，安排劳动者从事与本职工作无关的值班任务，或者用人单位安排劳动者从事与其本职工作有关的值班任务，但值班期间可以休息的，无需支付加班费。用人单位应当根据规章制度的规定，支付值班费或安排调休，并向劳动者说明情况，让其签字确认。

3. 用人单位切忌以“值班”的名义让劳动者“加班”，一旦由此引发争议，在用人单位举证不能的情况下，往往需要向劳动者支付加班费。

法律依据

《北京市高级人民法院、北京市劳动争议仲裁委员会关于劳动争议案件法律适用问题研讨会会议纪要》第22条

第51讲：离职员工还可以主张年终奖吗？

案例聚焦

张某是北京某科技公司的老职工，因个人发展的需要，于2013年12月31日从公司辞职，离职前的平均工资为8000元/月。后来，张某从朋友那里得知，北京某科技公司于2014年4月陆续向全体员工发放了2013年的年终奖。随后，张某便找到公司的人力资源部要求按照劳动合同及相关文件的约定以其平均工资的五倍支付2013年的年终奖，共计4万元。北京某科技公司不同意向张某支付年终奖，其理由是：一是年终奖并非固定性收入，公司从未承诺必然向张某发放年终奖，年终奖的发放要根据公司运营结果、员工考核结果确定，张某在职期间工作表现欠佳，绩效考评不合格。二是公司发放年终奖的时间是在次年的第一季度末或者第二季度初，年终奖的统计周期是每年的4月1日至次年的3月31日，张某已经在2013年12月31日离职，不属于公司的在职人员，无权主张2013年的年终奖。三是公司没有明确规定年终奖的数额，年终奖的计算基数，并不代表年终奖就是月平均工资的五倍。

张某则提出相反的意见：第一，双方签订的劳动合同补充协议中明确约定报

酬包括年终奖并按年支付，自己于2013年1月1日至2013年12月31日在公司工作满一年，符合支付年终奖的条件。虽然其于2013年12月31日辞职，但是这并不影响其应得的2013年的年终奖。第二，公司的相关文件明确规定，年终奖的计算基数是平均工资的五倍。第三，公司2013年在岗、2014年仍在职的员工，特别是自己所在部门人员均发放了2013年的年终奖。公司应根据自己在岗时的平均工资和考核指标计算出年终奖的具体数额。

随后，张某申诉至北京市某区劳动争议仲裁委员会，仲裁委支持了张某的申请请求。北京某科技公司不服仲裁裁决，起诉至北京市某区人民法院，最终，北京市某区人民法院支持了张某的请求，后该案终审亦维持了原审判决。

实操技巧

年终奖对于员工来说是一种物质奖励，更是让员工“爱恨交加”的激励措施。如果员工绩效优良，工作成绩突出，为企业的发展做出了贡献，就应该给予奖励，激励员工继续努力工作，实现更佳的工作表现。但是，用人单位在发放年终奖的问题上一旦处理不当，就容易引发劳动者的工作情绪，甚至产生劳动争议。在一般情况下，年终奖是针对在职员工进行发放的，那么已经离职的员工是否就无法享有年终奖了呢？现结合实际情况，从以下几个方面进行剖析：

一、年终奖的法律性质是工资还是福利

年终奖是公司对员工一年来工作业绩的肯定与奖励。年终奖的发放额度和形式一般由企业根据实际情况予以调整，法律并没有规定。《关于工资总额组成的规定》第4条规定：“工资总额由下列六个部分组成：（一）计时工资；（二）计件工资；（三）奖金；（四）津贴和补贴；（五）加班加点工资；（六）特殊情况下支付的工资。”另外，《国家统计局〈关于工资总额组成的规定〉若干具体范围的解释》规定，奖金的范围包括：生产（业务）奖包括超产奖、质量奖、安全（无事故）奖、考核各项经济指标的综合奖、提前竣工奖、外轮速遣奖、年终奖（劳动分红）等。由此可知，年终奖属于奖金的范畴，应当作为工资组成的一部分，属于劳动报酬，只能以现金形式发放，不得以实物代替。

二、发放年终奖是否属于企业的法定义务

在现行的《劳动合同法》《劳动合同法实施条例》等法律法规中，并没有涉及年终奖的相关规定，这属于企业的自主权，企业可以给员工发放年终奖，也可以不发放年终奖。企业没有发放年终奖的义务，年终奖与工资有本质区别。但是，如果企业在规章制度或者劳动合同中明确约定了年终奖，就应当按照其规定或约定向员工发放年终奖。在上述案例中，北京某科技公司在劳动合同及规章制度中明确规定了年终奖是员工平均工资的五倍，那就必须向员工发放年终奖。

当然，如果企业连续多年都有发放年终奖的惯例，突然不发年终奖了，员工若主张年终奖的，需对年终奖存在的事实及发放的惯例承担相应的举证责任，企业需对不发放年终奖的原因作出合理的解释。

三、离职员工能否主张年终奖

实践中，用人单位在与劳动者规定或约定年终奖发放范围时，大多数是采用“经考核合格之后才能享受年终奖待遇”“如果在年终考核之前离职的不享受年终奖待遇”“年终奖的发放范围为发放时在册的员工”“在本单位工作未满一年的员工不享受年终奖待遇”等规定，这些规定的共同点是将离职员工排除在年终奖发放范围之外。

《劳动部关于〈劳动法〉若干条文的说明》第 46 条规定：“工资分配应当遵循按劳分配原则，实行同工同酬……本条中的‘同工同酬’是指用人单位对于从事相同工作，付出等量劳动且取得相同劳绩的劳动者，应支付同等的劳动报酬……”年终奖既然属于工资的范畴，就必须遵循同工同酬的发放原则。因此，只要企业的规章制度中或者劳动合同中明确年终奖存在的事实，那么离职员工就应当享有年终奖，应以离职员工本年度在本单位的工作时间为折算比例发放年终奖，毕竟员工在离职前已经为企业的发展做出了相应的贡献。

四、特殊员工是否享受年终奖

如果员工在当年度休年休假、探亲假、婚丧假、产假等法定假期的，也应当享有当年度的年终奖。这是因为年休假、探亲假、婚丧假、产假等均属于法定假期，根据《劳动合同法》《妇女权益保护法》等法律法规的规定，劳动者在法定假期期间应视为正常出勤并领取劳动报酬，用人单位也就必须全额支付“年终奖”，而不得因为员工休假而按比例扣除。

五、十三薪属于年终奖吗

十三薪，常见于外企，指工作期满一年后，可以领取第 13 个月的工资。一般情况下，十三薪就是我们常说的年底双薪，即在每年的第 12 个月，由企业多向员工发放一个月的薪水。从法律性质的角度而言，十三薪脱离了奖金的性质，和月薪是同种性质，当然也属于工资范畴。十三薪一般在年底的最后一个月固定发放，发放数额、方式、时间都是确定的，相当于把员工每月工资预留一部分到 12 月统一固定发放。

六、年终奖是否计入经济补偿金及代通知金的范围

如果员工在领取年终奖后，与企业协商解除劳动合同，或以其他原因与企业解除劳动合同，并依法可获得经济补偿金的，年终奖是否应当纳入经济补偿金的计算基数呢？

根据《劳动合同法》第47条的规定，经济补偿金是根据劳动者在本单位工作的年限，按每满1年支付1个月工资的标准向劳动者支付。月工资是指劳动者在劳动合同解除或者终止前12个月的平均工资，按劳动者应得工资计算，包括计时工资或者计件工资以及奖金、津贴、补贴等货币性收入。由于年终奖属于工资的范畴，也应当将其作为经济补偿金的计算基数。

代通知金不是法律上的概念，依据《劳动合同法》第40条的规定，在没有提前30日告知劳动者解除劳动合同的情况下，用人单位可以选择额外支付一个月的工资。代通知金是以“上一个月的工资标准”支付，不包含年终奖。

七、年终奖的举证责任如何分配

一旦员工通过仲裁或诉讼主张年终奖的，用人单位应当就年终奖的发放条件、发放形式、发放金额、发放范围等承担举证责任。劳动者应当就年终奖在劳动合同中的约定或规章制度中的规定，或是企业往年发放年终奖的惯例承担举证责任。

风险提示

1. 如果用人单位存在发放年终奖的惯例或具体的规定，应当就年终奖的发放条件、发放形式、发放范围等进行合理安排，特别是结合员工的年度绩效考核结果进行发放时，更要明确具体的发放标准。

2. 不建议用人单位将年终奖的约定写进劳动合同或规章制度中，一旦企业因客观原因无法按照约定发放年终奖时，容易引发劳动争议。

3. 对于用人单位而言，无论是新入职的员工还是在当年中途离职的员工，只要规章制度或劳动合同中约定了年终奖，就应当根据其工作表现、考核结果以及工作期限合理折算并发放年终奖。

法律依据

《关于工资总额组成的规定》第4条

第四章
劳动合同的变更与续签

第一节　双方协商变更劳动合同

第 52 讲：劳动合同中约定“公司可根据工作或经营需要随时变更劳动合同”有效吗？

案例聚焦

刘某原是北京某船舶管理有限公司的行政助理，后晋升为行政主管，税前工资为 7229 元/月。2014 年 11 月 6 日，因公司前台同事生病请假，刘某所在部门的经理安排刘某到前台顶岗工作，遭到刘某的拒绝。随后，部门经理将此事汇报给人力资源部，建议对刘某的此种行为作出处罚。2014 年 11 月 8 日，公司对刘某拒不服从领导工作安排一事给予“书面警告”一次；刘某对此次处罚表示不服，多次提出异议，但均未得到妥善解决。2015 年 2 月 28 日，北京某船舶管理有限公司向刘某发出《调整通知》，决定自 2015 年 1 月 26 日起将刘某的岗位降为主管，工资下调 1200 元；其后，公司从支付刘某的 2015 年 2 月工资、3 月工资中各扣除了 1200 元。刘某对此不服，以公司克扣工资为由提出解除劳动合同。随后，刘某申请劳动仲裁。

在庭审中，公司辩称刘某在工作期间拒不服从部门领导工作安排，依据劳动合同中的约定，“公司有权根据经营情况或者工作需要随时调整员工的工作岗位，员工应当无条件接受”，公司对人员工作的分配属于用工自主权，并且双方有明确的约定。由于刘某拒不接受工作安排，公司根据劳动合同的约定及员工手册的规定，对其进行调岗调薪不存在违法的事实，故请求仲裁庭驳回刘某的仲裁请求。

最终，仲裁委员会经审理认为，北京某船舶管理有限公司在没有证据证明员工不能胜任工作的情况下，若要调整员工的工作岗位，应当与员工协商一致方可行之，在刘某明确表示拒绝的情况下，对其进行调岗调薪的做法有悖于常理。遂依法裁定公司的行为违法，应向刘某支付克扣的工资及经济补偿金。

实操技巧

在司法实践中，因用人单位变更劳动合同而引发的劳动争议案件不在少数，究其原因，往往是用人单位根据公司经营的需要在调整劳动者的工作岗位、工作地点等内容时，未与劳动者就变更劳动合同的内容协商一致。

一、用人单位应当与劳动者协商一致变更劳动合同

根据《劳动合同法》第35条的规定，用人单位与劳动者协商一致，可以变更劳动合同约定的内容。变更劳动合同，应当采用书面形式。变更后的劳动合同文本由用人单位和劳动者各执一份。法律之所以规定用人单位在变更劳动合同时必须与劳动者协商一致，其目的在于防止用人单位滥用其自身的优势地位，随便变更劳动合同而损害劳动者的合法权益。根据《劳动合同法》的规定（法律有特殊规定的除外，比如第40条），用人单位在变更劳动合同时应当具备以下两个条件方可为之：一是必须经过双方协商一致；二是必须采用书面形式。如果用人单位在变更劳动合同时未满足上述任一条件，其变更劳动合同的行为均为无效，双方仍应按照原劳动合同约定的内容履行。

二、用人单位强行单方变更劳动合同的，劳动者可以拒绝

如果用人单位确因工作需要变更劳动合同的，应当与劳动者就工作的状况、公司经营发展等事实与劳动者进行友好协商，只要变更的内容不违反法律、不违背公序良俗，具有一定的合理性，劳动者一般都是可以接受的。需要注意，如不属于法律规定的企业有权单方变更劳动合同的情形，用人单位单方变更劳动合同对劳动者的工作岗位作出调整时，一般不要降低劳动者的工资待遇，除非取得劳动者的同意。虽然在实务操作中，用人单位往往都会提到“薪随岗变”，但毕竟工资待遇是企业留人之本，更是劳动者的生存之基，在用人单位没有一套完整的薪资框架体系的情形下，不要盲目变更劳动者的工资待遇。否则，不但达不到变更劳动合同的目的，反而容易由此引发劳动争议。用人单位在未与劳动者协商一致的情况下，利用其自身的优势地位强行变更劳动合同，劳动者拒绝的，用人单位不得以不服从工作安排等理由对劳动者进行警告处理或解除劳动合同。

三、用人单位与劳动者在劳动合同中约定工作内容时不宜过于笼统

实践中，许多用人单位在与劳动者签订的劳动合同中约定，“公司可根据工作或经营需要随时变更劳动合同”“公司可以视企业的经营状况和工作需要，合理调整其工作岗位，员工必须服从，其薪随岗变”等内容。表面上看，这样的约定是双方的合意，并且劳动者也已经在劳动合同上签字，没有任何问题。其实则不然，这也是目前许多企业存在的误区，认为这是企业自主用工管理权的一部分。《劳动合同法》已经明确规定，变更劳动合同约定的内容，必须经双方协商一致。在未经双方协商一致的情况下，单方擅自变更劳动合同的行为无效，且上述条款属于固有的格式条款，侵害了劳动者的合法权益，对劳动者不具有法律约束力。

用人单位若想应对在将来发展的过程中可能会面临的变化及劳动者工作岗位、工作内容、工作地点的变动，在订立劳动合同时应当就相关情况进行明确约定，但也不能约定得过于详细。例如，某公司与劳动者在劳动合同中约定的工作地点为：北京市朝阳区××大厦××室。一旦公司办公楼的租赁期限届满，公司需搬到另外一处进行办公，势必涉及劳动者工作地点的变化。但由于劳动合同对工作地点规定得过于具体，劳动者不同意变更工作地点，就容易引发纠纷。因此，对于工作地点应当约定得宽泛一些，如北京等。至于工作内容等应当与劳动者另行签订具体的岗位职责说明书、绩效考核标准等，以防止将来情况发生变化，也有利于用人单位及时根据情况作出相应的调整。

风险提示

1. 用人单位可以单方变更劳动合同的情形包括：劳动者在医疗期期满后不能从事原工作的，劳动者不能胜任工作的。除此之外，用人单位若要变更劳动合同，就必须与劳动者协商一致，不得任意而为之。

2. 用人单位在与劳动者协商变更劳动合同时，应当注意保留变更劳动合同的书面资料，比如变更劳动合同协议书等。

3. 许多用人单位在与劳动者签订的劳动合同中约定，将公司的规章制度作为劳动合同的附件，同劳动合同具有同等的法律效力，要求劳动者签字确认。虽然这是一种规章制度的告知方式，但需要提醒的是，一旦规章制度的内容进行调整或更改，与劳动合同约定的内容不一致时，该规章制度对劳动者而言就已经失去了应有的法律效力。

4. 如订立劳动合同时所依据的客观情况发生重大变化，致使劳动合同无法履行，当事人一方要求变更相关内容的，应当将变更要求以书面形式送交另一方，另一方应当在 15 日内答复，逾期不答复的，视为不同意变更劳动合同。

法律依据

《劳动合同法》第 35 条

第 53 讲：用人单位能否以劳动者拒绝调动工作为由解除劳动合同？

案例聚焦

徐某在北京某国际高尔夫球俱乐部工作，担任俱乐部的前厅经理，双方签订了无固定期限劳动合同，月薪为 3 万元/月。2015 年 7 月，北京某国际高尔夫球俱乐部因经营方式的调整，需要进行部门整合，遂以书面形式通知徐某担任客户经理，月薪为 2 万元/月，外加相应的提成。徐某不同意公司的单方安排，北京某国际高尔夫球俱乐部随后依据《员工手册》的规定，以徐某不服从工作安排为由，向徐某送达了《解除劳动合同通知书》，解除了与徐某的劳动关系。徐某认为，俱乐部在未与自己协商变更劳动合同的情况下，强行变更劳动合同，在不接受的情况下单方解除劳动合同的做法属于违法，遂向北京某区劳动争议仲裁委员会申请劳动仲裁。

北京某区劳动争议仲裁委员会经审理认为，北京某国际高尔夫球俱乐部将徐某的岗位由前厅经理变更为客户经理，是对徐某劳动合同约定的岗位的变更。在没有与徐某协商的情况下，公司单方调整工作岗位并且以徐某不服从安排为由与其解除劳动合同，违反法律规定。最终仲裁委支持了徐某的主张，由俱乐部赔偿徐某违法解除劳动合同的赔偿金 36 万余元。

实操技巧

在司法实践中，很多用人单位在与劳动者变更劳动合同时随心所欲，想当然地认为，作为劳动者在工作过程中就必须要无条件地服从公司安排，否则就可以不服从工作安排为由与其解除劳动合同。殊不知，用人单位这种简单粗暴的处理方式，不仅非法剥夺了劳动者正当的就业权利，同时也要为自己的任性而买单。

一、劳动者拒绝用人单位的工作安排的，能否以违纪为由与其解除劳动合同

在市场经济条件下，企业的经营状况和自身发展也会不断根据市场的变化而发生相应的变化，此时根据自身的经营需要调整员工的工作岗位和薪酬标准是企业用人自主权的重要体现，也是企业正常生产经营活动中常见的情形。因此，用人单位有权根据具体的情况对劳动者调岗调薪，但是这种权利不可滥用。《劳动合同法》之所以规定用人单位变更劳动合同时，必须要与劳动者协商一致，并以书面形式予以固定，其目的在于预防用人单位利用其强势地位变更劳动合同而影响劳动者的合法权益。比如，某员工从家中到单位的时间为1小时，若单位随意变更劳动合同，致使劳动者的在途时间变为3小时，且没有班车、交通补助等，此时劳动者的工作地点、工作时间、家庭生活等方面均会发生重大变化，严重影响劳动者的正常生活和工作。

因此，用人单位在变更劳动合同时必须要充分考虑其合理性、合法性。如果用人单位变更劳动合同的内容并没有对劳动者的劳动合同目的产生不利影响，劳动者应当服从；若劳动者对此变更拒不接受，且做出一些反常的行为，严重影响正常的经营秩序，同时规章制度对此种情形也有明确规定的，用人单位可以严重违纪为由解除劳动合同。反之，虽然用人单位变更劳动合同没有对劳动者造成实质性的影响，劳动者拒不接受，但也没有对正常工作造成影响的，此时用人单位不得以严重违纪为由解除劳动合同，否则就会被认定属于违法解除劳动合同。用人单位变更劳动合同必须要与劳动者协商一致，并根据实际情况作出不同的处理，切不可盲目解除劳动合同。

二、劳动者拒绝到调整后的岗位报到，能否以旷工为由与其解除劳动合同

根据《劳动合同法》的规定，用人单位依法调整劳动者工作岗位的情况仅限于以下五种情形：（1）双方协商一致；（2）劳动者患病或者非因工负伤，在规定的医疗期满后不能从事原工作；（3）劳动者不能胜任工作；（4）劳动合同订立时所依据的客观情况发生重大变化；（5）口头变更劳动合同且实际履行超过一个月。除了上述几种情形外，用人单位不得单方变更劳动合同，损害劳动者的合法权益。

如果用人单位有证据证明劳动者属于上述五种情形之一，劳动者拒不到变更后的工作岗位工作的，如由于劳动者未到岗提供劳动，对工作进度造成影响，此时用人单位可以按照旷工对劳动者进行处理。

如果用人单位单方变更劳动合同不属于上述五种情形，劳动者拒不接受且未到新岗位报到的，由于用人单位变更劳动合同具有违法性，此时不得对劳动者按照旷工进行处理，否则就属于违法解除劳动合同。另外，对于劳动者而言，如果用人单位单方变更劳动合同损害其合法权益，其应当通过合理合法的渠道进行投诉，提出相应的异议，切不可做出一些反常的举动，或者拒不到用人单位上班。一旦劳动者出现此种情形，用人单位可以按照旷工进行处理。

三、用人单位因经营需要变更劳动合同的，如何处理与劳动者之间的关系

《劳动合同法》第40条规定："有下列情形之一的，用人单位提前三十日以书面形式通知劳动者本人或者额外支付劳动者一个月工资后，可以解除劳动合同：……（三）劳动合同订立时所依据的客观情况发生重大变化，致使劳动合同无法履行，经用人单位与劳动者协商，未能就变更劳动合同内容达成协议的。"如果用人单位因为经营需要对公司的架构进行调整，或者因为用人单位的搬迁等原因导致劳动者的工作岗位或地点发生变化，应当属于劳动合同订立时所依据的客观情况发生重大变化，致使劳动合同无法履行。此时用人单位需要就劳动合同的变更与劳动者进行协商，若最终未能就变更劳动合同内容达成协议的，用人单位可以与劳动者解除劳动合同，但需要支付相应的经济补偿金。在上述案例中，北京某国际高尔夫球俱乐部提出岗位调整是因为原来部门取消，属于客观情况发生重大变化，因此可以依据《劳动合同法》第40条规定解除劳动合同。但实际上，公司部门的合并分立等调整是出于单位的经营管理需要，是"主观意愿"的体现而非"客观情况的重大变化"。因此，仲裁委裁决俱乐部支付徐某赔偿金是正确的。

风险提示

1. 作为相对优势一方的用人单位，在需要变更劳动合同内容时，应与劳动者充分协商，并以书面形式确定所需变更的内容，尊重劳动者的权利，不能随意调整劳动者的工作地点、工作岗位等，以免给劳动者履行原劳动合同造成实质影响。

2. 用人单位变更劳动合同对劳动者的岗位进行调整后，劳动者仍在原岗位工作，拒绝到新岗位报到的，建议用人单位不要以旷工或拒不服从领导工作安排为由解除劳动合同，否则很可能属于违法解除劳动合同，可以与劳动者协商解除劳动合同。

3. 另外要提醒劳动者，解除劳动合同的经济补偿金是《劳动合同法》中规定的用人单位对劳动者的补偿费用，原则上劳动者因个人原因提出辞职是无法取得该补偿金的，但如果出现"被迫辞职"情形，劳动者可向用人单位索取补偿金。"被迫辞职"情形包括：用人单位未按合同约定提供劳动保护和劳动条件，未按规定为劳动者缴纳社会保险，拖欠、克扣工资等。在发生上述情形时，劳动者辞职后，用人单位应按照劳动者的工作年限及工资标准支付经济补偿金。

法律依据

《劳动合同法》第35、40条

第二节 单方变更劳动合同

第54讲：员工因病在医疗期满后不能从事原工作，公司可以单方变更劳动合同吗?

案例聚焦

寇某于2011年6月1日入职北京某出租车公司，担任出租车司机，先后签订二份劳动合同，最后一份劳动合同到期日为2016年5月31日。2014年11月2日，寇某突发脑梗塞住院，2014年11月16日出院，该期间有诊断证明。北京某出租车公司认为寇某应享受的医疗期为6个月，寇某则认为自己的医疗期应为9个月。2015年5月8日，北京某出租车公司通知寇某做劳动能力鉴定，寇某对此没有理会。2015年5月31日，北京某出租车公司以寇某拒绝做劳动鉴定及未同意安排的其他工作为由向寇某寄发了解除劳动合同通知书。

寇某则认为，北京某出租车公司在医疗期届满后，没有安排从事原工作，也没有安排从事其他工作，应属于违法解除劳动合同。故申请仲裁，要求北京某出租车公司返还出租车预收款、违法解除劳动合同的赔偿金、病假工资、医疗补助费等费用共计25万元。后由于双方均对仲裁裁决不服，故诉至法院。

法院经审理认为，寇某在北京某出租车公司的工作年限为4年，其医疗期为6个月，不违反法律规定，2015年5月1日寇某医疗期期满。北京某出租车公司以寇某拒绝进行劳动能力鉴定、未同意到岗恢复运营或安排其他工作为由通知寇某于2015年5月31日与其解除劳动关系，因北京某出租车公司未就另行安排寇某工作提交证据证明，故北京某出租车公司上述解除行为依据不足，应当支付寇某违法解除劳动关系的赔偿金，具体数额由法院依法核算。对于寇某主张北京某出租车公司支付医疗补助费的诉讼请求，因寇某未经劳动鉴定委员会确认，故对寇某该项诉讼请求，不予支持。据此，法院判决北京某出租车公司向寇某支付出租车预收款、病假工资差额、违法解除劳动关系赔偿金等共计人民币16万元。

实操技巧

劳动者请病假应如何处理？这是让许多HR比较头疼的问题，不仅涉及病假工资的计算、医疗期的计算等问题，甚至有些用人单位在劳动者医疗期满后，因为程序操作的不慎而构成违法解除劳动合同等。

一、医疗期的规定及病假待遇如何支付

根据《企业职工患病或非因工负伤医疗期规定》的规定，医疗期是指企业职工因患病或非因工负伤停止工作治病休息不得解除劳动合同的时限。企业职工因患病或非因工负伤，需要停止工作医疗时，根据本人实际参加工作年限和在本单位工作年限，给予3个月到24个月的医疗期：（1）实际工作年限10年以下的，在本单位工作年限5年以下的为3个月；5年以上的为6个月。（2）实际工作年限10年以上的，在本单位工作年限5年以下的为6个月；5年以上10年以下的为9个月；10年以上15年以下的为12个月；15年以上20年以下的为18个月；20年以上的为24个月。

如下图所示：

实际工作年限	10年以下		10年以上				
本单位工作年限	5年以下	5年以上	5年以下	5—10年	10—15年	15—20年	20年以上
医疗期月数	3	6	6	9	12	18	24

医疗期3个月的按6个月内累计病休时间计算；6个月的按12个月内累计病休时间计算；9个月的按15个月内累计病休时间计算；12个月的按18个月内累计病休时间计算；18个月的按24个月内累计病休时间计算；24个月的按30个月内累计病休时间计算。需注意：医疗期计算应从病休第一天开始，累计计算。如：应享受3个月医疗期的职工，如果从2015年3月5日起第一次病休，那么，该职工的医疗期应在3月5日至9月5日之间确定，在此期间累计病休3个月即视为医疗期满。其他依此类推。此外，病休期间，公休、假日和法定节日包括在内。

至于劳动者在休病假期间的病假工资支付问题，各地规定有所不同，具体的支付标准，应以各地的具体规定为准。比如，《北京市工资支付规定》第21条规定，劳动者患病或者非因工负伤的，在病休期间，用人单位应当根据劳动合同或集体合同的约定支付病假工资。用人单位支付病假工资不得低于本市最低工资标准的80%。如果用人单位的规章制度或者劳动合同中约定的病假工资高于当地的地方性规定的，则以用人单位的规章制度或者劳动合同中约定的标准进行支付。

二、劳动者医疗期满解除劳动合同的，是否需要支付医疗补助费

根据《劳动部关于实行劳动合同制度若干问题的通知》第22条的规定，劳动者患病或者非因工负伤，合同期满终止劳动合同的，用人单位应当支付不低于6个月工资的医疗补助费；对患重病或绝症的，还应适当增加医疗补助费。《劳动部办公厅关于对劳部发〔1996〕354号文件有关问题解释的通知》中进一步规定，“劳动者患病或者非因工负伤，合同期满终止劳动合同的，用人单位应当支付不低于六个月工资的医疗补助费”是指合同期满的劳动者终止劳动合同时，医疗期满或者医疗终结被劳动鉴定委员会鉴定为5—10级的，用人单位应当支付不低于6个月工资的医疗补助费。鉴定为1—4级的，应当办理退休、退职手续，享受退休、退职待遇。

按照上述规定的内容，只有在劳动者患病或者非因工负伤，合同期满终止劳动合同，或经劳动鉴定委员会确认不能从事原工作，也不能从事用人单位另行安排的工作而解除劳动合同的情形下，用人单位应支付劳动者不低于6个月工资的医疗补助费。否则，就属于不符合上述规章规定的医疗补助费的给付条件。也就是说，在劳动合同未到期但医疗期满的情况下，如果劳动者不能从事原工作，也不能从事由用人单位另行安排的工作的，用人单位此时解除劳动合同的，则无须支付医疗补助费。

三、劳动者医疗期满后应当如何解除劳动合同

根据《劳动合同法》第40条的规定，劳动者患病或者非因工负伤，在规定的医疗期满后不能从事原工作，也不能从事由用人单位另行安排的工作的，此时用人单位可以解除劳动合同。但是，在实践中，很多用人单位的人力资源部门忽视了在医疗期满后单方提出解除劳动合同有严格的程序要求。法条中已经明确规定“医疗期满后不能从事原工作，也不能从事由用人单位另行安排的工作的”，此时应当注意，在劳动者的医疗期满后，用人单位需要有证据证明劳动者“不能从事原工作”，且应对劳动者进行调岗，在再次证明劳动者“不能从事由用人单位另行安排的工作的”情况下，才能够单方解除劳动合同。

因此，在医疗期满后，用人单位单方解除劳动合同的，需要承担举证责任证明劳动者“不能从事原工作”和“不能从事由用人单位另行安排的工作”。在司法实践中，对于一般疾病，员工在医疗期满后如果继续请病假不来上班，一般会认为其“不能从事原工作”，用人单位应当给其另行安排工作，通知劳动者上班，此时劳动者如果继续请假不来上班，则构成了“不能从事由用人单位另行安排的工作”，用人单位可以根据《劳动合同法》第40条的规定解除劳动合同，如果用人单位有工会的，还需将解除情形通知工会。

风险提示

1. 患有癌症、精神病等难以治疗的特殊疾病的劳动者，应当享受24个月的医疗期。如果在医疗期内劳动合同期满的，劳动合同应当延续至医疗期满时终止。用人单位在医疗期内违法解除或者终止劳动合同，劳动者要求继续履行劳动合同的，人民法院应当撤销用人单位的解除或者终止通知书。

2. 在面临员工医疗期满，且无法从事原工作的情形时，用人单位一定要慎重处理，切勿忽视调岗环节。同时，调岗必须合理，不要故意将医疗期满的劳动者调整到劳动强度或绩效标准更高的工作岗位上；如果新岗位与原岗位级别和薪酬相差较大，应尽量与员工协商一致，以避免单方调岗无效的法律风险。

3. 企业人力资源部门在适用医疗期满解除劳动合同的规定时，需要对劳动者“不能从事原工作”和“不能从事由用人单位另行安排的工作”等事实承担相应的举证责任。因此，用人单位切忌生搬硬套，任意解释，应当根据企业的规章制度和公平合理原则进行处理，如果拿不准，建议咨询专业的劳动法律师。

法律依据

《劳动合同法》第40条

第55讲：员工被证明不能胜任工作，公司可以为其调岗调薪吗？

案例聚焦

2014年10月15日，张某入职北京某网络科技公司，双方签订2年期劳动合同，约定试用期2个月，岗位是销售主管，工资1560元，外加业务提成。2015年1月13日，北京某网络科技公司以没有销售业绩为由，对张某进行培训。之后，张某的销售业绩仍然为零，且存在旷工、不服从工作安排等情形。2015年3月3日，北京某网络科技公司以不能胜任工作为由，与张某解除劳动合同。张某对解除结果表示接受，但要求公司向其支付代通知金和经济补偿金却遭到拒绝。

为此，张某申请劳动仲裁维护自己的合法权益。

仲裁委员会经审理认为，劳动者、用人单位的合法权益受法律保护。劳动者不能胜任工作，经过培训或者调整工作岗位，仍不能胜任工作的，用人单位提前30日以书面形式通知劳动者本人或者额外支付劳动者一个月工资后，可以解除劳动合同。根据已查明的事实，2015年3月3日，北京某网络科技公司未按照法定程序，以张某没有销售业绩为由予以辞退，故北京某网络科技公司应支付张某未提前30日通知的代通知金及解除劳动合同的经济补偿金。据此，仲裁裁决：北京某网络科技公司支付张某代通知金1560元，支付张某经济补偿金780元，驳回张某的其他请求。

实操技巧

在目前的司法实践中，很多用人单位在依据《劳动合同法》第40条第2项的规定调岗调薪或解除劳动合同时，由于程序操作存在一定的瑕疵，导致本来可以合法解除劳动合同的情形，演变成违法解除，给用人单位带来一定的经济损失。

一、用人单位应当如何认定劳动者不能胜任工作

不能胜任工作，是指劳动者不能按要求完成劳动合同中约定的任务或者同工种、同岗位人员的工作量，用人单位不得故意提高定额标准，使劳动者无法完成工作任务。根据《劳动合同法》第40条的规定，劳动者不能胜任工作，经过培训或者调整工作岗位，仍不能胜任工作的，用人单位提前30日以书面形式通知劳动者本人或者额外支付劳动者一个月工资后，可以解除劳动合同。因此，劳动者若不能胜任原工作，用人单位可以单方安排培训或进行调岗，但用人单位需对劳动者不能胜任工作承担举证责任。这就要求用人单位在规章制度中明确员工的考核办法与相应量化的指标，以作为判定员工是否胜任工作的依据，且在劳动合同或者岗位职责说明书中应当载明员工适用的考核规则，使劳动者知晓。

因此，用人单位若要证明劳动者不能胜任原工作，就必须要有一套完备、科学的考核办法，对岗位职责、考核目标、考核流程、考核标准、考核规则等内容作出明确而细致的规定，并具有一定的可操作性。用人单位需定期对劳动者的工作状况、工作业绩进行考核，考核的过程应客观和公正，不可因人而异，并将最终的考核结果向劳动者进行公示告知，若劳动者对此存有异议，应当给予一定的申诉期限。

二、用人单位调岗降薪是否需要征得员工的同意

用人单位对劳动者进行调岗降薪属于变更劳动合同，根据《劳动合同法》的

规定，用人单位若要变更劳动合同，就必须征得劳动者的同意。但是，若用人单位有证据证明劳动者不能胜任工作，此时进行调岗调薪属于用人单位的用工自主权，无需征得劳动者同意。同时，用人单位在调岗调薪时，应综合考虑以下因素：第一，调岗降薪的考核标准是否客观、合法和合理；第二，考核标准是否经过民主程序制定，并向员工公示、告知；第三，调整前后的工作内容和工资标准是否与员工的实际工作能力相匹配，是否有失公平。用人单位在调岗调薪时不可随意而为之，应当具有一定的合理性，且没有增加劳动者的工作量。若用人单位以不能胜任工作为由对劳动者进行调岗，劳动者拒绝到新岗位工作的，用人单位可以按照旷工与其解除劳动合同。

三、用人单位以不能胜任工作为由解除劳动合同时需履行哪些程序

《劳动合同法》第40条规定："有下列情形之一的，用人单位提前三十日以书面形式通知劳动者本人或者额外支付劳动者一个月工资后，可以解除劳动合同：……（二）劳动者不能胜任工作，经过培训或者调整工作岗位，仍不能胜任工作的……"该条规定的是用人单位可以单方解除劳动合同的情形，实际上也对劳动者不能胜任工作时用人单位可变更劳动者工作岗位作出了规定。在劳动者不能胜任工作的情况下，用人单位既可以对劳动者进行培训，也可以对其进行调岗，在再次考核证明劳动者不能胜任工作的情况下，可以与其解除劳动合同。应当注意，用人单位单方的培训或调岗，二者选择其一即可。另外，在与劳动者解除劳动合同时，用人单位有工会的，一定要以书面形式告知工会，避免因程序存在瑕疵而被认定为违法解除劳动合同。

四、用人单位在何种情况下需支付代通知金

代通知金，是非法律用语，现行《劳动法》《劳动合同法》中没有"代通知金"的概念。代通知金是我国香港和台湾地区的说法，是指用人单位在提出解除或终止劳动合同时应该提前一个月通知，如果没有依法提前一个月通知的，应给付一个月工资作为代替。若用人单位选择额外支付劳动者一个月工资解除劳动合同的，其额外支付的工资应当按照该劳动者上一个月的工资标准确定。

《劳动合同法》第40条规定："有下列情形之一的，用人单位提前三十日以书面形式通知劳动者本人或者额外支付劳动者一个月工资后，可以解除劳动合同：（一）劳动者患病或者非因工负伤，在规定的医疗期满后不能从事原工作，也不能从事由用人单位另行安排的工作的；（二）劳动者不能胜任工作，经过培训或者调整工作岗位，仍不能胜任工作的；（三）劳动合同订立时所依据的客观情况发生重大变化，致使劳动合同无法履行，经用人单位与劳动者协商，未能就变更劳动合同内容达成协议的。”所以，只有劳动者存在上述三种情形，且用人单位未提前30日通知劳动者的情况下，用人单位与劳动者解除劳动合同时，需额外支付一个月工资，主要目的是补偿劳动者重新寻找工作所需要的时间的对价。

风险提示

1. 用人单位对劳动者两次不能胜任工作承担举证责任，要有对劳动者进行具体考核并将考核结论告知劳动者的证据。

2. 用人单位的调岗要合情合理。如果用人单位故意提供劳动者不能胜任的岗位，或存在明显的恶意，此时以劳动者仍不能胜任工作为由解除劳动合同则存在风险。

3. 劳动者若对用人单位以其不能胜任工作为由解除劳动合同有异议的，可与单位进行协商，或者向劳动行政部门检举、投诉，也可直接提起劳动争议仲裁，对仲裁不服的可以向法院起诉等维护自身合法权益。

法律依据

《劳动合同法》第40条

第56讲：客观情况发生重大变化，公司可以解除劳动合同吗？

案例聚焦

李某于1993年3月1日入职北京某出版社，职务为复制工，月工资5800元左右。后来，因北京某出版社的磁带业务不断萎缩，经过上级研究同意关闭了整个磁带生产的制作部，包括李某在内的制作部数十名员工因部门撤销导致岗位不存在。北京某出版社曾就转岗事宜与李某多次进行协商，向其提供2个工作岗位包括客房服务员、餐厅服务员；2014年10月曾向李某送达《岗位调整通知书》，将其调整至客房服务员岗位，工资标准为2350元/月，另有其他福利待遇。李某因工资待遇过低，故未同意调岗。

2014年10月28日，北京某出版社作出《解除劳动合同通知书》，以客观情况发生重大变化，致使原劳动合同无法继续履行，未能就变更劳动合同协商一致为由解除劳动合同，此后北京某出版社向李某以银行转账方式支付了解除劳动合同经济补偿金及代通知金共计 108527 元。

李某认为出版社属于违法解除劳动合同，遂申请仲裁要求北京某出版社继续履行劳动合同，支付未缴纳养老保险赔偿金、工资等。北京市某劳动人事争议仲裁委员会裁决：北京某出版社一次性向李某支付未缴纳养老保险赔偿金 1328.8 元；驳回李某的其他申请请求。李某不服裁决，向法院提起诉讼。

一审法院经审理认为，北京某出版社因磁带业务萎缩关闭李某所在的制作部，符合目前新媒介产品发展趋势，亦属于企业经营业务需要，确系存在客观情况发生重大变化之情形。北京某出版社可据此与李某协商调整工作岗位，然而双方所提交的《岗位调整通知书》显示李某调整后工资标准为 2350 元/月，虽北京某出版社主张另有其他福利待遇，但上述通知书中未能予以明确体现，确存在降低工资标准的情形。对此一审法院认为，劳动者获得劳动报酬系其于劳动关系中个人价值之主要体现方式之一，而劳动报酬之标准亦应系劳动者选择劳动机会或进行劳资双方双向选择而主要考虑因素之一。用人单位变更劳动合同均应遵循平等、公平等基本原则。北京某出版社因客观情形发生重大变化对劳动者进行调岗，应首先保障劳动者提供劳动、获取劳动报酬的基本权利，在基本维持原工资报酬、福利待遇前提下与李某就变更劳动合同内容进行协商。但依北京某出版社与李某协商过程，北京某出版社给李某的方案为接受调岗、降薪，或者解除劳动合同，该行为形式上给李某提供了选择的权利，实质上以降薪调岗为前提损害了李某的合法劳动获取报酬的权利，显然有悖于法律规定。现李某明确主张不同意调岗系因工资待遇过低，北京某出版社以客观情况发生重大变化，致使原劳动合同无法继续履行，未能就变更劳动合同协商一致为由解除劳动合同，确有不当之处。鉴于庭审中李某未对调岗岗位提出异议，北京某出版社作出《解除劳动合同通知书》确属违法，一审法院予以撤销，判令双方继续履行劳动合同。北京某出版社不服一审判决，提起上诉。

二审法院经审理后认为，根据法律规定，用人单位在因客观情况发生重大变化致使劳动合同无法履行时，与劳动者协商，如果未能就变更劳动合同内容达成协议，可以依据《劳动合同法》第 40 条第 3 项规定解除劳动合同。本案中，劳动合同确因客观市场情况变化导致无法继续履行，双方经协商未能就新岗位及报酬标准达成一致。虽然在协商过程中北京某出版社提出的劳动报酬条件与李某原岗位工资情况有所差异，但该条件并不违背法律规定。考虑到协商本身虽然属于当事人在不违背法律规定前提下表达各自意愿并努力达成一致意见的正当过程，但并不意味着对任何一方科以法律规定之外的约束，亦不意味着必须达成一致意见。在不违背法律规定的前提下，各方在协商中提出意见并明确各自观点，均系基于平等自愿原则对自己权利的处分行为，均应予以法律保护。同理，在符合法律规定的基础上，在协商过程中任何一方同意或不同意对方意见，属于当事人表达意见的正当权利，任何一方都不能在法律规定之外要求对方必须接受自己的意见。

在本案劳动合同发生客观重大变化的协商过程中，李某与北京某出版社各自对新岗位及工资提出的意见，均不违背法律规定，但双方均不能接受对方意见，系属在法律框架内经协商未能达成一致，而非任何一方有意损害另一方合法权益。故本案北京某出版社解除劳动合同，符合《劳动合同法》第40条第3项规定，不属于违法解除劳动合同。综上，北京某出版社的上诉理由成立，对其上诉请求，二审法院予以支持并对一审判决予以改判。

实操技巧

近年来，因企业主张适用“客观情况发生重大变化”解除与员工劳动合同而引发的劳动争议越来越多，在实践中引起了较大的争议。笔者结合司法实践中遇到的问题进行详细剖析，以供参考。

一、何为“客观情况发生重大变化”

根据《关于〈劳动法〉若干条文的说明》第26条第3项之规定，劳动合同订立时所依据的客观情况发生重大变化，致使原劳动合同无法履行，经当事人协商不能就变更劳动合同达成协议的，用人单位可以解除劳动合同。本条中的“客观情况”是指发生不可抗力或出现致使劳动合同全部或部分条款无法履行的其他情况，如企业迁移、被兼并、企业资产转移等。在实践中，还会遇到部门撤并、经营方向或经营战略重大调整、企业产品结构调整等情形，均属于客观情况发生重大变化，也称作“情势变更”。

二、如何正确理解“客观情况发生重大变化”

客观情况发生重大变化必须达到导致劳动合同无法履行的程度，如果没有达到“无法履行”的程度，则应继续履行劳动合同而不能解除。那么，什么样的客观情况可以认定为导致原劳动合同无法履行呢？需要具体情况具体分析，但至少这一情况不是人为因素导致的，应当属于不以主观意志为转移的情况。比如，一家公司从北京市的西城区搬到朝阳区，虽然劳动者的工作地点发生重大变化，但是这种变化并不足以导致原劳动合同无法履行，因此就不属于客观情况发生重大变化。再如，一家公司从北京市门头沟区搬到北京市通州区，同样是工作地点的变化，但是门头沟区与通州区相距近100公里，足以导致原劳动合同无法履行，应认定属于客观情况发生重大变化。同时，当用人单位以客观情况发生重大变化为由解除劳动合同时，不仅要考虑合法性问题，更要考虑其合理性问题，不能人为制造劳动合同不能履行的假象。

三、用人单位能否以“客观情况发生重大变化”为由直接解除劳动合同

根据《劳动合同法》第40条第3项的规定，劳动合同订立时所依据的客观情况发生重大变化，致使劳动合同无法履行，经用人单位与劳动者协商，未能就变更劳动合同内容达成协议的，用人单位提前30日以书面形式通知劳动者本人或者额外支付劳动者一个月工资后，可以解除劳动合同。由此可知，即使客观情况发生重大变化，用人单位也应当与劳动者就变更劳动合同一事进行协商，若能够协商一致，经变更劳动合同，双方之间的劳动关系仍将存续；若双方无法就变更劳动合同达成一致的，此时用人单位方可单方解除劳动合同。否则，就属于解除劳动合同的程序违法，最终将会被认定为违法解除劳动合同。

四、以“情势变更”解除劳动合同是否需要支付经济补偿金

根据《劳动合同法》的规定，用人单位以“客观情况发生重大变化”为由解除劳动合同时，需根据劳动者的工作年限向其支付经济补偿金，经济补偿金的标准按照解除劳动合同前12个月的平均工资进行计算，包括计时工资或者计件工资以及奖金、加班费、津贴和补贴等货币性收入。若劳动者在劳动合同解除或者终止前12个月的平均工资低于当地最低工资标准的，按照当地最低工资标准计算，劳动者工作不满12个月的，按照实际工作的月数计算平均工资。另外，如果用人单位未提前30日以书面形式通知劳动者本人的，应额外支付劳动者一个月工资，额外支付的工资应当按照该劳动者上一个月的工资标准确定。

风险提示

1. 当用人单位以“客观情况发生重大变化”与劳动者协商变更劳动合同遭到拒绝的，用人单位应保留已经发出协商意愿的相关书面证据，以证明完成协商的义务，如劳动者不愿意协商，那就是双方不能达成一致。此外，协商变更的劳动合同内容，应该是针对情况变化而必须要改变的，而不是所有劳动合同的内容都要变更。

2. 在司法实践中，对“客观情况发生重大变化”有严格的审查标准，用人单位应当慎重利用该条款解除劳动合同，同时还要注意相关证据的留存，以避免被认定为违法解除劳动合同。为此，建议用人单位最好能够与劳动者协商一致解除劳动合同。

3. 当用人单位客观情况发生重大变化，需要裁减人员20人以上，或者裁减不足20人，但占企业职工总数10%以上的，应当按照经济性裁员的规定和程序进行，而不能以“客观情况发生重大变化”解除劳动合同。

法律依据

《劳动合同法》第40条

第57讲：用人单位可以直接安排劳动者待岗吗？

案例聚焦

靳某于2018年3月1日入职北京某食品有限公司，从事质量检测工作。双方签订了期限为2018年3月1日至2021年2月28日的劳动合同。合同约定公司有权根据经营需要或靳某的表现调整其工作内容或工作地点，靳某的月工资为6000元。

2019年1月，北京某食品有限公司向靳某下发《待岗通知》，告知因其所属部门被撤销致使劳动合同不能继续履行，为其协调调整工作岗位两次均未成功，故自次日起安排其待岗，无需至公司上班，公司将按照北京市最低工资的70%发放基本生活费，并停发靳某的奖金、补贴等。靳某认为其在家待岗系公司的原因所致，应当由北京某食品有限公司承担其相应的损失，遂申请劳动仲裁，要求北京某食品有限公司向其支付2019年2月至2019年8月期间的工资差额。北京某食品有限公司认为，已经为靳某提供两次调岗面试的机会，这足以说明双方对于岗位是进行过协商的，只是没有协商一致，此时公司即可依据劳动合同法第40条第3项的规定解除劳动合同，但是公司为了保护员工的合法权益，没有与靳某解除劳动合同，而是安排其待岗，公司的决定是合法的。

后北京某区仲裁委裁决要求北京某食品有限公司支付上述期间的工资差额。北京某食品有限公司不服，向法院提起诉讼。

法院经审理认为，虽然北京某食品有限公司主张靳某所在的部门已经被撤销，岗位已不存在，履行劳动合同的客观情况发生重大变化，导致原合同无法继续履行，但该变化的原因不在靳某，且公司并不是全部停产停业，在双方亦未解除劳动合同的情况下，公司有义务为靳某安排相近或类似的工作岗位。公司对直接安排靳某"待岗"所导致的工资损失应予以赔偿。最终，法院驳回了北京某食品有限公司的诉讼请求。

实操技巧

现实中，有些企业进行部门调整或为了达到减员的目的，直接安排员工"待岗"。这种做法是不可取的，存在很大的法律风险。

一、关于待岗的理解

待岗是相对于在岗而言的，一般是指用人单位在生产经营困难的情况下采取停工停产的方式来缓解经营压力，让员工处于休息的状态，此时双方之间的劳动关系仍然存续，只是企业仅需向劳动者支付生活费用，以保障其基本生活。通过此种方式也可以缓解企业在短期内的经济压力。企业因经营困难导致停工停产的情况下，可采用待岗的方式。根据《劳动合同法》第35条的规定，用人单位与劳动者协商一致，可以变更劳动合同约定的内容。由于待岗是一种变更劳动合同的形式，一般情况下需要与劳动者协商一致。

二、关于待岗的依据

以北京地区为例。根据《北京市工资支付规定》第27条的规定，非因劳动者本人原因造成用人单位停工、停业的，在一个工资支付周期内，用人单位应当按照提供正常劳动支付劳动者工资；超过一个工资支付周期的，可以根据劳动者提供的劳动，按照双方新约定的标准支付工资，但不得低于本市最低工资标准；用人单位没有安排劳动者工作的，应当按照不低于本市最低工资标准的70%支付劳动者基本生活费。通过上述文件内容可知，企业安排员工待岗的原因是非因劳动者本人原因造成用人单位停工、停业。

三、关于待岗的实操

现笔者结合待岗的具体情况及操作的合规性，将待岗的具体步骤作如下解析：

（一）待岗适用的前提条件（以北京为例）

根据《北京市工资支付规定》的规定，待岗适用的前提条件为企业因生产经营困难导致停工、停产，属于客观原因。企业因生产经营困难导致停工、停产并要求员工待岗的第一个工资支付周期，工资仍需按照原来的标准支付。自第二个工资支付周期开始，每月实发金额不低于最低工资的70%即可。各地关于待岗生活费的标准不同，详见各地工资支付规定的支付标准。

（二）停工、停产的界定

目前在法律范围内没有对企业停工、停产作出明确的规定。在司法实践中，一般需要区分停产停工对劳动合同的履行会带来什么样的影响。若企业在生产经营过程中对产品升级改造、设备更新等，导致企业较长时间无法正常运转的，则属于用人单位的经营自主权，一般会被认为待岗合法；如果企业是为了达到某种裁员的目的，故意以岗位取消、部门调整等原因要求员工待岗的，一般不会被支持，需支付工资差额。上述案例就属于此种情况。

（三）"工资支付周期"的理解

一般是指企业的工资支付周期。当员工待岗周期与工资支付周期不一致时，应在工资支付周期内进行折算。在目前司法实践中，对于"工资支付周期"的理解，存在不同的观点：

第一种观点认为，一个"工资支付周期"是指一个自然月，即每月的 1 日至该月的最后一天，无论在该月的哪一天安排员工待岗，在支付该月工资时，都按正常出勤支付，之后则按照北京市最低工资的 70% 支付。第二种观点认为，一个"工资支付周期"应当按照考勤周期进行理解，如1 月 26 日至2 月 25 日为一个考勤周期，每月 5 日支付上一个考勤周期的工资。如果企业在该考勤周期内安排员工待岗，在3 月 5 日支付 2 月的工资时则属于一个"工资支付周期"，之后按照北京市最低工资的 70% 支付。第三种观点认为，一个"工资支付周期"是指从企业安排员工待岗第一天开始计算满一个月。如企业在 2 月 17 日安排员工待岗，3 月 16 日为员工待岗的第一个月，应当按照正常出勤的工资标准支付，3 月 17 日之后则按照北京市最低工资标准的 70% 支付生活费。该种观点的计算方法比较复杂，需要分段计算工资，北京市第二中级人民法院采用该观点。在上述三种观点中，笔者同意第三种观点，该种观点也比较符合《北京市工资支付规定》第 27 条的规定。

（四）生活费支付标准

由于各地对最低工资标准的规定不一致，有的地区规定最低工资不包含劳动者个人承担的社会保险和住房公积金部分，如北京；有的地区则包含劳动者个人承担的社会保险和住房公积金部分，如深圳；还有地区仅包含劳动者个人承担的社会保险，不包含按下限缴存的住房公积金，如江苏。员工在待岗期间，社会保险和住房公积金仍需继续缴纳，对于发放待岗生活费是否已经包括社会保险和住房公积金，因各地具体操作不一样，需依据各地规定进行。

（五）待岗的操作流程

企业安排员工待岗的，需要向全体员工说明单位停工、停产的原因，通过召开全员大会的形式与员工进行协商，并注意保留证据；同时，还需要向员工发送书面的《待岗通知书》。

为了规避法律风险，避免员工将来以公司未足额支付工资为由提出被迫解除劳动合同并主张经济补偿金，建议企业最好与员工就待岗达成一致意见，并签订《待岗协议》。

除了上述情况外，企业也可以选择直接与员工协商待岗，如协商一致并签订《待岗协议》，则不再受到第一个月应支付正常工资的限制，可以直接支付生活费，但此期间的社保、住房公积金需由企业全额承担。

风险提示

1. 企业经营困难或转产的过程中，可以经全体员工协商安排员工进入待岗状态。员工在待岗期间是否可以与其他用人单位建立劳动关系，要看双方在待岗协议中的约定，一般情况下，笔者不建议限制劳动者的就业权和生存权。

2. 如企业安排员工待岗，一定要签订待岗协议，明确双方之间的权利义务。

3. 提醒用人单位，不能为了达到减员的目的而强行要求劳动者待岗，此种行为属于违法行为，不仅要支付工资差额，如果劳动者以用人单位拖欠工资或克扣工资为由提出解除劳动合同的，用人单位还需要向劳动者支付经济补偿金。

法律依据

《北京市工资支付规定》第 27 条

第三节　劳动合同的续签

第 58 讲：劳动合同到期后，用人单位必须要与员工续签劳动合同吗？

案例聚焦

王某于 2013 年 5 月 8 日通过猎头的推荐，从广州来到北京，并进入北京某网络科技公司担任市场总监一职，双方签订了一份 3 年期限的劳动合同。王某在北京的住处安顿好之后，将自己的家人也接至北京生活。2016 年 4 月 8 日，王某接到公司人力资源部的通知，因公司经营策略的调整，王某与公司订立的劳动合同将于2016年5月7日到期，公司决定不再与其续签劳动合同，并支付3个月工资的经济补偿金。

王某对此表示不解，认为自己这几年已经为公司的市场开拓、产品销售等立下汗马功劳，对公司与其终止劳动合同的做法难以接受，况且自己的家人也已经在北京生活，遂拒绝公司的这一要求，坚持要与公司续签劳动合同。2016年5月7日，公司再次告知王某办理工作交接手续，却遭到王某的拒绝。事后，王某就此事咨询专业律师，在律师的耐心讲解下，王某接受了公司的这一决定。公司为了表示对王某的感谢和理解，遂决定在法定经济补偿的基础上，再额外支付两个月的工资作为其安家之用。

实操技巧

一、用人单位是否续签劳动合同的时间节点应当如何把握

用人单位在劳动者的劳动合同到期时，是选择续签劳动合同还是选择终止劳动合同，不能一概而论，还需具体问题具体分析。根据《劳动合同法》第14条第3项的规定，用人单位与劳动者已经连续两次订立固定期限劳动合同，且劳动者没有《劳动合同法》第39条和第40条第1项、第2项规定的情形的，此时用人单位没有单方终止劳动合同的权利，只要劳动者提出续订劳动合同，用人单位就必须要与劳动者订立无固定期限劳动合同。

《劳动合同法》第44条规定："有下列情形之一的，劳动合同终止：（一）劳动合同期满的……"此处所指的劳动合同期满，用人单位可以终止劳动合同的情形仅限于第一次订立的劳动合同到期。也就是说，当用人单位与劳动者之间第一次订立的劳动合同到期时，用人单位可以选择终止劳动合同，也可以选择续签劳动合同，此时的选择权在于用人单位。

那么，无论用人单位最终选择续签劳动合同还是终止劳动合同，是否需要提前30日告知劳动者呢？对此，《劳动合同法》并没有进行明确的规定。根据《北京市劳动合同规定》第40条规定，劳动合同期限届满前，用人单位应当提前30日将终止或者续订劳动合同意向以书面形式通知劳动者，经协商办理终止或者续订劳动合同手续。第47条规定，用人单位违反本规定第40条规定，终止劳动合同未提前30日通知劳动者的，以劳动者上月日平均工资为标准，每延迟1日支付劳动者1日工资的赔偿金。虽然有些地方并没有作出这样的规定，但是，为了减少不必要的麻烦与纷争，笔者还是建议用人单位在劳动合同即将到期时，提前30

日以书面形式告知劳动者，让其有所准备，减少劳动争议案件的发生。

二、如果劳动者不同意续签劳动合同，应当如何处理

劳动合同到期时，如果用人单位在维持或者提高劳动合同约定条件的情况下提出续签劳动合同，而劳动者却不同意续签的，此时劳动合同将依法终止，双方及时办理终止手续即可。

三、劳动合同到期后不续签，是否需支付经济补偿金

《劳动合同法》第46条规定："有下列情形之一的，用人单位应当向劳动者支付经济补偿：……（五）除用人单位维持或者提高劳动合同约定条件续订劳动合同，劳动者不同意续订的情形外，依照本法第四十四条第一项规定终止固定期限劳动合同的……"当用人单位与劳动者第一次订立的劳动合同到期时，用人单位不与劳动者续签劳动合同的，需按照劳动者的工作年限向其支付相应的经济补偿金。同时，无论用人单位与劳动者订立的劳动合同是第一次还是第二次到期，此时若用人单位在维持或者提高原劳动合同约定条件的情形下续订劳动合同，比如工资提高等，劳动者却明确表示不再续签的，则劳动合同终止，用人单位无需向劳动者支付经济补偿金。另外，如果用人单位为了达到不续签劳动合同的目的，故意在续签劳动合同时降低原劳动合同约定的条件，此时劳动者拒绝续签的，用人单位应当向劳动者支付经济补偿金。

四、用人单位在劳动合同到期后未及时续签劳动合同的法律后果

根据《劳动合同法》第82条的规定，用人单位自用工之日起超过一个月不满一年未与劳动者订立书面劳动合同的，应当向劳动者每月支付二倍的工资。如劳动合同期满后未续签，劳动者仍在原用人单位继续工作的，因用人单位对原劳动合同期满和继续用工的法律后果均有预期，不需要再给予一个月的宽限期，原劳动合同期满次日，即是用人单位应当订立劳动合同之日和承担未订立劳动合同的法律后果之日。因此，计算二倍工资的起算时间点为劳动合同期满的次日，截止点为双方补订书面劳动合同的前一日，但最长不超过12个月。

风险提示

1. 用人单位与劳动者第一次订立的劳动合同即将到期时，应当及时对是否续签劳动合同作出评估，并以书面形式告知劳动者是否续签，避免第二次劳动合同到期面临续签无固定期限劳动合同。

2. 笔者建议用人单位在劳动者入职后签订第一次劳动合同时，可以订立一年期限的劳动合同，并对劳动者进行评估、考量，当劳动者达到一定的衡量标准时，及时与其续签无固定期限劳动合同，避免将来遗漏或忘记续签劳动合同而带来的法律风险；若劳动者不符合考量标准，在劳动合同到期时，及时与其终止劳动合同，支付一个月工资的经济补偿金即可，避免因盲目续签而带来的法律风险。

3. 无论用人单位在劳动合同即将到期时选择续签还是终止，都应当提前30日以书面形式告知劳动者，并保留相应的书面证据，以避免产生不必要的纷争。

4. 建议用人单位对于劳动者的劳动合同订立时间和期限进行建档保存，及时更新和关注，当劳动者的劳动合同即将到期时，应当及时作出续签还是终止的决断，避免因疏忽或遗漏，导致劳动合同到期后继续用工的情况，而面临支付双倍工资的法律风险。

法律依据

《劳动合同法》第14、82条

第59讲："劳动合同到期后，双方没有异议的，将自动续签"的约定有效吗？

案例聚焦

张某于2012年4月1日入职北京某教育信息公司担任客户经理，并签订了一份为期3年的劳动合同，其中一条款约定"合同到期后，若双方均未提出终止并继续履行的，本合同期限自动续延/年（月），依此类推。依照法律规定应当签订为无固定期限劳动合同的，本合同自动续延为无固定期限劳动合同"。2015年3月31日劳动合同到期后，张某与北京某教育信息公司均未向对方提出续签劳动合同，张某仍在原来的岗位上继续工作。

2015年12月31日，张某与北京某教育信息公司解除劳动关系。在办理离职手续时，张某认为劳动合同于2015年3月31日到期后，公司并未与她续签书面的劳动合同，要求公司向她支付自2015年4月1日至2015年12月31日期间未订立书面劳动合同的双倍工资差额。北京某教育信息公司认为，张某的劳动合同依照约定自动续延为一份为期3年的固定期限劳动合同。张某对此不予认可，并向北京市某区劳动人事争议仲裁委员会申请仲裁，要求北京某教育信息公司支付未签订劳动合同双倍工资差额。

仲裁委员会经审理认为，张某与北京某教育信息公司在2012年4月1日签订的劳动合同中约定，合同到期后双方均未提出终止并继续履行的，合同自动续延，依照法律规定应当签订为无固定期限劳动合同的，自动续延为无固定期限劳动合同。该约定是双方的真实意思表示，合法有效。为此，仲裁委依法驳回了张某的仲裁请求。

实操技巧

对于“劳动合同到期后，双方没有异议的，将自动续签”的约定是否有效，在实践中还存在一定争议。笔者针对该问题，谈谈自己的看法。

一、“劳动合同到期后，双方没有异议的，将自动续签”的约定是否有效

在司法实践中存在两种不同的意见：一种意见认为，该约定违反了法律的强制性规定，根据《劳动合同法》的规定，建立劳动关系，应当订立书面劳动合同。劳动合同分为“固定合同期限”“无固定合同期限”和“以完成一定工作任务为期限”的劳动合同。劳动合同中约定“自动续签”条款就使劳动合同的期限超出了三种法定类型，不具有合法性，此类“约定续签”的条款不具备法律效力。

另一种意见认为，劳动合同约定“自动续签”条款并不违背法律的规定，即使没有与劳动者重新订立一份新的劳动合同，但该约定是双方的真实意思表示，并没有损害劳动者的利益，应视为双方订立一份与原劳动合同内容和期限相同的合同，该约定应为有效。笔者同意此种意见。

二、用人单位与劳动者约定劳动合同到期续延，在劳动合同到期后劳动者继续工作的，能否主张未签订劳动合同的二倍工资

用人单位与劳动者在劳动合同中约定劳动合同到期续延，但未约定续延期限的，如在劳动合同到期后，劳动者仍继续工作，双方均未提出解除或终止劳动合同，此时属于双方意思表示一致续延劳动合同，可视为双方订立一份与原劳动合同内容和期限相同的合同，故劳动者主张未签订劳动合同的二倍工资不应支持。

三、用人单位与劳动者约定劳动合同到期续延，此后劳动者以连续订立两次固定期限劳动合同为由，提出或者同意续订无固定期限劳动合同，应如何处理

用人单位与劳动者约定劳动合同到期续延，且实际续延劳动合同的，如合同约定了续延期限，续延期限届满时，劳动者以连续订立两次固定期限劳动合同为由，提出或者同意续订无固定期限劳动合同，用人单位应当与劳动者订立无固定期限劳动合同。若用人单位不与劳动者订立无固定期限劳动合同，继续签订固定期限劳动合同，劳动者也同意签订的，该合同应当合法有效；若用人单位不与劳动者订立无固定期限劳动合同，并且单方终止劳动合同的，应当属于违法终止劳动合同，劳动者可以依据《劳动合同法》的规定，主张相应的权利。

风险提示

1. 建议用人单位建立完善的员工档案，及时更新查看员工劳动合同的到期情况，并及时与员工续签劳动合同。

2. 在与劳动者签订两次固定期限劳动合同到期后，用人单位不得单方终止劳动合同（劳动者不同意续签的除外），应当及时与劳动者签订无固定期限劳动合同，并做好相应的文档保管和用工管理的证据留存。

3. 在劳动合同即将到期时，若用人单位决定与劳动者续签劳动合同的，应当及时向劳动者出具《续签劳动合同通知书》，征求劳动者的意见。若用人单位在维持或提高原劳动合同待遇的条件下，劳动者拒绝续签的，应当及时与其终止劳动合同，且无需支付经济补偿金。

法律依据

《劳动合同法》第14、82条

第60讲：用人单位未及时续签劳动合同，可以通过“补签”或“倒签”的方式签订劳动合同吗？

案例聚焦

案例一：

2016年7月1日，王某进入北京某公司工作，入职后双方一直未签订劳动合同。2017年3月17日，公司与王某补签了一份劳动合同，合同期限为2016年7月1日至2017年6月30日，但劳动合同的签订日期为2017年3月17日。2017年3月底，王某从公司离职。同年4月初，王某向北京市某区劳动争议仲裁委员会提起劳动仲裁，要求该公司支付2016年8月1日至2017年3月16日未签订劳动合同的两倍工资差额共计人民币12万元。

北京市某区劳动争议仲裁委员会作出裁决，公司应支付王某2016年8月1日至2017年3月16日未签订合同的两倍工资差额共计人民币12万元。公司对仲裁裁决不服，诉至北京市某区法院。法院最终判决由公司向王某支付2016年8月1日至2017年3月16日未签订合同的两倍工资差额共计人民币12万元。

案例二：

2016年5月12日，张某进入北京某科技公司担任法务，但公司一直未与张某签订书面劳动合同。2016年12月31日，公司与张某补签了期限为2016年5月12日至2019年5月11日的劳动合同。2017年3月4日，张某从公司离职。随后，张某向北京市某区劳动争议仲裁委员会申请仲裁，要求公司向其支付2016年6月12日至2016年12月30日未签订劳动合同的两倍工资差额82000元。

北京市某区劳动争议仲裁委员会经审理认为，张某与北京某公司补签合同系双方真实意思表示，也没有证据证明张某是在受到欺诈、胁迫或乘人之危等情形下签订的，可以认为张某放弃主张2倍工资差额赔偿的权利，现在张某再次要求单位支付二倍工资差额，不予支持。最终，仲裁委驳回了张某的请求。

实操技巧

在上述两个案例中，都是在劳动者入职时，用人单位没有及时与其签订书面劳动合同，事后订立劳动合同，为何裁决的结果却大相径庭呢？究其原因，就在于“补签”与“倒签”的区别。

一、劳动合同“补签”与“倒签”的区别

《劳动合同法》之所以规定用人单位未签订书面劳动合同应承担二倍工资的赔偿责任，主要是为了促使用人单位积极地和员工签订书面劳动合同，用人单位与劳动者采用补签或倒签的形式订立书面劳动合同，实际上并不必然损害劳动者的合法权益。笔者认为，如果用人单位采用补签或倒签的形式订立书面劳动合同，劳动者对此也未提出异议，并且予以签字认可，应认定此行为是对此前未及时订立书面劳动合同的一种追认，双方既然已经签订了书面的劳动合同，用人单位就无须支付二倍工资差额。

“补签”与“倒签”都是在原来没有订立书面劳动合同的情况下采取的一种补救措施，并且都承认劳动关系从实际用工之日起建立，只不过补签的落款时间是补签劳动合同之日，而倒签的落款时间是实际用工之日。但从签订劳动合同的实际过程来看，“补签”劳动合同的行为仅仅是从补签之日起终止未订立书面劳动合同的状态，未签劳动合同的持续违法行为终止，此行为并不能说明劳动者已经主动放弃对此前未订立书面劳动合同期间二倍工资差额的主张。

“倒签”劳动合同的行为除了表达从倒签之日起终止未订立书面劳动合同的

状态之外，还表达了对此前未及时订立书面劳动合同的一种追认，只要此时倒签合同系双方真实意思表示，应视为自实际用工之日起已签订劳动合同，无需支付二倍工资差额。

二、劳动合同“补签”与“倒签”的法律风险

虽然笔者通过上述文字对劳动合同“补签”与“倒签”的区别作了相应的阐述，但并不是说，用人单位采取“补签”或“倒签”的形式就可以规避未签订书面劳动合同的法律风险。

根据《劳动合同法》第82条的规定，用人单位自用工之日起超过一个月不满一年未与劳动者订立书面劳动合同的，应当向劳动者每月支付二倍的工资。用人单位违反本法规定不与劳动者订立无固定期限劳动合同的，自应当订立无固定期限劳动合同之日起向劳动者每月支付二倍的工资。正如上述两个案例所示，用人单位与劳动者建立劳动关系后，未依法自用工之日一个月内订立书面劳动合同，在劳动关系存续一定时间后，用人单位与劳动者再签订劳动合同将日期倒签到实际用工之日，视为用人单位与劳动者达成合意，劳动者主张二倍工资一般不会得到支持，但劳动者有证据证明倒签劳动合同并非其真实意思表示的除外。如果用人单位与劳动者虽然补签劳动合同，但未补签到实际用工之日的，对实际用工之日与补签之日间相差的时间，依法扣除一个月订立书面劳动合同的宽限期，劳动者主张未订立劳动合同二倍工资的可以支持。所以，对于用人单位而言，不应抱有侥幸心理，及时与劳动者签订劳动合同方为上策。

风险提示

1. 对于用人单位而言，无论对新招用的劳动者还是合同到期后仍打算继续留用的劳动者，都要及时签订劳动合同。

2. 如果遇到员工不愿意签订劳动合同的情形，用人单位应当以书面形式向员工进行说明，仍不愿意签订的，应当及时出具书面的终止劳动合同通知书。否则，用人单位将面临支付双倍工资的风险。

3. 对于已经录用但没有签订劳动合同的劳动者，用人单位应当尽快予以补签，不要存在侥幸心理。

4. 用人单位也可以考虑聘请专业律师做公司法律顾问，帮助公司健全规章制度，规范用工行为，防范用工风险，避免劳动纠纷。

法律依据

《劳动合同法》第82条

第五章
劳动合同的终止与解除

第一节　劳动合同的终止

第 61 讲：劳动合同期满后，用人单位可以终止劳动合同吗？

案例聚焦

李某于 2015 年 4 月 1 日入职某公司从事行政管理工作，双方签订了为期 2 年的固定期限劳动合同，合同期满又续订了 2 年固定期限劳动合同，至 2019 年 3 月 31 日合同期满。双方劳动合同约定，合同期满时即行终止。劳动合同期满前，李某向公司书面提出续订无固定期限劳动合同的意愿，但该公司决定与李某终止劳动合同。2019 年 3 月 1 日，公司向李某下发了《终止劳动合同通知书》。

李某主张公司与其终止劳动合同的行为违反法律规定，要求公司支付违法终止劳动合同的赔偿金。公司认为双方约定劳动合同期满即行终止，不存在违法终止情形，只同意支付终止劳动合同的经济补偿。

2019 年 4 月 3 日，李某向北京市某区劳动人事争议仲裁委员会提出仲裁申请，要求公司支付违法终止劳动合同的赔偿金。最终，经北京市某区劳动人事争议仲裁委员会审理后，依法裁决支持了李某的仲裁申请。

实操技巧

上述案例中，公司方的做法是目前普遍存在的问题，很多用人单位对该问题也存在误区。在劳动合同到期时，用人单位到底是否有选择不续签劳动合同的权利？难道劳动者提出续签无固定期限劳动合同，就一定要续签吗？作为用人单位的一方，应当如何规避上述问题所带来的法律风险呢？

一、用人单位与劳动者第一次签订的劳动合同到期时，可以终止

《劳动合同法》第44条规定："有下列情形之一的，劳动合同终止：（一）劳动合同期满的……"很多用人单位对该条款的理解存在误区。该条款所表明的意思在于，用人单位与劳动者第一次签订的劳动合同到期时，作为用人单位可以选择终止劳动合同，但需要向劳动者支付经济补偿金。因为劳动合同的签订与否，是用人单位与劳动者双方的合意，也是双方互相考察、合作的过程，在一方丧失继续订立劳动合同的意愿后，应当尊重其选择。所以，在用人单位与劳动者第一次签订的劳动合同到期时，用人单位可以选择终止劳动合同。当然，劳动者也可以选择不再续签劳动合同，此时用人单位则无需支付经济补偿金。

二、用人单位与劳动者第二次或多次签订的劳动合同到期时，不可以终止

《劳动合同法》第14条规定："……有下列情形之一，劳动者提出或者同意续订、订立劳动合同的，除劳动者提出订立固定期限劳动合同外，应当订立无固定期限劳动合同：……（三）连续订立二次固定期限劳动合同，且劳动者没有本法第三十九条和第四十条第一项、第二项规定的情形，续订劳动合同的……"由此可知，连续订立两次固定期限劳动合同的，劳动者有权选择订立固定期限劳动合同、无固定期限劳动合同或者终止劳动合同。劳动者要求订立无固定期限劳动合同的，用人单位应当与劳动者订立无固定期限劳动合同，无权选择订立固定期限劳动合同或者终止劳动合同。当然，如果劳动者在劳动合同履行期间存在《劳动合同法》第39条和第40条第1项、第2项规定的情形，且用人单位也有证据予以证明的，用人单位可以终止劳动合同，但此时的举证责任在用人单位。

另外，需要特别强调的是，在用人单位与劳动者连续订立二次固定期限劳动合同后，劳动者与用人单位再次订立固定期限劳动合同的，最后一次固定期限劳动合同到期时，用人单位是否可以终止劳动合同？笔者结合司法实践认为，在用人单位与劳动者连续订立多次固定期限劳动合同的，适用《劳动合同法》第14条的规定，在最后一次固定期限劳动合同到期时，应认定符合连续订立二次固定期限劳动合同的条件，除法定情形外，劳动者提出订立无固定期限劳动合同的，用人单位应当与劳动者订立无固定期限劳动合同，此时用人单位无终止劳动合同的选择权。

三、用人单位一直未与劳动者签订劳动合同的，用人单位能否单方终止劳动关系

针对该问题，需要区分两种情形来对待：一是劳动者自入职后，用人单位一直未与其订立劳动合同；二是在劳动合同期满后未续订书面的劳动合同，劳动者仍在原用人单位继续工作，双方之间存在事实劳动关系。

针对第一种情形，《劳动合同法》第 14 条规定，用人单位自用工之日起满一年不与劳动者订立书面劳动合同的，视为用人单位与劳动者已订立无固定期限劳动合同。所以，如果劳动者在入职后一直未签订劳动合同，一年之后即视为双方已订立无固定期限劳动合同，用人单位不能终止劳动合同，除非用人单位要求补签劳动合同，劳动者拒绝签订，用人单位可以终止劳动合同。

针对第二种情形，在劳动合同期满后，双方一直未订立书面的劳动合同，但劳动者仍在原用人单位继续工作的，双方之间存在事实劳动关系，无论出于何种原因，用人单位均不能采用“终止”的方式终结劳动合同的履行。上述两种情形，对于用人单位来讲均存在法律风险，即未签订劳动合同的双倍工资风险。

风险提示

1. 当存在劳动者患病或者非因工负伤在规定的医疗期内，女职工在孕期、产期、哺乳期期间等特殊情形时，劳动合同期满，用人单位应将劳动合同续延至相应的情形消失时终止。在续延期间，用人单位与劳动者无须订立书面劳动合同，也不应支付二倍工资差额。

2. 如果劳动合同到期且属于用人单位不能单方终止的情形，用人单位又想终止劳动合同的，可以与劳动者协商终止，但不能盲目地单方终止，否则属于违法终止，劳动者可以主张违法终止的赔偿金或要求续签无固定期限劳动合同。

3. 有的 HR 提出，《劳动合同法》第 46 条规定：“有下列情形之一的，用人单位应当向劳动者支付经济补偿：……（五）除用人单位维持或者提高劳动合同约定条件续订劳动合同，劳动者不同意续订的情形外，依照本法第四十四条第一项规定终止固定期限劳动合同的……”如果用人单位降低劳动合同的约定条件续订劳动合同，劳动者不同意续订的，是否就可以向劳动者支付经济补偿金并终止劳动合同呢？理论上是可以的，但笔者不建议这么操作，由于劳动合同中约定的劳动条件是双方履行劳动合同的基础，如果用人单位为了达到单方终止劳动合同的目的，而降低劳动条件，比如降低工资、不提供相应的劳动条件等，其实是损害了劳动者的利益，往往会被认定为违法终止。

4. 用人单位在与劳动者签订劳动合同时，就应当考虑好劳动合同签订的期限、考核的标准及方式等，避免将来处于被动的地位。

法律依据

《劳动合同法》第 14、44 条

第62讲：劳动合同未到期，用人单位能否以劳动者达到法定退休年龄为由终止劳动合同？

案例聚焦

方某于2006年7月13日到北京某食品厂工作。2012年7月1日，北京某食品厂与方某续订无固定期限劳动合同。2014年11月7日，北京某食品厂向方某发出《终止劳动合同通知书》，以方某达到法定退休年龄为由，从2014年12月9日起与方某终止劳动合同。

方某认为，虽然其于2014年12月9日达到法定退休年龄，但因其养老保险缴纳年限不足，不能享受养老保险待遇，北京某食品厂终止劳动关系时，必须向其支付经济补偿金。故请求：1. 支付方某解除劳动合同的经济补偿金22029.20元；2. 支付方某2006年7月13日至2008年6月未缴纳养老保险的赔偿金5000元。

法院经审理认为，职工应当参加基本养老保险，由用人单位和职工共同缴纳基本养老保险费。2006年7月至2008年6月，北京某食品厂未为方某缴纳养老保险费，应当支付方某此期间的农民工养老保险待遇；2014年12月9日，北京某食品厂因方某达到法定退休年龄终止与其的劳动关系，并不违反法律规定。方某要求支付经济补偿金于法无据，法院不予支持。

实操技巧

这是一个比较现实的问题，任何一个劳动者都会有退休的那一天。在司法实践中，这样的情况也比较多见，有很多劳动者认为即使到退休年龄了，但劳动合同并没有到期或者签订的是无固定期限劳动合同的，公司不能单方终止劳动合同，否则就要向其支付经济补偿金。其实，这是对法律内容的误解。具体理由如下：

一、如何理解“劳动者达到法定退休年龄”

实践中，对法定退休年龄的认定，主要是依据《国务院办公厅关于进一步做好国有企业下岗职工基本生活保障和企业离退休人员养老金发放工作有关问题的通知》和《劳动和社会保障部关于制止和纠正违反国家规定办理企业职工提前退休有关问题的通知》。根据上述规定，国家法定的企业职工退休年龄是男年满60

周岁，女工人年满50周岁，女干部年满55周岁。从事井下、高空、高温、特别繁重体力劳动或其他有害身体健康工作的，退休年龄为男年满55周岁，女年满45周岁。因病或非因工致残，由医院证明并经劳动鉴定委员会确认完全丧失劳动能力的，退休年龄为男年满50周岁，女年满45周岁。所以，一般情况下，对退休年龄的认定是男年满60周岁，女工人年满50周岁，女干部年满55周岁。

二、因劳动者达到法定退休年龄终止劳动合同是否应支付经济补偿金

劳动者达到法定退休年龄，即不再符合劳动法律法规规定的主体资格，不具备建立劳动关系的条件，劳动合同自然终止。《劳动合同法》第44条规定，劳动者开始依法享受基本养老保险待遇的，劳动合同终止。但在现实中，劳动者已达到法定退休年龄而未享受基本养老保险待遇的情况很复杂，有的是用人单位依法为劳动者缴纳了社会保险费，但由于劳动者累计缴费年限达不到规定年限，在达到退休年龄时不能享受基本养老保险待遇。也有部分劳动者因种种原因不愿意参加社会保险，而无法享受基本养老保险待遇，还存在个别用人单位的高级管理人员即便达到法定退休年龄，也不办理退休手续、领取基本养老保险待遇。如果用人单位不能与已达到法定退休年龄而未享受基本养老保险待遇的劳动者终止劳动合同，用人单位将不得不一直与该劳动者保持劳动关系，直到劳动者死亡或用人单位注销，这对用人单位有失公平，也不利于和谐劳动关系的建立。因此，依据《劳动合同法》的规定，因劳动者达到法定退休年龄终止劳动合同的，用人单位无需向劳动者支付经济补偿金。

三、劳动者达到法定退休年龄，但是未能依法享受养老保险待遇的，能否终止劳动合同

根据《劳动合同法》第44条规定，劳动者开始享受基本养老保险待遇的，劳动合同终止。《劳动合同法实施条例》第21条规定，劳动者达到法定退休年龄，劳动合同终止。虽然上述法律法规中针对劳动者达到退休年龄解除劳动合同的规定不一致，但均提到了劳动者达到法定退休年龄。在司法实践中，一般均认定劳动者达到法定退休年龄，即视为劳动合同终止。至于劳动者最终是否享受养老保险待遇，不是劳动合同终止的前提条件。

四、虽然劳动者达到法定退休年龄，但仍继续履行原劳动合同，劳动关系是否存续

根据《最高人民法院关于审理劳动争议案件适用法律若干问题的解释（三）》第7条的规定，用人单位与其招用的已经依法享受养老保险待遇或领取退休金的人员发生用工争议，向人民法院提起诉讼的，人民法院应当按劳务关系处理。具体而言，劳动者在开始依法享受基本养老保险待遇或领取退休金之前具备劳动者的主体资格，与用人单位之间可以成立劳动关系，而之后则丧失劳动者的主体资格，与用人单位之间不能再成立劳动关系，只能按照劳务关系来处理。所以，如果劳动者达到法定退休年龄，仍继续履行原劳动合同，双方之间将不存在劳动关系而是劳务关系。

风险提示

1. 根据《人力资源社会保障部关于执行〈工伤保险条例〉若干问题的意见（二）》的规定，达到或超过法定退休年龄，但未办理退休手续或者未依法享受城镇职工基本养老保险待遇，继续在原用人单位工作期间受到事故伤害或患职业病的，用人单位依法承担工伤保险责任。用人单位招用已经达到、超过法定退休年龄或已经领取城镇职工基本养老保险待遇的人员，在用工期间因工作原因受到事故伤害或患职业病的，如招用单位已按项目参保等方式为其缴纳工伤保险费的，应适用《工伤保险条例》。该规定针对的对象是最广泛的，包括了所有达到或超过法定退休年龄的人员，并且明确将招用单位按项目参保方式缴纳工伤保险费作为适用工伤救济的前提。所以，用人单位在招用达到或超过法定退休年龄的人员时，一定要注意工伤的法律风险。

2. 若因工作需要而招聘达到或超过法定退休年龄人员时，要及时与其签订《劳务协议》，明确双方之间的法律关系，并为此类人员购买雇主责任险或意外伤害保险，以避免用人单位的成本支出增加。

3. 劳动者在达到法定退休年龄时，用人单位应当提前30日以书面形式告知劳动者本人，要求劳动者配合办理退休手续，并终止双方之间的劳动关系，若劳动者本人拒绝办理退休手续的，用人单位也应当在通知书中告知其法律后果。

4. 劳动者达到法定退休年龄时，双方之间劳动关系终止，且用人单位也无需向劳动者支付经济补偿金；当然，用人单位同意支付的除外。

5. 对于女性劳动者的退休年龄是50周岁还是55周岁，这涉及劳动者档案身份认定的问题，由于各地的认定标准有所不同，需要劳动者和用人单位进行确认，建议用人单位到当地劳动部门进一步咨询、确认。

法律依据

《劳动合同法》第44条；《劳动合同法实施条例》第21条；《人力资源社会保障部关于执行〈工伤保险条例〉若干问题的意见（二）》二

第63讲：用人单位被依法宣告破产的，劳动合同是否自然终止？

案例聚焦

邓某自1993年5月入职北京某电器公司，北京某电器公司自1993年5月至2001年9月未给邓某缴纳社会保险、2003年10月至2012年6月未给邓某缴纳住房公积金。2016年4月28日，北京某电器公司以经营不善、资不抵债为由向法院申请破产清算。2017年5月23日，北京市某区人民法院作出民事裁定书，宣告北京某电器公司破产。邓某认为北京某电器公司未履行上述义务，终止劳动合同属于违法终止，故邓某提起诉讼请求：1. 要求北京某电器公司给付赔偿金145840元；2. 要求北京某电器公司给付未缴纳社会保险赔偿金5000元；3. 要求北京某电器公司补偿住房公积金1万元；4. 要求北京某电器公司支付最低生活费2000元；5. 要求北京某电器公司承担本案诉讼费用。

北京某电器公司辩称，依据劳动合同法的相关规定，用人单位被依法宣告破产的，劳动合同终止。劳动合同法规定的经济补偿按照年限计算，自该法实施之日起计算，故邓某的经济补偿应自2008年1月1日起计算至2017年5月23日，缴纳养老保险及住房公积金不属于人民法院的受理范围，且邓某的请求超过了诉讼时效。2017年6月，北京某电器公司与邓某的劳动关系已经终止，邓某要求北京某电器公司给付生活费没有依据。

法院经审理认为，债务人所欠职工的工资和医疗、伤残补助、抚恤费用，应当划入职工个人账户的基本养老保险、基本医疗保险费用，以及法律、行政法规规定应当支付给职工的补偿金，不必申报，由管理人调查后列出清单并予以公示。职工对清单记载有异议的，可以要求管理人更正；管理人不予更正的，职工可以向人民法院提起诉讼。北京某电器公司于2017年5月23日被宣告破产，其与邓某之间的劳动关系依法终止，北京某电器公司应依据法律规定给付经济补偿金。自1999年6月1日起，北京市建立农民合同制职工参加养老保险制度，邓某在2003年之前为农业户口，北京某电器公司自2001年10月为邓某缴纳养老保险，因此对邓某要求北京某电器公司支付1999年6月至2001年9月的养老保险赔偿金2084.68元予以支持，其余部分不予支持。邓某要求北京某电器公司支付2003年10月至2012年6月住房公积金1万元的诉讼请求，不属于人民法院审理范围，法院不予审理，如有争议，可向住房公积金管理部门反映解决。邓某要求北京某电器公司支付2017年6月的最低生活费2000元，没有事实和法律依据，亦不属于职工债权确认纠纷案件审查的范围，法院不予支持。

最终，法院判决确认原告邓某享有被告北京某电器公司自1993年5月至2017年5月的经济补偿金债权49239.12元，确认原告邓某享有被告北京某电器公司自1999年6月至2001年9月未缴纳养老保险赔偿债权2084.68元，驳回原告邓某的其他诉讼请求。

实操技巧

企业在经营的过程中，由于种种原因可能会导致最终资不抵债而破产。一旦企业因经营不善而宣告破产的，劳动者的劳动关系如何处理？若因此终止劳动合同是否属于违法解除？劳动者又能在企业破产程序中得到哪些权益保护呢？笔者结合实际操作经验分析如下：

一、用人单位因经营不善进入破产程序，劳动合同终止时间如何认定

企业进入破产程序后，职工往往成为最大的受害者，故优先保护职工权益是《企业破产法》规定的重要条款之一。核算职工权益是破产管理人的重要工作，在维护破产企业利益的同时，也不得损害职工的合法权益。因此，对劳动合同终止基准日的确定就显得异常重要。

在实务操作中，劳动合同终止的时间节点往往成为双方争议的焦点，关于劳动合同终止的时间节点主要存在以下四种观点：第一种观点认为，劳动合同应于法院裁定宣告企业破产之日终止。该观点的理由是：一是根据《劳动合同法》第44条的规定，用人单位被依法宣告破产的，劳动合同终止。二是《最高人民法院关于实行社会保险的企业破产后各种社会保险统筹费用应缴纳至何时的批复》规定，参加社会保险的企业破产的，欠缴的社会保险统筹费用应当缴纳至人民法院裁定宣告破产之日，亦印证了劳动合同应于宣告破产时终止。第二种观点认为，劳动合同应自人民法院裁定受理破产申请之日终止。该观点的理由是：根据《企业破产法》第44条、第46条、第48条的规定，只有在人民法院受理破产申请时，破产企业所欠的职工利益才能成为破产债权，而且未到期的债权此时应视为到期。故劳动合同应于人民法院裁定受理破产申请之日终止。第三种观点认为，劳动合同应自破产管理人通知劳动者终止劳动合同之日终止。该观点的理由是根据《劳动合同法》第44条、《企业破产法》第18条的规定，破产管理人对破产申请受理前未履行完毕的合同享有法定解除权，破产管理人接管破产企业后，可以通知劳动者终止劳动合同，从而终止其与破产企业之间的劳动关系。第四种观点认为，企业宣告破产的，法人的民事主体资格消失时劳动合同终止。该观点的理由是，既然企业破产，就应以该法人到市场监管部门办理完注销登记手续之次日为劳动合同的终止日期。

笔者同意第一种观点，即劳动合同应于法院裁定宣告企业破产之日终止。根据《劳动合同法》第44条的规定，用人单位被依法宣告破产的，劳动合同终止。《劳动合同法》的立法宗旨在于保护劳动者的合法权益，而《企业破产法》的立法目的是公平清理破产企业的债权债务，全面保护债权人和债务人以及社会的利益。且《企业破产法》明确规定在破产程序中，破产财产在优先清偿破产费用和共益债务后，按第一顺序清偿破产人所欠职工的工资和医疗、伤残补助、抚恤费用，所欠的应当划入职工个人账户的基本养老保险、基本医疗保险费用，以及法律、行政法规规定应当支付给职工的补偿金。

对于劳动合同终止的时间节点的认定不一致，也给破产程序的进行带来了困惑。在破产案件审判实践中，只能在符合立法意图并运用利益平衡原则进行调适的情况下，寻找出比较合适的解决方案。因此，采用以上第一种观点比较符合当前的社会实际情况，也更有利于保护劳动者的合法权益。

二、用人单位被依法宣告破产，劳动合同终止的，需向劳动者支付经济补偿金

《劳动合同法》第44条规定："有下列情形之一的，劳动合同终止：……（四）用人单位被依法宣告破产的……"第46条规定："有下列情形之一的，用人单位应当向劳动者支付经济补偿：……（六）依照本法第四十四条第四项、第五项规定终止劳动合同的……"所以，用人单位被依法宣告破产，劳动合同终止的，需向劳动者支付经济补偿金。经济补偿金按劳动者在本单位工作的年限，每满一年支付一个月工资的标准向劳动者支付。6个月以上不满一年的，按一年计算；不满6个月的，向劳动者支付半个月工资的经济补偿。劳动者月工资高于用人单位所在直辖市、设区的市级人民政府公布的本地区上年度职工月平均工资三倍的，向其支付经济补偿的标准按职工月平均工资三倍的数额支付，向其支付经济补偿的年限最高不超过12年。

三、用人单位在破产程序中，劳动者的补偿是否优先于其他债权

《企业破产法》第113条规定："破产财产在优先清偿破产费用和共益债务后，依照下列顺序清偿：（一）破产人所欠职工的工资和医疗、伤残补助、抚恤费用，所欠的应当划入职工个人账户的基本养老保险、基本医疗保险费用，以及法律、行政法规规定应当支付给职工的补偿金；（二）破产人欠缴的除前项规定以外的社会保险费用和破产人所欠税款；（三）普通破产债权。破产财产不足以清偿同一顺序的清偿要求的，按照比例分配。破产企业的董事、监事和高级管理人员的工资按照该企业职工的平均工资计算。”所以，在企业宣告破产的程序中，破产管理人在以破产财产清偿企业债务时，在清偿破产费用和共益债务后，应当优先清偿破产人所欠职工的工资和医疗、伤残补助、抚恤费用，所欠的应当划入职工个人账户的基本养老保险、基本医疗保险费用，以及法律、行政法规规定应当支付给职工的补偿金。

风险提示

1. 企业一旦因经营不善申请破产，应当尽早与员工协商一致解除劳动合同，避免因向法院申请破产产生的时间差，导致支出成本的提升。

2. 一旦法院裁定宣告企业进入破产程序，破产管理人应当及时以书面形式向劳动者下发《终止劳动合同通知书》，并根据劳动者的工作年限计算相应的经济补偿金。

3. 对于劳动者而言，企业破产的，劳动合同应自企业被法院裁定宣告破产时终止，此时属于法定终止，仅需支付经济补偿金，而不属于违法终止劳动合同，无需支付赔偿金。

法律依据

《劳动合同法》第44、46条；《企业破产法》第113条

第64讲：用人单位决定提前解散的，劳动者如何维权？

案例聚焦

张某于1990年3月1日入职北京某科技有限公司，担任办公室文员一职，双方已于2006年3月1日签订无固定期限劳动合同。2019年6月18日，北京某科技有限公司以资金周转困难，无力继续经营为由决定解散，并向当地市场监管部门提交了股东会决议、董事会决议、清算注销评估项目立项批复、审计报告、清算公告等证据材料。2019年6月28日，北京某科技有限公司以公司提前解散为由向张某发送《终止劳动合同通知书》。

张某对公司的终止通知不予认可，认为公司的经营效益一直都不错，不存在

资金周转的问题，属于违法解除，遂向北京市某区劳动争议仲裁委员会申请劳动仲裁，主张：1. 支付共18个月的经济补偿金126178元；2. 支付2008年1月1日至2016年6月28日的违法解除劳动合同经济补偿金142674元；3. 支付未提前一个月通知的代通知金6121元。

北京市某区劳动争议仲裁委员会经审理认为，北京某科技有限公司决定提前解散公司的行为，已经履行了相关的解散和审批程序，其以公司提前解散为由终止与张某的劳动合同，并未违反法律的相关规定，不属于违法解除劳动合同，无需支付违法解除劳动合同双倍赔偿金。关于张某要求公司支付未提前一个月通知的代通知金的诉讼请求，没有相关法律依据，不予支持。最终，仲裁委依法作出仲裁裁决，驳回张某的全部仲裁请求。

实操技巧

在司法实践中，笔者既遇见过公司确因经营困难导致解散的，也遇见过公司因与劳动者产生劳动争议，为了规避支付相关补偿或赔偿，或者是为了达到减员的目的，人为地解散公司。对于前者，其做法符合法律的相关规定；对于后者，则存在违反诚信、恶意注销的事实，不会得到法律的支持。

一、用人单位决定提前解散须履行相应的法律程序

（一）用人单位须具有提前解散的事由

在司法实践中，经常会有一些用人单位为了达到减员的目的，随意告知劳动者因公司解散要终止劳动合同，却拒绝向劳动者说明具体的解散事由。《公司法》第180条规定：“公司因下列原因解散：（一）公司章程规定的营业期限届满或者公司章程规定的其他解散事由出现；（二）股东会或者股东大会决议解散；（三）因公司合并或者分立需要解散；（四）依法被吊销营业执照、责令关闭或者被撤销；（五）人民法院依照本法第一百八十二条的规定予以解散。”由此可知，公司需具备上述事由，才可以决议解散。

（二）用人单位确已作出解散决定并已执行

即使用人单位具备解散事由，若未履行相应的法定程序，也并不必然导致解散事实的发生。所以，公司在决定解散时，需要履行相应的程序并保留证据，如股东会议记录、会议决议、是否成立清算组、是否发布相应的公告、公司是否已经停止经营等，只有具备这些条件，才可以向劳动者发出《终止劳动合同通知书》，终止双方之间的劳动合同。用人单位应当采用张贴公告、发送电子邮件或书面材料、网页登载等方式，告知劳动者发生何种解散事由、解散的大致进程、

拟采取的终止合同方式及步骤等，并保留相应的证据。

另外，建议用人单位在与劳动者终止劳动合同前，就公司的经营状况坦率地和劳动者进行沟通，认真听取劳动者的意见，在互谅互让的基础上协商确定安置方案，减少不必要的纷争。对于国有控股企业，《企业民主管理规定》第14条规定："国有企业和国有控股企业职工代表大会除按第十三条规定行使职权外，行使下列职权：……（二）审议通过企业合并、分立、改制、解散、破产实施方案中职工的裁减、分流和安置方案……"国有企业解散的，应按照上述规定履行民主程序。

二、用人单位确因经营困难而解散的，需要向劳动者支付经济补偿金

根据《公司法》第186条规定，公司财产除支付清算费用外，应当优先支付员工的劳动报酬、社保费用和法定补偿金。因此，在终止劳动合同后，公司应当依照法律规定，向劳动者支付经济补偿金。《劳动合同法》第47条规定，经济补偿按劳动者在本单位工作的年限，每满一年支付一个月工资的标准向劳动者支付。所谓月工资是指劳动者在劳动合同解除或者终止前12个月的平均工资。劳动者工作不满12个月的，按照实际工作的月数计算平均工资。《劳动合同法实施条例》第27条规定，经济补偿的月工资按照劳动者应得工资计算，包括计时工资或者计件工资以及奖金、津贴和补贴等货币性收入。同时根据《劳动合同法》第97条第3款规定，2008年1月1日以前存续的劳动合同在2008年1月1日以后解除或者终止，依照《劳动合同法》第46条规定应当支付经济补偿的，经济补偿年限自2008年1月1日起计算；2008年1月1日以前按照当时有关规定，用人单位应当向劳动者支付经济补偿的，按照当时有关规定执行。《劳动合同法》施行前，各地对劳动合同终止是否需支付经济补偿金的规定不同。如北京地区在《劳动合同法》施行前没有规定用人单位因决定提前解散与劳动者终止劳动合同应当支付经济补偿，故经济补偿年限自《劳动合同法》施行之日起计算。在上海地区，由于《上海市劳动合同条例》第37条规定："有下列情形之一的，劳动合同终止：……（三）用人单位破产、解散或者被撤销的……"第42条规定："有下列情形之一的，用人单位应当根据劳动者在本单位工作年限，每满一年给予劳动者本人一个月工资收入的经济补偿：……（六）用人单位依据本条例第三十七条第（三）项规定终止劳动合同的……"故在上海，企业决定提前解散终止劳动合同的，对于2008年1月1日以前的工作年限也应支付经济补偿金。

三、用人单位解散的，仍需为劳动者办理离职手续

根据《劳动合同法》第50条的规定，用人单位应当在解除或者终止劳动合同时出具解除或者终止劳动合同的证明，并在15日内为劳动者办理档案和社会保险关系转移手续。劳动者应当按照双方约定，办理工作交接。用人单位依照本法有关规定应当向劳动者支付经济补偿的，在办结工作交接时支付。用人单位对已经解除或者终止的劳动合同的文本，至少保存二年备查。所以，即使是公司因经营困难等原因终止劳动合同的，也应当按照法律规定向劳动者出具离职证明，并办理相应的离职手续。如果因用人单位的原因导致劳动者没有离职证明而无法就业，由此给劳动者造成损失的，用人单位需承担赔偿责任。

四、用人单位解散时将劳动者的劳动关系转移到关联公司的，其工龄应当累计计算

根据《劳动合同法实施条例》第10条的规定，劳动者非因本人原因从原用人单位被安排到新用人单位工作的，劳动者在原用人单位的工作年限合并计算为新用人单位的工作年限。原用人单位已经向劳动者支付经济补偿的，新用人单位在依法解除、终止劳动合同计算支付经济补偿的工作年限时，不再计算劳动者在原用人单位的工作年限。同时，《最高人民法院关于审理劳动争议案件适用法律若干问题的解释（四）》第5条规定："劳动者非因本人原因从原用人单位被安排到新用人单位工作，原用人单位未支付经济补偿，劳动者依照劳动合同法第三十八条规定与新用人单位解除劳动合同，或者新用人单位向劳动者提出解除、终止劳动合同，在计算支付经济补偿或赔偿金的工作年限时，劳动者请求把在原用人单位的工作年限合并计算为新用人单位工作年限的，人民法院应予支持。用人单位符合下列情形之一的，应当认定属于'劳动者非因本人原因从原用人单位被安排到新用人单位工作'：（一）劳动者仍在原工作场所、工作岗位工作，劳动合同主体由原用人单位变更为新用人单位；（二）用人单位以组织委派或任命形式对劳动者进行工作调动；（三）因用人单位合并、分立等原因导致劳动者工作调动；（四）用人单位及其关联企业与劳动者轮流订立劳动合同；（五）其他合理情形。"所以，在企业解散时，将劳动者由解散的企业转至其他关联公司继续履行劳动合同的，劳动者的工作年限应当累计计算。如果解散企业在变更劳动合同时已经向劳动者支付经济补偿金的，其工作年限将不再累计计算。

五、用人单位解散的，劳动者在申请仲裁时如何列明诉讼主体

劳动争议案件提起诉讼必须以"劳动仲裁"为前置条件，如果劳动争议已经进入仲裁阶段尚未结束，用人单位出现未办理营业执照、被吊销营业执照、营业执照到期继续经营、被责令关闭、撤销以及用人单位解散、歇业，不能承担相关责任的情况的，劳动者可以根据《劳动人事争议仲裁办案规则》第6条的规定将用人单位的出资人，开办单位或者主管部门作为共同当事人来主张权利。

如果出现劳动仲裁之时用人单位还存在，但诉讼时进入了清算阶段，或仲裁之时处于清算阶段，但诉讼时清算组已解散，或一审之时仍存在，二审时已进入清算阶段，或一审之时处于清算阶段，二审时清算组已解散等情形的，劳动者可以向法院申请将清算法人变更为清算组或投资人进行诉讼。

风险提示

1. 若发生争议的用人单位未办理营业执照、被吊销营业执照、营业执照到期继续经营、被责令关闭、被撤销以及用人单位解散、歇业，不能承担相关责任的，应当将用人单位和其出资人、开办单位或者主管部门作为共同当事人。

2. 公司解散意味着公司进入清算阶段，随着清算程序的完成，经过注销，公司法人资格即灭失，这才会导致劳动合同终止。如果用人单位终止清算程序，重新恢复经营，其法人主体资格并未灭失，此时用人单位终止劳动合同的条件并不成立，不能终止劳动合同。

3. 劳动者非因本人原因从原用人单位被安排到关联单位工作，原用人单位应当支付经济补偿金；若原用人单位未支付经济补偿金的，则由关联单位在解除劳动合同时支付经济补偿金，劳动者在原用人单位的工作年限合并计算为新用人单位的工作年限；如果劳动者签字确认从原用人单位辞职的，在关联单位被解除或者终止劳动合同时，关联单位无需支付劳动者在原单位期间的经济补偿金。

4. 提醒劳动者，在关联用工的情况下仍然要厘清劳动关系，找到对应的责任承担主体，在用工混同的情况下关联企业可能要承担连带责任。

5. 一旦有不法企业侵犯员工的合法权益，员工应及时维权，向工会组织和有关部门寻求帮助，并在专业律师的指导下收集整理证据，用法律手段维护自己的合法权益。另外，公司有权决定提前解散，并可以依法终止与劳动者的劳动关系，但建议公司本着诚信原则，尽量与员工就离职问题进行协商，争取就终止方案达成一致。

法律依据

《劳动合同法实施条例》第10条；《最高人民法院关于审理劳动争议案件适用法律若干问题的解释（四）》第5条

第二节　劳动合同的解除

第 65 讲：劳动者离职未提前 30 日告知，用人单位该如何处理？

案例聚焦

郑某系北京某贸易公司的员工，担任出纳，双方签有期限自 2018 年 11 月 1 日至 2019 年 10 月 31 日的劳动合同。郑某每月工资为人民币 28000 元。2019 年 6 月 10 日，郑某向北京某贸易公司提出辞职，之后未再到公司出勤。郑某在 2019 年 6 月实际出勤天数为 5 天，应得工资为 7724.14 元。根据双方劳动合同约定，若郑某辞职应提前 30 日通知公司。公司认为，由于郑某没有提前通知，此行为构成违约，理应赔偿公司一个月工资，加之郑某未完成相应的工作移交便不辞而别，故公司不应发放该工资，亦不同意为郑某出具离职证明。

郑某随即申请仲裁，仲裁委员会审理后裁决北京某贸易公司应当向郑某支付工资 7724.14 元，并出具离职证明。北京某贸易公司不服该裁决结果，向北京某区法院提起诉讼。

法院审理后认为，用人单位应当足额支付劳动者劳动报酬。北京某贸易公司认为郑某辞职未提前 30 日书面通知，即应抵扣一个月的工资，于法无据。北京某贸易公司又以郑某未完成离职工作交接，未归还公司物品为由不支付劳动报酬，于法无据。最终法院判决北京某贸易公司支付郑某 2019 年 6 月 1 日至 6 月 10 日期间的工资 7724.14 元，并为郑某出具离职证明。

实操技巧

在上述案例中，劳动者在辞职时未按照法律的规定提前 30 日告知用人单位便离开公司，导致公司扣发其工资。但是，该案经过仲裁、诉讼等程序后，均认定公司的做法不符合法律规定，判定公司败诉。明明是劳动者违约在先，为什么最终会判决公司败诉呢？笔者结合本案所涉及的法律问题作以下分析。

一、若劳动者辞职未提前30日告知并给用人单位造成损失的，需承担赔偿责任

（一）劳动者因个人原因辞职需要提前30日告知

辞职，是劳动者向用人单位提出解除劳动合同或劳动关系的行为，也是劳动者自主择业权的一种体现。辞职一般有三种情形：一是依法立即解除劳动关系，如用人单位存在违法行为，侵害劳动者权利的，劳动者可以随时向用人单位提出解除劳动合同的要求；二是劳动者自由择业作出的选择，劳动者需提前30日以书面形式通知用人单位解除劳动合同；三是劳动者向用人单位提出申请，双方协商一致解除合同。

辞职虽然是劳动者自由择业的权利，但是这一权利也不能滥用，否则不利于和谐劳动关系的建立。为此，《劳动合同法》第37条规定，劳动者提前30日以书面形式通知用人单位，可以解除劳动合同。劳动者在试用期内提前3日通知用人单位，可以解除劳动合同。这一规定的目的在于给予用人单位一定的宽限期。劳动者提出辞职后，意味着劳动关系即将解除，用人单位需要及时根据岗位及工作的具体安排进行工作交接。

（二）劳动者未提前30日告知给用人单位造成损失的，需承担赔偿责任

根据《劳动合同法》第90条的规定，劳动者违反本法规定解除劳动合同，或者违反劳动合同中约定的保密义务或者竞业限制，给用人单位造成损失的，应当承担赔偿责任。通过该条规定可以看出，如果劳动者解除劳动合同未提前30日告知，给用人单位造成损失的，需承担赔偿责任。但是，在司法实践中，判决劳动者承担赔偿责任的案例并不多，其原因在于对劳动者未履行告知义务所造成的损失的举证责任在于用人单位。如果用人单位对于劳动者辞职未提前30日告知所导致的经济损失，无法通过具体的证据、量化的标准进行证明，考虑到劳动者与用人单位之间的不对等，一般很难判决支持用人单位要求赔偿损失的诉讼请求。

（三）用人单位存在违法行为的，劳动者辞职无需提前30日告知

根据现行《劳动合同法》的规定，并不是所有情形下劳动者提出辞职，均需要提前30日告知用人单位。如果用人单位在劳动合同履行中存在《劳动合同法》第38条规定的几种情形的，劳动者解除劳动合同无需提前30日通知，即用人单位未按照劳动合同约定提供劳动保护或者劳动条件的；用人单位未及时足额支付劳动报酬的；用人单位未依法为劳动者缴纳社会保险费的；用人单位的规章制度违反法律、法规的规定，损害劳动者权益的；用人单位以欺诈、胁迫的手段或者

乘人之危，使劳动者在违背真实意思的情况下订立或者变更劳动合同的；用人单位在劳动合同中免除自己的法定责任、排除劳动者权利的；用人单位违反法律、行政法规强制性规定的；用人单位以暴力、威胁或者非法限制人身自由的手段强迫劳动者劳动的；用人单位违章指挥、强令冒险作业危及劳动者人身安全的；法律、行政法规规定劳动者可以解除劳动合同的其他情形。

如果用人单位在劳动合同履行中存在上述任何一种情形的，劳动者向用人单位发出书面的《被迫解除劳动合同通知书》，即可解除劳动关系，同时可依据《劳动合同法》第46条的规定，要求用人单位向其支付经济补偿金。

二、如果劳动者在工作中不辞而别，劳动关系并不当然终止或解除

（一）劳动者不辞而别的，用人单位应当尽到告知义务

劳动者不辞而别，是指劳动者未依据合同约定和法律规定履行提前通知义务，而擅自离开工作岗位的行为。劳动者不辞而别的行为属于违法解除劳动合同的行为，若因此给用人单位造成损失的，需承担赔偿责任。那么，在劳动合同履行中，用人单位应如何应对劳动者的不辞而别呢？

在司法实践中，有些用人单位想当然地认为，劳动者不辞而别的，视为自动离职，其劳动关系自然解除。其实这是一种误解，在劳动者没有明确作出解除劳动关系的意思表示，用人单位也没有作出解除或者终止劳动关系的意思表示的情形下，劳动关系并不当然终止。一旦劳动者反悔要求用人单位继续履行劳动合同，或者要求缴纳不辞而别期间的社会保险并补发工资等，用人单位可能面临败诉的风险。针对此种情况，笔者建议用人单位在员工不辞而别的情况下，积极履行通知解除劳动关系的程序，以避免可能发生的争议和风险。首先，在劳动者不辞而别后，用人单位应当积极履行告知义务，如通过EMS邮寄的形式向劳动者送达《限期返岗通知书》；无论劳动者返岗与否，其行为均构成旷工行为，用人单位可依据规章制度的规定对劳动者进行处理。其次，劳动者在规定的时间内未返岗也未提出辞职的，用人单位应当依据制度的规定向劳动者下发《解除劳动合同通知书》，此时双方之间的劳动关系解除。

（二）劳动者不辞而别的，仍需承担服务期或竞业限制违约责任

如果用人单位在劳动者入职时已经与其签订《服务期协议》或《竞业限制协议》的，由于劳动者违约在先，用人单位可根据实际情况决定是否要求劳动者承担违约责任或继续履行竞业限制的义务。用人单位若要求劳动者履行竞业限制义务的，需按月向劳动者支付竞业限制经济补偿金；若放弃要求劳动者履行竞业限制义务的，也应当向劳动者履行告知程序。因此，对于劳动者不辞而别的问题，

用人单位应及早防范，在日常管理当中加强规章制度培训，提示相关风险，同时，规范自身管理流程，减少员工擅自离职的概率及给企业造成的损失。

三、无论劳动者以何种原因离职，用人单位均需要向其出具离职证明

《劳动合同法》第50条规定："用人单位应当在解除或者终止劳动合同时出具解除或者终止劳动合同的证明，并在十五日内为劳动者办理档案和社会保险关系转移手续。劳动者应当按照双方约定，办理工作交接。用人单位依照本法有关规定应当向劳动者支付经济补偿的，在办结工作交接时支付。用人单位对已经解除或者终止的劳动合同的文本，至少保存二年备查。"因此，无论劳动者因何种原因离职，用人单位均应当按照法律规定向劳动者出具离职证明，这是用人单位的法定义务。如果用人单位没有按照法律规定向劳动者出具离职证明的，依据《劳动合同法》第89条的规定，由劳动行政部门责令改正；给劳动者造成损害的，应当承担赔偿责任。

风险提示

1. 用人单位应当在《入职登记表》或劳动合同中要求劳动者明确"送达地址"，作为用人单位送达相关文件的合法途径。劳动者填写地址错误或变更后未及时告知用人单位的，需自行承担送达不能的责任。

2. 对于不辞而别的劳动者，若能够联系到劳动者，可以要求其递交一份书面辞职报告，或者由用人单位为其提供辞职报告，写明"本人因个人原因，向公司提出辞职……×年×月×日"，由劳动者签字确认。

3. 用人单位应在规章制度中对劳动者不辞而别的情况作出规定，并明确界定旷工多少天属于严重违纪，可解除劳动合同。

4. 用人单位向劳动者出具的解除、终止劳动合同的证明，仅需写明劳动合同期限、解除或者终止劳动合同的日期、工作岗位、在本单位的工作年限即可，至于劳动者的离职原因，则不需要填写，更不能在离职证明中对劳动者作出任何的主观评价。

5. 无论用人单位在劳动者离职后是否要求其继续履行竞业限制义务，均应当在办理离职手续时向劳动者进行书面告知，发送《履行/不履行竞业限制告知书》，并要求劳动者签字确认，以免将来产生不必要的法律风险。

法律依据

《劳动合同法》第37、50条

第66讲：用人单位是否可以与在外兼职的劳动者解除劳动合同？

案例聚焦

张某于2013年5月8日入职北京某科技公司担任项目开发经理，双方多次签订劳动合同，最后一份劳动合同为2018年5月8日签订的无固定期限劳动合同，月工资标准为16000元。2016年8月5日，张某注册成立北京某信息咨询有限公司，担任该公司法定代表人、经理及执行董事。2018年6月26日，北京某科技公司向张某送达了《违纪处罚通知书》，就张某上述行为给予严重警告处理并通报批评。2018年10月10日，北京某科技公司向张某送达《严重违纪通知》，该通知载明张某之违纪行为与前述违纪行为一致，认为张某的行为违反《员工手册》中关于“与其他用人单位建立劳动关系，对完成本单位的工作任务造成严重影响，经本单位提出，拒不改正”的规定，属于严重违反公司的规章制度。

2018年10月11日，北京某科技公司向张某送达《解除劳动合同通知书》，张某签收后离开公司。张某认为公司的解除属于违法解除，遂申请仲裁，要求北京某科技公司支付违法解除劳动合同赔偿金204162元。

经仲裁审理，张某不服又起诉至北京某法院。法院经审理认为，北京某科技公司向张某送达的《违纪处罚通知书》，可证明该公司对张某注册成立其他公司之行为已知晓，并对其严重警告。在对其警告之后，张某却未改正自己的行为，北京某科技公司再次给予警告，张某的行为已经违反制度规定，亦违反诚实信用原则。故，北京某科技公司以此作为与张某解除劳动合同之依据，并无不当之处。最终，法院判决驳回张某的诉讼请求。

实操技巧

兼职是比较常见的一种违纪行为，但在实际操作中，有些用人单位在证据留存、处理程序、制度规定等方面存在瑕疵，导致对违纪兼职劳动者解除劳动合同，最终构成违法解除。

一、现行《劳动合同法》并未禁止兼职，用人单位在处理时要慎重

兼职是指劳动者与用人单位存在劳动关系，在完成本职工作以外，又与其他单位建立类似的劳动关系。《劳动合同法》第39条规定，劳动者同时与其他用人单位建立劳动关系，对完成本单位的工作任务造成严重影响，或者经用人单位提出，拒不改正的，用人单位可以解除劳动关系。同时，第69条规定，从事非全日制用工的劳动者可以与一个或者一个以上用人单位订立劳动合同；但是，后订立的劳动合同不得影响先订立的劳动合同的履行。通过上述法律规定可以看出，法律对劳动者建立双重或多重劳动关系并没有完全禁止。但劳动者从事兼职行为必须以不侵犯原用人单位的利益为前提，劳动者在劳动合同履行过程中不仅要遵守诚实守信的原则，还应当尽到忠诚的义务。如果违反这些义务或原则，法律对此是持否定态度的。

二、用人单位在处理兼职员工时，要注意处理方式的合法性

根据《劳动合同法》第39条的规定，劳动者同时与其他用人单位建立劳动关系，对完成本单位的工作任务造成严重影响，或者经用人单位提出，拒不改正的，用人单位可以解除劳动关系。从该条规定可以看出，用人单位与在外兼职的劳动者解除劳动合同有两种处理方案：一是劳动者同时与其他用人单位建立劳动关系，对完成本单位的工作任务造成严重影响的，用人单位可以解除劳动关系；二是劳动者同时与其他用人单位建立劳动关系，经用人单位提出，拒不改正的，用人单位可以解除劳动关系。

根据《最高人民法院关于审理劳动争议案件适用法律若干问题的解释（一）》第13条的规定，因用人单位作出的开除、除名、辞退、解除劳动合同、减少劳动报酬、计算劳动者工作年限等决定而发生的劳动争议，用人单位负举证责任。在劳动争议案件中，用人单位承担的举证责任大于劳动者，且需对解除劳动合同承担举证责任。为此，从举证责任的角度来看，用人单位在处理兼职员工时，建议采用上述第二种处理方案，这样更有利于证据的收集和留存。在第一种方案中，用人单位需要对劳动者的兼职行为“对完成本单位的工作任务造成严重影响”承担举证责任，从司法实践来看，这一点往往很难举证予以证明。

另外，还需要提醒用人单位，虽然《劳动合同法》对劳动者的兼职行为作了限制，但用人单位也不可滥用这些禁止权利，只有在劳动合同或者规章制度中明确规定禁止劳动者兼职，兼职行为被纳入严重违反规章制度的范畴内，或者兼职对完成本单位的工作任务造成严重影响的，用人单位才可以兼职为由解除劳动合同。

三、如果员工在外兼职对用人单位造成损失的，可追究其赔偿责任

如果员工在外兼职，对用人单位造成损失的，用人单位可要求其赔偿损失。另外，根据《劳动合同法》第91条的规定，用人单位招用与其他用人单位尚未解除或者终止劳动合同的劳动者，给其他用人单位造成损失的，应当承担连带赔偿责任。因此，用人单位在招用劳动者时一定要慎重，一旦招用与其他用人单位尚未解除或者终止劳动合同的劳动者，给其他用人单位造成损失的，比如商业秘密的泄露、不正当的市场竞争等，用人单位应当与劳动者一起承担连带赔偿责任。

风险提示

1. 用人单位如果招用企业停薪留职人员、未达到法定退休年龄的内退人员、下岗待岗人员以及企业经营性停产放长假人员的，由于在司法实践中是按劳动关系处理，因此一定要签订劳动合同。

2. 用人单位在招用劳动者时，应要求劳动者提供前一家用人单位出具的离职证明，有条件的企业，尽量做背景调查。

3. 用人单位发现劳动者在外兼职的，一定要注意证据的留存；同时，对兼职的劳动者建议以书面形式提出警告，要求期限改正；对于拒不改正的员工，可结合制度的规定，再作解除劳动合同处理。

法律依据

《劳动合同法》第39、91条

第67讲：劳动者被公安机关行政拘留的，用人单位能否解除劳动合同？

案例聚焦

李某于2016年11月8日入职北京某建筑设计有限公司，担任设计师。2019年2月16日，李某因参与赌博被公安机关抓获，被处行政拘留10日，罚款500元。

北京某建筑设计有限公司认为，李某在2019年2月16日至2019年2月25日期间未上班，而未上班的原因是李某于2019年2月16日凌晨因赌博被公安机关拘留10天。根据《员工手册》的规定，员工连续旷职3天或近12个月内累计旷职5天及以上者，在公司内进行赌博，在公司外进行赌博而影响到工作或生活秩序或被行政拘留的，属严重违纪行为，公司可解除劳动合同并不支付任何经济补偿。2019年3月1日，北京某建筑设计有限公司同李某解除劳动合同。

李某则认为，自己并不是恶意旷工，而是被公安机关实施行政拘留措施导致自己无法到公司出勤，不存在主观旷工的事实，并对公司的《员工手册》内容不予认可，申请劳动仲裁主张违法解除劳动合同赔偿金。

仲裁委员会经审理驳回李某的仲裁请求。李某不服，又起诉至法院。法院经审理认为，公司已将《员工手册》等规章制度向李某进行了公示告知，且李某对《员工手册》的内容未提出异议，故《员工手册》可以作为解除劳动合同的依据。李某因赌博影响到工作或被行政拘留属严重违纪行为，公司可解除劳动合同，无需支付违法解除劳动合同赔偿金，依法驳回了李某的诉讼请求。

实操技巧

根据《治安管理处罚法》的规定，行政拘留是一种针对违反治安管理行为的行政处罚措施，并不属于刑事责任。司法实践中对于劳动者被行政拘留，用人单位是否能够以严重违纪为由解除劳动合同存在争议，各地对该问题的裁判规则也不太一样，笔者结合实际情况，作简要分析以供参考：

一、劳动者被行政拘留的，用人单位依据制度规定可以解除劳动合同

在司法实践中，对于劳动者被行政拘留的，用人单位能否解除劳动合同主要存在以下两种观点：第一种观点认为，公司以劳动者被行政拘留为由解除劳动合同属于违法。根据《劳动合同法》第 39 条第 6 项规定，劳动者被依法追究刑事责任的，用人单位可以与其解除劳动合同。“被依法追究刑事责任”是指被法院判处刑罚，包括被判处管制、拘役、有期徒刑及缓刑、无期徒刑、死刑（死缓）等。劳动者因违反《治安管理处罚法》被行政拘留，是一种行政处罚，并未达到“被依法追究刑事责任”的严重程度。因此，用人单位不得与劳动者解除劳动合同。否则，就属于违法解除。

第二种观点认为，劳动者被行政拘留的，用人单位可以依据制度的规定与劳动者解除劳动合同。虽然在《劳动合同法》中没有对“行政拘留”作出明确规定，但规定了对于“严重违反用人单位规章制度的”，用人单位可以解除劳动合同。只要用人单位在规章制度中明确规定劳动者因违反《治安管理处罚法》的规定被行政拘留的，属于严重违纪，用人单位就可以依据规章制度与劳动者解除劳动合同。

笔者同意第二种观点。用人单位在用工管理过程中，在处理劳动关系时除了要遵守法律的强制性规定外，还可以根据企业的经营状况享有一定的用工自主权。《劳动合同法》第 4 条、第 39 条第 2 项均对用人单位制定规章制度、依据规章制度对劳动者作出相应处理进行了规定。只要用人单位依法制定的规章制度履行了民主程序，向劳动者进行了公示告知，并且在制度中也明确规定，劳动者被行政拘留属于严重违纪的，该规章制度就可以作为解除劳动合同的依据。另外，需要提示用人单位的是，如果在规章制度中并没有对被行政拘留属于严重违纪作出规定的，则不建议据此直接与劳动者解除劳动合同。

二、劳动者被行政拘留的，不建议用人单位按旷工进行处理

在司法实践中，对于劳动者被行政拘留，用人单位能否对其按照旷工进行处理，也存在争议，各地司法机关对该种情况作出的裁判结果也不尽相同。

第一种观点认为，劳动者应严格遵守用人单位的规章制度，因故缺席需依规办理相应请假手续。劳动者被行政拘留导致其不能出勤提供劳动，究其原因是劳动者存在违法的事实被处以行政处罚。故劳动者因行政拘留未到企业提供劳动的，其行为构成旷工。第二种观点认为，劳动者被依法限制人身自由无法上班，是客观原因造成的，其主观上并不存在旷工的意愿，并不是本人不愿意去上班，而是国家机关实施行政处罚的结果。因此，用人单位不能按旷工对劳动者进行处理。

笔者同意第二种观点。旷工是指劳动者在既没有向用人单位说明事由请假，也没有任何正当理由或其他不可抗力因素的情况下，出于主观动机不到岗的缺勤行为。《劳动部关于〈企业职工奖惩条例〉有关条款解释问题的复函》规定，旷工是指“除有不可抗拒的因素影响，职工无法履行请假手续情况外，职工不按规定履行请假手续，又不按时上下班”的行为。虽然该复函已经失效，但对于旷工的理解仍具有一定的参考意义。认定旷工行为需要具备三个条件：一是劳动者未按规定履行请假手续，二是劳动者未上班没有不可抗拒的因素影响，三是未上班的事实客观存在。劳动者在被依法限制人身自由期间虽然没按规定的程序请假，但是其不上班是缘于不可抗拒的因素，即国家有权机关限制了其出勤上班的自由，因此按照旷工处理显然依据不充分。

司法实践中，裁判机关在审理劳动纠纷案件时，一般会考量劳动者缺勤是否受外界客观环境限制。劳动者被行政拘留的，其人身自由受到限制，属于存在不可抗拒的因素致使其不能请假、出勤，直接将其认定为旷工缺乏一定的合理性。笔者认为，劳动者被行政拘留的，不建议用人单位直接以旷工为由解除劳动关系。如果规章制度中规定行政拘留按照旷工进行处理的，建议对该条款进行修订，将其更改为行政拘留属于严重违纪行为。

另外，根据《劳动部关于贯彻执行〈中华人民共和国劳动法〉若干问题的意见》第28条的规定，劳动者涉嫌违法犯罪被有关机关收容审查、拘留或逮捕的，用人单位在劳动者被限制人身自由期间，可与其暂时停止劳动合同的履行。暂时停止履行劳动合同期间，用人单位不承担劳动合同规定的相应义务。因此，劳动者被行政拘留期间不属于旷工，可以依法按照“劳动合同中止”的情形来对待。

三、劳动者被刑事拘留的，用人单位不能直接解除劳动合同

有很多用人单位想当然地认为，劳动者因涉嫌刑事犯罪被刑事拘留的，用人单位可与其解除劳动合同。其实这是一种误解，此时解除劳动合同，往往会被认定为违法解除，因为劳动者最终是否被“追究刑事责任”是不确定的。

（一）劳动者因涉嫌刑事犯罪被刑事拘留的，劳动合同处于中止状态

根据《劳动部关于贯彻执行〈中华人民共和国劳动法〉若干问题的意见》第28条的规定，劳动者涉嫌违法犯罪被有关机关收容审查、拘留或逮捕的，用人单位在劳动者被限制人身自由期间，可与其暂时停止劳动合同的履行。暂时停止履行劳动合同期间，用人单位不承担劳动合同规定的相应义务。劳动者经证明被错误限制人身自由的，暂时停止履行劳动合同期间劳动者的损失，可由其依据《国家赔偿法》要求有关部门赔偿。因此，劳动者涉嫌违法犯罪被限制人身自由期间，用人单位可以采取暂时停止劳动合同履行的方式，即中止劳动合同的履行，而不能直接解除劳动合同。在劳动合同中止期间，用人单位可以停发工资、停缴社会保险费和住房公积金，中止的时间也不计算为劳动者在本单位工作年限。如果劳动者最终被认定属于被错误限制人身自由并导致其遭受经济损失的，可以根据《国家赔偿法》的规定，要求有关部门向其进行赔偿，用人单位无需补发工资、补缴社会保险费和住房公积金。

（二）劳动者被刑事拘留后又被取保候审的，用人单位也不能直接解除劳动合同

1. 对取保候审的正确理解。根据《刑事诉讼法》的规定，取保候审是一种刑事强制措施，是指在刑事诉讼中公安机关、人民检察院和人民法院等司法机关对未被逮捕或逮捕后需要变更强制措施的犯罪嫌疑人、被告人，为防止其逃避侦查、起诉和审判，责令其提出保证人或者交纳保证金，并出具保证书，保证随传随到，对其不予羁押或暂时解除羁押的一种强制措施，由公安机关执行。在司法机关作出判决前，被取保候审的当事人是否会被追究刑事责任尚无定论。因此，此时不建议用人单位解除劳动合同，以避免发生当事人最终被确认无罪而要求用人单位承担违法解除劳动合同、支付赔偿金或主张继续履行劳动合同的法律后果。

2. 劳动者被取保候审期间，能否让其返岗工作。根据《劳动合同法》第 39 条第 6 项的规定，劳动者被依法追究刑事责任的，用人单位可以解除劳动合同，但对于劳动者被采取刑事强制措施的情形并未涉及。根据《劳动部关于贯彻执行〈中华人民共和国劳动法〉若干问题的意见》第 28 条的规定，用人单位在劳动者被限制人身自由期间，可暂时停止劳动合同的履行。拘留、逮捕属限制人身自由的刑事强制措施，但在上述规定中也未对取保候审作出规定。取保候审并不属于完全限制人身自由的强制措施，其要求仅是未经公安机关批准不得离开所居住的市、县，应随传随到。在此种情况下，用人单位既可以中止劳动合同，也可以根据实际情况决定是否同意劳动者返岗工作。如果劳动者涉嫌犯罪，不涉及职务犯罪，也不涉及劳动纪律、职业道德的，笔者认为可以同意劳动者返岗工作，按照其出勤情况向其支付工资，并依法缴纳社会保险和住房公积金。如果劳动者涉及职务犯罪，或涉及劳动纪律、职业道德的，比如涉嫌职务侵占罪等，可以不同意劳动者返岗工作，并中止双方之间的劳动合同。

（三）劳动者被依法追究刑事责任后，用人单位方可解除劳动合同

根据《劳动合同法》第 39 条的规定，劳动者被依法追究刑事责任的，用人单位可以解除劳动合同。同时，《劳动部关于贯彻执行〈中华人民共和国劳动法〉若干问题的意见》第 29 条规定："劳动者被依法追究刑事责任的，用人单位可依据劳动法第二十五条解除劳动合同。'被依法追究刑事责任'是指：被人民检察院免予起诉的、被人民法院判处处罚的、被人民法院依据刑法第三十二条免予刑事处分的。劳动者被人民法院判处拘役、三年以下有期徒刑缓刑的，用人单位可以解除劳动合同。"由此可知，只有劳动者被依法追究刑事责任的，用人单位才可以解除劳动合同。在人民法院依法作出生效判决之前，用人单位不能与劳动者解除劳动合同。

同时，用人单位还应当注意，人民法院依法判决劳动者构成犯罪并追究其刑事责任的，用人单位在解除劳动合同时，应当及时履行相应的解除通知的送达程序。不能想当然地认为劳动者已经被追究刑事责任，劳动合同自然解除，应当及时将解除通知告知劳动者或委托律师进行会见并送达解除通知。

风险提示

1. 劳动者因涉嫌犯罪被刑事拘留的，用人单位不能直接与其解除劳动合同，需等到人民法院判决劳动者构成犯罪并依法追究其刑事责任之后，方可解除劳动合同。

2. 在规章制度中应当对劳动者的违纪行为进行相应的界定，并将劳动者违反《治安管理处罚法》被行政拘留的行为，列入违纪范畴。

3. 劳动者因涉嫌犯罪被取保候审的，用人单位是否同意劳动者返岗工作，是用人单位的用工自主权，由用人单位根据情况自行决定。

4. 劳动者因涉嫌犯罪被判处管制的，管制属于刑罚的一种，也属于追究其刑事责任，用人单位可以根据实际情况决定是否与劳动者解除劳动合同。

法律依据

《劳动合同法》第39条

第68讲：用人单位与劳动者协商解除劳动合同是否需要支付“N+1”的补偿？

案例聚焦

张某于2018年3月入职北京某会计师事务所从事行政文员一职，双方签订了一份3年期限劳动合同，约定月薪为人民币5000元。2019年7月，北京某会计师事务所进行部门调整，决定与张某就解除劳动合同进行协商。在协商解除劳动合同的过程中，张某认为北京某会计师事务所没有提前30日告知，要求按照“N+1”的标准向她支付经济补偿金。但北京某会计师事务所只同意按照张某的工作年限进行支付，并承诺可以帮她多缴纳一个月的社会保险，费用可以由单位承担。但张某对此不予接受。最终，双方未能就劳动合同的解除达成一致而产生争议。

实操技巧

该问题在现实生活中比较常见，一旦用人单位与劳动者就劳动合同的解除进行协商，劳动者动辄提出“2N”“N+1”“2N+1”或其他更离谱的诉求。其实这是对劳动合同法内容的一种误读或误解。笔者结合上述案例所涉及的法律问题作如下解析：

一、用人单位与劳动者协商解除劳动合同的，支付经济补偿金的标准为“N”

根据《劳动合同法》第36条的规定，用人单位与劳动者协商一致，可以解除劳动合同。同时，第46条规定：“有下列情形之一的，用人单位应当向劳动者支付经济补偿：……（二）用人单位依照本法第三十六条规定向劳动者提出解除劳动合同并与劳动者协商一致解除劳动合同的……”第 47 条规定：“经济补偿按劳动者在本单位工作的年限，每满一年支付一个月工资的标准向劳动者支付。六个月以上不满一年的，按一年计算；不满六个月的，向劳动者支付半个月工资的经济补偿。劳动者月工资高于用人单位所在直辖市、设区的市级人民政府公布的本地区上年度职工月平均工资三倍的，向其支付经济补偿的标准按职工月平均工资三倍的数额支付，向其支付经济补偿的年限最高不超过十二年。本条所称月工资是指劳动者在劳动合同解除或者终止前十二个月的平均工资。”

通过上述法律规定可知，用人单位在与劳动者协商解除劳动合同时，需向劳动者支付经济补偿金。经济补偿金的支付标准是按照劳动者在本单位的工作年限，每满一年支付一个月工资。6 个月以上不满一年的，按一年计算；不满 6 个月的，向劳动者支付半个月工资的经济补偿，也就是常说的“N”。

二、仅在三种情形下，用人单位支付经济补偿金的标准为“N+1”，且须满足一定的条件

所谓“N+1”，就是用人单位依据法律规定在向劳动者支付经济补偿金时，额外再付一个月工资作为补偿，就是常说的代通知金。仅在三种情形下，用人单位支付经济补偿金的标准为“N+1”。《劳动合同法》第 40 条规定：“有下列情形之一的，用人单位提前三十日以书面形式通知劳动者本人或者额外支付劳动者一个月工资后，可以解除劳动合同：（一）劳动者患病或者非因工负伤，在规定的医疗期满后不能从事原工作，也不能从事由用人单位另行安排的工作的；（二）劳动者不能胜任工作，经过培训或者调整工作岗位，仍不能胜任工作的；（三）劳动合同订立时所依据的客观情况发生重大变化，致使劳动合同无法履行，经用人单位与劳动者协商，未能就变更劳动合同内容达成协议的。”即使用人单位与劳动者解除劳动合同时依据的理由属于上述三种情形之一的，支付经济补偿金的标准也不必然是“N+1”。只有用人单位与劳动者解除劳动合同属于上述三种情形之一，并且未提前 30 日告知劳动者的，才需要额外再支付一个月工资。

代通知金的支付标准与经济补偿金也不一样。根据《劳动合同法实施条例》第 20 条的规定，用人单位依照《劳动合同法》第 40 条的规定，选择额外支付劳动者一个月工资解除劳动合同的，其额外支付的工资应当按照该劳动者上一个月的工资标准确定，即代通知金的支付标准是解除劳动合同时劳动者上一个月的工资。

三、用人单位与劳动者协商解除劳动合同时的谈判技巧

用人单位与劳动者协商解除劳动合同时，需注意相应的方式方法，否则很难与劳动者达成解除的一致意见，具体可以从以下几个方面入手：

第一，面谈之前的准备。在确定解除劳动合同之后，应当及时了解劳动者本人的性格特点、家庭背景、工作状态、工资标准、人际关系等，这些是最基本的信息，通过了解这些信息有助于与劳动者进行沟通，不至于使双方陷入僵持的地步。

第二，面谈地点的选择。建议不要在压抑的环境空间中进行面谈，也不要在咖啡厅、茶馆等环境比较嘈杂的公共场所进行，这样不利于双方集中注意力进行交谈，也不利于录音；也不建议在办公室进行面谈，办公室作为办公场所，不排除有其他同事在场或关注此事的进展，不利于办公室的和谐气氛。建议将面谈地点选在宽敞的会议室，并准备相应的茶水或饮料。

第三，面谈时间的把握。在与劳动者进行面谈时，最好两位同事一组进行，这样有利于证据的留存和气氛的缓和，还可以相互配合，更有利于谈判进程的正常推进。同时，面谈时间最好控制在15—20分钟。时间过短，显得仓促，不宜于进行深入的沟通，同时也可能让员工产生不被尊重的感觉；时间过长，可能会出现冷场的尴尬气氛。

第四，面谈材料的准备。在确定谈判人选并准备面谈时，一定要提前准备好相应的材料，比如，个人基本资料、解除劳动合同协议书、离职申请书或辞职信等，一旦双方达成离职意向，一定要当场让劳动者签订解除劳动合同协议书，并将相关的离职时间、补偿金额、社保及住房公积金的缴纳截止时间等事项填写完整；如果当场不签订相关协议，让劳动者将协议带走或另约时间再行签订，一般情况下，劳动者都会出现反悔或将补偿数额提高的可能。

第五，面谈的沟通技巧。劳动者在离职的情况下，心态容易出现两种极端：一是心不在焉，对沟通不予以配合，敷衍了事；二是抱怨颇多，甚至出现一些情绪化的语言。所以，在沟通过程中，应该学会换位思考，只有建立彼此对等互信的关系，才能让沟通在适宜的气氛下进行，并获得有价值的信息。同时，在面谈的过程当中，应随时观察对方情绪的变化，学会引导对方去表达想要知晓或了解的事情，专注倾听其所抱怨的人或事，多听少说，适当提出问题即可。如果劳动者在交谈的过程中情绪比较激动，要学会给予安慰，让劳动者感觉到是在帮他，而不是在帮助企业开除他。如果劳动者的情绪过于激动甚至大吵大闹，应当及时终止谈判，护送劳动者离开，并给予安抚，再另找时间交谈。

在面谈时，要多说劳动者的优点，少说缺点，客观地告诉劳动者解除劳动合同仅是因为岗位不合适，不要与劳动者进行争辩、发生正面冲突。需要特别注意的是，在交谈过程中，应谨慎给予任何形式的承诺，更不能以公司的名义私自进行承诺，一旦日后无法兑现，将会产生更大的风险。

第六，面谈结束后的处理。双方当场就解除劳动合同达成一致意见的，应当当场签订协议；如未能达成一致意见，可以让员工回去考虑或去咨询相关的专业人士，企业也可以结合此次谈判进行总结，寻求解决的最佳方案。

风险提示

1. 用人单位在与劳动者协商解除劳动合同时，支付经济补偿金的标准最好不要低于法定标准，除非劳动者明知法定标准而自愿选择放弃，否则会面临补差的风险。

2. 用人单位在与劳动者签订的关于解除劳动合同的协议中一定要列明“双方劳动关系存续期间一切权利义务均已结清，包括但不限于工资、加班费、年休假工资、提成奖金、社保费用、公积金、经济补偿金等，除本合同约定的经济补偿外，双方对上述各项费用以及劳动关系的解除再无争议和纠纷。本协议签订后，乙方（劳动者一方）不再以任何理由、任何方式主张劳动关系存续期间的任何权利”，避免争议的产生。

3. HR 在与劳动者协商解除劳动合同时，建议两人一组进行，并提前准备好相关的法律文书，在条件允许的情况下，建议当场录音，保留相应的证据。

法律依据

《劳动合同法》第 36、40 条

第 69 讲：用人单位经济效益不好，可以进行经济性裁员吗？

案例聚焦

朱某于 2016 年 4 月 25 日至某公司工作，担任车间操作工，双方签订了期限为 2016 年 4 月 25 日至 2019 年 4 月 24 日的劳动合同。

2018 年 10 月 22 日，公司以“经济效益不好、发展方向调整”为由通知朱某等人，公司将于 2018 年 10 月 31 日与他们解除劳动合同。2018 年 10 月 31 日，公司向朱某等人送达《解除劳动合同通知书》并支付朱某解除劳动合同的经济补偿金 30491. 74 元。

2018年11月2日，朱某向北京市某区劳动人事争议仲裁委员会申请仲裁，要求公司支付违法解除劳动合同赔偿金的差额30491.74元。仲裁委员会裁决驳回朱某的仲裁请求。朱某不服该裁决，又诉至法院。

法院经审理认为，根据劳动合同法第41条的规定，企业转产、重大技术革新或者经营方式调整，经变更劳动合同后，仍需裁减人员的，用人单位提前30日向工会或者全体职工说明情况，听取工会或者职工的意见后，裁减人员方案经向劳动行政部门报告，可以裁减人员。某公司因经济效益不好、发展方向调整而进行经济性裁员，但未能提供其已就裁减人员方案向劳动行政部门报告的相关证据材料，某公司据此解除与朱某的劳动合同违反上述法律规定，应当向朱某支付违法解除劳动合同的赔偿金。据此，依法判决某公司支付违法解除劳动合同的赔偿金差额30491.74元。

实操技巧

虽然《劳动合同法》对于企业进行经济性裁员作出了明确的规定，企业完全可以按照法律的规定进行裁员，但企业一旦进入裁员程序，涉及员工多、社会影响大、法律后果严重，必然要求企业慎之又慎。

一、企业经济性裁员的法定事由

企业根据自身经营发展的需要，只有出现下列情形之一时，才可以启动裁员程序，否则，很可能被认定为违法解除劳动合同，面临极大的法律风险：

（一）依照企业破产法规定进行重整的

根据《企业经济性裁减人员规定》第2条的规定，用人单位濒临破产，被人民法院宣告进入法定整顿期间或生产经营发生严重困难，达到当地政府规定的严重困难企业标准，确需裁减人员的，可以裁员。当企业濒临破产，债务人或者债权人依照破产法的规定，可以直接向人民法院申请对债务人进行重整。企业一旦被人民法院宣告进入法定整顿期间，确因经营需要裁减员工的，可以进行裁员，但企业需要提供受理法院依法出具的企业进行重整的民事裁定书，并依照相关法定裁员程序进行裁员。

（二）生产经营发生严重困难的

目前，对于如何界定“生产经营发生严重困难”，我国法律并未作出明确的规定，主要散见于各地方性的规定。在司法实践中，企业因“生产经营发生严重困难”进行裁员，需承担举证责任，提供相应的证明材料，如第三方会计师事务所出具的财务报表，证明年度、季度连续亏损表。如果企业所在地没有制定认定

“生产经营发生严重困难”的标准或程序，用人单位要慎用本项规定进行经济性裁员。

（三）企业转产、重大技术革新或者经营方式调整，经变更劳动合同后，仍需裁减人员的

企业在日常生产经营过程中，随着市场经济的变化、企业内部结构的调整及人员结构的优化，可能会面临企业转产、重大技术革新或者经营方式调整等情况，导致企业内部部分岗位的变动或消失，但这种调整未必最终导致经济性裁员。企业可对员工进行调岗或培训，以适应调整后企业战略发展的需要。

企业转产、重大技术革新或者经营方式调整的，只有在变更劳动合同后，仍需要裁减人员，才可进行经济性裁员。企业在利用该项规定实施经济性裁员时，应当注意以下几点：（1）企业存在转产、重大技术革新或者经营方式调整的事实及证据；（2）企业与职工变更劳动合同的情况；（3）经过变更劳动合同后，仍有部分员工不能胜任新工作的，企业方可实施经济性裁员。

（四）其他因劳动合同订立时所依据的客观经济情况发生重大变化，致使劳动合同无法履行的

《劳动合同法》第41条第1款第4项规定，其他因劳动合同订立时所依据的客观经济情况发生重大变化，致使劳动合同无法履行的，企业履行法定程序后，可以裁减人员。如果企业在进行经济性裁员时所选择的法律依据是该项规定，就应当与《劳动合同法》第40条第3项的规定有所区分。《劳动合同法》第40条第3项规定，劳动合同订立时所依据的客观情况发生重大变化，致使劳动合同无法履行，经用人单位与劳动者协商，未能就变更劳动合同内容达成协议的，用人单位可以解除劳动合同。同时，根据《劳动部关于〈劳动法〉若干条文的说明》第26条的规定，劳动合同订立时所依据的客观情况发生重大变化，致使原劳动合同无法履行，经当事人协商不能就变更劳动合同达成协议的，用人单位可以解除劳动合同。“客观情况”指：发生不可抗力或出现致使劳动合同全部或部分条款无法履行的其他情况，如企业迁移、被兼并、企业资产转移等。

《北京市高级人民法院、北京市劳动人事争议仲裁委员会关于审理劳动争议案件法律适用问题的解答》第12条规定，“劳动合同订立时所依据的客观情况发生重大变化”是指劳动合同订立后发生了用人单位和劳动者订立合同时无法预见的变化，致使双方订立的劳动合同全部或者主要条款无法履行，或者若继续履行将出现成本过高等显失公平的状况，致使劳动合同目的难以实现。下列情形一般属于“劳动合同订立时所依据的客观情况发生重大变化”：（1）地震、火灾、水

灾等自然灾害形成的不可抗力；（2）受法律、法规、政策变化导致用人单位迁移、资产转移或者停产、转产、转（改）制等重大变化的；（3）特许经营性质的用人单位经营范围等发生变化的。《劳动合同法》第41条第4项规定的是排除《劳动合同法》第40条第3项规定之外的其他“客观经济情况”原因。从举证方面来看，二者也有明显的不同，第40条第3项规定的重点在于因“客观情况”发生重大变化，且存在用人单位与劳动者协商变更劳动合同的过程；第41条第4项规定的重点在于因“客观经济情况”发生重大变化，导致劳动合同无法继续履行，且企业进行经济性裁员需要听取工会意见，并向劳动行政部门报备。

二、企业进行经济性裁员的程序性要求

《劳动合同法》第41条规定：“有下列情形之一，需要裁减人员二十人以上或者裁减不足二十人但占企业职工总数百分之十以上的，用人单位提前三十日向工会或者全体职工说明情况，听取工会或者职工的意见后，裁减人员方案经向劳动行政部门报告，可以裁减人员……”从该规定可以看出，企业进行经济性裁员必须符合以下程序：（1）人数要求。裁减人员达到20人以上或者裁减不足20人但占企业职工总数10%以上才可启动裁员程序；如果裁减人数少于该法定人数的，企业就只能够按照协商解除劳动合同或《劳动合同法》第40条第3项的规定进行处理。（2）时间要求。用人单位应当提前30日向工会或者全体职工说明情况，听取工会或者职工的意见，并提供有关生产经营状况的资料。此时企业既可以向工会说明情况，也可以向全体职工说明情况，用人单位可以进行选择，而不是二者同时进行。（3）报备要求。企业在进行裁员之前，应当将裁减人员方案向劳动行政部门报告。应当注意，目前法律并没有要求必须经劳动行政部门批准后才可以裁员，只要履行报告程序就可以了。企业向劳动行政部门报告的裁减人员方案，内容应当包括：被裁减人员名单、裁减时间及实施步骤、符合法律法规规定和集体合同约定的被裁减人员经济补偿办法等信息。

三、企业裁员时应优先留用的人员

按照《劳动合同法》第41条第2款的规定，裁减人员时，应当优先留用下列人员：（1）与本单位订立较长期限的固定期限劳动合同的；（2）与本单位订立无固定期限劳动合同的；（3）家庭无其他就业人员，有需要扶养的老人或者未成年人的。用人单位裁减人员后，在6个月内重新招用人员的，应当通知被裁减的人员，并在同等条件下优先招用被裁减的人员。企业应当注意，企业优先招用被裁减的人员时，根据《关于实行劳动合同制度若干问题的通知》第19条的规定，进行经济性裁员的企业在6个月内录用人员的，应当优先从被裁减的人员中录

用。因经济性裁员而被用人单位裁减的职工，在6个月内又被原单位重新录用的，对职工裁减前和重新录用后的工作年限应当连续计算为本单位工作时间。

企业进行裁员时，在同等条件之下对于上述的三类人员优先留用，其目的在于保护这些对企业做出贡献的员工以及照顾员工家庭的基本生活需要，以进一步彰显企业文化。当然，在裁减部分员工之后，根据企业经营发展的需要，仍需进行裁员的，对上述三类人员也可进行经济性裁员。

四、企业裁员时不得予以裁减的人员

根据《劳动合同法》第42条的规定，企业在进行经济性裁员时，对下列“老、弱、病、残、孕”的员工不得予以裁减：（1）从事接触职业病危害作业的劳动者未进行离岗前职业健康检查，或者疑似职业病病人在诊断或者医学观察期间的；（2）在本单位患职业病或者因工负伤并被确认丧失或者部分丧失劳动能力的；（3）患病或者非因工负伤，在规定的医疗期内的；（4）女职工在孕期、产期、哺乳期的；（5）在本单位连续工作满15年，且距法定退休年龄不足5年的；（6）法律、行政法规规定的其他情形。

该条款是对特殊员工的保护，在实际操作中，企业准备进行经济性裁员时，遇到“老、弱、病、残、孕”之类的员工毕竟不是常态，一般是以个体出现的，企业也可以与此类员工协商解除劳动合同。若双方无法就协商解除劳动合同达成一致，不得强行进行经济性裁员。另外，对于工伤职工一般不能适用经济性裁员，根据《工伤保险条例》的规定，职工因工致残被鉴定为一级至四级伤残的，保留劳动关系，退出工作岗位；五级至十级的伤残员工，因其劳动能力部分丧失，也不宜对其进行经济性裁员。

五、企业裁员时的“代通知金”问题

代通知金，并非法律用语，是指用人单位在提出解除或终止劳动合同时应该提前30日通知，如果没有依法提前通知的，应给付一个月工资作为代替。

《劳动合同法》第40条规定：“有下列情形之一的，用人单位提前三十日以书面形式通知劳动者本人或者额外支付劳动者一个月工资后，可以解除劳动合同：（一）劳动者患病或者非因工负伤，在规定的医疗期满后不能从事原工作，也不能从事由用人单位另行安排的工作的；（二）劳动者不能胜任工作，经过培训或者调整工作岗位，仍不能胜任工作的；（三）劳动合同订立时所依据的客观情况发生重大变化，致使劳动合同无法履行，经用人单位与劳动者协商，未能就变更劳动合同内容达成协议的。”所以，只有员工存在上述三种情形，且用人单位未提前30日通知劳动者的情形下，企业在与员工解除劳动合同时，才向员工额外支付一个月工资，主要目的是补偿员工重新寻找工作所需要的时间对价，这也就是我们常说的“N+1”。

至于企业在进行经济性裁员时，员工动辄就提出“N+1”甚至是“N+2”的补偿要求，是毫无法律依据的，在裁员程序中并无“代通知金”的要求，企业无需向被裁减的员工支付“代通知金”。

六、企业裁员时的经济补偿标准

企业在进行经济性裁员时，需向员工支付经济补偿金。根据《劳动合同法》第47条的规定，经济补偿按劳动者在本单位工作的年限，每满一年支付一个月工资的标准向劳动者支付。6个月以上不满一年的，按一年计算；不满6个月的，向劳动者支付半个月工资的经济补偿。劳动者月工资高于用人单位所在直辖市、设区的市级人民政府公布的本地区上年度职工月平均工资三倍的，向其支付经济补偿的标准按职工月平均工资三倍的数额支付，向其支付经济补偿的年限最高不超过12年。前面所称的月工资是指劳动者在劳动合同解除或者终止前12个月的平均工资。

风险提示

1. 企业确因经济性的问题需要裁员时，一定要按照法律规定的步骤进行，同时，裁员对于企业来讲并不是与员工解除劳动合同的最优选择，一旦操作不慎或裁员的理由不成立，将会面临违法解除劳动合同的法律后果。

2. 企业在裁员报备之前或之后，能够与员工协商解除劳动合同的，应当尽量协商，这也是最佳选择。在企业经营遇到问题时，出于企业的发展和员工前途考虑，员工一般都会同意协商解除劳动合同。若遇到极个别的不愿意协商解除的员工，也应当心平气和地与其协商，不要激怒员工。否则，不但劳动合同无法解除，还可能面临更棘手的问题。

3. 企业因经营等问题确需裁减人员的，建议寻找专业律师介入给予指导，避免因不专业或对法律的误读而产生法律风险，遭受更大的经济损失。

法律依据

《劳动合同法》第41条

第六章
经济补偿金与赔偿金

第一节　经济补偿金

第70讲：劳动者以用人单位未为其提供劳动条件为由提出解除劳动合同，用人单位是否需要支付经济补偿金？

案例聚焦

罗某于2011年9月入职北京某公司，担任区域经理一职。2014年年初，罗某怀孕。公司于同年7月发布人事调整通知，罗某因个人原因不再担任区域经理职务。与此同时，公司在单位工作系统中将罗某的权限设定为禁止登录状态，并将其办公电话贴上封条。罗某认为，公司发布人事调整通知后，未为其安排其他职务，且未提供工作权限和工作条件，故以公司未按劳动合同约定提供劳动条件为由解除与公司的劳动合同，并要求公司支付解除劳动合同经济补偿金等。

后仲裁、一审、二审审理后均认为，公司认可罗某提交的其在单位工作系统中被设定为禁止登录的照片、电话被贴上封条的照片，均可印证公司未向罗某提供工作条件，故罗某因此提出辞职，公司应支付其解除劳动合同经济补偿金。

实操技巧

劳动条件是劳动合同的基本内容，是劳动者提供劳动、履行劳动合同的基本条件之一。虽然劳动者应服从用人单位的管理，遵守相关规章制度、劳动纪律，但用人单位也应遵守诚实信用的原则，全面、合理地为劳动者提供劳动所必需的劳动条件和工作环境。

一、如何理解“劳动条件”

何为“劳动条件”?《劳动合同法》及相关法律法规均未作出明确的规定，理论上主要存在广义说和狭义说。从广义上而言，劳动条件是劳动者进行劳动所必需的主观条件和客观条件。主观条件包括法律规定的或者用人单位制定的相关条款；客观条件包括在劳动生产过程中所需要的实物条件，如办公环境、办公设施等。从狭义上而言，劳动条件主要指用人单位为了使劳动者顺利完成劳动合同约定的工作任务，所应提供的必要的物质和技术条件，如工作场地、必要的劳动工具、机械设备、技术资料及其他一些必不可少的物质、技术条件等。无论是从广义上而言还是从狭义上而言，工作场所及工作设备均属于劳动条件的范畴。

二、劳动者以用人单位未为其提供劳动条件为由提出解除劳动合同的，用人单位是否需要支付经济补偿金

用人单位与劳动者签订劳动合同时应当约定劳动条件条款，并按约定提供劳动条件。根据《劳动合同法》的相关规定，用人单位未按照劳动合同约定提供劳动条件的，劳动者无需提前告知用人单位就可以随时解除劳动合同，并要求支付经济补偿金。对于此种情形下劳动合同的解除，虽然是由劳动者一方提出，但劳动者辞职并不是行使法律赋予的择业权，而是由于用人单位不提供劳动条件造成劳动合同无法履行而被迫提出。因此，只要劳动者被迫解除劳动合同的事实成立，就可以依据《劳动合同法》第38条及第46条的规定，要求用人单位支付经济补偿金。

具体到上述案例，公司发布人事调整通知后，未为罗某安排其他职务，同时在单位工作系统中将其设定为禁止登录状态，并将电话贴上封条，直接导致罗某实质上已经无法开展正常的工作。因此，公司的行为已经构成未按照劳动合同约定提供实质性的劳动条件，应向罗某支付解除劳动合同的经济补偿金。

三、经济补偿金的支付标准是什么

《劳动合同法》第47条规定：“经济补偿按劳动者在本单位工作的年限，每满一年支付一个月工资的标准向劳动者支付。六个月以上不满一年的，按一年计算；不满六个月的，向劳动者支付半个月工资的经济补偿。劳动者月工资高于用人单位所在直辖市、设区的市级人民政府公布的本地区上年度职工月平均工资三倍的，向其支付经济补偿的标准按职工月平均工资三倍的数额支付，向其支付经济补偿的年限最高不超过十二年。本条所称月工资是指劳动者在劳动合同解除或者终止前十二个月的平均工资。”

同时，依据《劳动合同法实施条例》第27条的规定，劳动合同法第47条规定的经济补偿的月工资按照劳动者应得工资计算，包括计时工资或者计件工资以及奖金、津贴和补贴等货币性收入。劳动者在劳动合同解除或者终止前12个月的平均工资低于当地最低工资标准的，按照当地最低工资标准计算。劳动者工作不满12个月的，按照实际工作的月数计算平均工资。

四、若劳动者是2008年之前入职，此后以“未提供劳动条件”为由提出解除劳动合同，其工龄是否应当累计计算

《劳动合同法》颁布实施于2008年1月1日。但《劳动法》第32条规定：“有下列情形之一的，劳动者可以随时通知用人单位解除劳动合同：（一）在试用期内的；（二）用人单位以暴力、威胁或者非法限制人身自由的手段强迫劳动的；（三）用人单位未按照劳动合同约定支付劳动报酬或者提供劳动条件的。”《劳动部关于贯彻执行〈中华人民共和国劳动法〉若干问题的意见》第40条规定：“劳动者依据劳动法第三十二条第（一）项解除劳动合同，用人单位可以不支付经济补偿金，但应按照劳动者的实际工作天数支付工资。”通过上述规定可知，在2008年之前法律也赋予了劳动者提出被动辞职及主张经济补偿金的权利。

《劳动合同法》第97条第3款规定：“本法施行之日存续的劳动合同在本法施行后解除或者终止，依照本法第四十六条规定应当支付经济补偿的，经济补偿年限自本法施行之日起计算；本法施行前按照当时有关规定，用人单位应当向劳动者支付经济补偿的，按照当时有关规定执行。”因此，从《劳动法》框架下的法规政策可以看出，劳动者以用人单位未依法支付劳动报酬或未提供劳动条件为由提出辞职并主张经济补偿金的，2008年之前的工作年限仍应计算在内。

风险提示

1. 司法实践中，劳动者依据《劳动合同法》第38条以“未及时足额支付劳动报酬”“未依法为劳动者缴纳社会保险费”为由提出解除劳动合同的较多，而以“用人单位未按劳动合同约定提供劳动条件”提出解除劳动合同的情形较为少见，故往往被用人单位所忽略，从而导致用工成本的增加。随着劳动者维权意识的不断增长，企业在用工管理过程中应当对此引起重视。

2. 《劳动合同法》第17条规定，劳动保护、劳动条件和职业危害防护，是劳动合同的必备条款。由此可见，用人单位在与劳动者订立劳动合同时，应当就劳动条件作出相应的约定，并应按合同约定提供劳动条件。实践中，用人单位在与员工签订劳动合同时，经常会发生在合同中明确细致约定劳动条件，但是未按照合同约定给员工提供劳动条件的情况。针对这种情况，建议用人单位在与劳动者约定劳动条件时不宜太细，以便用工过程中灵活变通。

3. 从北京地区近年劳动争议案件发生的原因来看，劳动者单纯以用人单位未按照劳动合同约定提供劳动条件提出解除劳动合同的情形较为少见，较为常见的情形是因调岗导致无法提供劳动条件。法律虽赋予用人单位在特定情形下单方调岗的权利，但该权利的行使受到了严格的限制。因此，用人单位在用工管理过程中，如确需对劳动者进行调岗的，应积极与劳动者进行沟通、协商，避免出现用人单位“一言堂”的情形，从而造成不必要的用工风险及损失。

4. 如果劳动者向用人单位提交的辞职信中，语言表述存在歧义，或没有明确表达辞职的意思表示，极其容易引起争议的，如“世界那么大，我想去看看”等，建议用人单位不要接受，可以要求劳动者重新书写。

法律依据

《劳动合同法》第38、46条

第71讲：用人单位与劳动者协商解除劳动合同，是否可低于法定标准向其支付经济补偿金？

案例聚焦

邓某于2009年9月20日入职某保洁中心，担任保洁员，具体的工作地点为北京某酒店，双方签订过3份劳动合同，最后一份劳动合同期限为2014年8月1日至2015年7月31日。

某保洁中心称邓某系因偷拿了北京某酒店的有关物品，违反了其中心的规章制度而自行提出了离职。对此，邓某不认可，称并未偷拿北京某酒店的物品，其仅是在上班期间从北京某酒店的办公室垃圾桶里捡了3片面包及从该酒店的大堂垃圾桶里捡了3个苹果和1个鸡蛋。双方的劳动关系于2014年9月6日解除。

邓某以要求确认其与某保洁中心之间存在劳动关系，以及要求某保洁中心向其支付未休年假工资、未缴纳养老保险赔偿金、双休日加班工资、解除劳动合同经济补偿金为由向北京市某区劳动人事争议仲裁委员会申请仲裁，仲裁委员会裁决如下：一、确认邓某与某保洁中心自2009年9月20日至2014年9月6日期间存在劳动关系；二、驳回邓某的其他仲裁请求。某保洁中心同意仲裁的结果，邓某不同意仲裁的结果起诉至法院。

某保洁中心针对邓某的主张向法庭提交了《离职手续办理单》一份，该办理单的离职原因栏，邓某在“个人原因辞职”及“其他”处打钩，且该栏的本人签字处有邓某的签名。员工本人声明及签字栏载明“本人确认，在该公司工作期间的所有薪酬、福利等已经全部结算完毕，包括但不限于社会保险、加班费等。且明确知道根据《劳动法》等相关法律法规的规定，可以得到更多补偿，但自愿对其相关权利予以放弃，并承诺与该公司再无劳动关系及工资、补偿金、社会保险等劳动争议，亦不存在任何纠纷，并不再就劳动关系等各项内容向该公司主张任何权利”，该栏的本人签字处亦有邓某的签名，该“员工本人声明及签字”栏所载内容为打印的形式。

邓某对该《离职手续办理单》上其签名的真实性均予以认可，但称其之所以在该办理单上签名，系受到了某保洁中心的欺诈、胁迫以及某保洁中心乘人之危让其签字，并称其系文盲，并不认识字。邓某就其所主张的某保洁中心存在欺诈、胁迫、乘人之危的行为未向法庭提交相应的证据。就其系文盲的主张，邓某向法庭提交了一份由××县××镇××村民委员会出具的《无学历证明》，内容为：兹有我村村民邓某，性别女，1973 年 8 月 18 日出生，因自小家庭贫困，无上学史，属我村文盲。某保洁中心对该证明不予认可，但未就邓某的文化水平情况向法庭提交相应的证据。庭审中，邓某按照其每年应休的年假基数为 5 天主张 2010 年 9 月 20 日至 2014 年 9 月 6 日的未休年假工资。对此，某保洁中心称邓某已经休过了年假，且邓某的该主张已经超过了仲裁时效，但某保洁中心就邓某已休年假的抗辩未向法庭提交相应的证据。经核算，邓某离职前 12 个月的平均工资为 1888.33 元。经核实，邓某系外埠农业户口，某保洁中心未给邓某缴纳有关社会保险。

一审法院认为：现双方对邓某的入职时间及离职时间均无异议，法院对此不持异议，予以确认。邓某系外埠农业户口，现某保洁中心确未为邓某缴纳有关社会保险，故某保洁中心应向邓某支付 2009 年 9 月 20 日至 2011 年 6 月 30 日期间未缴纳养老保险赔偿金，经核算，该赔偿金的数额为 6095.1 元。某保洁中心虽抗辩称邓某在 2010 年 9 月 20 日至 2014 年 9 月 6 日期间已休年假，但未就该抗辩向法庭提交相应的证据，法院对此不予采信。现邓某主张其在上述期间每年应享受的年假基数为 5 天，并无不当，法院予以确认，按照该标准计算，邓某在上述期间应享受的年休假共计 19 天，某保洁中心应向邓某支付 2010 年 9 月 20 日至 2014 年 9 月 6 日期间未休年假工资 3299.15 元。

某保洁中心虽主张已经足额向邓某支付了 2009 年 9 月 20 日至 2014 年 9 月 6 日期间的双休日加班工资，但根据某保洁中心提交且邓某亦认可的载有签名、公休加班天数、实发工资数额、应发工资数额的2012年10月至2014年7月期间的工资单，以及某保洁中心所主张的邓某每月双休日加班工资的计算方式，综合核算，某保洁中心仍需向邓某支付2012年10月至2014年7月期间双休日加班工资差额2884.75元。

某保洁中心虽抗辩称双方在邓某离职时已经签署了《离职手续办理单》，且对邓某的有关权利已经作了明确的约定，但法院认为，根据上文的论述，某保洁中心本应向邓某支付未缴纳养老保险赔偿金6095.1元、2010年9月20日至2014年9月6日期间的未休年假工资3299.15元、2012年10月1日至2014年9月6日期间双休日加班工资2884.75元，现某保洁中心在邓某离职时未向邓某支付任何补偿，双方签署的《离职手续办理单》上对邓某有关权利进行约定的员工本人声明及签字栏处所载内容又为打印的格式模板，同时根据××县××镇××村民委员会出具的《无学历证明》可以确认邓某的文化水平的确偏低，在此情况下，法院认为，《离职手续办理单》上对邓某有关权利所约定的内容存在显失公平及重大利益失衡，故法院判定某保洁中心应向邓某支付未缴纳养老保险赔偿金、未休年假工资、双休日加班工资。

对于邓某要求某保洁中心向其支付解除劳动关系经济补偿金的请求，法院认为，某保洁中心提交的《离职手续办理单》上载明邓某的离职原因系个人原因，且邓某亦在该离职原因栏处签名确认，邓某对此虽抗辩称某保洁中心存在欺诈、胁迫、乘人之危的行为，但对该抗辩未向法庭提交相应的证据，故法院确认邓某系因个人原因辞职，在此情况下，邓某的该主张，于法无据，法院不予支持。某保洁中心不服一审法院判决，提起上诉。

二审法院认为，虽然双方签署了《离职手续办理单》，对邓某有关权利进行约定，但员工本人声明及签字栏处所载内容为打印的格式模板，同时根据××县××镇××村民委员会出具的《无学历证明》，可以确认邓某的文化水平偏低，故《离职手续办理单》上对邓某有关权利所约定的内容存在显失公平及重大利益失衡，依法予以调整。某保洁中心以双方已经签订《离职手续办理单》为由，上诉主张不向邓某支付未缴纳养老保险赔偿金、未休年假工资以及加班工资差额，没有事实和法律依据。一审法院判决认定事实清楚，适用法律正确。某保洁中心的上诉理由不能成立，对其上诉请求不予支持。

实操技巧

在司法实践中，很多用人单位与劳动者就劳动合同的解除等问题达成一致后，双方签订解除协议。有的用人单位没有向劳动者支付任何费用，或者支付的费用明显低于法定标准，但在协议中约定双方之间不存在任何争议等。那么，这样的约定是否有效，如果劳动者在协议中已经签字，用人单位是否还要再向劳动者支付补偿金或按照法定的标准补偿差额部分呢？

一、在不违法的情况下，用人单位与劳动者签订的解除协议合法有效

在劳动关系存续期间，如果用人单位与劳动者通过协商解除劳动合同，且用人单位也不存在违反《劳动合同法》等法律相关强制性规定情形的，其与劳动者所签订的《解除劳动合同协议书》应当是合法有效的。劳动者作为具有完全民事行为能力的当事人，对协议的内容应当是清楚的，在用人单位不存在欺诈、胁迫或者乘人之危等行为的情形下，劳动者在协议书中签字，即表示对协议内容的认可，对相关权利的放弃。故，只要不存在违法情形，用人单位与劳动者签订的解除协议合法有效。

如果劳动者在签完离职协议后再主张用人单位有欺诈、胁迫或者乘人之危等情形的，劳动者需要就此承担举证责任。如果确有证据证明用人单位存在欺诈、胁迫或者乘人之危等情形的，可以推翻已签订的协议。

二、即使用人单位向劳动者支付的补偿金标准低于法定标准也无需补差

《劳动合同法》第 47 条明确规定了用人单位与劳动者协商解除劳动合同的经济补偿标准。第 85 条规定，用人单位在解除或终止劳动合同时未依照法律规定向劳动者支付经济补偿的，由劳动行政部门责令限期支付差额部分；逾期不支付的，加付赔偿金。

根据上述法律的规定，用人单位与劳动者就经济补偿金的给付标准自行达成协议，如约定的给付标准低于法定标准，劳动者领取后又在仲裁时效内主张权利，要求用人单位补足差额部分的，理论上应予以支持。但在司法实践中未必如此，《最高人民法院关于审理劳动争议案件适用法律若干问题的解释（三）》第 10 条规定："劳动者与用人单位就解除或者终止劳动合同办理相关手续、支付工资报酬、加班费、经济补偿或者赔偿金等达成的协议，不违反法律、行政法规的强制性规定，且不存在欺诈、胁迫或者乘人之危情形的，应当认定有效。前款协议存在重大误解或者显失公平情形，当事人请求撤销的，人民法院应予支持。"《民法典》第 151 条对显失公平规定为："一方利用对方处于危困状态、缺乏判断能力等情形，致使民事法律行为成立时显失公平的，受损害方有权请求人民法院或者仲裁机构予以撤销。"

在司法实践中，仲裁委员会或法院会结合案件的实际情况综合考量何种程度属显失公平。最高人民法院民一庭在《最高人民法院劳动争议司法解释（三）的理解与适用》一书中对约定的经济补偿金低于法定标准是否有效问题的解释是："在经济补偿金场合，当事人约定的经济补偿金低于法定标准的，并不会一般性地、抽象性地违反该规范的立法判断和立法规划；经济补偿金的约定是在劳动者已经获得相应权利的情况下作出的，与签订劳动合同之时约定经济补偿金的情势存在重大变化；协商解决纠纷的实效性和营造诚实信用的商业环境的必要性也要求，双方当事人在对合同解除或终止后双方权利义务的协议中作出的不同于法律规定标准的经济补偿金的条款，应当认定为有效。"所以，对于用人单位与劳动者签订的解除协议，即使双方当事人约定的经济补偿标准低于法定标准，法院一般也会认定协议有效，并不会考虑显失公平的情形，除非劳动者有证据证明在签订协议时存在欺诈、胁迫或者乘人之危等情形。

三、解除劳动合同协议书必须要有相应的兜底条款

解除劳动合同协议书是用人单位与劳动者的真实意思表示，该协议内容是合法有效的，但是，无论用人单位向劳动者支付的经济补偿金标准是否低于法定的标准，均应当在协议中约定相应的兜底性条款，并明确告知劳动者相关法律或政策规定的标准，劳动者明确表示放弃权利。比如：甲乙双方一致确认，劳动关系存续期间一切权利义务均已结清，包括但不限于工资、加班费、年休假工资、提成奖金、社保金、公积金、经济补偿金等，除本合同约定的经济补偿外，双方对上述各项费用以及劳动关系的解除再无争议和纠纷。本协议签订后，乙方（劳动者一方）不再以任何理由、任何方式主张劳动关系存续期间的任何权利。同时，乙方确认：已认真审阅本合同所有条款并完全了解其具体内容和含义，本合同所有条款均属双方平等且完全协商一致而达成，不存在任何欺诈、胁迫或乘人之危的情形，协议签订后双方均应自觉遵守履行。

风险提示

1. 在此提醒用人单位，如果双方就经济补偿的给付标准自行达成协议，约定的给付标准低于法定标准的，应在协议中特别注明已明确告知劳动者法定标准，并且要求劳动者在协议中予以声明，并签字确认。

2. 劳动者在与用人单位签订解除协议时，应当仔细阅读协议中的每一个条款，注意字里行间所蕴含的意思，如果向其支付的补偿标准低于法定标准的，可以拒绝签字；如果对解除劳动合同补偿金的支付标准不清楚的，可以咨询专业人士之后，再决定是否签订。

3. 诚信是社会主义核心价值观的主要内容之一。不论是劳动者还是用人单位都应当遵循诚实守信的基本原则，在劳动合同履行期间，抑或是协商解除劳动合同之时，都应当遵守诚信，不能利用对方处于危困状态、缺乏判断能力等情形，签订显失公平的协议，侵害他人的合法权益。

法律依据

《劳动合同法》第47、85条

第72讲：劳动者在离职时获得的经济补偿金是否需要缴纳个人所得税？

案例聚焦

马某于2007年7月30日入职某劳务公司，同日即被派遣至A公司工作。马某与某劳务公司签订的最后一份劳动合同期限至2014年7月29日。2014年7月29日，某劳务公司向马某发出《劳动合同终止通知书》，通知马某劳动合同将于2014年7月29日到期，并根据所在用工单位不再续期的通知，从2014年7月30日起，双方劳动关系终止，与A公司的工作关系亦到期终止。

马某、某劳务公司与A公司三方就劳动合同终止事宜达成一致：某劳务公司及A公司支付马某终止劳动合同的经济补偿金146622.35元、因未提前30日以书面形式通知劳动者本人而额外支付的一个月工资27126.44元、未休年休假工资35861.77元、延时加班工资5057.47元，总计214668.03元。2014年7月30日，某劳务公司终止了与马某的劳动合同。A公司向某劳务公司支付马某上述四项费用共计214668.03元，某劳务公司从中代扣代缴个人所得税81520.61元后，支付马某133147.42元。马某认可收到133147.42元，但主张三方协议的金额为税后金额，且经济赔偿金属于免征个人所得税的范围，某劳务公司以工资的形式向税务机关申报属于恶意缴扣，故还应继续支付81520.61元。某劳务公司及A公司主张214668.03元为税前金额，某劳务公司代扣代缴马某的个人所得税符合法律的规定。

法院经审理认为，马某、某劳务公司及A公司三方就劳动合同终止事宜已达成一致，某劳务公司及A公司支付马某经济补偿金、代通知金、未休年假工资、加班工资等共计人民币214668.03元，未说明该金额为税后金额。依据法律规定，马某应自行缴纳相应的个人所得税，马某主张该金额应为税后金额无事实及法律依据。至于扣缴个人所得税的方式应由税务机关确定，如马某认为扣缴有误，应通过行政程序解决，因此不支持马某的全部诉讼请求。

实操技巧

缴纳个人所得税是每一个公民的法定义务。劳动者获得工资等收入达到法定纳税标准的，用人单位具有代扣代缴个人所得税的法定权利和义务。那么，劳动者在解除劳动合同时所获得的经济补偿金是否需要缴纳个人所得税？在现实生活中，因此产生争议的案件并不在少数。笔者结合司法实践中的问题作如下分析：

一、经济补偿金的法律性质

经济补偿金是指在劳动者无过失的情况下，用人单位解除或终止与劳动者的劳动合同时，依照法律规定的条件和标准，以货币方式给予劳动者的补偿。根据《企业会计准则第 9 号——职工薪酬》第 2 条的规定，职工薪酬，是指企业为获得职工提供的服务或解除劳动关系而给予的各种形式的报酬或补偿。职工薪酬包括短期薪酬、离职后福利、辞退福利和其他长期职工福利。企业提供给职工配偶、子女、受赡养人、已故员工遗属及其他受益人等的福利，也属于职工薪酬。离职后福利，是指企业为获得职工提供的服务而在职工退休或与企业解除劳动关系后，提供的各种形式的报酬和福利，短期薪酬和辞退福利除外。辞退福利，是指企业在职工劳动合同到期之前解除与职工的劳动关系，或者为鼓励职工自愿接受裁减而给予职工的补偿。由此可知，用人单位因解除与职工的劳动关系给予的补偿属于职工薪酬的范畴，也就是我们常说的“工资”或“薪金”。因此，劳动者在劳动合同解除或终止时所获的经济补偿金属于薪资的性质。

二、劳动者具有依法纳税的法定义务

《个人所得税法》第 1 条第 1 款规定，在中国境内有住所，或者无住所而一个纳税年度内在中国境内居住累计满 183 天的个人，为居民个人。居民个人从中国境内和境外取得的所得，依照本法规定缴纳个人所得税。《个人所得税法》第 9 条规定，个人所得税以所得人为纳税人，以支付所得的单位或者个人为扣缴义务人。

在劳动法律关系中，劳动者与用人单位之间存在劳动合同关系并取得用人单位向其支付的各项收入，劳动者为个人所得税的纳税义务人，用人单位为扣缴义务人。根据《个人所得税法》第 2 条的规定：“下列各项个人所得，应当缴纳个人所得税：（一）工资、薪金所得……”劳动者因劳动合同解除或终止从用人单位处获得的经济补偿金是基于劳动合同关系而取得的收入所得，将其确定为工

资、薪金项目予以征收个人所得税符合前述规定。

同时，根据《税收征收管理法》第 3 条的规定，税收的开征、停征以及减税、免税、退税、补税，依照法律的规定执行；法律授权国务院规定的，依照国务院制定的行政法规的规定执行。任何机关、单位和个人不得违反法律、行政法规的规定，擅自作出税收开征、停征以及减税、免税、退税、补税和其他同税收法律、行政法规相抵触的决定。据此，税收的减免应遵循法定原则。关于个人所得税的减免，《个人所得税法》第 4 条、第 5 条均作了明确的规定。劳动者在离职时所取得的经济补偿金不属于该条规定的减免税收的范围，故劳动者应依法缴纳个人所得税。

三、劳动者取得的经济补偿金需要依法纳税

通过上述分析可知，劳动者与用人单位因劳动合同解除或终止所获得的经济补偿金属于工资的范畴，需要依据《个人所得税法》的规定缴纳税费。同时，根据《财政部、国家税务总局关于个人所得税法修改后有关优惠政策衔接问题的通知》规定，“个人与用人单位解除劳动关系取得一次性补偿收入（包括用人单位发放的经济补偿金、生活补助费和其他补助费），在当地上年职工平均工资 3 倍数额以内的部分，免征个人所得税；超过 3 倍数额的部分，不并入当年综合所得，单独适用综合所得税率表，计算纳税”。用人单位及劳动者均应当注意，根据这一规定，个人因与用人单位解除劳动关系而取得的一次性补偿收入，在当地上年职工平均工资 3 倍数额以内的部分，免征个人所得税。这里面适用“免税额”规定的只是“解除劳动合同”所获得的一次性补偿收入，并不包括终止劳动合同的补偿费用。在本书中，笔者已经就“解除劳动合同”与“终止劳动合同”的法律概念作出了解释，二者之间存在区别，不能混同。所以，劳动者从用人单位获得经济补偿金均需要缴纳个人所得税，只是在免税部分有所区别：

（1）如果是因为用人单位与劳动者协商一致解除劳动合同或者符合《劳动合同法》所规定的解除劳动合同的情形，需要向劳动者支付经济补偿金的，则经济补偿金的支付数额在当地上年职工平均工资 3 倍数额以内的部分免征个人所得税，超过的部分需要缴纳个人所得税。比如，北京市 2018 年度法人单位从业人员平均工资为 127107 元，故劳动者因解除劳合同所获得的经济补偿金在 381321 元（127107 元 ×3）以内免征个人所得税。北京地区的劳动者张三在 2019 年 6 月 19 日与用人单位协商解除劳动合同，并获得经济补偿金 28 万元。张三获得的 28 万元的经济补偿金将免征个人所得税。如果北京地区的劳动者张三在 2019 年 6 月 19 日与用人单位解除劳动合同时获得经济补偿金 40 万元，则对于超过当地上年职工平均工资3倍数额的部分18679元（40万元－127107元×3）需要依法缴纳个人所得税。

（2）如果因劳动合同到期不续签，用人单位依法终止劳动合同并向劳动者支付经济补偿金的，不存在免税的情形，需要全额缴纳个人所得税。比如，北京地区的劳动者张三在2019年6月19日因劳动合同到期不续签而获得经济补偿金28万元，对于该28万元的经济补偿金应依法全额缴纳个人所得税。

风险提示

1. 用人单位与劳动者协商解除或终止劳动合同时，应当就经济补偿金是税前还是税后作出明确的约定，如果未作出明确约定的，根据司法实践的经验，一般视为税前，建议用人单位按照协议约定的金额支付经济补偿金，至于是否代扣代缴个人所得税，可以由劳动者个人申报；如果用人单位在支付时代扣代缴个人所得税的，应当向劳动者作出说明，或者在协议中明确税后金额，让劳动者签字确认，避免将来产生纠纷。

2. 如果用人单位支付的经济补偿金数额比双方约定的数额少时，劳动者应当及时联系用人单位询问原因，并查询个人所得税纳税信息进行核实，若个人所得税并没有此项纳税记录，用人单位需要补足差额部分。

3. 用人单位及劳动者均应当注意，只有劳动合同解除时支付的经济补偿金有免税额度的优惠政策；劳动合同终止时所支付的经济补偿金没有免税额度的优惠政策，需要全额缴纳个人所得税。

法律依据

《个人所得税法》第1条；《财政部、国家税务总局关于个人所得税法修改后有关优惠政策衔接问题的通知》

第73讲：用人单位及劳动者均无法证明离职原因的，用人单位是否需要支付经济补偿金？

案例聚焦

2008年8月30日，杨某入职某物业公司工作。2011年6月14日，某物业公司与杨某签订书面劳动合同，合同期限为2011年6月14日至2014年3月31日，该合同约定杨某在北京某学院从事保洁岗位工作，杨某的月平均工资为1850元。

2014年4月1日，双方再次签订劳动合同，约定合同终止时间为2018年9月30日，杨某的月基本工资调整为1560元，工作地点及工作内容均无变化，并约定甲方可以依据经营管理的需要及岗位（工种）作业特点，结合实际情况，变更合同约定的工作内容和工作地点，调整乙方的工作岗位；如果乙方工作岗位、工作内容、工作地点发生变化，乙方到岗3日内未向甲方提出书面异议的，视为同意。

2014年6月30日，某物业公司通知杨某到位于海淀区的北京某大学工作，但杨某不同意去北京某大学上班。杨某认为双方劳动关系于2014年6月30日因双方协商一致而终止，某物业公司对此不予认可，但双方一致认可2014年6月30日后，杨某未再为某物业公司提供劳动。

2014年7月11日，某物业公司向杨某邮寄送达通知："因北京某学院物业服务项目已经终止，自7月1日至今，您一直未到单位上班，现单位特通知您自收到通知后到北京某大学物业项目部上班，原工作岗位及待遇不变，请您收到通知后3日内到北京某大学项目部报到，否则公司将与您解除劳动关系。"杨某拒收了该邮件。

2014年7月7日，杨某向某仲裁委申请仲裁，要求某物业公司支付其解除劳动关系补偿金11100元。2014年11月28日，某仲裁委作出裁决书，裁决驳回杨某的仲裁请求。杨某不服该裁决结果，于法定诉讼期间内诉至法院。

法院经审理认为，合同对工作内容和地点的约定目的在于保护劳动者享受相对稳定和可预期的劳动报酬，并能在相对稳定的岗位和工作地点从事自己愿意从事的工作。本案中，双方签订的劳动合同已经明确约定原告的工作地点为北京某学院，而原告作为房山区本地居民，其基于劳动合同的约定，产生大量的信赖利益，其对合同履行地点大幅调整预期不足，工作地点从房山区变更为海淀区的调整明显超出其预期范围。

虽然该合同也笼统约定被告可以依据经营管理的需要及岗位作业特点，结合实际情况，变更合同约定的工作内容和工作地点，但调整原告的工作地点对其提供劳动的便利性产生很大影响，实际给其生活带来明显不便，结合原告的保洁岗位以及北京市最低工资标准的工资水平，综合衡量其劳动报酬的获得与付出可以看出，被告大幅调整工作地点严重影响了原告合同目的的实现，不具有合理性。且原告亦明确拒绝被告调整其工作地点，未实际到岗工作。

综上，被告以原告旷工为由解除劳动关系的意见，本院难以采纳，结合原被告双方均不欲继续履行劳动合同以及原告实际未提供劳动的时间，本院认定2014年6月30日，参照用人单位与劳动者协商一致，双方解除劳动关系，因此，对原告请求被告支付解除劳动关系经济补偿金11100元的诉讼请求，本院予以支持。最终，法院依法判决某物业公司支付杨某解除劳动关系经济补偿金11100元。

实操技巧

一、对于劳动合同解除的原因，用人单位与劳动者均应承担举证责任

所谓举证责任，是指民事诉讼当事人对其提出的主张中须确认的事实依法负有的提出证据的义务。举证责任主要有以下几个特点：（1）提出主张的一方或称为积极主张的一方就某种事由（过错或因果关系等问题）不负担举证责任。（2）在举证责任倒置中，反对的一方应当就某种事由（过错或因果关系等问题）的存在或不存在负担举证责任。（3）在举证责任倒置的情况下，由被告承担证明某种事实存在或不存在的义务，如果其无法就此加以证明，则承担败诉的后果；如果被告对某种事实的存在或不存在提出了可靠的证据，那么原告就要承担败诉的后果。（4）在实行举证责任倒置的案件中，发动诉讼的原告一方，也应当对部分事实的存在，承担举证的责任。

根据《最高人民法院关于审理劳动争议案件适用法律若干问题的解释》第13条的规定，因用人单位作出的开除、除名、辞退、解除劳动合同、减少劳动报酬、计算劳动者工作年限等决定而发生的劳动争议，用人单位负举证责任。在劳动争议案件中，用人单位对于劳动合同的解除需承担举证责任；同样，劳动者在主张相关的权利时也需承担举证责任，比如劳动者主张加班费、未休年假工资、解除劳动合同经济补偿金等。

当然，在劳动争议案件中，也存在举证责任倒置的情形，比如劳动者主张加班费，已经就加班事实存在完成了举证且加班的证据被用人单位掌握的，用人单位就应当继续举证证明加班不存在，否则应承担举证不能的不利后果。再如劳动者主张的入职时间、工资标准与用人单位的说法不一致的，由于用人单位在劳动用工管理中掌管相关证据且具有一定的优势地位，故需要就此承担相应的举证责任，若用人单位未举证或拒绝举证的，仲裁委员会或法院最终将会采纳劳动者的主张。

二、用人单位及劳动者均无法证明离职原因的情况下，视为协商一致解除

在司法实践中，经常会出现劳动者提出是因用人单位的原因单方解除劳动合同，用人单位则认为是劳动者因个人原因辞职，但双方均无法提供有力的证据予以证明的情形。对于此种情形，应当如何认定？在实务中存在几种不同的观点：

第一种观点认为，根据《最高人民法院关于审理劳动争议案件适用法律若干问题的解释》第13条的规定，因用人单位作出的开除、除名、辞退、解除劳动

合同、减少劳动报酬、计算劳动者工作年限等决定而发生的劳动争议，用人单位负举证责任。因此，劳动关系解除的举证责任在于用人单位，用人单位应当就劳动关系解除的原因或事由提供证据，若用人单位举证不能或拒绝提供相应的证据，应结合案件情况采纳劳动者的说法，认定用人单位应支付经济补偿金。

第二种观点认为，既然用人单位及劳动者均无法就劳动关系的解除提供证据，不能一味地考虑维护劳动者的利益，还应当充分考虑案件的实际情况以及用人单位的过错程度，在劳动者无法提供相应的证据予以证明的情况下，不应支持其经济补偿金的诉求。

第三种观点认为，就劳动关系解除的原因，劳动者及用人单位均无法举证予以证明的情况下，应当考虑双方利益的平衡，参照《劳动合同法》的规定，视为协商一致解除劳动合同，用人单位需向劳动者支付经济补偿金。

笔者认为上述三种观点均有一定的道理，但更倾向于第三种观点，该种观点也是目前司法实践中占据主流的观点。根据《广东省高级人民法院、广东省劳动人事争议仲裁委员会关于审理劳动人事争议案件若干问题的座谈会纪要》第 29 条的规定，劳动者与用人单位均无法证明劳动者的离职原因，可视为用人单位提出且经双方协商一致解除劳动合同，用人单位应向劳动者支付经济补偿。同时，《四川省高级人民法院关于审理劳动争议案件若干疑难问题的解答》第 26 条第 2 款规定，劳动者与用人单位均无法证明劳动者的离职原因，可视为用人单位提出且经双方协商一致解除劳动合同，用人单位应依照《劳动合同法》第 47 条之规定向劳动者支付经济补偿。

从上述规定来看，就劳动者离职的原因，用人单位与劳动者双方陈述的意见不一致，且双方均无相应的证据予以证明的，可视为用人单位提出且经双方协商一致解除劳动合同，用人单位应依照《劳动合同法》第 47 条之规定向劳动者支付经济补偿。

三、对于劳动者的离职，用人单位不能怠于行使其权利

如前文所述，用人单位对于劳动者的离职原因承担一定的举证责任，故劳动者离职的，用人单位应当积极办理相关的离职手续，并保留相应的证据。如果劳动者不辞而别，或以口头形式向用人单位提出辞职的，用人单位应当及时结合规章制度的规定对其进行处理，切不可怠于行使其权利，以免造成对己不利的后果。

比如，劳动者在劳动合同履行期间不辞而别的，用人单位就应当及时向劳动者留存的送达地址通过 EMS 邮寄《限期返岗通知书》，要求劳动者限期返岗工作，对其旷工的行为作出合理解释并提供相应的证据；如果劳动者仍拒绝返岗的，用人单位应当及时通知工会，并向劳动者送达《解除劳动合同通知书》，保留好相应的证据。如果在此过程中，劳动者拒签或地址有误被退回的，还应当通过公告送达的方式留存相应的证据。

风险提示

1. 在劳动合同履行过程中，无论是哪一方提出解除劳动关系的，均应当要求对方出具相应的书面材料，切不可通过口头形式告知。若用人单位口头与劳动者解除劳动合同的，建议劳动者继续到用人单位报到，若被拒绝进入公司的，劳动者应当第一时间报警并留存相应的证据；如果是劳动者以口头形式提出辞职的，用人单位应要求劳动者提交书面的辞职信，若拒绝提供的，可以找其谈话并录音。

2. 由于用人单位在劳动争议案件中所承担的举证责任重于劳动者，所以一定要完善相应的规章制度，并在平时的用工管理过程中注意相关证据的留存，比如录音录像、书面材料，甚至是执法记录仪等均可作为收集证据的载体。

3. 在劳动争议案件中，对劳动者入职时间的举证责任在于用人单位，建议用人单位在入职登记表、劳动合同、员工花名册、工资支付明细中列明入职时间，并要求劳动者签字确认，因为入职时间涉及劳动者的工龄计算、经济补偿金的计算、年假的天数、社保的缴纳等。

法律依据

《劳动合同法》第 37 条

第二节 赔偿金

第 74 讲：劳动者对违法解除劳动合同主张继续履行，用人单位可以同意支付赔偿金吗？

案例聚焦

王某于 2003 年 6 月 18 日入职 D 公司，双方签订无固定期限劳动合同，2014 年 6 月 13 日，D 公司向王某送达了解除劳动合同通知书，通知书中未说明解除劳动合同的理由。D 公司称王某离职前月工资为 11000 元，王某称其月工资为 13000 元。

2014 年 6 月 18 日，王某向北京市某区劳动人事争议仲裁委员会申请仲裁，要求 D 公司撤销解除劳动合同通知书，继续履行劳动合同，支付工资损失。仲裁过程中，王某表示该公司不再继续经营，准备进行清算，劳动合同无法继续履行，仲裁员询问王某“如果不具备继续履行的条件，是否同意支付违法解除赔偿金”，王某表示同意。仲裁委遂裁决认定双方已不具备继续履行劳动合同的条件，D 公司支付王某违法解除劳动合同的赔偿金 242000 元，驳回了王某的其他请求。D 公司不服该裁决诉至一审法院。

一审法院认为，2014 年 6 月 13 日，D 公司向王某出具了解除劳动合同通知书，其中未说明解除劳动合同的理由。现 D 公司称系因王某出现严重工作失误，主动要求该公司出具解除劳动合同的通知书，王某不予认可，D 公司未举证证明，法院对其主张无法采信。因此法院认为其系违法与王某解除劳动合同。仲裁委员会在王某表示如劳动合同无法继续履行同意由 D 公司支付违法解除劳动合同赔偿金的情况下，裁决认定双方劳动合同无法继续履行、D 公司支付王某违法解除劳动合同的赔偿金 242000 元，符合法律规定。法院不支持 D 公司要求不支付该赔偿金的请求。据此，一审法院判决 D 公司支付王某违法解除劳动合同的赔偿金 242000 元。

一审判决后，D 公司不服，提出上诉认为，王某在仲裁期间未主张要求 D 公司支付违法解除劳动合同赔偿金，仲裁裁决明显违反法律规定，原审再次以此作出判决属于适用法律不当，请求二审法院依法改判，撤销原判或发回重审。

二审法院认为，通过 D 公司提供的证据显示，其向王某出具的解除劳动合同通知书中未说明解除劳动合同的理由，在王某不予认可且 D 公司未提供充分证据的情况下，原审法院认定 D 公司违法解除劳动合同，并无不当。用人单位违反法律规定解除或者终止劳动合同，劳动者要求继续履行劳动合同的，用人单位应当继续履行；劳动者不要求继续履行劳动合同或者劳动合同已经不能继续履行的，用人单位应当依照劳动合同法第 87 条规定支付赔偿金。仲裁期间王某明确表示如劳动合同无法继续履行，同意由 D 公司支付违法解除劳动合同赔偿金，符合法律规定的劳动者不要求继续履行劳动合同的情形，D 公司应依据法律规定支付王某违法解除劳动合同的赔偿金。综上，D 公司的上诉请求，缺乏依据，法院不予支持，原审判决正确，予以维持。

实操技巧

在司法实践中，用人单位违法解除劳动合同的案例非常多，劳动者因此主张的诉求也是各种各样，有很多劳动者将经济补偿金和赔偿金的概念弄混，最终不是被驳回诉讼请求就是需要另行诉讼，既浪费了司法资源，也浪费了时间、精力。为此，笔者结合实际情况及相关的法律规定作如下解析：

一、赔偿金的正确理解及计算方式

劳动争议案件中的赔偿金，一般是指用人单位基于不当解除劳动合同而给劳动者造成损失时，向劳动者给付一定数额的金钱，补偿对方实际损失的民事法律责任形式。在劳动合同解除或者终止方面，经济补偿金和赔偿金的含义不同。经济补偿金是用人单位依法解除或终止劳动合同时，应当向劳动者支付的一定数额的货币补偿。而赔偿金则是用人单位违法解除或终止劳动合同时，应当受到的惩罚性经济赔偿。

在司法实践中，用人单位违法解除劳动合同的情形主要有以下几种：

（一）法律明确规定不得解除劳动合同，但用人单位却强行解除的

主要指劳动者有下列情形之一，用人单位依照《劳动合同法》第 40 条、第 41 条的规定解除劳动合同的：（1）从事接触职业病危害作业的劳动者，离岗前未进行职业健康检查，或者疑似职业病病人在诊断或者医学观察期间的；（2）在本单位患职业病或者因工负伤并被确认丧失或者部分丧失劳动能力的；（3）患病或者非因工负伤，在规定的医疗期内的；（4）女职工在孕期、产期、哺乳期的；（5）在本单位连续工作 15 年，且距法定退休年龄不足 5 年的；（6）法律、行政法规规定的其他情形。

（二）劳动者不符合《劳动合同法》第 39 条、第 40 条规定的用人单位可以解除劳动合同的情形，而用人单位以此为由解除劳动合同的

根据《劳动合同法》第 39 条的规定，劳动者有下列情形之一的，用人单位可以解除劳动合同：（1）在试用期间被证明不符合录用条件的；（2）严重违反用人单位的规章制度的；（3）严重失职，营私舞弊，给用人单位造成重大损害的；（4）劳动者同时与其他用人单位建立劳动关系，对完成本单位的工作任务造成严重影响，或者经用人单位提出，拒不改正的；（5）以欺诈、胁迫的手段或者乘人之危，使对方在违背真实意思的情况下订立或者变更劳动合同致使劳动合同无效的；（6）被依法追究刑事责任的。《劳动合同法》第 40 条规定：“有下列情形之一的，用人单位提前三十日以书面形式通知劳动者本人或者额外支付劳动者一个

月工资后，可以解除劳动合同：（一）劳动者患病或者非因工负伤，在规定的医疗期满后不能从事原工作，也不能从事由用人单位另行安排的工作的；（二）劳动者不能胜任工作，经过培训或者调整工作岗位，仍不能胜任工作的；（三）劳动合同订立时所依据的客观情况发生重大变化，致使劳动合同无法履行，经用人单位与劳动者协商，未能就变更劳动合同内容达成协议的。”

上述几种情形下，法律赋予用人单位单方解除劳动合同的权利，但该种解除权不能滥用，需要具备一定的前提条件和证据方可实施。但在实务中，有些用人单位在规章制度不健全或证据不充分的情况下，盲目依据上述条款与劳动者解除劳动合同，最终因证据不足或规章制度存在瑕疵而被裁判机关认定为违法解除。这就要求用人单位在行使法律赋予的单方解除权之前，需要完善规章制度，履行民主程序并向劳动者进行公示告知，在对劳动者进行用工管理的过程中，尽量将相关的任务安排、绩效考核、违纪事实等进行量化，保留好相关的书面证据，避免将来被认定为违法解除。

（三）用人单位实施经济性裁员

用人单位实施经济性裁员必须按照法定的程序进行操作，且有充分的证据证明存在裁员的法定事由，对于老弱病残孕的职工要优先留用等。

根据《劳动合同法》第 87 条的规定，用人单位违法解除劳动合同的，应当按照解除劳动合同经济补偿金标准的二倍向劳动者支付赔偿金，即赔偿金 = 经济补偿金 ×2。

二、劳动者不能同时主张赔偿金与继续履行劳动合同

根据《劳动合同法》第 48 条的规定，用人单位违反本法规定解除或者终止劳动合同，劳动者要求继续履行劳动合同的，用人单位应当继续履行；劳动者不要求继续履行劳动合同或者劳动合同已经不能继续履行的，用人单位应当依照本法第 87 条规定支付赔偿金。也就是说，当用人单位解除劳动合同的行为构成违法解除时，劳动者在主张权利时，既可以要求用人单位继续履行劳动合同，也可以主张赔偿金。由此可知，用人单位违法解除劳动合同时，劳动者主张维权的方式有两种，即继续履行和赔偿金。但是，劳动者应当注意，这种维权的诉求只能二择一，要么选择继续履行，要么选择赔偿金，不可以两者同时主张。

在实践中，劳动者在主张权利时，为了将最终获得的利益最大化，均会结合自己的实际情况确定要求继续履行还是主张赔偿金。一般会分为以下两种情形：（1）如果劳动者在用人单位的工龄比较长，工资标准相对较高但又未达到当地社会平均工资 3 倍以上的，劳动者一般会主张违法解除的赔偿金；（2）如果劳动者在用人单位的工龄较短，工资也不是很高，或者工资比较高且超过当地社会平均工资3倍以上的，劳动者一般会要求继续履行劳动合同。

当然，上述两种情形只是普遍现象，不排除有交叉的个案。另外，如果劳动者主张的是赔偿金，用人单位就应当积极准备相关的证据予以应对，若确实存在违法解除的事实，建议及时通过调解结案，减少不必要的损失。如果劳动者主张继续履行劳动合同，用人单位就应当准备证据证明属于合法解除，或者已经不存在继续履行的可能；若证据均不足以证明上述事实的，不建议用人单位继续将官司进行下去，为了尽量减少损失，应当及时以书面形式通知劳动者同意继续履行的诉求，要求劳动者限期返岗工作，然后，再根据实际情况进行处理。

三、劳动者主张违法解除的赔偿金的，不能再主张解除之后的工资损失

在司法实践中，一些劳动者认为用人单位的解除行为构成违法解除的，在主张违法解除劳动合同赔偿金的同时，还可以要求用人单位支付解除之后直至仲裁开庭当日期间的工资损失，最常见的是“三期”女职工在主张赔偿金的同时，要求用人单位支付到哺乳期结束时止的工资损失。笔者认为，赔偿金已经是对用人单位违法解除劳动合同这一违法行为所给予的最严厉的经济惩罚，如果在判决支付赔偿金的同时，再要求用人单位支付解除之后的工资损失，该种诉求没有法律依据，也会加重用人单位的负担，不利于用人单位的用工管理，可能进一步加剧劳资纠纷，不利于和谐劳动关系的建立。

用人单位违法解除劳动合同，如果劳动者主张继续履行劳动合同且最终得到裁判支持，用人单位对于解除劳动合同之后直至仲裁委员会、法院作出生效裁决期间的工资，仍需要向劳动者进行支付，但由于在此期间劳动者并没有提供劳动，向劳动者支付的工资标准在司法实践中也存在不同的观点。

比如北京地区，根据《北京市高级人民法院、北京市劳动争议仲裁委员会关于劳动争议案件法律适用问题研讨会会议纪要》第24条的规定，用人单位作出的与劳动者解除劳动合同的处理决定被劳动仲裁委或人民法院依法撤销后，劳动者主张用人单位给付上述处理决定作出后至仲裁或诉讼期间的工资，应按以下原则把握：（1）用人单位作出的处理决定仅因程序方面存在瑕疵而被依法撤销的，用人单位应按最低工资标准向劳动者支付上述期间的工资。比如，用人单位解除劳动合同未及时通知工会，规章制度未向劳动者进行告知或者解除通知未能向劳动者进行送达等存在程序问题的。（2）用人单位作出的处理决定因在实体方面存在问题而被依法撤销的，用人单位应按劳动者正常劳动时的工资标准向劳动者支付上述期间的工资。比如，用人单位解除劳动合同没有相应的证据予以证明。

四、劳动者坚持主张继续履行劳动合同的，存在被驳回的风险

《劳动合同法》第48条规定："用人单位违反本法规定解除或者终止劳动合同，劳动者要求继续履行劳动合同的，用人单位应当继续履行；劳动者不要求继续履行劳动合同或者劳动合同已经不能继续履行的，用人单位应当依照本法第八十七条规定支付赔偿金。"根据该条规定可知，用人单位违法解除劳动合同时，劳动者既可以主张违法解除的赔偿金，也可以主张继续履行劳动合同，但是二者只能择一主张。实践中，劳动者要求继续履行劳动合同的，一般应予以支持，但也存在一定的法律风险。若用人单位能够举证证明劳动合同确实已经不存在继续履行的可能，仲裁委员会或法院会进行相应的释明工作，告知劳动者将要求继续履行劳动合同的请求变更为要求用人单位支付违法解除劳动合同的赔偿金。如经充分释明，劳动者仍坚持要求继续履行劳动合同的，应尊重劳动者的诉权，驳回劳动者的请求，告知其可另行向用人单位主张违法解除劳动合同的赔偿金等。如经释明后，劳动者的请求变更为要求用人单位支付违法解除劳动合同赔偿金的，应当继续处理。

在司法实践中，针对用人单位违法解除，劳动者主张继续履行劳动合同的，裁判机关会结合相关情况认定是否存在继续履行的必要。比如，试用期员工被解除劳动合同，劳动者主张继续履行的，笔者认为就不应当予以支持。因为试用期本来就是用人单位与劳动者之间的考察期，在双方之间已经丧失信任基础的情况下判决继续履行劳动合同，将会加剧双方之间的矛盾。《北京市高级人民法院、北京市劳动人事争议仲裁委员会关于审理劳动争议案件法律适用问题的解答》第9条规定："用人单位违法解除或终止劳动合同后，劳动者要求继续履行劳动合同，哪些情形可以认定为'劳动合同确实无法继续履行'？劳动合同确实无法继续履行主要有以下情形：（1）用人单位被依法宣告破产、吊销营业执照、责令关闭、撤销，或者用人单位决定提前解散的；（2）劳动者在仲裁或者诉讼过程中达到法定退休年龄的；（3）劳动合同在仲裁或者诉讼过程中到期终止且不存在《劳动合同法》第十四条规定应当订立无固定期限劳动合同情形的；（4）劳动者原岗位对用人单位的正常业务开展具有较强的不可替代性和唯一性（如总经理、财务负责人等），且劳动者原岗位已被他人替代，双方不能就新岗位达成一致意见的；（5）劳动者已入职新单位的；（6）仲裁或诉讼过程中，用人单位向劳动者送达复工通知，要求劳动者继续工作，但劳动者拒绝的；（7）其他明显不具备继续履行劳动合同条件的。劳动者原岗位已被他人替代的，用人单位仅以此为由进行抗辩，不宜认定为'劳动合同确实无法继续履行的'情形。"

风险提示

1. 如果劳动者要求继续履行劳动合同，但用人单位提交了其他单位为劳动者缴纳社会保险的凭证，并以此主张劳动者与新单位之间已经形成劳动关系的，笔者认为，不能仅以社会保险缴纳记录作为认定劳动者与新单位形成劳动关系的依据，此时应由劳动者证明其与新用人单位之间不是劳动关系。若劳动者不能提出反证，则依据其与新用人单位之间的社保缴费记录确认劳动者与原用人单位“劳动合同确实无法继续履行”。

2. 用人单位证明已向劳动者明确告知录用条件，并且提供证据证明劳动者在试用期间不符合录用条件的，可依照《劳动合同法》第39条第1项的规定解除劳动合同。就劳动者是否符合录用条件的认定，在试用期的认定标准可适当低于试用期届满后的认定标准。劳动者不符合录用条件主要有以下情形：(1) 劳动者违反诚实信用原则，隐瞒或者虚构自身基本情况，影响劳动合同履行的，包括提供虚假学历证书、假身份证、假护照等个人重要证件，对履历、知识、技能、业绩、健康等个人情况的说明与事实有重大出入等；(2) 在试用期间存在工作失误的，对工作失误的认定以劳动法相关规定、用人单位规章制度以及双方合同约定内容为判断标准；(3) 双方约定的属于试用期不符合录用条件的其他情况。

法律依据

《劳动合同法》第48条

第75讲：劳动者申请仲裁时仅请求支付经济补偿金，经仲裁机构审查后发现单位违法解除应支持赔偿金，或者劳动者请求支付赔偿金，经审查，不应支持赔偿金而应支持经济补偿金，如何处理？

案例聚焦

徐某于1993年入职某五金厂工作，担任杂工，月工资标准为北京市最低工资标准。徐某实际工作至2017年9月30日，且双方均认可解除劳动合同的原因为：1. 企业遇上政府拆迁；2. 企业属于小型低端企业，政府不允许继续经营，需注销企业。双方对解除劳动合同经济补偿金的标准存在争议，某五金厂同意支付徐某12个月工资标准的解除劳动合同经济补偿金，徐某要求按照实际工作年限计算上述经济补偿金。2017年9月30日，徐某向北京市某区劳动人事争议仲裁委员会申请仲裁，要求某五金厂支付违法解除劳动合同赔偿金42750元。2018年6月26日，某仲裁委作出裁决书，裁定某五金厂支付徐某违法解除劳动合同赔偿金34182元。某五金厂不服该裁决书，诉至法院；徐某未就该仲裁裁决结果提起诉讼。

法院经审理认为，双方一致认可因某五金厂遭遇拆迁，且系低端企业需注销等原因而终止双方的劳动合同，该情形属于用人单位应该向劳动者支付经济补偿金的情形，双方仅对经济补偿金的计算标准存在争议。根据劳动合同法的规定，劳动者月工资高于本地区上年度职工月平均工资3倍的，向其支付经济补偿金的标准按职工月平均工资3倍的数额支付，向其支付经济补偿金的年限最高不超过12年。徐某的月工资标准为本地最低工资标准，不属于支付经济补偿金年限不超过12年的情形，故对某五金厂主张经济补偿金不超过12个月的主张，法院不予采信。结合徐某的工作年限及工资标准核算，仲裁机构裁决的数额不高于某五金厂应负担的数额，且徐某认可该裁决结果，故法院对仲裁机构裁决的数额予以确认。因某五金厂的上述解除行为并非违法解除劳动合同，故法院将仲裁机构裁决的违法解除劳动合同赔偿金依法调整为解除劳动合同经济补偿金。

实操技巧

在司法实践中，劳动者申请仲裁时仅请求支付经济补偿金，经仲裁机构审查后发现单位违法解除劳动合同应支持赔偿金，或者劳动者请求支付赔偿金，经审查，不应支持赔偿金而应支持经济补偿金，如何处理？该种问题比较常见，往往是由于对法律规定或当地的裁判尺度把握不一导致的。

一、经济补偿金与赔偿金的区别

虽然经济补偿金与赔偿金都是用人单位依法向劳动者支付的经济性补偿，但二者还是存在比较明显的区别：第一，经济补偿金和赔偿金支付的法律依据不同。经济补偿金的支付依据为《劳动合同法》第46条的规定；赔偿金的支付依据为《劳动合同法》第87条的规定。第二，经济补偿金和赔偿金的适用条件不同。在适用经济补偿金时，用人单位可以直接向劳动者支付经济补偿金。在适用赔偿金时，可能会面临继续履行劳动合同或支付赔偿金两种法律后果。在司法实践中，用人单位应对其解除、终止劳动合同的理由提供充分的证据，不能提供充分证据的，应认定为解除、终止合同不当，属于违法解除，应当支付赔偿金。第三，支付经济补偿金和赔偿金的合法性不同。经济补偿金是用人单位依据《劳动合同法》的相关规定，合法与劳动者解除或终止劳动合同时需要支付的。赔偿金是用人单位违反《劳动合同法》的规定，违法与劳动者解除或终止劳动合同时，对用人单位违法解除或终止劳动合同的违法行为的一种惩罚。需要强调的是，除了《劳动合同法》明确规定可以解除劳动合同的情形外，用人单位无权与劳动者解除劳动合同，否则，即属于违法解除，就需要支付赔偿金。也就是说，如果没有《劳动合同法》第36—41条、第44条规定的任何一种情形，用人单位与劳动者解除或终止劳动关系的，都需要向劳动者支付赔偿金。第四，经济补偿金和赔偿金的支付标准不同。经济补偿金和赔偿金的支付标准既有区别也有联系，即赔偿金是经济补偿标准的两倍。《劳动合同法》第47条规定经济补偿金的标准为“经济补偿按劳动者在本单位工作的年限，每满一年支付一个月工资的标准向劳动者支付。六个月以上不满一年的，按一年计算；不满六个月的，向劳动者支付半个月工资的经济补偿。劳动者月工资高于用人单位所在直辖市、设区的市级人民政府公布的本地区上年度职工月平均工资三倍的，向其支付经济补偿的标准按职工月平均工资三倍的数额支付，向其支付经济补偿的年限最高不超过十二年”。

二、经济补偿金与赔偿金不能同时主张

根据《劳动合同法》第48条的规定，用人单位违反本法规定解除或者终止劳动合同，劳动者不要求继续履行劳动合同或者劳动合同已经不能继续履行的，用人单位应当依法支付赔偿金。第87条规定，用人单位违反本法规定解除或者终止劳动合同的，应当依照本法第47条规定的经济补偿标准的二倍向劳动者支付赔偿金。那么，在用人单位违法解除或者终止劳动合同时，是否需要同时向劳动者支付经济补偿金和赔偿金呢?

现行《劳动合同法》对此没有作出明确规定，因而在实践中存在较大争议。为妥善处理解除或终止劳动合同的经济补偿金与赔偿金的关系，维护劳动关系双方的合法权益，《劳动合同法实施条例》根据《劳动合同法》的立法本意，明确经济补偿与赔偿金分别是用人单位依法和违法解除或终止劳动合同这两种不同性质的法律行为所产生的法律后果。《劳动合同法实施条例》第25条规定：“用人单位违反劳动合同法的规定解除或者终止劳动合同，依照劳动合同法第八十七条的规定支付了赔偿金的，不再支付经济补偿。赔偿金的计算年限自用工之日起计算。”依据这一规定，如果发生劳动争议，劳动者不能向用人单位同时主张支付经济补偿金和赔偿金。

三、劳动者申请仲裁时请求支付经济补偿金，经仲裁机构审查后发现单位违法解除劳动合同应支持赔偿金，或者劳动者请求支付赔偿金，经审查，不应支持赔偿金而应支持经济补偿金的实操处理

在司法实践中，经常出现因劳动者对法律规定理解错误，在申请仲裁时请求支付经济补偿金，经仲裁机构审查后发现单位违法解除劳动合同应支持赔偿金；或者劳动者请求支付赔偿金，经审查，不应支持赔偿金而应支持经济补偿金的情形，仲裁机构或法院对此一般如何进行处理呢？这里面包含两种情形，应当分开来进行分析：

第一，劳动者在申请仲裁时请求支付经济补偿金，经仲裁机构审查后发现单位违法解除劳动合同，应支持赔偿金的。由于劳动者主张的诉讼请求与实际情况不符，为了依法保障劳动者的合法权益，仲裁机构应当在庭审中向当事人释明经济补偿金与赔偿金的区别，经必要的法律释明后，允许劳动者变更仲裁请求，如果经释明后，劳动者仍然坚持原请求事项的，则尊重劳动者的意见，裁决支持经济补偿金。

第二，劳动者请求支付赔偿金，经审查，不应支持赔偿金而应支持经济补偿金的。如果劳动者在仲裁时主张的是要求用人单位支付赔偿金，经仲裁机构审查后，认为用人单位解除或终止劳动合同的行为不构成违法解除，应当依法支付经济补偿金的，由于劳动者主张的诉求与实际不符，根据“不告不理”的原则，解决劳动争议应当根据事实，遵循合法、公正、及时、着重调解的原则，依法保护当事人的合法权益。鉴于赔偿金和经济补偿金系两个完全不同的法律范畴，故仲裁庭应当向劳动者给予必要的法律释明，提示当事人明确请求，经必要的法律释明，当事人仍然坚持原请求事项的，则不予支持。若劳动者对仲裁裁决不服继续起诉至法院的，为了避免司法资源的浪费，也为了更好地维护劳动者的合法利益，法庭在对劳动者作出必要释明后，可以直接依法改判用人单位向劳动者支付经济补偿金。

风险提示

1. 劳动者在申请劳动仲裁之前，一定要先了解一下法律的规定，避免因诉求错误而带来一些不必要的麻烦，必要时可以咨询律师或委托专业的律师进行代理。

2. 如果劳动者主张的诉求存在错误，但用人单位依然需要支付经济补偿金或赔偿金的，建议用人单位及时与劳动者进行和解，以期将损失降至最低。

3. 经济补偿金和赔偿金二者既有联系也有区别，但计算标准均是劳动者离职前12个月的平均工资，包括计时工资或者计件工资以及奖金、津贴和补贴等货币性收入。

法律依据

《劳动合同法实施条例》第25条

第76讲：用人单位向劳动者发出的解除劳动合同通知能否撤销?

案例聚焦

张某于2010年11月26日入职某超市，月工资标准为4100元，双方签订自2015年11月26日起的无固定期限劳动合同。张某正常工作至2017年9月15日，自2017年9月18日起开始休病假，张某提交的病假条至2018年3月25日。

2018年3月6日，张某应某超市人事助理孙某的要求到某超市，孙某向其出具了《解除劳动合同通知书》《离职协议》等文件。其中《解除劳动合同通知书》中载明通知日期为2018年3月25日，原因为医疗期满仍不能胜任原工作，也不能胜任用人单位另行安排的工作。该通知书加盖某超市公章，“主管签字”“店长批准”“处长签字”“区长批准”处均为空白，张某于员工签名处签字，签收日期填写为2018年3月25日。《离职协议》签订双方为某超市及张某，内容为：经用人单位提出并经双方协商一致，雇员同意与用人单位就离职事宜达成如下协议，用人单位支付经济补偿金，金额为36687.2元。合同解除生效日为2018年3月26日。用人单位处加盖某超市公章，签字处为空白，张某于雇员处签字，日期填写为2018年3月25日。

2018年3月19日，孙某拿着《解除劳动合同通知书》等文件向店长汇报并办理张某的离职手续，店长才得知此事，要求立刻撤回《解除劳动合同通知书》等文件，并表示公司未委托孙某与张某协商解除劳动合同事宜，公司对于孙某受何人委托与张某协商不清楚。某超市于2018年3月21日向张某送达《告知函》，告知张某该情况，并告知双方应继续履行劳动合同。但张某未至其公司上班，也未提交假条，张某自2018年3月26日起存在旷工，某超市于2018年5月4日依据员工手册与张某解除劳动合同。

张某于2018年3月22日以要求某超市支付解除劳动合同经济补偿金为由向

北京市某区劳动人事争议仲裁委员会申请仲裁，仲裁委员会作出裁决书，裁决某超市支付张某解除劳动合同经济补偿金36687.2元。某超市不服仲裁裁决，于法定期限内向法院提起诉讼。

法院经审理认为，首先，某超市人事助理孙某告知张某至其公司办理离职手续，并交给张某《解除劳动合同通知书》及《离职协议》，告知张某填写相应内容，张某作为劳动者有理由相信从事人事助理工作的孙某的上述行为系履行工作职责的行为，该行为代表某超市。其次，张某提交的《解除劳动合同通知书》及《离职协议》均加盖某超市公章，作为法人主体，某超市应当对加盖公章的行为承担相应的法律后果。某超市抗辩称孙某存在违规盖章、财务人员存在将公章私自借出未明确审核的过失，其公司已经开展调查，但该调查应视为某超市的内部行为，不足以对抗张某作为劳动者基于孙某履行职务行为而对该行为产生的法律效果的信任。再次，某超市并未提交证据证明《解除劳动合同通知书》等文件需经店长、区长审批方能发生法律效力，应当承担举证不能的法律后果。故某超市于《解除劳动合同通知书》及《离职协议》中加盖公章的行为应视为其公司对上述文件的确认，现张某也于《离职协议》中签字确认，双方已就劳动关系解除达成一致意见，而某超市出具的《告知函》系单方行为，并不能发生撤回《离职协议》的法律后果，故双方仍应按照《离职协议》履行权利义务。综上，某超市应当按照约定向张某支付解除劳动合同经济补偿金36687.2元。

实操技巧

在司法实践中，有些用人单位向劳动者发送《解除劳动合同通知书》后，又因某种原因将通知书撤回或撤销。用人单位单方行使撤销权的行为是否有效，其解除行为是否构成违法解除？这一问题在实务中还存在一定的争议，笔者结合该问题作如下剖析：

一、用人单位向劳动者发出的解除通知，一经发出即具有法律效力

对于用人单位向劳动者发送《解除劳动合同通知书》后，又决定将其撤销的，该行为是否有效，是否构成违法解除等法律后果，实践中有两种不同的观点：

第一种观点认为，用人单位在解除劳动合同时就应当尽到审慎的义务，结合规章制度及相应的证据，确保解除劳动合同符合法律规定的各项条件，由于用人单位的原因未能尽到审查之义务或过于盲目自信认为属于合法解除的情况下，向劳动者单方发出《解除劳动合同通知书》，该通知书一经送达劳动者就已经产生法律效力，不得进行撤销。

第二种观点认为，《劳动合同法》既保护劳动者的权益，也要平衡用人单位的权益，不能过于加重用人单位的责任。如果用人单位在发出《解除劳动合同通知书》后，发现解除行为存在瑕疵或解除的事实依据不充分等情况的，可以行使单方撤销的权利，以维护双方的合法权益，构建和谐劳动关系。

笔者同意第一种观点，但笔者认为在第一种观点的基础上还应当有所区分。比如劳动者处于医疗期等特殊时期，用人单位因疏忽将截止日期计算错误并发出《解除劳动合同通知书》，待发现后立即启动撤销程序进行挽救的，应当予以允许，不能直接认定构成违法解除，毕竟用人单位对解除行为实施了挽救措施，也未给劳动者造成实质性的损失。

另外，由于现行《劳动合同法》及相关司法解释对于单方解除劳动合同的事由作出了明确具体的规定，但对于解除的方式及时间点没有作出具体的规定，在此情况下，笔者认为可参照适用《民法典》合同编的相关规定。

《民法典》第565条规定，当事人一方依法主张解除合同的，应当通知对方。合同自通知到达对方时解除；通知载明债务人在一定期限内不履行债务则合同自动解除，债务人在该期限内未履行债务的，合同自通知载明的期限届满时解除。可见，用人单位单方解除劳动合同的时间点，应当是其发出的解除通知到达劳动者之时。根据《劳动合同法》第3条的规定，订立劳动合同应遵循诚实信用原则。用人单位在履行劳动合同的过程中，应当对其实施的行为负责，不得为己利而否定之前的行为。故用人单位对劳动者发出的解除劳动合同的通知，在送达劳动者后立即生效，不得撤销，构成违法解除的，应承担相应的法律后果。用人单位如要撤销解除通知，需经劳动者同意。因为劳动合同的解除关系到劳动者的切身利益，用人单位对于单方解除与劳动者的劳动合同应秉持审慎的态度，以保障劳动者的合法权益不受损害。同时，《劳动合同法》对用人单位单方解除权有非常明确的规定，用人单位在作出解除劳动合同决定时，应当慎重确定解除事由，履行法定解除程序。如果对解除行为表示反悔，除非得到劳动者同意，否则用人单位仍需承担相应的法律责任。

当然，用人单位可以撤回已发出的解除通知，但撤回的通知必须先于或同时与解除劳动合同的通知到达劳动者。否则，用人单位应当依法承担其作出的单方解除行为所产生的法律后果。

二、建议用人单位慎用单方解除权

《劳动合同法》第39条、第40条、第41条均对用人单位单方行使解除权的法定事由作出了明确的规定。用人单位在依据上述法定事由与劳动者解除劳动合同时，应当谨慎行事，在解除劳动合同通知书发出之前，还应当仔细核实解除的理由是否成立，是否有证据予以支持，规章制度的内容是否合法、是否履行相应的民主程序，是否已经向劳动者进行公示告知等，有工会组织的还应当通知工会等，切不可任意行使解除权，以免承担违法解除的不利后果。

笔者建议用人单位谨慎行使解除权，凡事均三思而后行，在日常经营管理的过程中，除了要完善相应的规章制度之外，还应当注意证据的留存。笔者不反对用人单位采用无纸化办公的方式，但对涉及用工管理以及与劳动关系存在利害关系的任何文件或资料均应当采用书面的形式予以保存。比如，用人单位通过某种APP软件进行考勤打卡，由于该软件的使用受到网络信号强弱的影响，很容易造成劳动者打卡信息的滞后或延迟。如果人力资源部门仅仅依靠电子打卡信息进行考勤统计难免存在瑕疵，而且该电子证据将来也很难被作为有力的证据证明劳动者迟到或旷工的事实。为此，笔者建议用人单位在每月底或下月初的时候将考勤记录通过电子邮件发送给劳动者，要求其对当月或上月的出勤情况进行确认，如果收到该邮件后3日内未提出异议的，则视为无误。这样一来该证据就有了效力，将来就可以作为有力的证据进行使用。

风险提示

1. 用人单位向劳动者发送《解除劳动合同通知书》之前，一定要仔细审核解除的事由，确认证据等是否充分，如有瑕疵或不完善的，建议与劳动者进行协商解除，或等证据充分后再行使单方解除权。

2. 用人单位向劳动者发送的任何书面资料，建议通过EMS邮寄送达；若劳动者拒绝签收或地址不符的，尽量当面送达劳动者签收；若穷尽一切手段均无法送达的，可选择一家公开发行的报纸进行公告送达。

3. 证据为诉讼之王，用人单位或劳动者在任何时候均不能忽略证据的重要性，一定要有证据意识，随时随地注意证据的留存和收集；现在的手机均有录音功能，无论是用人单位还是劳动者，在双方就劳动关系等问题进行洽谈的时候，应谨慎发言，以防被他人录音。

第77讲：用人单位以劳动者违反劳动纪律为由解除劳动合同是否构成违法解除？

案例聚焦

郭某于2015年4月21日入职某科技公司，签订了3年期限的劳动合同，约定其岗位为销售总监。郭某离职前12个月的平均工资为12344.96元。郭某最后工作时间为2016年10月26日，某科技公司支付郭某工资至2016年9月30日。

2016年10月26日，某科技公司主张公司经营餐饮销售平台，在线上进行销售，线下消费，郭某怂恿某科技公司的同事一起将该公司的客户信息共享给某银行，违反了竞业禁止义务，给其他竞争对手提供业务支持，对公司造成恶劣影响，因此公司依据劳动合同法及公司规章制度与郭某解除劳动合同。

郭某离职后向北京市某区劳动人事争议仲裁委员会申请仲裁，要求某科技公司补发2016年9月、10月劳动报酬，支付解除劳动合同赔偿金。仲裁委裁决某科技公司支付郭某2016年10月工资6510.71元、违法解除劳动合同赔偿金49379.84元。科技公司不服裁决诉至法院。

一审法院认为：《劳动法》第3条第2款规定："劳动者应当完成劳动任务，提高职业技能，执行劳动安全卫生规程，遵守劳动纪律和职业道德。"第25条规定："劳动者有下列情形之一的，用人单位可以解除劳动合同：……（二）严重违反劳动纪律或者用人单位规章制度的……"本案中，郭某认可请某科技公司同事提供餐厅客户资源为银行办理信用卡消费优惠，而某科技公司从事餐饮行业的互联网平台线上销售，众所周知，如消费者选择使用银行卡消费，则不会再选择在某科技公司的平台上线上消费，对某科技公司将构成竞争威胁。对此郭某作为高级销售管理人员应当是明知的。虽然郭某对某科技公司提交的《员工手册》不予认可，法院无法认定，但法院认为郭某的行为违反了劳动纪律及职业道德，某科技公司因此与其解除劳动合同符合《劳动法》的规定，因此某科技公司要求不支付违法解除劳动关系赔偿金的请求应予支持，遂依法判决某科技公司无需支付郭某违法解除劳动合同赔偿金49379.84元。郭某不服一审判决，提起上诉。

二审法院认为，《劳动法》第3条第2款规定，劳动者应当遵守劳动纪律和职业道德。本案中，郭某认可其在某科技公司任职期间请某科技公司同事提供餐厅客户资源为银行办理信用卡消费优惠，而某科技公司从事餐饮行业的互联网平台线上销售，郭某在某科技公司任职期间应遵守劳动纪律和职业道德。尽管郭某主张其行为系为朋友提供帮助的个人行为，与某科技公司的团购业务并无竞争关系。但从常理来看，如消费者选择使用银行卡消费，则不会再选择在某科技公司的平台上线上消费，即推广银行卡的消费优惠势必影响某科技公司的商业利益，郭某的行为已对某科技公司构成竞争威胁。故一审法院认定郭某的行为违背了劳动纪律和职业道德，并根据本案实际情况，认定某科技公司与郭某解除劳动合同符合《劳动法》的规定，判令某科技公司无需支付违法解除劳动关系赔偿金，并无不当，予以维持。对于郭某声称其并未从中取得利益和报酬的答辩意见，不属于构成违反劳动纪律和职业道德的必备条件，法院不予采信。郭某的上诉请求不能成立，应予驳回；一审判决认定事实清楚，适用法律正确，应予维持。

实操技巧

根据劳动法的相关规定及民法上的诚实信用原则，劳动者在工作期间应遵守用人单位的劳动纪律和职业道德，本着诚实、善意、不侵害他人与社会利益的原则行使权利，此系劳动者最基本的职业操守。如果用人单位的规章制度中对于劳动者的某种行为没有作出明确的规定，用人单位以违反劳动纪律为由与劳动者解除劳动合同是否有效？笔者结合法律规定及实务经验作如下分析，以供参考：

一、劳动者应当遵守用人单位的劳动纪律

劳动纪律是用人单位为形成和维持生产经营秩序，保证劳动合同得以履行，要求全体员工在集体劳动、工作、生活过程中，以及与劳动、工作紧密相关的其他过程中必须共同遵守的规则。劳动纪律的目的是保证生产、工作的正常运行，劳动纪律的本质是全体员工共同遵守的规则，劳动纪律的作用是实施于集体生产、工作、生活的过程之中。《劳动法》第 3 条规定，劳动者享有平等就业和选择职业的权利、取得劳动报酬的权利、休息休假的权利、获得劳动安全卫生保护的权利、接受职业技能培训的权利、享受社会保险和福利的权利、提请劳动争议处理的权利以及法律规定的其他劳动权利。劳动者应当完成劳动任务，提高职业技能，执行劳动安全卫生规程，遵守劳动纪律和职业道德。劳动者遵守用人单位的劳动纪律和职业道德是其最基本的职业操守。

二、劳动纪律和规章制度的区别

《劳动法》第 19 条将劳动纪律作为劳动合同的必备条款之一，第 25 条第 2 项规定，严重违反劳动纪律或用人单位规章制度的，用人单位可以解除劳动合同。可以看出在《劳动法》中，劳动纪律和规章制度同等重要。

《劳动合同法》第4条规定，用人单位在制定、修改或者决定直接涉及劳动者切身利益的劳动报酬、工作时间、休息休假、劳动安全卫生、保险福利、职工培训、劳动纪律以及劳动定额管理等规章制度或者重大事项时，应当经职工代表大会或者全体职工讨论，提出方案和意见，与工会或者职工代表平等协商确定。直接涉及劳动者切身利益的规章制度应当公示，或者告知劳动者。但第17条规定的劳动合同必备条款中没有劳动纪律的表述，而是将劳动纪律归纳至规章制度之中，也没有单独规定严重违反劳动纪律的，可以解除劳动合同。

在司法实践中，劳动纪律的内容可以存在于规章制度中，也可以不在规章制度中体现。两者之间还是存在一定的区别：第一，适用的范围不同。劳动纪律是用人单位制定的单方面约束劳动者履行劳动义务的行为规则，而规章制度的内容既包含了劳动者应履行的劳动义务，还包括劳动者享有的劳动权利。第二，制定的程序不同。劳动纪律的制定程序在现行的劳动法律中未作明确的规定；《劳动合同法》中明确规定了规章制度制定的程序及生效的条件。第三，两者的形式不同。根据《劳动法》的相关规定，劳动合同的条款中应包括劳动纪律，但在实践中对劳动纪律的形式没有作出限制；规章制度必须由用人单位通过民主程序制定，并公示或告知劳动者，否则对劳动者没有约束力。所以，在劳动用工管理中，劳动纪律和规章制度两者是相辅相成的，既有联系也有区别，作为劳动者都应当予以遵守，不得违反。

三、若劳动者违反用人单位的劳动纪律及职业道德，可以与其解除劳动合同

在司法实践中，用人单位一般都会在规章制度中对劳动者的行为作出明确的界定和约束，其中包括遵守用人单位的劳动纪律。但是，规章制度都不可能穷尽劳动者的所有不当行为或违纪行为，那对于规章制度中没有进行界定或规定的行为，难道就不能解除劳动合同了吗？比如，劳动者用食堂的菜盆洗内裤，该行为显然是一种违纪行为，但是任何一家用人单位的规章制度都不可能细化到此种程度。如果规章制度中对该种行为没有进行规定，就放任劳动者这种行为的发生吗？答案显然是否定的。虽然制度没有规定，但还有用人单位的劳动纪律、劳动者的职业操守及公序良俗的民法规则，笔者认为仍然可以据此与劳动者解除劳动合同。因此，用人单位能否以劳动者严重违反劳动纪律为由解除劳动合同？在实务中，也存在不同的观点：

第一种观点认为，用人单位不得以劳动者严重违反劳动纪律为由解除劳动合同。因为《劳动合同法》第39条与《劳动法》第25条的规定是新法与旧法的关系，均系对用人单位单方解除劳动合同且无需支付经济补偿金情形的规定，而且为了维护劳动者的合法权益，用人单位单方解除劳动合同应当严格依照法律的规定，在法律没有规定的情况下，用人单位不得解除劳动合同。现行《劳动合同法》第 39 条并没有规定劳动者严重违反劳动纪律的，用人单位可以单方解除劳动合同。根据新法优于旧法的原则，应当适用《劳动合同法》的规定，用人单位不得以劳动者严重违反劳动纪律为由解除劳动合同。

第二种观点认为，用人单位可以以劳动者严重违反劳动纪律为由解除劳动合同。虽然《劳动合同法》第 39 条没有对用人单位可以以劳动者严重违反劳动纪律为由解除劳动合同作出明确的规定，但对于一些被普遍认可的劳动纪律，应为劳动者所知晓和遵守，并且《劳动合同法》第 4 条规定的规章制度中也包括劳动纪律在内。即使用人单位的规章制度中没有对劳动纪律作出明确的规定，但是作为劳动者也应当具备基本的职业操守和基本素养，遵守行为规范，况且《劳动法》并没有被废止，仍然具有法律效力。因此，劳动者严重违反劳动纪律的，用人单位有权依据《劳动法》第 25 条的规定与劳动者解除劳动合同。

笔者同意第二种观点。遵守用人单位的劳动纪律是劳动者最基本的职业素养和道德行为规范。《北京市高级人民法院、北京市劳动人事争议仲裁委员会关于审理劳动争议案件法律适用问题的解答》规定："在规章制度未作出明确规定、劳动合同亦未明确约定的情况下，劳动者严重违反劳动纪律和职业道德的，用人单位是否可以解除劳动合同?《劳动法》第三条第二款中规定：'劳动者应当遵守劳动纪律和职业道德'。上述规定是对劳动者的基本要求，即便在规章制度未作出明确规定、劳动合同亦未明确约定的情况下，如劳动者存在严重违反劳动纪律或职业道德的行为，用人单位可以依据《劳动法》第三条第二款的规定与劳动者解除劳动合同。"浙江省高级人民法院民事审判第一庭关于印发《关于审理劳动争议案件若干问题的意见（试行)》第 45 条规定："对劳动者无正当理由未办理请假手续，擅自离岗连续超过十五日，用人单位规章制度已有规定的，按相关规定执行；用人单位规章制度无规定的，用人单位可以劳动者严重违反劳动纪律为由，解除劳动合同……"《深圳市中级人民法院关于审理劳动争议案件的裁判指引》第 89 条规定："劳动者严重违反劳动纪律，用人单位可以依据《劳动法》第二十五条的规定解除劳动合同。"

因此，笔者认为，即使用人单位的规章制度不健全或者未对劳动纪律作出明确的规定，对于劳动者的违纪行为或违背公序良俗的行为亦应当予以制止。在确定用人单位能否与劳动者解除劳动合同时，除了要考虑用工管理的依据及证据外，还应当考虑事实情况及后果，不能机械地认为，没有制度就是违法。同时，笔者也再次提醒用人单位，制定合法有效的规章制度才是用工管理的首要任务；在用工管理的过程中还应当注意证据的留存与收集，面对劳动者的违纪行为不要盲目作出解除的决定。

风险提示

1. 用人单位应当尽可能依法建立和完善规章制度，保障劳动者享有劳动权利和履行劳动义务。用人单位通过民主程序制定的规章制度，内容不违反国家法律、行政法规及政策规定，并已向劳动者公示的，可以作为处理劳动者的依据，但一定要注意证据的留存。

2. 遵守劳动纪律和职业道德是对劳动者最基本的要求，即便用人单位在规章制度中未作出明确规定，劳动合同中亦未明确约定，劳动者严重违反劳动纪律或职业道德的，用人单位仍可依据《劳动法》的相关规定行使解除权。

法律依据

《劳动法》第25条

第七章
劳务派遣与工会

第一节　劳务派遣

第 78 讲：在劳务派遣中，劳动者是否可以主张签订无固定期限劳动合同？

案例聚焦

李某于 2011 年 1 月 1 日被派遣公司派遣至杨树公司工作。派遣公司先后与李某签订了三次固定期限劳动合同，第一次劳动合同期限自 2011 年 1 月 1 日至 2014 年 12 月 31 日，第二次劳动合同期限自 2015 年 1 月 1 日至 2015 年 12 月 31 日，第三次劳动合同期限自 2016 年 1 月 1 日至 2018 年 12 月 31 日。李某每月工资为 3000 元，李某在杨树公司工作的内容是喷砂除锈、喷漆、打磨。

2018 年 9 月 19 日，杨树公司以公司生产制造基地搬迁至曹妃甸为由，将李某退回派遣公司。李某认为，自己已经与派遣公司签订两次固定期限劳动合同，第三次应当签订无固定期限劳动合同，公司应当向其支付未签订无固定期限劳动合同的双倍工资差额。派遣公司认为，根据劳动法的相关规定，劳务派遣公司应与劳动者签订两年以上固定期限劳动合同，公司按照法律规定与李某签署了劳动合同，故不同意李某的主张。

2018 年 10 月 29 日，李某向北京市某区劳动仲裁委申请仲裁，要求派遣公司于 2016 年 1 月 1 日起与其签订无固定期限劳动合同，支付其 2016 年 1 月 1 日至 2018 年 12 月 31 日期间未签订无固定期限劳动合同双倍工资差额 8 万元。2019 年 1 月 21 日，仲裁委作出裁决：驳回李某的全部仲裁请求。李某不服仲裁裁决，向法院提起诉讼。法院经审理，依法判决驳回李某的全部诉讼请求。

实操技巧

在当前用工形式下，劳务派遣被很多企业所采用，这一用工形式具有节省人力资源成本的优点，但在实际履行过程中也存在一定的争议和难点。所谓劳务派遣，是指由劳务派遣机构与派遣劳动者订立劳动合同，把劳动者派向其他用工单位，再由其他用工单位向派遣机构支付一笔服务费用的一种用工形式。在劳务派遣法律关系中，派遣公司与劳动者之间建立劳动关系，用工单位与劳动者之间并不存在劳动关系。现笔者结合实际操作中所遇见的一些案例，总结相关处理方法、技巧及应当注意的风险节点。

一、在什么情况下可以使用劳务派遣劳动者

根据《劳动合同法》第66条的规定，劳动合同用工是我国的企业基本用工形式。劳务派遣用工是补充形式，只能在临时性、辅助性或者替代性的工作岗位上实施。所以，用工单位只能在具有临时性、辅助性或者替代性等“三性”的岗位上使用劳动者：（1）临时性工作岗位，是指存续时间不超过6个月的岗位；（2）辅助性工作岗位，是指为主营业务岗位提供服务的非主营业务岗位；（3）替代性工作岗位，是指用工单位的劳动者因脱产学习、休假等原因无法工作的一定期间内，可以由其他劳动者替代工作的岗位。

另外，如果用工单位决定使用被派遣劳动者，应当经职工代表大会或者全体职工讨论，提出方案和意见，与工会或者职工代表平等协商确定，并在用工单位内公示。同时，根据《劳务派遣暂行规定》第4条的规定，用工单位应当严格控制劳务派遣用工数量，使用的被派遣劳动者数量不得超过其用工总量的10%。前款所称用工总量是指用工单位订立劳动合同人数与使用的被派遣劳动者人数之和。计算劳务派遣用工比例的用工单位是指依照劳动合同法和劳动合同法实施条例可以与劳动者订立劳动合同的用人单位。所以，在实际操作中，企业要使用劳务派遣劳动者就要先确定哪些岗位符合“三性”的基本要求，并且在企业内部使用的被派遣劳动者人数不能超过其用工总量的10%。同时，还应当注意，劳务派遣员工与企业自己聘用的员工享受同工同酬的待遇，不能进行区别对待。

二、劳务派遣单位在签订无固定期限劳动合同问题上是否适用《劳动合同法》第14条第2款的规定及如何理解《劳动合同法》第58条第2款

《劳动合同法》第58条第2款规定，劳务派遣单位应当与被派遣劳动者订立二年以上的固定期限劳动合同，按月支付劳动报酬。在司法实践中，很多用人单

位将该条规定的内容理解为，基于劳务派遣单位用工方式的特殊性，劳务派遣单位无须适用《劳动合同法》第 14 条第 2 款关于签订无固定期限劳动合同的法律规定，只需与劳动者多次签订两年以上固定期限劳动合同即符合法律规定。

笔者认为，这是对《劳动合同法》内容的一种误读。《劳动合同法》第 14 条第 2 款规定："……有下列情形之一，劳动者提出或者同意续订、订立劳动合同的，除劳动者提出订立固定期限劳动合同外，应当订立无固定期限劳动合同：……（三）连续订立二次固定期限劳动合同，且劳动者没有本法第三十九条和第四十条第一项、第二项规定的情形，续订劳动合同的。"笔者认为，《劳动合同法》第 14 条属于对劳动合同的订立问题所作的一般性规定，而第 58 条虽然在第五章关于劳务派遣的特别规定项下，但这只能说明劳务派遣有一定的特殊性，通过专门规定加以规制，而不能当然认为劳务派遣用工方式下订立的劳动合同独立于《劳动合同法》第 14 条的规定之外。

同时，《劳动合同法》第 58 条第 1 款也明确规定，劳务派遣单位是本法所称的用人单位，应当履行用人单位对劳动者的义务。也就是说，《劳动合同法》规定的用人单位应尽的义务，劳务派遣单位均应履行，这其中当然包括无固定期限劳动合同的签订。从立法本意上看，《劳动合同法》规定无固定期限劳动合同的目的是解决实际用工中的劳动合同短期化问题，以保障劳动者的合法权益。

如果将《劳动合同法》第 58 条第 2 款理解为除外条款，劳务派遣单位与被派遣劳动者不适用无固定期限劳动合同的法律规定，则可能会存在用人单位通过劳务派遣方式规避订立无固定期限劳动合同从而损害劳动者合法权益的情况，这显然与《劳动合同法》的立法本意相悖。所以，在劳务派遣用工形式中，如果劳动者符合订立无固定期限劳动合同的条件时，劳务派遣单位应当与劳动者签订无固定期限劳动合同，劳动者要求订立固定期限劳动合同的除外。

三、用工单位在签订派遣协议时需要注意什么

《劳务派遣暂行规定》第 7 条规定："劳务派遣协议应当载明下列内容：（一）派遣的工作岗位名称和岗位性质；（二）工作地点；（三）派遣人员数量和派遣期限；（四）按照同工同酬原则确定的劳动报酬数额和支付方式；（五）社会保险费的数额和支付方式；（六）工作时间和休息休假事项；（七）被派遣劳动者工伤、生育或者患病期间的相关待遇；（八）劳动安全卫生以及培训事项；（九）经济补偿等费用；（十）劳务派遣协议期限；（十一）劳务派遣服务费的支付方式和标准；（十二）违反劳务派遣协议的责任；（十三）法律、法规、规章规定应当纳入劳务派遣协议的其他事项。"所以，用工单位在使用劳务派遣员工时，应当签订《劳务派遣协议》，并注意以下事项：

第一，要审查派遣单位是否具有合法资质。根据《劳动合同法》第 57 条的规定，劳务派遣单位的注册资本不得少于人民币 200 万元，应有与开展业务相适应的固定的经营场所和设施，有符合法律、行政法规规定的劳务派遣管理制度，还需要具有经营劳务派遣业务的行政许可资格证书。若劳务派遣单位不具有劳务派遣资质，则可能导致已经签订的劳务派遣协议无效，用工单位有可能承担与该被派遣劳动者建立劳动关系的法律风险。

第二，派遣协议的内容要明确。根据《劳动合同法》第 59 条的规定，劳务派遣单位派遣劳动者应当与接受以劳务派遣形式用工的单位订立劳务派遣协议。劳务派遣协议应当约定派遣岗位和人员数量、派遣期限、劳动报酬和社会保险费的数额与支付方式以及违反协议的责任。对于用工单位违反法律规定，给被派遣劳动者造成损害的，劳务派遣单位与用工单位承担连带赔偿责任。

第三，派遣劳动者的退回机制。《劳务派遣暂行规定》第 12 条第 1 款规定："有下列情形之一的，用工单位可以将被派遣劳动者退回劳务派遣单位：（一）用工单位有劳动合同法第四十条第三项、第四十一条规定情形的；（二）用工单位被依法宣告破产、吊销营业执照、责令关闭、撤销、决定提前解散或者经营期限届满不再继续经营的；（三）劳务派遣协议期满终止的。"因此，被派遣劳动者具备上述情形之一的，用工单位均可以将其退回劳务派遣单位，对于可以退回的情形，一定要在协议中予以明确。

同时，用工单位还需要注意，对于被派遣劳动者具有从事接触职业病危害作业未进行离岗前职业健康检查，或者疑似职业病在诊断或者医学观察期间的，在本单位患职业病或者因工负伤并被确认丧失或者部分丧失劳动能力的，患病或者非因工负伤，在规定的医疗期内的，女职工在孕期、产期、哺乳期的，在本单位连续工作满 15 年，且距法定退休年龄不足 5 年等情形的，在派遣期限届满前，用工单位不得依据"劳动合同订立时所依据的客观情况发生重大变化"或"经济性裁员"为由，将被派遣劳动者退回劳务派遣单位；派遣期限届满的，应当延续至相应情形消失时方可退回。

另外，劳务派遣单位在派遣劳动者时，应当履行下列义务：如实告知被派遣劳动者工作内容、工作条件、工作地点、劳动报酬等事项，应遵守的规章制度以及劳务派遣协议的内容；建立培训制度，对被派遣劳动者进行上岗知识、安全教育培训；按照国家规定和劳务派遣协议约定，依法支付被派遣劳动者的劳动报酬和相关待遇，并依法为被派遣劳动者缴纳社会保险费；督促用工单位依法为被派遣劳动者提供劳动保护和劳动安全卫生条件；依法为被派遣劳动者出具解除或者终止劳动合同的证明；协助处理被派遣劳动者与用工单位的纠纷等事项。

风险提示

1. 劳动者在签订劳务派遣合同时，一定要避免签订“空白合同”，要看清劳务派遣单位及用工单位，必要的话，建议登录国家企业信息网站进行查询。

2. 劳务派遣单位应与用工单位订立劳务派遣协议，并将协议内容告知被派遣劳动者，劳动者对此享有知情权。

3. 劳务派遣单位和用工单位都不得向被派遣劳动者收取任何费用，对被派遣劳动者应实行同工同酬。

4. 劳务派遣单位与被派遣劳动者订立的劳动合同的期限不能随意约定，必须为2年以上的固定期限劳动合同；连续签订两次固定期限劳动合同后，劳务派遣单位应当与劳动者签订无固定期限劳动合同。

5. 用工单位应当督促劳务派遣单位按月向劳动者支付工资、缴纳社会保险，避免因怠于履行督促义务而承担连带赔偿责任。

法律依据

《劳动合同法》第58条；《劳务派遣暂行规定》第3条

第79讲：在劳务派遣中，用工单位能否与被派遣劳动者约定服务期或竞业限制？

案例聚焦

2012年7月1日，张某与某人力资源公司签订2012年7月1日至2014年6月30日的劳动合同，约定派遣张某至某科技公司工作，担任技术研发部门经理；该合同于2014年7月1日作了续订，将合同期限延续至2017年6月30日。

2013年10月11日，张某与某科技公司签订保密协议书，约定技术秘密的范围、保密义务的范围等，并约定“乙方在离职后两年内，未经甲方事先书面同意，不得在与甲方生产、经营同类产品或提供同类服务的任何公司、法人或其他实体内担任任何职务，包括股东、合伙人、董事、监事、经理、职员、代理人、顾问等，为其工作或提供服务，在其中持有权益、向其提供贷款或以其他形式协助其运行……在乙方离职时，甲方有权根据届时的实际情况单方决定缩短竞业限制期限或免除其竞业限制义务。该经济补偿自乙方离职的次月起支付，补偿数额为该员工离职时当月基本工资的10%，按月支付……如乙方违反本协议的规定，包括保密、知识产权以及竞业限制等，应支付给甲方违约金，违约金的数额相当于乙方在甲方工作期间年薪（包括基本工资、奖金和年终奖等）的十倍”。2015年10月19日，张某因个人原因提出辞职，于2015年11月6日办妥离职交接手续。张某离职前年薪为645485元。2015年11月9日，张某至某技术公司工作。

2016年2月2日，某科技公司提出仲裁申请，要求张某支付违反竞业限制义务违约金6454850元、停止违反竞业限制义务的行为、继续履行竞业限制义务。仲裁委员会于2016年4月25日作出裁决，裁令张某支付某科技公司违反竞业限制义务违约金1200000元、停止违反竞业限制义务行为、继续履行竞业限制义务。

张某不服该裁决，向法院提起诉讼。法院经审理认为，张某入职的某技术公司与某科技公司的经营范围存在交叉，实际从事的经营业务存在部分重合。故认定张某实施了违反竞业限制约定的行为，应当按约承担支付违约金等法律责任。遂依法判决张某支付某科技公司违反竞业限制义务违约金800000元、继续履行竞业限制义务。

实操技巧

关于服务期及竞业限制的相关内容，已经在本书第二章第五节、第六节中作了详细的讲解。但是，在劳务派遣中涉及服务期及竞业限制的案例并不常见。劳务派遣法律关系中，用工单位能否与劳动者约定服务期或竞业限制，在司法实践中也存在一定的争议，但主流观点还是认为用工单位可以与被派遣劳动者约定服务期或竞业限制，其理由如下：

一、用工单位对被派遣劳动者出资进行培训的，是否可以约定服务期

根据《劳动合同法》第22条的规定，用人单位为劳动者提供专项培训费用，对其进行专业技术培训的，可以与该劳动者订立协议，约定服务期。劳动者违反服务期约定的，应当按照约定向用人单位支付违约金。违约金的数额不得超过用人单位提供的培训费用。用人单位要求劳动者支付的违约金不得超过服务期尚未履行部分所应分摊的培训费用。用人单位与劳动者约定服务期的，不影响按照正常的工资调整机制提高劳动者在服务期期间的劳动报酬。为此，我们可以得知，“用人单位”为劳动者提供专项培训费用，对其进行专业技术培训的，可以约定服务期。上述规定明确，可以约定服务期的主体是“用人单位”，在劳务派遣法

律关系中，作为“用人单位”的是劳务派遣公司，用工单位是被派遣劳动者实际提供劳动的单位。作为“用人单位”的劳务派遣公司若为劳动者提供专项培训费用，对其进行专业技术培训的，可以约定服务期，并受到《劳动合同法》约束与管制。

但是，如果用工单位出资对被派遣劳动者进行专项技术培训的，能否约定“服务期”？笔者认为是不可以的，因为用工单位不是约定服务期的适格主体。在司法实践中，我们也不建议用工单位出资对被派遣劳动者进行专项技术培训。若确因工作需要进行专项技术培训的，建议与被派遣劳动者、劳务派遣单位签订三方协议，变更用工主体，直接将被派遣劳动者变更为建立劳动关系的劳动者。

二、用工单位可以与被派遣劳动者签订竞业限制协议

根据《劳动合同法》的规定，在直接用工情况下，竞业限制协议的签订主体为用人单位和与之建立劳动关系的劳动者，但在劳务派遣这种雇佣与使用相分离的间接用工情况下，商业秘密与知识产权等相关秘密的所有者和知悉者通常为实际的用工单位和被派遣劳动者。作为商业秘密的所有人，有权利为了保护商业秘密不被泄露，采用相应的保护措施，包括但不限于与被派遣劳动者签订竞业限制协议。故竞业限制协议可以由用工单位与被派遣劳动者直接签订。

同时，需要指出的是，竞业限制制度在保护用人单位商业秘密和与知识产权相关秘密的同时，也对劳动者的就业权和劳动权进行了限制，故个案中需对双方的权益进行平衡。裁判部门有权行使自由裁量权，综合考量双方约定的竞业限制期限、劳动者实际履行竞业限制义务的情况、竞业限制经济补偿数额占原月工资收入的比例、竞业限制经济补偿总额占违约金数额的比例等因素，对违约金的数额进行调整。

如果用工单位与被派遣劳动者签订竞业限制协议，应及时向劳务派遣单位进行报备，以便劳务派遣单位知晓该情况并督促劳动者履行。当用工单位将被派遣劳动者退回或者劳务派遣单位与劳动者解除或终止劳动合同后，用工单位应当按月向被派遣劳动者支付竞业限制补偿金。否则，该竞业限制协议对被派遣劳动者不具有约束力。另外，在竞业限制期内，劳务派遣单位不得将被派遣劳动者派遣至与用工单位生产或者经营同类产品、从事同类业务的有竞争关系的其他用工单位工作，否则，劳务派遣单位需承担连带赔偿责任。

三、被派遣劳动者在违约的情况下，仍然需要承担违约责任

根据《劳动合同法》第 23 条的规定，用人单位与劳动者可以在劳动合同中约定保守用人单位的商业秘密和与知识产权相关的保密事项。对负有保密义务的劳动者，用人单位可以在劳动合同或者保密协议中与其约定竞业限制条款，并约定在解除或者终止劳动合同后，在竞业限制期限内按月给予劳动者经济补偿。劳动者违反竞业限制约定的，应当按照约定向用人单位支付违约金。所以，被派遣劳动者在离职后或被退回后，在竞业限制期内违反竞业限制协议约定的，需要承担违约责任，向用工单位支付违约金。

风险提示

1. 建议劳务派遣单位与被派遣劳动者签订三份劳动合同，用人单位、被派遣劳动者各一份，另外一份由用工单位进行保存，这样既可以督促用工单位履行相关义务，还可以在将来劳动者违约或造成损失的情况下，便于掌握相应的证据。

2. 不建议用工单位对被派遣劳动者出资进行专项技术培训。

3. 若被派遣劳动者与用工单位签订《竞业限制协议》，在被派遣劳动者被退回后，在竞业限制期内，不得再次派遣被派遣劳动者到与用工单位生产或者经营同类产品、从事同类业务的有竞争关系的其他用工单位工作。

4. 被派遣劳动者违约的，劳务派遣单位应当对用工单位履行协助义务，包括但不限于提供劳动合同、社保缴纳记录、工资支付明细等证据。

法律依据

《劳动合同法》第24条

第80讲：用工单位变相自行设立劳务公司并派遣劳动者的行为是否有效？

案例聚焦①

2000年10月10日，钱某应聘到某校食堂工作，双方未签订书面劳动合同。2008年1月1日，某校让钱某与劳务公司签订了期限自2008年1月1日至2010年12月31日的劳动合同，钱某仍在某校食堂上班，工作内容、劳动报酬等未发生变化。劳务公司为钱某发放工资并缴纳养老保险费，但曾低于最低工资标准发放钱某工资。2010年10月14日，钱某以某校、劳务公司不依法缴纳社会保险费

① 案例节选自江苏省淮安市清河区人民法院（2011）河民初字第1191号民事判决书。

且不足额支付工资为由，分别向某校和劳务公司邮寄《终止劳动关系告知书》，双方劳动关系当日终止。钱某离职前12个月平均工资为850元。

法院另查明，本案中某校和自然人郑某投资成立某招待所，其中某校投资9万元，占总投资额的90%。2007年6月29日，招待所与两名自然人投资设立劳务公司，其中招待所的投资比例为60%。2008年1月，某校与某劳务公司签订劳务派遣协议，约定：由甲方（劳务公司）向乙方（某校）推荐符合条件的劳务人员供乙方使用，甲方承担对员工的用人单位义务，乙方依法承担连带责任，期限自2008年1月1日起至2010年12月31日止。

2010年12月29日，钱某向淮安市某区劳动争议仲裁委员会申请仲裁，请求裁决支付2000年10月10日至2010年10月14日的经济补偿金8500元。某校称钱某与劳务公司存在劳动关系，学校不应支付经济补偿金。劳务公司同意支付2008年1月1日至2010年10月14的经济补偿金2550元。仲裁裁决支持了某校和劳务公司的意见，钱某不服诉至法院。

法院经审理认为，用人单位或者其所属单位不得出资或者合伙设立劳务派遣公司，向本单位或者所属单位派遣劳动者。本案中，某校和劳务公司之间的劳务派遣协议属于法律禁止的劳务派遣行为，应认定为无效合同，钱某自始至终与某校存在劳动关系。综上，法院判决某校支付钱某经济补偿金8500元。

实操技巧

虽然劳务派遣作为一种弹性化用工方式，可以为企业缓解一定的用工压力，但在实际生活中，却存在大量通过劳务派遣的形式侵害劳动者合法权益的行为。在上述案例中，这种变相自行设立劳务公司并派遣劳动者的行为，实际上就是一种逆向派遣，应当认定为无效。现结合实际情况，作如下分析：

一、用工单位逆向派遣劳动者的行为无效，所签订的《劳务派遣协议》无效

根据《劳动合同法》第67条的规定，用人单位不得设立劳务派遣单位向本单位或者所属单位派遣劳动者。同时，《劳动合同法实施条例》第28条规定，用人单位或者其所属单位出资或者合伙设立的劳务派遣单位，向本单位或者所属单位派遣劳动者的，属于劳动合同法第67条规定的不得设立的劳务派遣单位。由此可知，我国的法律已经明确禁止用人单位设立劳务派遣公司向本单位或者所属单位派遣劳动者，也不得通过出资入股的形式设立派遣公司，再向本单位或者所属单位派遣劳动者，其目的就是避免劳务派遣协议双方联手规避责任、侵犯劳动者权利。《劳动合同法》第92条规定，用工单位给被派遣劳动者造成损害的，劳务派遣公司与用工单位承担连带赔偿责任。这一规定在保护劳动者利益的同时，也促使派遣公司与用工单位互相监督，自觉维护劳动关系的和谐稳定。

通过上述分析可知，用工单位不能通过直接设立或出资入股设立派遣公司的形式进行逆向派遣。所谓逆向派遣，是指让本单位的员工与劳务派遣公司签订劳动合同，员工继续在单位上班，但员工与单位之间的劳动关系终止，双方转为劳务关系。用人单位之所以这样操作，就是为了规避劳动者工作年限累计计算、逃避签订无固定期限劳动合同、拒绝支付经济补偿金等义务。所以，对于这种违法行为，用工单位与派遣单位之间所签订的《劳务派遣协议》自然归于无效。

二、在逆向派遣中，被派遣劳动者与派遣公司之间不存在劳动关系

在劳务派遣的法律关系中，劳务派遣公司、实际用工单位以及被派遣劳动者三者之间的关系如下图所示：

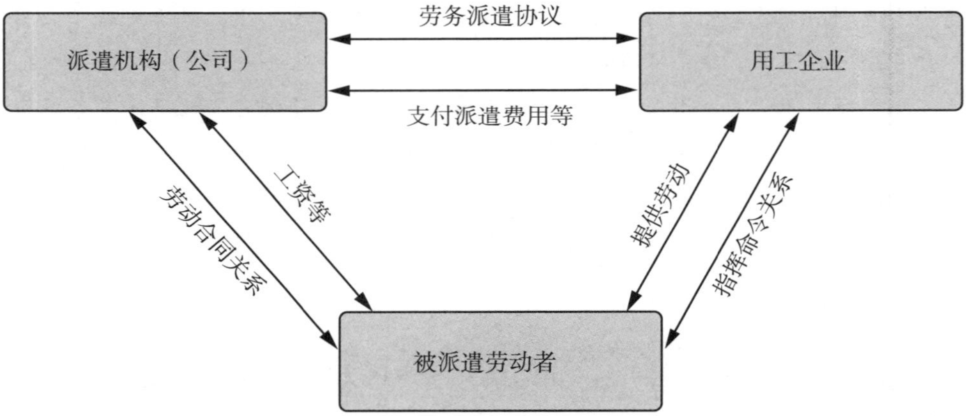

但是，在逆向劳务派遣中，用人单位利用金蝉脱壳的方式设立派遣公司，将劳动者的劳动合同签订主体变更为派遣公司，实际上劳动者仍在用工单位工作，未发生任何变化。对于这种逆向派遣的违法行为，所谓“被派遣劳动者”与“用工单位”之间仍然是劳动关系，与派遣单位之间并不存在劳动关系。因此，在逆向派遣劳动法律关系中，劳动者合法权益受到侵害的，其最终的法律后果应当由用工单位承担。

风险提示

1. 当劳动者发现在劳动合同履行的过程中，用人单位存在逆向派遣侵害其合法权益的，应当及时予以制止，并向劳动行政部门进行投诉。

2. 用人单位应当按照劳动合同的约定履行自己的义务，不能为了达到非法目的而侵害劳动者的利益，否则将会受到法律的严惩。

3. 劳务派遣只能在临时性、辅助性、替代性的工作岗位使用，不能在一些固定、关键的岗位使用劳务派遣劳动者；同时，还要提醒用人单位，不得以劳务派遣的形式使用非全日制劳动者；劳务派遣单位不得以非全日制用工形式招用被派遣劳动者。否则，需要承担相应的法律后果。

法律依据

《劳动合同法》第67条；《劳动合同法实施条例》第28条

第81讲：被派遣劳动者给用工单位造成损失的，派遣公司是否承担赔偿责任？

案例聚焦①

胸科医院与劳务派遣中心于2015年4月15日签订《保安服务合同》，劳务派遣中心向胸科医院提供24小时保安服务，合同期限为一年。2016年1月12日，胸科医院退休职工李某从医院大门进入时，胸科医院保安与李某因是否通过安检门发生争执，保安阻拦、推搡李某致其摔伤，导致左侧股骨粗隆间骨折，行左侧股骨头人工双动头置换手术。2017年9月26日，李某将胸科医院、劳务派遣中心诉至法院，法院判决胸科医院赔偿李某各项损失合计85252.5元，劳务派遣中心对胸科医院上述赔偿责任承担补充责任。2018年5月31日，胸科医院向李某履行了全部的赔偿责任。

后胸科医院依据《保安服务合同》中的约定，即"乙方（劳务派遣中心）保安如与病人发生纠纷，由乙方（劳务派遣中心）公司负责……由于乙方（劳务派遣中心）保安人员进行保安服务工作时的过失或故意行为，造成甲方（胸科医院）其他经济损失的，乙方（劳务派遣中心）负责承担赔偿责任"，向劳务派遣中心进行追偿，并向法院提起诉讼。

一审法院经审理认为，保安人员的过失行为致受害人摔伤造成经济损失的，按合同约定，应当由乙方（劳务派遣中心）承担赔偿责任。当用工单位对外承担了赔偿责任后，用工单位有权向有过错的劳务派遣单位进行追偿。对胸科医院请

---

① 案例节选自新疆维吾尔自治区乌鲁木齐市中级人民法院（2019）新01民终851号民事判决书。

求劳务派遣中心承担其损失85252.5元的诉讼请求，应予支持。劳务派遣中心不服一审判决，上诉请求撤销一审判决，改判劳务派遣中心不支付赔偿款85252.5元。二审法院经审理，依法作出“驳回上诉，维持原判”的判决结果。

实操技巧

劳务派遣作为一种灵活的用工形式，用工成本相对较低，往往被用工单位采用。但是，在实际履行过程中，由于三方之间的权利义务很难得到平衡，难免会出现一些纷争。比如，被派遣劳动者擅自离职、因工作失职等原因给用工单位造成损失的，派遣单位是否应当承担赔偿责任等问题。为此，笔者结合现行法律规定作如下解析：

一、被派遣劳动者给用工单位造成损失的表现形式有哪些

在司法实践中，被派遣劳动者给用工单位造成损失的表现形式，主要有以下几种：

（一）被派遣劳动者在离职时未提前30日告知或在工作期间不辞而别的

根据《劳动合同法》第37条的规定，劳动者提前30日以书面形式通知用人单位，可以解除劳动合同。劳动者在试用期内提前3日通知用人单位，可以解除劳动合同。因此，被派遣劳动者未履行提前告知义务或不辞而别，使用工单位因员工离职而措手不及，无法在短时间内补充人员，致使用工单位正在进行的项目停滞或减缓的，用工单位可能会面临商业合同违约的法律风险。

（二）被派遣劳动者在工作中存在失职行为造成损失的

因被派遣劳动者的职务行为导致用工单位损失的，如被派遣劳动者没有按照岗位职责履行自己的义务，有未尽职责的严重过失行为或者利用职务之便谋取私利等，导致用工单位遭受重大损害的情形。如上述案例中，保安在履行职责的过程中，因未能冷静处理突发事件，与他人发生争执，导致第三人遭受伤害。

（三）被派遣劳动者违反商业秘密等约定造成损失的

《反不正当竞争法》第9条规定：“经营者不得实施下列侵犯商业秘密的行为：（一）以盗窃、贿赂、欺诈、胁迫、电子侵入或者其他不正当手段获取权利人的商业秘密；（二）披露、使用或者允许他人使用以前项手段获取的权利人的商业秘密；（三）违反保密义务或者违反权利人有关保守商业秘密的要求，披露、使用或者允许他人使用其所掌握的商业秘密；（四）教唆、引诱、帮助他人违反保密义务或者违反权利人有关保守商业秘密的要求，获取、披露、使用或者允许他人使用权利人的商业秘密。经营者以外的其他自然人、法人和非法人组织实施前款所列违法行为的，视为侵犯商业秘密。第三人明知或者应知商业秘密权利人的员工、前员工或者其他单位、个人实施本条第一款所列违法行为，仍获取、披露、使用或者允许他人使用该商业秘密的，视为侵犯商业秘密。本法所称的商业秘密，是指不为公众所知悉、具有商业价值并经权利人采取相应保密措施的技术信息、经营信息等商业信息。”因此，被派遣劳动者泄露用工单位商业秘密或利用掌握的商业秘密进行不正当市场竞争，将导致用工单位遭受经济损失。

（四）被派遣劳动者故意破坏或偷盗用工单位的财产致使其遭受损失的

此种情形在现实中虽然不常见，但也是客观存在的。被派遣劳动者因主观存在故意破坏或偷盗用工单位的财产的行为，如构成刑事犯罪，应当依法追究其刑事责任。

二、被派遣劳动者给用工单位造成损失是否需承担责任

根据《劳动合同法》第 90 条的规定，劳动者违反本法规定解除劳动合同，或者违反劳动合同中约定的保密义务或者竞业限制，给用人单位造成损失的，应当承担赔偿责任。虽然该条规定的是“给用人单位造成损失”的情形，但笔者认为，在劳务派遣法律关系中，被派遣劳动者给用工单位造成损失的同样适用该条的规定。同时，被派遣劳动者给用工单位造成损失的，作为用人单位的劳务派遣单位也应当承担相应的责任。对于被派遣劳动者承担的赔偿责任，主要表现在：

1. 若是因为劳动者违法解除劳动合同导致用工单位损失的，根据《劳动合同法》第 90 条、《违反〈劳动法〉有关劳动合同规定的赔偿办法》第 4 条的规定，劳动者违反规定或劳动合同的约定解除劳动合同，对用工单位造成损失的，劳动者应赔偿用人单位下列损失：（1）用人单位招收录用其所支付的费用；（2）用人单位为其支付的培训费用，双方另有约定的按约定办理；（3）对生产、经营和工作造成的直接经济损失；（4）劳动合同约定的其他赔偿费用。

2. 若是被派遣劳动者在工作中存在失职行为给用工单位造成损失的，用工单位完全可以依据法律及规章制度的规定将其退回派遣单位，派遣单位可以与其解除劳动合同。同时，依据《工资支付暂行规定》第 16 条的规定，因劳动者本人原因给用人单位造成经济损失的，用人单位可按照劳动合同的约定要求其赔偿经济损失。劳动者对用人单位负有忠诚义务，劳动者应遵守劳动纪律、操作规程。若劳动者因故意、重大过失给用人单位造成损失的，则基于公平原则，劳动者亦应在其过错范围内承担损害赔偿责任。

3. 如果劳动者违反劳动合同中约定的保密事项，对用人单位造成经济损失的，按《反不正当竞争法》第 17 条的规定向用人单位支付赔偿费用。

综上，对于被派遣劳动者在工作中造成用工单位或派遣单位经济损失的，被派遣劳动者应当承担相应的赔偿责任。

三、被派遣劳动者给用工单位造成损失，派遣公司是否承担赔偿责任

对被派遣劳动者在工作中因履行职务或擅自离职给用工单位造成经济损失，派遣单位是否应承担连带责任，在司法实践中存在一定的争议，但笔者认为，还需区分情况予以对待。

如果被派遣劳动者擅自离职给用工单位造成损失，由于在派遣期间是由用工单位对被派遣劳动者进行管理，安排劳动，派遣单位并不进行直接管理。对于派遣单位而言，在对被派遣劳动者选人及管理存在过错的情况下，应承担补充性的雇主责任。因此，对于劳动者擅自离职的，派遣单位仅在有选人过失的情况下承担过错责任。

如果被派遣劳动者在工作中因履行职务给第三人造成损害，对用工单位造成损失的，根据《民法典》第1191条的规定，用人单位的工作人员因执行工作任务造成他人损害的，由用人单位承担侵权责任。用人单位承担侵权责任后，可以向有故意或者重大过失的工作人员追偿。劳务派遣期间，被派遣的工作人员因执行工作任务造成他人损害的，由接受劳务派遣的用工单位承担侵权责任；劳务派遣单位有过错的，承担相应的责任。

如果劳动者违反劳动合同中约定的保密事项，对用工单位造成经济损失的，该种行为完全是由于被派遣劳动者的个人行为造成的，劳务派遣单位虽然在选人等方面存在瑕疵，但并不是导致用工单位遭受损失的原因。故，在此种情况下，派遣单位无需承担赔偿责任。

风险提示

1. 在司法实践中还应注意，被派遣劳动者擅自离职时，用工单位应当及时通知劳务派遣单位，并将损失控制到最小，如果用工单位不及时履行通知义务并采取补救措施，导致损失扩大的部分，派遣单位应免责。

2. 如果被派遣劳动者擅自离职后又与其他单位建立劳动关系，擅自录用该被派遣劳动者的用人单位也应按照《劳动合同法》第91条的规定承担连带赔偿责任。当然，派遣单位也可以以被派遣劳动者存在严重违纪为由，单方解除劳动合同。

3. 在司法实践中，法院在审理因劳动者给用人单位造成损失应承担的赔偿责任时，一般会综合以下因素，对具体的赔偿数额进行裁判：劳动者的主观过错程度；用人单位是否对劳动者进行职业纪律或操作规程培训；用人单位对劳动者的劳动过程有无实质上进行监督管理的可能性；劳动者的月收入水平；损失的合理性，即用人单位事前是否采取必要措施防止损失的发生，劳动者是否采取补救措施减少或降低损失，或是否故意扩大损失等。

法律依据

《劳动合同法》第90、91条；《民法典》第1191条

第二节　业务外包

第82讲：如何区分真假业务外包，以及业务外包与劳务派遣？

案例聚焦

2017年5月，北京某建材公司与自然人李某签订地板生产承包合同，将公司内一处闲置厂房给李某用于地板生产，李某招用自然人唐某与其共同从事地板生产工作，2017年8月7日，唐某在工作过程中发生伤残事故。现唐某请求确认与北京某建材公司存在劳动关系。

仲裁委经开庭审理认为，唐某提供的某区人力资源和社会保障局劳动保障监察询问笔录、北京某建材公司与李某签订的地板生产承包合同，证明北京某建材公司将厂房承包给李某使用，唐某系李某招用。唐某的劳动报酬由李某发放，并受李某的劳动管理，且唐某从事的地板生产并非北京某建材公司的主营业务，唐某与北京某建材公司之间不存在建立劳动关系的合意，故唐某主张确认与北京某建材公司之间存在劳动关系，缺乏事实依据，仲裁委不予支持，依法驳回唐某的仲裁请求。

实操技巧

上述案例中的情形，在司法实践中是比较常见的，尤其是在装修市场。对于业务外包中的劳动关系如何确认，亟须予以解决和指导。为此，笔者对业务外包、劳务派遣以及劳动关系的确认等问题作如下分析，以供参考：

一、劳动关系如何认定

根据《劳动和社会保障部关于确立劳动关系有关事项的通知》的规定，用人单位招用劳动者未订立书面劳动合同，但同时具备下列情形的，劳动关系成立：（1）用人单位和劳动者符合法律、法规规定的主体资格；（2）用人单位依法制定的各项劳动规章制度适用于劳动者，劳动者受用人单位的劳动管理，从事用人单位安排的有报酬的劳动；（3）劳动者提供的劳动是用人单位业务的组成部分。由此可知，对劳动关系是否成立的判断，主要是从以下几个方面进行综合考虑：（1）劳动者的工作内容是用人单位经营业务中不可或缺的组成部分；（2）劳动者在提供劳动的过程中受到用人单位的指挥，是在单位的授意、指导下进行；（3）用人单位对劳动者进行管理，劳动者要遵守用人单位的各项规章制度及劳动纪律；（4）用人单位直接向劳动者支付劳动报酬，支付周期相对固定、支付数额基本稳定，并具有一定的持续性；（5）劳动者与用人单位主体合法，即符合劳动法律法规规定的主体资格。

同时，根据《劳动和社会保障部关于确立劳动关系有关事项的通知》的规定，用人单位未与劳动者签订劳动合同，认定双方存在劳动关系时可参照下列凭证：（1）工资支付凭证或记录（职工工资发放花名册）、缴纳各项社会保险费的记录；（2）用人单位向劳动者发放的“工作证”“服务证”等能够证明身份的证件；（3）劳动者填写的用人单位招工招聘“登记表”、“报名表”等招用记录；（4）考勤记录；（5）其他劳动者的证言等。其中，（1）、（3）、（4）项的有关凭证由用人单位负举证责任。因此，在劳动争议案件中，对于劳动者主张确认劳动关系，作为用人单位不是矢口否认就可以的，也应当提供相应的证据予以反证。

二、如何正确区分真假业务外包，以及业务外包与劳务派遣

现行法律框架内虽然没有对业务外包作出明确的规定，但对于业务外包的法律关系的认定、法律的适用等均有规定。至于业务外包与劳务派遣的区别，法律法规没有作出明确的规定，但从司法实践中可以总结出业务外包与劳务派遣的区别主要表现在以下几个方面：

第一，二者的概念不同。业务外包，也称资源外包，是指企业整合其外部最优秀的专业化资源，从而达到降低成本、提高效率、充分发挥自身核心竞争力和增强企业对环境的迅速应变能力的一种管理模式。劳务派遣，是指由劳务派遣机构与被派遣劳动者订立劳动合同，把劳动者派向其他用工单位，再由用工单位向派遣机构支付一笔服务费用的一种用工形式。虽然二者都可以达到帮助企业降低用工成本的目的，但在法律关系的适用上存在一定区别。对于业务外包的正确理

解，如下图所示：

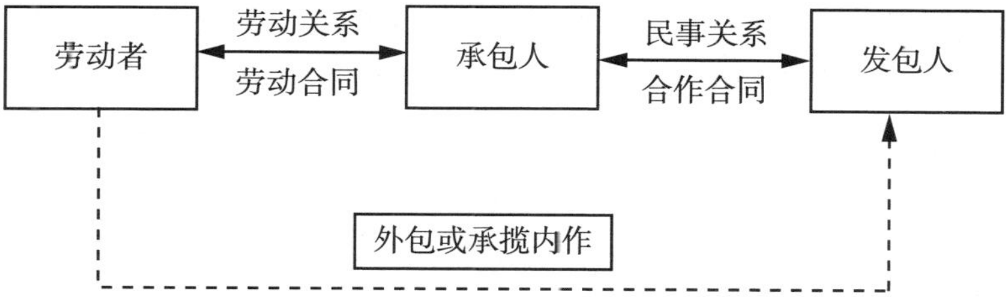

第二，适用的法律不同。劳务派遣适用劳动合同法，业务外包适用《民法典》合同编的相关规定。

第三，订立合同目的不同。企业作为发包方将业务发包给承包方，主要是出于节约成本、利用外部优质资源实现企业集中资源发展主营业务的商业目的；企业实施劳务派遣，其真实目的是避免直接用工的法律风险和减少管理成本。

第四，合同的标的不同。在业务外包中，合同双方签订业务外包合同并建立委托关系，以完成的劳动成果经验收合格作为标的，针对的是“物”；在劳务派遣中，劳务派遣合同则是以劳动者持续提供劳动力作为标的，与劳动成果没有直接的关系，针对的是“人”。

第五，履行合同义务的方式不同。在业务外包关系中，履行合同义务所需的场地、设备、材料等一般是由承包方自行负责，在实践中也可能会因承包业务的内容不同而有所区别；在劳务派遣关系中，劳动合同及劳务派遣协议的履行所需的场地、设备、材料等均由用工单位提供。

第六，管理权限不同。在业务外包合同中，发包方只需要根据双方合同的约定对承包方完成的劳动成果进行验收，由承包方负责管理劳动者的考勤、考核、奖惩、工资支付等，发包方无权对承包方的劳动者进行直接管理；在劳务派遣法律关系中，用工单位负责对被派遣劳动者进行直接管理并可以要求劳动者遵守用工单位的各项规章制度，若被派遣劳动者出现违纪或可被退回的情形时，由用工单位将其退回派遣公司。

第七，费用结算的方式不同。在业务外包中，如承包方为了完成所承包的业务需聘用劳动者的，由承包方负责聘用，并按照《劳动合同法》的规定，与聘用人员签署劳动合同并承担薪资支付、社保及住房公积金缴纳等所有用工成本，同时，业务中涉及的材料等也由承包方承担，最终以交付成果数量及质量作为结算标准，与承包方安排从事外包业务的劳动者的人数、工作时间等无关。在劳务派遣中，由派遣单位负责与劳动者签订劳动合同并支付薪资待遇，但劳务派遣模式下劳动者的薪资等待遇一般通过劳务派遣协议约定由用工方承担，劳务派遣相关费用也以所派遣劳动者人数、工时等作为结算标准。

第八，对资质的要求不同。除了从事某些特殊行业的承揽外包业务对企业有具体的资质要求外，其他的业务外包一般没有特殊的限制。但是，在劳务派遣中，劳务派遣公司则必须具备一定的资质，注册资本在200万元以上，且需取得劳务派遣许可证等，才能从事劳务派遣业务。

第九，承担的法律后果不同。在业务外包中，如承包方雇用的劳动者在完成外包业务时受伤，由承包方根据《工伤保险条例》的规定承担工伤赔偿责任，发包方一般无需对劳动者承担侵权责任；如劳动者对第三人造成损害，也应由承包方向第三人承担雇主的侵权责任。同时，承包方侵害劳动者合法权益的，由承包方在劳动争议案件中承担法律责任，与发包方无关。在劳务派遣中，如果劳动者在工作中受到伤害的，除适用《劳动合同法》及《工伤保险条例》的相关规定外，用工单位还存在按照《民法典》侵权责任编的规定对劳动者遭受的损害承担相应的赔偿责任的可能。如果劳动者因履职对第三人侵权的，由用工单位承担赔偿责任，派遣单位仅在有过错时，承担相应的补充责任；如果劳务派遣单位侵害劳动者利益的，如存在拖欠工资、未缴纳社会保险等违法行为的，劳务派遣单位与用工单位需承担连带赔偿责任。

三、企业将业务发包给个人是否存在法律风险

根据《劳动和社会保障部关于确立劳动关系有关事项的通知》的规定，建筑施工、矿山企业等用人单位将工程（业务）或经营权发包给不具备用工主体资格的组织或自然人，对该组织或自然人招用的劳动者，由具备用工主体资格的发包方承担用工主体责任。所以，在实际业务发包中，发包方一定要根据《招投标法》的规定，进行相关业务的招标或者对相关的企业进行调查，避免将业务发包给不具有用工主体资格的组织或自然人，否则，可能会认定承包方雇用的劳动者与发包方存在劳动关系，由发包方承担《劳动合同法》所赋予的权利和义务。

风险提示

1. 切忌将业务外包给没有资质的组织或个人，因为没有资质的组织或个人无法给劳动者缴纳社会保险，一旦员工发生工伤，后果很严重。

2. 在业务外包中，一定要签订相应的承包合同或外包协议，明确双方的权利义务，避免因业务外包引发劳动争议案件；当然，在实际工作中，如果发包方认

为承包方委派的劳动者不适合或存在相关问题的，不能直接对劳动者进行处理，可将相关意见和证据提供给承包方，由承包方结合规章制度进行处理。

3. 在业务外包中，应避免出现假外包、真派遣的行为，否则需承担因劳动争议引发的法律后果。

法律依据

《劳动和社会保障部关于确立劳动关系有关事项的通知》一、四

第83讲：用人单位将业务外包后，是否需要向劳动者支付解除劳动合同的补偿？

案例聚焦

自2014年4月起，臧某在某酒店做保洁工作。2019年3月，该酒店和某保洁公司签订后勤保洁服务合同，约定由保洁公司承包该单位保洁及相关业务，保洁公司应无条件接受该单位原有保洁人员，支付员工工资待遇不得低于原有工资待遇标准。随后，保洁公司继续将臧某留在酒店从事保洁工作。

2019年5月15日，臧某因个人原因从保洁公司辞职。2019年6月1日，臧某申请劳动仲裁，认为酒店将保洁业务外包给其他公司，应属于酒店单方解除劳动合同，请求裁决该单位按照自己在酒店的工作年限支付经济补偿金。

酒店则认为，酒店因经营管理的需要，与保洁公司签订承包合同后，臧某仍留在原岗位从事保洁工作，待遇未降低，劳动保护和劳动条件也未变化，臧某要求支付经济补偿金的请求无事实和法律依据。

仲裁委经审理认为，臧某的用人单位由酒店变更为保洁公司后，在原工作场所、岗位继续从事原工作，劳动报酬、劳动保护和劳动条件未变化。因此，臧某的情形应认定为"劳动者非因本人原因从原用人单位被安排到新用人单位工作"。由于臧某是因为个人原因提出辞职，保洁公司并不存在过错，也没有主动解除劳动合同，故臧某主张经济补偿金没有依据。

实操技巧

在实际生活中，一些用人单位因经营管理或经营策略发生变化，或者出于用工成本等原因的考虑，会将一些经营业务发包给第三方具有经营资质的企业进行

经营。在其经营方式发生变化的过程中，难免会出现劳动者的劳动合同的变更或解除等问题。为此，笔者结合上述案例及司法实践中遇到的相关问题，作如下分析：

一、用人单位将业务外包的，应当与劳动者就劳动合同内容进行协商变更

根据《劳动合同法》第35条的规定，用人单位与劳动者协商一致，可以变更劳动合同约定的内容。变更劳动合同，应当采用书面形式。变更后的劳动合同文本由用人单位和劳动者各执一份。因此，用人单位因经营业务发生变化，需要将部分业务发包给第三方进行经营的，将会对该业务线上的劳动者产生一定的影响。用人单位将业务外包的，对于劳动者的劳动合同履行发生的变化，可根据实际情况进行区别处理：(1) 如果用人单位有其他的岗位可供劳动者选择，且该岗位的工作内容、薪资标准与原岗位差别不大的，可以与劳动者协商变更工作岗位并继续履行；若劳动者此时不同意变更的，可以协商解除；若劳动者既不同意变更工作岗位，也不同意协商解除劳动合同的，用人单位可依照规章制度的规定，对劳动者按违纪或消极怠工等进行处理。(2) 如果用人单位将业务外包后，已经没有相近的岗位可供安排的，可以与劳动者协商解除劳动合同，并支付经济补偿金。(3) 如果用人单位将业务外包，且承包业务的企业愿意接收劳动者继续为其提供劳动的，此时则需要三方签订《劳动合同变更协议》，对劳动合同的主体变更、岗位、薪资、工龄等予以明确。(4) 如果劳动者以用人单位将业务外包为由提出解除劳动合同的，由于此时用人单位具有用工自主权，且此种变更尚未侵害劳动者的合法权益，劳动者以此提出解除劳动合同并主张经济补偿金的，将不会得到支持。

二、若承包业务的单位接收劳动者的，劳动者的工龄应当累计计算

根据《劳动合同法实施条例》第10条的规定，劳动者非因本人原因从原用人单位被安排到新用人单位工作的，劳动者在原用人单位的工作年限合并计算为新用人单位的工作年限。原用人单位已经向劳动者支付经济补偿的，新用人单位在依法解除、终止劳动合同计算支付经济补偿的工作年限时，不再计算劳动者在原用人单位的工作年限。

同时，《最高人民法院关于审理劳动争议案件适用法律若干问题的解释（四）》第5条规定，劳动者非因本人原因从原用人单位被安排到新用人单位工作，原用人单位未支付经济补偿，劳动者依照劳动合同法第38条规定与新用人单位解除劳动合同，或者新用人单位向劳动者提出解除、终止劳动合同，在计算支付经济补偿或赔偿金的工作年限时，劳动者请求把在原用人单位的工作年限合并计算为新用人单位工作年限的，人民法院应予支持。用人单位符合下列情形之一的，应当认定属于“劳动者非因本人原因从原用人单位被安排到新用人单位工作”：（1）劳动者仍在原工作场所、工作岗位工作，劳动合同主体由原用人单位变更为新用人单位；（2）用人单位以组织委派或任命形式对劳动者进行工作调动；（3）因用人单位合并、分立等原因导致劳动者工作调动；（4）用人单位及其关联企业与劳动者轮流订立劳动合同；（5）其他合理情形。

注意：劳动者依据上述条款解除劳动合同并主张经济补偿金的，只有劳动者是依据《劳动合同法》第38条的规定解除劳动合同，即因用人单位的过错致劳动者被迫辞职，或者新用人单位主动解除、终止劳动合同，劳动者向新用人单位主张经济补偿时，才可将原用人单位的工作年限合并计算为新用人单位的工作年限。所以，劳动者非因本人原因，从原用人单位因业务外包而被安排到承包业务的新用人单位工作的，劳动者在原用人单位的工作年限合并计算为新用人单位的工作年限。

三、劳动者因用人单位将业务外包而主张经济补偿金的，将不会得到支持

在司法实践中，笔者作为专业的劳动法律师处理了大量劳动争议案件，形形色色的案件情形均见到过，既有劳动者存在过错被解除劳动合同的，也有用人单位违法解除的，还有一些劳动者为了达到解除劳动合同并索要经济补偿金的目的，采用各种理由或手段解除劳动合同。那么，在用人单位因经营方式发生变化，将部分或全部业务进行外包的过程中，劳动者因此提出解除劳动合同，是否能够得到经济补偿金呢？笔者认为，对于这种投机取巧的劳动者，不应向其支付经济补偿金。

用人单位无论是对业务的正常经营还是对劳动者的管理，都具有一定的自主权。当前市场发展千变万化，企业在经营过程中为了更好地发展，必然会根据市场经济发展的规律作出相应的调整。将部分或全部业务进行市场外包，也是市场经济发展中的一种经济操控的手段或行为，在不侵害劳动者合法权益的情况下，劳动者应当接受用人单位的合理安排。若在企业进行业务外包的过程中，劳动者认为该行为在未经其同意的情况下，导致劳动合同的内容发生变更，抑或是劳动合同履行的主体发生变更，而依据《劳动合同法》第38条的规定提出被迫解除劳动合同，并主张经济补偿金的，笔者认为不应予以支持，原因在于依据《劳动合同法》第34条的规定，用人单位发生合并或者分立等情况，原劳动合同继续有效，劳动合同由承继其权利和义务的用人单位继续履行。故用人单位的外包行为在未实际侵害劳动者合法权益的情况下，劳动者主张经济补偿金的，没有法律依据。

风险提示

1. 用人单位在业务外包时，应妥善处理与原岗位劳动者之间的劳动关系，否则可能产生劳动争议纠纷并承担经济赔偿金，这样不仅会给企业造成经济损失，还会带来负面影响；同时劳动者在自己的合法权益受到侵害时，也应主动积极维权。

2. 用人单位将业务外包时，如果承包业务的企业愿意接收劳动者的，应当及时由三方签订《劳动合同变更协议》，明确劳动者的工作年限、工作内容、工资标准等内容。

3. 作为劳动者也应当理智应对公司业务外包，如果认为公司业务发生变化，且工作内容、发展前景等不适宜自己继续工作的，应当及时与用人单位就劳动合同的解除进行友好协商，而不是通过其他不当手段去谋取不当利益。

法律依据

《劳动合同法实施条例》第 10 条

第 84 讲：用工单位将劳务派遣转为劳务外包，是否需要向劳动者支付补偿？

案例聚焦①

原告石某菊之夫彭某云（已故）于 2003 年 1 月 1 日至 2007 年 12 月 31 日期间在被告永顺烟草公司务工，没有签订劳动合同。2008 年 1 月 1 日至 2009 年 12 月 31 日期间，永顺县烟草专卖局（营销部）与湘西自治州博达劳务派遣有限公司签订了《业务外包协议书》，将部分业务以承包形式外包给自治州博达劳务派遣有限公司，其中包括了对彭某云的用工业务，即彭某云与劳务派遣公司签订劳动合同，然后由劳务派遣公司以劳务派遣形式将彭某云派遣到永顺烟草公司务工。

2010 年 1 月至 2017 年年底，永顺烟草公司同样将部分用工业务外包给被告

① 案例节选自湖南省永顺县人民法院（2017）湘 3127 民初 975 号民事判决书。

合协人力公司，即彭某云与合协人力公司签订劳动合同后，由合协人力公司派遣到被告永顺烟草公司务工。彭某云被派遣到被告永顺烟草公司务工期间，在永顺烟草公司下属单位松柏烟站工作，接受永顺烟草公司的管理、指挥、监督，按松柏烟站的作息时间工作，主要工作是给烟农指导种烟技术，永顺烟草公司还为其提供了住处、食堂。

永顺烟草公司按其与合协人力公司签订的业务外包协议，自 2010 年 1 月起，将彭某云应缴纳的五险和应发的工资（含绩效和奖励）等费用支付给合协人力公司，再由合协人力公司给彭某云发放工资和缴纳五险。2016 年 8 月，彭某云因患肺癌离开工作岗位，先后到湘西自治州人民医院、湘雅三医院住院治疗，劳务派遣公司在其住院期间仍给其发放工资。彭某云于同年 11 月 10 日病故。

彭某云病故后，永顺烟草公司对其家属进行了慰问，其应得的补偿款由人社局按规定的项目和标准全部进行了补偿。后原告石某菊以其夫彭某云与永顺烟草公司存在事实劳动关系，二被告还应当给予经济补偿为由，向永顺县劳动人事争议仲裁委员会申请仲裁，仲裁委于 2017 年 4 月 18 日裁决对原告的请求不予支持。原告对仲裁裁决不服，起诉至法院。

法院经审理认为，原告之夫彭某云与被告合协人力公司签订了劳动合同，然后由合协人力公司以劳务派遣形式派遣到被告永顺烟草公司下属单位松柏烟站工作。在彭某云劳动期间，被告合协人力公司按时给其发放了工资、绩效及相关奖励，并为其缴纳了五险，对 2008 年以前未签订劳动合同还进行了经济补偿。彭某云病故后，被告永顺烟草公司对其家属进行了慰问，其家属在彭某云病故后由人社局按规定的项目和标准进行了补偿，二被告没有违反《劳动法》的相关规定，尽到了自己应尽的义务，故原告要求确认彭某云与永顺烟草公司存在劳动关系，并进行相关补偿的诉讼请求，无事实与法律依据，依法不予支持。据此，判决驳回原告石某菊的诉讼请求。

实操技巧

在司法实践中，劳务派遣转为劳务外包是很多企业规避《劳务派遣暂行规定》的一项举措。然而在这一过程中却伴随着更大的法律风险，企业如果不能充分认识到实施过程中面临的阻力并积极应对防范，不仅劳务外包的自身优势很难发挥，而且会让企业面临更大的风险。同时，“劳务派遣”能否转化为“劳务外包”，劳务派遣单位能否以“劳务外包”形式承揽业务等问题都是目前大家比较关心的话题。笔者结合实际从以下几个方面进行阐述：

一、劳务外包中的法律关系认定

在劳务外包法律关系中存在三方主体，即发包单位、外包单位（承包单位）和劳动者。

1. 外包单位和劳动者之间的关系。外包单位和劳动者之间为直接用工关系，双方之间一般存在劳动关系。

2. 外包单位与发包单位之间的关系。发包单位和外包单位之间为合同关系，双方因订立的业务外包合同而各自承担相应的权利与义务。根据《民法典》第770条的规定，承揽合同是承揽人按照定作人的要求完成工作，交付工作成果，定作人给付报酬的合同。合同双方通过签订承揽合同来保障和实现发包单位与承包单位之间交付业务成果、给付报酬的民事法律关系。承包单位与雇佣劳动者之间建立劳动关系，并负责向劳动者支付工资、缴纳社保，负责工作安排、人员及项目管理等，发包方不负责承包单位工作人员的工资待遇等问题。

3. 发包单位与劳动者之间的关系。从法律关系上来说，两者之间不存在任何关系。劳动者只需提供发包单位要求的劳动成果。发包单位无权对劳动者进行管理，除非存在故意或重大过失，发包单位无需对劳动者承担任何责任。

二、劳务外包在实际履行中存在的法律风险

（一）“假外包”被认定为“真派遣”的风险

依据《劳务派遣暂行规定》第27条的规定，用人单位以承揽、外包等名义，按劳务派遣用工形式使用劳动者的，按照本规定处理。因此，在劳务外包中，发包方不具有对劳动者的用工权利，而是通过合同约定明确业务成果的质量要求，购买外包方的业务成果。如果发包单位直接对外包员工进行管理，通过发包单位支付工资，缴纳社保等行为，极有可能被认定为劳务派遣。所以，发包单位在使用外包员工的过程中，应尽量避免对其进行直接的人事管理行为，避免与其个人签订任何的书面协议，避免直接为其发放工资、缴纳社保等行为。

（二）商业秘密泄露风险

外包员工与发包企业之间不存在直接的法律关系，对于核心关键业务岗位或可能接触到公司商业机密的岗位使用外包员工，很容易造成商业秘密的泄露。所以，对于将长期在本单位工作，表现优秀的外包员工应考虑转为派遣或者正式的合同用工，更好地发挥人才的作用，守护企业的商业机密。

三、劳务外包法律风险防范

（一）谨慎选择承包企业

劳务外包在选择承包企业时，要选择在一定领域具有相当的专业优势和经验

的承包企业来承包相应的劳务。优质高效的承包企业能够顺利、按时并且保质地完成发包企业给予的相应专业劳务，从而能够保障发包企业自身的社会信誉和商业声誉。同时，在劳务外包中，发包企业也应当对承包企业进行监督，给予必要的指导。

（二）签订内容合法的劳务外包合同

根据《民法典》合同编的规定，发包方与承包方之间是一种民事法律关系，应当签订《发包合同》或《承包合同》，并在合同中明确约定双方各自的权利、义务以及责任，明确约定双方之间为外包关系，且劳务外包人员的劳动合同签订主体、工资发放主体、社保缴纳主体均与发包方无关，以及明确约定承包方费用结算方式、劳务外包人员用工管理方式等，避免在出现问题时产生不必要的纠纷。同时，还应当明确违约责任及争议的处理等。最后，双方在协议中对于争议解决条款最好约定为仲裁管辖，比如：在执行本协议中发生的或与本协议有关的争端，双方应通过友好协商解决，经协商不能达成协议时，应提交××仲裁委员会仲裁。本合同争端的仲裁应由××仲裁委员会根据其仲裁程序和规则进行。仲裁裁决应为最终决定，并对双方具有约束力。这样可以避免将来裁判文书上网的可能性。

四、若用工单位将劳务派遣转为劳务外包是否需要向劳动者支付补偿

经过上述分析，虽然用工单位将劳务派遣转为劳务外包的过程中存在一定的风险，但在对劳动者劳动关系的处理上，要么依据《劳务派遣协议》的约定将被派遣劳动者退回派遣公司，要么与劳动者变更劳动合同，无论采用哪种方式，均会涉及劳动合同变更的事实，依据《劳动合同法实施条例》《劳务派遣暂行规定》的规定，均需要向劳动者支付经济补偿金。当然，如果认可劳动者的工龄或将被派遣劳动者继续派遣到其他公司的，则无需支付经济补偿金。

风险提示

1. 劳动合同到期后，派遣单位将劳务派遣转为劳务外包，需要变更劳动合同，要与员工协商一致。

2. 在司法实践中，虽然发包方与劳务外包人员不存在劳动关系，但是如承包方与劳务外包人员之间发生劳动争议，劳动者可能会将发包方与承包方一起作为被申请人、被告提起劳动仲裁、诉讼。即使最终认定发包方与劳务外包人员无劳动关系，发包方也需承担参与仲裁、诉讼的时间成本和律师费等经济成本。

3. 在劳务外包中，关于费用的结算方式可以从侧面反映出合同标的的内容，劳务外包服务协议应约定的标的是完成的工作量，结算方式应以工作量来衡量。如发包方与承包方约定劳务外包费用的结算方式为以人数结算而非以工作量结算，则该合同标的存在被认定为劳动力而非工作成果，进而导致劳务外包被认定为劳务派遣的法律风险。

4. 发包方在与承包方签订外包服务协议时，需注意协议条款应当避免与劳务派遣协议的相关条款近似甚至混淆。例如，对于服务费的支付时间、数额，应当以工作任务完成情况作为衡量标准，而不应当以承包方提供的劳务外包人员数量和劳务外包人员工作时间作为衡量标准，避免约定由发包方对劳务外包人员进行直接管理，不能规定劳务外包人员须直接遵守发包方的考勤制度、奖惩制度、考核制度等人力资源管理制度。

法律依据

《劳务派遣暂行规定》第 27 条

第三节　工　会

第 85 讲：用人单位未设立工会，解除劳动合同是否需要通知当地工会组织？

案例聚焦[①]

喻某与博润公司于 2014 年 7 月 14 日签订了劳动合同，双方约定喻某到博润公司工程部从事水电工职业，工作地点在酉阳。劳动合同期限为 2014 年 7 月 14 日至 2015 年 12 月 31 日。2015 年 4 月 14 日，双方重新签订了劳动合同，合同期限为 2015 年 4 月 1 日至 2018 年 3 月 31 日，喻某到博润公司工程部工作。

2016 年 6 月，博润公司拟对喻某作岗位调整，将喻某由工程部调往安全环境部，双方并未达成一致意见。2016 年 6 月 12 日，博润公司向喻某送达了岗位调

① 本案例节选自重庆市第四中级人民法院（2017）渝 04 民终 1019 号民事判决书。

整通知，通知明确将喻某由工程部调往安全环境部工作，并要求喻某即日办理工作交接手续，并于2016年6月14日前到安全环境部工作，否则将按旷工处理。2016年6月12日至6月14日，喻某因不能正常进行指纹打卡上班，又不愿去安全环境部工作，原工程部已无其工作岗位，便只是到公司转了一圈便回去了，博润公司每日均作出对喻某按旷工处理的处罚通报。2016年6月16日，因喻某连续旷工5日，博润公司作出处罚决定书，从2016年6月15日起与喻某解除劳动合同，博润公司将该决定书在公司内部张贴，但未送达到喻某。喻某认为公司的解除行为构成违法解除，遂向当地劳动仲裁委员会申请仲裁后起诉至法院。

一审法院经审理认为，根据双方签订的劳动合同中关于“根据甲方经营需要或乙方的实际工作能力和绩效或乙方因医疗期、产期原因导致原工作岗位被其他人取代的或其他原因导致确需变更乙方工作岗位的，甲方可以对乙方的工作岗位和工作内容予以调配，薪酬随岗位或职务变化进行上下浮动，乙方应服从甲方的岗位调配”的约定，博润公司有权对喻某进行岗位调整。喻某以此为由不到岗上班，在公司待一会便私自离开，连续5天旷工，根据双方劳动合同约定的“连续旷工3日或一年度以内累计旷工5日以上的”内容和博润公司员工考勤制度，以及《劳动合同法》第39条的规定，博润公司可以解除合同。但是，博润公司未将该决定书送达喻某，不符合法律规定解除劳动合同的程序。故，博润公司的行为属于违法解除与喻某之间的劳动合同。

博润公司上诉称，其以在公司内部张贴公告的方式公布解聘通知，该送达方式合法有效，解除劳动合同符合法律规定。一审法院仅仅因程序上的瑕疵判决博润公司承担违法解除劳动合同的全部赔偿责任，有违公平原则。

二审法院认为，用人单位单方解除劳动合同，应当事先将理由通知工会。即使用人单位尚未建立基层工会，也应当通过告知并听取职工代表意见的方式或者向当地总工会征求意见的变通方式来履行告知义务这一法定程序。博润公司认可解除与喻某之间的劳动合同关系未事先通知工会，也未有证据证明博润公司听取了职工代表意见，应当认定为博润公司系违法解除与喻某之间的劳动合同，博润公司应当按照《劳动合同法》第87条的规定向喻某支付赔偿金。

实操技巧

根据《劳动合同法》第43条的规定，用人单位单方解除劳动合同时应事先通知工会，但没有规定未建立工会组织的用人单位在解除劳动合同时是否也需要事先通知工会。在现行法律中对此并未作出明确的规定。笔者认为，针对该问题不能一概而论，需要结合当地的具体规定进行判定。

一、组建工会既是职工的权利，也是用人单位的义务

根据《工会法》的规定，工会是职工自愿结合的工人阶级的群众组织。中华全国总工会及其各工会组织代表职工的利益，依法维护职工的合法权益。在中国境内的企业、事业单位、机关中以工资收入为主要生活来源的体力劳动者和脑力劳动者，不分民族、种族、性别、职业、宗教信仰、教育程度，都有依法参加和组织工会的权利，任何组织和个人不得阻挠和限制。企业、事业单位、机关有会员25人以上的，应当建立基层工会委员会；不足25人的，可以单独建立基层工会委员会，也可以由两个以上单位的会员联合建立基层工会委员会，还可以选举组织员一人，组织会员开展活动。因此，用人单位有义务建立工会，职工有权利参加工会。

二、已建立工会的用人单位在解除劳动合同时通知工会是必经程序

根据《劳动合同法》第43条的规定，用人单位单方解除劳动合同，应当事先将理由通知工会。用人单位违反法律、行政法规规定或者劳动合同约定的，工会有权要求用人单位纠正。用人单位应当研究工会的意见，并将处理结果书面通知工会。同时，《最高人民法院关于审理劳动争议案件适用法律若干问题的解释（四）》第12条规定，建立了工会组织的用人单位解除劳动合同符合劳动合同法第39条、第40条规定，但未按照劳动合同法第43条规定事先通知工会，劳动者以用人单位违法解除劳动合同为由请求用人单位支付赔偿金的，人民法院应予支持，但起诉前用人单位已经补正有关程序的除外。

所以，用人单位在依据《劳动合同法》第39条、第40条的规定单方解除劳动合同时，应当依法将拟解除劳动合同的情况征求工会意见。这是用人单位单方解除劳动合同必需的程序要件，没有征求工会意见即解除劳动合同，不产生劳动合同解除的法律效果。当然，在劳动争议案件中，用人单位在庭审辩论终结前，可以向仲裁庭或法庭补交工会意见。如果用人单位已经按照法定程序建立工会组织，但在解除劳动合同时未履行通知工会的程序，则属于解除劳动合同的程序违法，仍然属于违法解除劳动合同。

三、尚未建立工会的用人单位在解除劳动合同时是否需通知工会，各地规定不一

虽然《工会法》中明确规定，用人单位已成立工会的，维护职工合法权益是工会的基本职责，工会代表和维护职工的合法权益。企业、事业单位处分职工，工会认为不适当的，有权提出意见。企业单方面解除职工劳动合同时，应当事先将理由通知工会，工会认为企业违反法律、法规和有关合同，要求重新研究处理时，企业应当研究工会的意见，并将处理结果书面通知工会。但是，在《工会法》《劳动合同法》中并没有规定用人单位未成立工会时解除劳动合同是否需要通知工会。在司法实践中，各地针对该问题存在不同的意见：

第一种意见认为，未建立工会组织的用人单位在解除劳动合同时无需履行通知义务。虽然《劳动合同法》第 43 条规定用人单位单方解除劳动合同应当事先将理由通知工会，但是该规定的适用是以用人单位已经成立工会为前提；根据《工会法》第 2 条规定，工会是职工自愿结合的工人阶级的群众组织，建立工会组织是企业职工的自愿行为，在未建立工会的情况下，用人单位解除劳动合同无需履行通知工会的程序。

当然有些地方，对于未成立工会组织的用人单位解除劳动合同的情形，也有相关的规定加以明确，比如《天津法院劳动争议案件审理指南》第 21 条第 2 款明确规定，“未建立工会的用人单位根据《中华人民共和国劳动合同法》第三十九条、第四十条规定解除劳动合同，劳动者以用人单位未通知所在地工会或者行业工会为由主张违法解除劳动合同的，不予支持”。《湖北省高级人民法院关于审理劳动争议案件若干问题的意见（试行）》第 27 条规定，用人单位单方面解除劳动合同时，应当依《工会法》的规定，将解除理由事先通知工会或职工代表；用人单位没有设立工会或职工代表的，应将解除理由事先通知劳动者本人。

第二种意见认为，未建立工会组织的用人单位在解除劳动合同时需要征求职工代表的意见或向当地工会组织履行通知义务。如果用人单位未建工会就可以免除通知工会的义务，则可能会助长用人单位抵制成立工会之风，对于已成立工会的用人单位也不公平。因此，在企业没有组建工会的情形下，其应通过告知并听取职工代表意见的方式或向当地总工会征求意见的方式变通来履行通知工会义务，否则为解除劳动合同程序违法。比如《江苏省劳动合同条例》第 31 条规定，用人单位解除或者终止劳动合同，应当符合法定的条件和程序。用人单位单方解除劳动合同，应当事先将理由通知工会；用人单位尚未建立工会的，通知用人单位所在地工会。宁波市中级人民法院《关于审理劳动争议案件若干疑难问题的解答（三）》第 5 条规定，对于尚未建立工会组织的用人单位作出解除劳动合同决定的，可通过告知并听取职工代表意见或者向当地工会组织（行业工会组织）征求意见等变通方式来履行告知义务。

所以，对于尚未建立工会的用人单位在解除劳动合同时是否需通知工会，各地在司法实践中做法不一，这就需要根据用人单位所在地的具体规定进行操作。

但是，笔者认为，虽然现行法律对该问题未作出明确规定，但是为了保证解除程序的合法 s 及维护劳动者的合法权益，建议未成立工会组织的用人单位在决定解除劳动合同之前，先向当地总工会或产业工会征求意见，或者告知并听取职工代表意见，以避免因各地规定不一而构成违法解除。

风险提示

1. 用人单位在通知工会组织或职工代表时，应以书面方式明确告知解除理由，研究工会组织或职工代表提出的意见并以书面形式反馈处理结果，同时注意保存相关证据，如快递单、解除劳动合同告知书、盖有工会公章的回函、工会或职工代表的意见书等。

2. 根据《最高人民法院关于审理劳动争议案件适用法律若干问题的解释(四)》第 12 条的规定，用人单位在一审起诉前补正通知工会或职工代表程序的，即可不被认定为违法解除劳动合同，无需承担赔偿责任。

3. 对于未成立工会组织的用人单位而言，在解除劳动合同之前建议向当地总工会或产业工会征求意见，或者告知并听取职工代表意见，并注意证据的留存。

法律依据

《劳动合同法》第 43 条；《工会法》第 2、21 条；《最高人民法院关于审理劳动争议案件适用法律若干问题的解释（四)》第 12 条

第 86 讲：用人单位能否与工会主席、副主席或委员等工会组成人员解除劳动合同？

案例聚焦

李某为北京某科技公司的行政部部门经理，同时兼任该公司的工会副主席。2019 年 4 月，李某在工作中因与下属员工发生争执并辱骂、殴打下属员工，被公安机关行政拘留 7 日。随后，北京某科技公司以李某违反《员工手册》中相关规定已构成严重违纪为由，向李某送达了《解除劳动合同通知书》。

李某认为，自己担任公司工会副主席，根据《工会法》规定，在其任职期间，用人单位无权与其解除劳动合同，用人单位构成违法解除，遂申请劳动仲裁。

仲裁委经审理认为，北京某科技公司在《员工手册》中已明确规定殴打、辱

骂他人以及行政拘留均为严重违纪，该规章制度制定程序合法、内容不违反法律规定，李某也知晓且签收，故在李某严重违反公司规章制度时，用人单位有权依据规章制度解除与李某的劳动合同，该解除行为不受李某为工会副主席身份的限制。最终，仲裁委驳回了李某的仲裁请求。

实操技巧

从司法实践来看，在劳动关系中，一般情况下都会认为劳动者属于弱势群体，用人单位在解除劳动合同时，需要履行告知工会的法定程序，其目的是保护劳动者的合法权益免受非法侵害。同时，工会是职工自愿结合的工人阶级的群众组织，代表职工的利益，依法维护职工的合法权益。当劳动者担任用人单位工会组织的主席、副主席或工会委员时，由于身份的特殊性，根据《工会法》的规定，与其解除劳动合同将受到一定的限制，但这种限制也是有条件的。

一、工会组织的组成人员在任期内受法律保护

（一）工会主席、副主席在任期内，用人单位不得随意调整其工作岗位

根据《工会法》第 17 条的规定，工会主席、副主席任期未满时，不得随意调动其工作。因工作需要调动时，应当征得本级工会委员会和上一级工会的同意。罢免工会主席、副主席必须召开会员大会或者会员代表大会讨论，非经会员大会全体会员或者会员代表大会全体代表过半数通过，不得罢免。按《劳动合同法》的一般规定，在与劳动者协商一致、医疗期满不能从事原工作、不胜任工作以及客观情况发生重大变化的情况下，用人单位可以对劳动者进行调岗，未达成调岗协议或调岗后仍不能胜任工作的可以解除劳动关系。但《工会法》中的上述规定，意味着即使符合《劳动合同法》中规定的情形，对工会主席、副主席的调岗也不能仅仅由公司单方来决定，还需经过本级工会和上级工会的同意。

（二）工会主席、副主席、工会委员在任期内劳动合同到期的应当顺延

根据《工会法》第 18 条的规定，基层工会专职主席、副主席或者委员自任职之日起，其劳动合同期限自动延长，延长期限相当于其任职期间；非专职主席、副主席或者委员自任职之日起，其尚未履行的劳动合同期限短于任期的，劳动合同期限自动延长至任期期满。但是，任职期间个人严重过失或者达到法定退休年龄的除外。所以，对于用人单位的工会主席、副主席、工会委员在任期内劳动合同到期的，劳动合同应当顺延至任期期限届满。当然，如果劳动者属于第二次固定期限劳动合同到期的，笔者建议就不用延长劳动合同期限了，直接与其续签无固定期限劳动合同即可。

同时，《最高人民法院关于在民事审判工作中适用〈中华人民共和国工会法〉若干问题的解释》第 2 条第 2 款规定，“工会法第十八条规定的‘个人严重过失’，是指具有《中华人民共和国劳动法》第二十五条第（二）项、第（三）项或者第（四）项规定的情形”。即工会主席、副主席、工会委员在任职期间，如存在严重违反劳动纪律或者用人单位规章制度，严重失职，营私舞弊，对用人单位利益造成重大损害或被依法追究刑事责任等情形的，用人单位则可以与其解除或终止劳动合同。

（三）用人单位不得因工会主席履职而对其进行降职降薪等处理

根据《企业工会主席合法权益保护暂行办法》第 4 条的规定，企业工会主席因依法履行职责，被企业降职降级、停职停薪降薪、扣发工资以及其他福利待遇的，或因被诬陷受到错误处理、调动工作岗位的，或遭受打击报复不能恢复原工作、享受原职级待遇的，或未安排合适工作岗位的，上级工会要会同该企业党组织督促企业撤销处理决定，恢复该工会主席原岗位工作，并补足其所受经济损失。在企业拒不纠正的情况下，上级工会要向企业的上级党组织报告，通过组织渠道促使问题的解决；或会同企业、行业主管部门，或提请劳动行政部门责令该企业改正。同时，企业工会主席因依法履行职责，被企业无正当理由解除或终止劳动合同的，上级工会要督促企业依法继续履行其劳动合同，恢复原岗位工作，补发被解除劳动合同期间应得的报酬，或给予本人年收入二倍的赔偿，并给予解除或终止劳动合同时的经济补偿金。在企业拒不改正的情况下，上级工会要提请劳动行政部门责令该企业改正，直至支持权益受到侵害的工会主席向人民法院提起诉讼。对于发生劳动争议，工会主席本人申请仲裁或者提起诉讼的，应当为其提供法律援助，支付全部仲裁、诉讼费用。

所以，工会主席在作为劳动者一方协商代表时，履行其职责期间，也应当视为提供了正常劳动，用人单位不得降职降级、停职停薪降薪、扣发工资以及其他福利待遇，更不能因其履行职责而与其解除或终止劳动合同。

（四）用人单位非法解雇工会主席的法律后果很严重

根据《工会法》第 51 条的规定，违反本法规定，对依法履行职责的工会工作人员无正当理由调动工作岗位，进行打击报复的，由劳动行政部门责令改正、恢复原工作；造成损失的，给予赔偿。对依法履行职责的工会工作人员进行侮辱、诽谤或者进行人身伤害，构成犯罪的，依法追究刑事责任；尚未构成犯罪的，由公安机关依照治安管理处罚法的规定处罚。同时，该法第 52 条规定：“违反本法规定，有下列情形之一的，由劳动行政部门责令恢复其工作，并补发被解除劳动合同期间应得的报酬，或者责令给予本人年收入二倍的赔偿：（一）职工因参加工会活动而被解除劳动合同的；（二）工会工作人员因履行本法规定的职责而被解除劳动合同的。”

此外，《最高人民法院关于在民事审判工作中适用〈中华人民共和国工会法〉若干问题的解释》第6条规定：“根据工会法第五十二条规定，人民法院审理涉及职工和工会工作人员因参加工会活动或者履行工会法规定的职责而被解除劳动合同的劳动争议案件，可以根据当事人的请求裁判用人单位恢复其工作，并补发被解除劳动合同期间应得的报酬；或者根据当事人的请求裁判用人单位给予本人年收入二倍的赔偿，并参照《违反和解除劳动合同的经济补偿办法》第八条规定给予解除劳动合同时的经济补偿金。”虽然《违反和解除劳动合同的经济补偿办法》已经被废止，依据此条主张经济补偿金没有法律依据，但是，劳动者依然可以依据《劳动合同法》《企业工会主席合法权益保护暂行办法》的规定主张相应补偿或赔偿。另外，需要注意的是，工会主席请求裁判用人单位给予本人年收入二倍的赔偿，适用的前提是职工因参加工会活动而被解除劳动合同或者工会工作人员因履行工会法规定的职责而被解除劳动合同，若用人单位是因其他理由解除劳动合同的，职工或工会工作人员主张年收入二倍的赔偿不会得到支持。

二、当工会主席、副主席、工会委员在任期内出现严重违纪等情形时，用人单位可以与其解除劳动合同

虽然工会主席、副主席、工会委员在任期内受到《工会法》等法律的保护，但是，当其任期内出现严重违纪等情形时，根据《劳动合同法》第39条、《工会法》第18条的规定，以及《劳动和社会保障部办公厅关于工会主席任职期间用人单位能否因违纪解除劳动合同问题的复函》的规定，用人单位按照《劳动法》第25条的规定解除劳动合同不受其他附加条件限制，因此，如工会主席、副主席或者委员在任职期间存在《劳动法》第25条规定情形之一的，用人单位可以解除劳动合同。同时，根据《工会法》第21条规定，用人单位单方解除职工劳动合同时，应当事先将理由通知工会，若工会认为用人单位违反法律、法规和有关合同，要求重新研究处理时，用人单位应当研究工会的意见，并将处理结果书面通知工会。

《劳动法》第25条规定：“劳动者有下列情形之一的，用人单位可以解除劳动合同：（一）在试用期间被证明不符合录用条件的；（二）严重违反劳动纪律或者用人单位规章制度的；（三）严重失职，营私舞弊，对用人单位利益造成重大损害的；（四）被依法追究刑事责任的。”所以，如果劳动者在担任工会主席、副主席或委员期间违反了《劳动法》第25条第2、3、4项以及《劳动合同法》相关规定的，用人单位可以单方与其解除劳动合同，且不支付任何补偿。

风险提示

1. 用人单位在依据《劳动法》第25条解除担任工会主席、副主席或委员的劳动者的劳动合同时应注意以下几点：

（1）解除劳动合同要有明确、合法的依据。用人单位在规章制度中应明确规定哪些行为属于严重违纪，且该规章制度制定的程序、内容合法，并保留已向劳动者告知的证据。

（2）解除程序要合法，即解除劳动合同时应将解除理由通知工会，履行向工会告知的义务。

（3）除工会主席、副主席或委员存在《劳动法》第25条第2、3、4项，《劳动合同法》第39条第2—6项规定的情形外，用人单位不得单方解除劳动合同。

2. 用人单位的工会主席因依法履行职责，被故意伤害导致人身伤残、死亡的，上级工会要支持该工会主席或者其亲属、代理人依法追究伤害人的刑事责任和民事责任。对于被故意伤害导致人身伤残的工会主席，上级工会要视其伤残程度给予一次性补助；对于被故意伤害导致死亡的工会主席，要协助其直系亲属做好善后处理事宜，并给予一次性慰问金。

3. 企业工会主席因依法履行职责，被企业解除或终止劳动合同，本人不愿意继续在该企业工作、导致失业的，上级工会要为其提供就业帮助；需要就业培训的，要为其免费提供职业技能培训。在该工会主席失业期间，上级工会要按照本人原岗位工资收入给予补助，享受期限最多不超过6个月。

4. 作为工会主席、副主席或委员也应当遵守用人单位的各项规章制度，不能因为身份和一般的劳动者相比有其特殊性就为所欲为。否则，用人单位也可以按照严重违纪与其解除劳动合同，并且不支付任何补偿。

法律依据

《工会法》第18条

第 87 讲：用人单位从劳动者的工资中扣除工会会费是否构成克扣工资？

案例聚焦①

李某于2009年10月5日入职鑫隆海绵公司，双方签订了《劳动合同》，合同期限为2013年12月26日起至2018年12月25日止，合同约定李某的工作岗位为普工，劳动报酬为月工资1250元加绩效工资或计件工资。李某在职期间，鑫隆海绵公司自2012年8月起为李某缴纳社会保险费。

2016年7月15日，鑫隆海绵公司开始停业整合，李某于当日开始停止工作。2016年7月21日，李某向成都劳动仲裁委申请仲裁。仲裁裁决书送达后，鑫隆海绵公司、李某均不服仲裁裁决，先后起诉。

鑫隆海绵公司向法院提出诉讼请求：1. 判决鑫隆海绵公司无须向李某退还每月扣发的千分之五工资共计1620元；2. 判决鑫隆海绵公司无须向李某支付每月克扣工资共计36450元。

李某向法院提出诉讼请求：1. 依法判决鑫隆海绵公司向李某支付经济补偿金28000元（2009年10月至2016年7月，共计9个月）；2. 依法判决鑫隆海绵公司退回每月扣发的千分之五的工资共计1620元（每月17元，共计132个月）；3. 依法判决鑫隆海绵公司支付李某每月克扣的工资共计36450元（每月450元，共计81个月）。

法院经审理认为，《工会法》第42条规定，工会会员缴纳的会费属于工会经费来源之一；《中华全国总工会关于收交工会会费的通知》载明，“一、工会会员每月应向工会组织交纳本人每月工资收入百分之零点五的会费，工资尾数不足十元的不计交会费”，但这一规定适用的前提是用人单位的员工成为工会会员。根据《中国工会章程》第2条关于“职工加入工会，由本人自愿申请，经工会基层委员会批准并发给会员证”之规定，职工加入工会应由其自愿申请。

在庭审中，李某否认申请加入工会，鑫隆海绵公司亦未提交任何证据证明李某自愿申请加入工会，也未出具关于公司工会批准该员工成为工会会员的材料，鑫隆海绵公司应承担举证不能的法律责任，其未经正当程序发展工会会员而直接

---

① 本案例节选自四川省成都市双流区人民法院（2017）川0116民初363号民事判决书。

扣取该员工工会会费的行为侵犯了员工的合法权益，鑫隆海绵公司应将该部分扣取的费用退还给员工。

实操技巧

根据《关于工资总额组成的规定》的规定，工资总额由下列6个部分组成：计时工资、计件工资、奖金、津贴和补贴、加班加点工资、特殊情况下支付的工资。工资是指用人单位依据法律规定或根据与员工之间的约定，以货币形式对员工的劳动所支付的报酬。所以，用人单位按照约定向劳动者支付工资是其法定义务，不能随意克扣或拖欠。上述案例中劳动者所提到的工会会费是否属于工资的构成部分，用人单位能否直接从劳动者的工资中扣除相应的工会会费呢？笔者从以下几个方面进行解析。

一、根据《工会法》的规定，工会经费与工会会费有什么区别

根据《工会法》的规定，工会经费是工会组织开展各项活动所需要的费用；工会会费是工会会员缴纳的会费，二者之间存在的区别主要表现在：

第一，缴纳的主体不同。工会经费是由建立工会组织的企业、事业单位、机关和其他组织缴纳；会费是由加入工会组织的职工缴纳。

第二，缴纳的比例不同。根据《工会法》的规定，工会经费是由建立工会组织的企业、事业单位、机关按每月全部职工工资总额的2%向工会拨缴经费；根据《中华全国总工会关于收交工会会费的通知》的规定，工会会员每月应向工会组织交纳本人每月工资收入0.5%的会费，工资尾数不足十元的不计交会费。

第三，费用的来源不同。根据《工会法》的规定，工会经费的来源有5个方面：工会会员缴纳的会费，建立工会组织的企业、事业单位、机关按每月全部职工工资总额的2%向工会拨缴的经费，工会所属的企业、事业单位上缴的收入，人民政府的补助，其他收入。工会会费的来源主要是职工按照每月工资收入的0.5%缴纳会费，缴纳会费是工会会员应尽的义务。

二、工会会费是否属于工资的构成部分

根据《关于工资总额组成的规定》的规定，工资总额由下列6个部分组成：计时工资、计件工资、奖金、津贴和补贴、加班加点工资、特殊情况下支付的工资。同时，根据《中华全国总工会关于收交工会会费的通知》的规定，“工会会员每月应向工会组织交纳本人每月工资收入0.5%的会费，工资尾数不足十元的不计交会费……会员所得各种奖金、津贴、稿费收入以及按劳动保险条例或其他法令规定所领取的各种补助费、救济费、退休金、退职金等，均不交纳会费”。

由此可知，用人单位的劳动者所缴纳的工会会费是其每月工资总额的0.5%，属于工资总额的构成部分。但是，用人单位扣除会员会费时，需要将劳动者当月缴纳的社会保险费等费用先行扣除之后，再计提工会会费。

三、缴纳工会会费是劳动者的法定义务吗

根据《工会法》第42条的规定，工会会员缴纳的会费属于工会经费来源之一；《中华全国总工会关于收交工会会费的通知》载明，“一、工会会员每月应向工会组织交纳本人每月工资收入百分之零点五的会费，工资尾数不足十元的不计交会费”。但上述规定适用的前提是用人单位的员工成为工会会员。根据《中国工会章程》第2条关于“职工加入工会，由本人自愿申请，经工会基层委员会批准并发给会员证”之规定，职工加入工会应由其自愿申请。

因此，缴纳工会会费是否是劳动者的义务，首先，需要确定用人单位是否成立工会；其次，要看劳动者是否已加入用人单位的工会组织，是否已具备会员资格。如果劳动者已经申请加入用人单位的工会，且具备会员资格，劳动者则具有缴纳会费的法定义务；反之，则不具有缴纳的义务。

四、用人单位从工资中扣除工会会费是否属于克扣工资

通过上述分析得知，工会会费属于劳动者的工资总额部分，若劳动者属于工会会员，用人单位可以根据《工会法》的规定，从其月工资中进行代扣，同用人单位代扣代缴社会保险费的性质是一致的，不属于克扣工资。反之，若用人单位未成立工会组织，或者劳动者未申请加入工会会员，用人单位就不得从其工资中扣除工会会费。否则，该行为则构成克扣工资。为此，劳动者可依据《劳动合同法》第38条的规定，向用人单位提出被迫解除劳动合同，用人单位因克扣工资的事实存在，需向劳动者支付经济补偿金。

风险提示

1. 工会是职工自愿结合的工人阶级的群众组织，依法维护职工的合法权益。用人单位的职工人数达到25人以上的，建议成立工会组织。在劳动合同履行、规章制度的制定、薪资待遇、劳动合同解除等方面，也可以履行相应的民主程序，避免程序违法。

2. 缴纳工会会费是工会会员的法定义务，可以由用人单位从其每月工资收入中按照0.5%的比例进行扣除，用人单位需要将相应工资的组成部分、扣减项等告知劳动者。

3. 用人单位还应当注意，工会组织应按照民主集中制原则建立。工会委员会由会员大会或者会员代表大会民主选举产生。企业主要负责人的近亲属不得作为本企业基层工会委员会成员的人选。工会会员大会或者会员代表大会有权撤换或者罢免其所选举的代表或者工会委员会组成人员。

4. 已建立工会组织的用人单位，若女职工人数较多的，可以建立工会女职工委员会，在同级工会领导下开展工作；女职工人数较少的，可以在工会委员会中设女职工委员。基层工会委员会每届任期3年或者5年。各级地方总工会委员会和产业工会委员会每届任期5年。

法律依据

《工会法》第42条

第八章
特殊群体与非全日制用工

第一节 “三期”女职工

第 88 讲：用人单位是否可以与“三期”女职工解除劳动合同？

案例聚焦[①]

祁某于 2012 年 3 月 23 日入职北森云计算公司，双方签订的最后一份劳动合同终止日期为 2020 年 3 月 22 日。祁某正常工作至 2017 年 2 月初，此后休产假至 2017 年 7 月 7 日。祁某自 2017 年 7 月 10 日起请休病假，并向北森云计算公司提交了医疗机构出具的诊断证明书，显示时间为 2017 年 7 月 10 日，诊断为急性乳腺炎、宫腔感染，建议休假全休 70 天，其上医师签名处有两位医师签字，科室盖章处有北京市海淀区妇幼保健院产科二病区印章印样。北森云计算公司于 2017 年 8 月 28 日向祁某出具《解除劳动合同通知书》，辞退理由为提供虚假病假证明、旷工。

祁某认为该公司辞退行为违法，以要求北森云计算公司支付违法解除劳动合同赔偿金等诉求向北京市海淀区劳动人事争议仲裁委员会申请仲裁，仲裁委员会未支持违法解除赔偿金的仲裁请求。祁某不服，遂向法院提起诉讼。

法院经审理认为，其一，祁某提交的诊断证明显示病情诊断为急性乳腺炎、宫腔感染，而就诊科室为妇产科，根据一般就诊常识，女性生育近 5 个月之后，基于急性乳腺炎及宫腔感染到妇产科就诊不合常理。其二，祁某提交的诊断证明显示建议全休 70 天，但根据庭审询问，祁某当日就诊既未挂号，又无常规就诊

---

① 本案例节选自北京市海淀区人民法院（2018）京 0108 民初 26859 号民事判决书。

检查，亦未开具任何药品，医生亦未就其病情采取后续诊疗措施，即便其存在上述病情及因此就诊的情况，该病情的严重程度与全休70天的医嘱亦不相匹配。其三，北森云计算公司提交的证明系祁某所称的就诊医院门诊办公室出具，并加盖有诊断证明专用章，效力高于祁某提交的诊断证明书，该证明显示祁某所述当日并未到该院就诊，能够推翻祁某提交的诊断证明的效力。其四，北森云公司提交的与唐某QQ聊天记录显示内容均围绕“祁某”咨询请假方式、病假条的开具等展开，其中“祁某”向唐某发送的诊断证明书显示的病情与休假天数与本案中双方均提交的诊断证明书一致，其中一名医生签名字迹亦相似，祁某提交的录音资料中，王某指出祁某曾经与唐某就休假问题进行聊天并指出聊天内容时，祁某予以认可，并未提出反对。因此，祁某虽否认与唐某有过上述聊天内容并否认聊天记录的真实性，但其该主张难以成立，法院不予采信，上述证据能够证明祁某系出于希望产假到期后延后上班之目的开具病假条，而非真正基于其病情遵医嘱休病假的事实。

综上，法院认为北森云计算公司提交的证据已经形成较为完整的证据链，能够推翻祁某提交的诊断证明书的效力，并且能够证实该公司所持的祁某虚构病假、连续旷工的主张。因此，北森云计算公司以此为由解除与祁某劳动合同的行为并无不当，祁某要求该公司支付违法解除劳动合同赔偿金的请求，于法无据，法院不予支持。

实操技巧

“三期”女职工往往肩负工作以及生育、哺育及抚养子女的多重压力，多种原因导致的女职工产假结束后婴幼儿无人照管问题常导致女职工难以返岗工作，而该现象也逐渐成为普遍关注的社会问题。有鉴于此，我国相关劳动法律法规对处于孕期、产期、哺乳期的“三期”女职工群体给予特殊保护，从休息休假待遇、劳动合同解除等方面进行了特别规定，尤其是在“三期”女职工劳动合同解除方面，较之于普通劳动者，相关法律法规规定了更为严格的条件，以保护“三期”女职工的合法权益。但是，法律的特殊规定并不意味着对于“三期”女职工的保护是无边界的，也不意味着“三期”女职工可以无视诚实信用原则而滥用权利。因此，如果“三期”女职工违反劳动纪律，严重违反用人单位的规章制度，用人单位仍有权解除与其的劳动合同。

一、“三期”女职工受到法律的保护

我国相关劳动法律法规对于处于孕期、产期、哺乳期的“三期”女职工群体

给予特殊保护，比如《劳动合同法》第42条规定："劳动者有下列情形之一的，用人单位不得依照本法第四十条、第四十一条的规定解除劳动合同：……（四）女职工在孕期、产期、哺乳期的……"由此可知，用人单位对于"三期"女职工不得以医疗期满、不胜任工作、劳动合同订立时所依据的客观情况发生重大变化、经济性裁员等理由与其解除劳动合同。但是，需要注意的是，该条款将《劳动合同法》第36条、第39条排除在外。

同时，《妇女权益保障法》第26条规定，任何单位均应根据妇女的特点，依法保护妇女在工作和劳动时的安全和健康，不得安排不适合妇女从事的工作和劳动。妇女在经期、孕期、产期、哺乳期受特殊保护。第27条规定，任何单位不得因结婚、怀孕、产假、哺乳等情形，降低女职工的工资，辞退女职工，单方解除劳动（聘用）合同或者服务协议。但是，女职工要求终止劳动（聘用）合同或者服务协议的除外。

《女职工劳动保护特别规定》第5条规定，用人单位不得因女职工怀孕、生育、哺乳降低其工资、予以辞退、与其解除劳动或者聘用合同。第6条规定，女职工在孕期不能适应原劳动的，用人单位应当根据医疗机构的证明，予以减轻劳动量或者安排其他能够适应的劳动。对怀孕7个月以上的女职工，用人单位不得延长劳动时间或者安排夜班劳动，并应当在劳动时间内安排一定的休息时间。怀孕女职工在劳动时间内进行产前检查，所需时间计入劳动时间。由此可知，"三期"女职工在特殊时期内享受更多的法律保护，用人单位应当对其给予特殊的照顾与关怀，但是，这一切保护的前提是"三期"女职工需遵守用人单位的规章制度。

二、用人单位对于严重违纪的"三期"女职工，可以与其解除劳动合同

《劳动合同法》第39条规定，劳动者有下列情形之一的，用人单位可以解除劳动合同：（1）在试用期间被证明不符合录用条件的；（2）严重违反用人单位的规章制度的；（3）严重失职，营私舞弊，给用人单位造成重大损害的；（4）劳动者同时与其他用人单位建立劳动关系，对完成本单位的工作任务造成严重影响，或者经用人单位提出，拒不改正的；（5）以欺诈、胁迫的手段或者乘人之危，使对方在违背真实意思的情况下订立或者变更劳动合同致使劳动合同无效的；（6）被依法追究刑事责任的。因此，对于"三期"女职工而言，并不是在"三期"期间就可以为所欲为，一旦用人单位有证据证明其存在上述行为的，就可以与其解除劳动合同，且不受《劳动合同法》第42条规定的限制。

另外，在司法实践中，"三期"女职工违纪行为的表现形式主要体现为上述案例中的情形。员工恶意“泡病假”一直以来都是让用人单位感到比较头疼的问题，且防不胜防，当女职工在“三期”内出现“泡病假”的问题时，处理起来也比较棘手。无论是“三期”女职工（主要是孕期和哺乳期、产假期间生病无需告知单位）还是普通员工在请病假时，用人单位都应当依据规章制度的规定，要求员工提交相关的证明资料，如诊断证明、挂号单、医疗单据、病历本等，并办理请假手续。当发现“三期”女职工提交的病假条可能为虚假时，应当主动到医院进行核实，并依据规章制度的规定进行处理。当“三期”女职工出现“小病大养”等不诚信的行为时，应当主动进行探视，并核实其病情，必要时可以陪同进行检查或复查。当然，现实中，也有不诚信的员工打着休病假的幌子而到外地或国外进行旅游，最终却判定用人单位败诉的案例。为了防止这种情形的出现，用人单位在完善规章制度相关规定的同时，应调整薪资待遇结构，积极收集相关的证据。

三、“三期”女职工也应当遵守劳动纪律及诚实守信的基本原则

“诚实守信”是中华民族的传统美德。孔子曾说：“人而无信，不知其可也。大车无輗，小车无軏，其何以行之哉?”“诚实信用原则”是现代法治社会的一项基本法律原则。《民法典》第7条规定，民事主体从事民事活动，应当遵循诚信原则，秉持诚实，恪守承诺。《劳动合同法》第3条亦规定，订立劳动合同，应当遵循合法、公平、平等自愿、协商一致、诚实信用的原则。

综上，“诚信”是处理个人与企业、个人与个人、企业与企业之间相互关系的基本道德规范，是发展社会主义市场经济的基本行为规范。建立和完善和谐劳动关系，要求劳动者与用人单位都要坚持以诚为本，以诚立信。道德是做人的准则。如果法律对于一个不讲诚信的人施以“宽宏大量”，必然会导致“职场碰瓷者”再现“农夫与蛇”的故事，致使社会风气败坏，助长不正之风，不利于弘扬社会正气，更不利于和谐劳动关系的建立。所以，对于严重违纪的“三期”女职工，用人单位可以依据法律及规章制度的规定与其解除劳动合同。

四、“三期”女职工劳动合同到期的，应当顺延至哺乳期期满

根据《劳动合同法》第45条的规定，劳动合同期满，女职工在孕期、产期、哺乳期的，劳动合同应当续延至相应的情形消失时终止。所以，对于女职工在“三期”内劳动合同到期的，用人单位不能直接因此与其终止劳动合同，而应当将劳动合同续延至女职工的哺乳期到期时终止。

另外，用人单位还需要注意，如果是第一次订立的劳动合同到期，用人单位可以依据《劳动合同法》第44条的规定与劳动者终止劳动合同，但是由于对

“三期”女职工存在特殊保护，应当将劳动合同续延至哺乳期到期；如果是第二次签订的劳动合同到期，无论女职工是否处于“三期”期间，用人单位都不得终止劳动合同，应当依据《劳动合同法》第 14 条的规定订立无固定期限劳动合同。

风险提示

1. 用人单位决定与严重违纪的“三期”女职工解除劳动合同的，在解除之前，应当注意证据的留存和收集，并确认规章制度是否已经向劳动者进行公示告知，切不可盲目进行。

2. 用人单位一旦违法与“三期”女职工解除或终止劳动合同的，劳动者可依据《劳动合同法》第 48 条的规定，要求用人单位继续履行劳动合同，用人单位将会面临更大的经济成本和用工压力。

3. “三期”女职工也应当遵守用人单位的规章制度及法律规定，切不可以身试法，作为“三期”女职工在面临心理、生理、工作、孩子等多方原因造就的压力时，应当寻求常规渠道缓解压力或解决困难，不要寻找违法违规的手段以求达到目的。否则，用人单位就可以按照严重违纪与其解除劳动合同，并不支付任何补偿。

法律依据

《劳动合同法》第 39、42 条

第 89 讲：用人单位是否可以对产假期间的女职工少发或不发工资？

案例聚焦

张某于 2019 年 3 月 18 日开始休产假，在休假期间，其所在的杨树公司并未向其支付工资。张某多次致电公司人力资源部，询问工资发放事宜。杨树公司的答复是，公司已经按照张某的实际工资标准为其足额缴纳社会保险，产假工资应当由社会保险经办机构支付，等其产假结束后，公司将协助申领生育津贴，再向其一次性支付。

双方因此产生争议，张某遂以杨树公司存在拖欠工资为由申请劳动仲裁，要求杨树公司向其支付产假期间的工资及经济补偿金。劳动仲裁委员会经审理认为，虽然杨树公司为张某缴纳了生育保险，但张某在产假期间，杨树公司作为用人单位也应当按月向张某支付产假工资，待将来生育津贴报销后，再进行核算。现杨树公司在张某产假期间停发工资，其行为构成拖欠工资，应当向张某补发产假期间的工资，并支付经济补偿金。

实操技巧

在司法实践中，“三期”女职工因怀孕、生产、哺乳往往无法正常提供劳动，因而可能被一些用人单位视为负担而遭受不公平待遇，轻者调岗降职、扣发工资，重者直接辞退。为保障“三期”女职工的合法权益不受非法侵害，法律法规赋予了她们相应的法律权利。在现实生活中，用人单位侵犯“三期”女职工合法权益的案件时有发生，特别是对女职工在产假期间，用人单位是否需要向其支付工资、是否可以降低其工资标准等存在较大的争议。为此，笔者结合司法实践中的现实案例，作如下解析，以供参考：

一、关于女职工享受产假的法律规定

产假，是指在职妇女产期前后的休假待遇，一般从分娩前半个月至产后两个半月，女职工生育享受不少于98天的产假。享受产假是产期女职工的法定权利，这也是对女职工因孕育新生命在其生产后给予一段时间恢复身体的特殊期间。

根据《女职工劳动保护特别规定》第7条的规定，女职工生育享受98天产假，其中产前可以休假15天；难产的，增加产假15天；生育多胞胎的，每多生育1个婴儿，增加产假15天。女职工怀孕未满4个月流产的，享受15天产假；怀孕满4个月流产的，享受42天产假。由此可知，女职工生产的，其享受的产假天数不少于98天，若出现难产或生多胞胎的，产假天数将会增加。但是，应当注意，对于生产的女职工难产的认定，在现实中存在争议，在法律上亦没有对其进行明确的界定，根据医疗机构的意见，难产是相对于顺产而言，如果无法顺产的，一般都属于难产。

在法定产假98天的基础之上，各地对于女职工享受产假的天数一般都会根据不同情况给予一定天数的奖励假。比如，《北京市人口与计划生育条例》第18条规定，机关、企业事业单位、社会团体和其他组织的女职工，按规定生育的，除享受国家规定的产假外，享受生育奖励假30天，其配偶享受陪产假15天。《上海市人口与计划生育条例》第31条规定，符合法律规定结婚的公民，除享受国家规定的婚假外，增加婚假7天。符合法律法规规定生育的夫妻，女方除享受国家规定的产假外，还可以再享受生育假30天，男方享受配偶陪产假10天。生育假享受产假同等待遇，配偶陪产假期间的工资，按照本人正常出勤应得的工资发给。

由于各地针对女职工在产假期间所享受产假的奖励天数不同，在实际操作中，还需要结合当地的政策规定进行执行。笔者对个别省市的规定作如下罗列，以供参考：

省/自治区、直辖市	婚假	产假	陪产假（护理假）
北京	10 天	128 天	15 天
上海	10 天	128 天	10 天
山西	3 天	158 天	15 天
江西	3 天	158 天	15 天
宁夏	3 天	158 天	25 天
广西	3 天	148 天	25 天
广东	3 天	178 天	15 天
湖北	3 天	128 天	15 天
天津	3 天	128 天	7 天
浙江	3 天	128 天	15 天
黑龙江	15 天	180 天	15 天
安徽	3 天	158 天	10 天（异地生活 20 天）
山东	17 天	158 天	7 天
西藏	3 天	365 天（不强制执行）	30 天

二、用人单位对于女职工在产假期间不得降低工资标准支付

根据《女职工劳动保护特别规定》第 5 条的规定，用人单位不得因女职工怀孕、生育、哺乳降低其工资。据此，对于女职工在孕期、产期、哺乳期的，用人单位仍应当按照原来的工资标准向其支付工资，不能因为女职工处于“三期”存在休假等特殊情况而降低工资标准或不予支付工资。如果用人单位向劳动者支付的工资中包含基本工资、岗位工资、绩效工资等明目的，也不能因为女职工处于“三期”特别是休产假期间而降低其工资标准。

《女职工劳动保护特别规定》第 8 条规定，女职工产假期间的生育津贴，对已经参加生育保险的，按照用人单位上年度职工月平均工资的标准由生育保险基金支付；对未参加生育保险的，按照女职工产假前工资的标准由用人单位支付。

为此，对于“三期”女职工在产假期间的工资支付，在司法实践中仍有很多用人单位存在误区，想当然地认为，已经为劳动者缴纳社会保险且劳动者在产假期间也未实际提供劳动，在女职工产假期间可以不支付工资或仅支付基本工资，待其产假结束后向社会保险经办机构申请生育津贴后再向其一次性支付即可。笔者在此提醒用人单位，这种做法是错误的，如果按照此种方式进行操作，则属于克扣工资。

以北京地区为例，根据《北京市企业职工生育保险规定》第 15 条规定，生育津贴按照女职工本人生育当月的缴费基数除以 30 再乘以产假天数计算。生育津贴为女职工产假期间的工资，生育津贴低于本人工资标准的，差额部分由企业补足。在实际操作中，生育津贴并不完全等同于产假工资，当生育津贴高于女职工正常工资标准时，用人单位应该将生育津贴余额支付给女职工，当生育津贴低于女职工正常工资标准时，差额应由用人单位补足。所以，在司法实践中，即使用人单位按月足额向劳动者支付工资，若生育津贴的数额高于实际支付的工资时，用人单位不得扣除；若生育津贴的数额比实际支付的工资数额低时，因生育津贴和支付的产假期间的工资，劳动者不能二者兼得，故用人单位可以将生育津贴留存不再发放给劳动者，但也不得从其已支付的工资中扣除差额部分。

《江苏省职工生育保险规定》第 14 条规定，职工所在用人单位按时足额为其缴纳生育保险费的，职工按照国家规定享受生育保险待遇；职工未就业配偶按照国家和省规定享受生育的医疗费用待遇，所需资金从生育保险基金中支付。职工或者职工未就业配偶分娩、流产、引产或者实施计划生育手术时，用人单位为其连续缴费不足 10 个月的，职工生育医疗费用或者职工未就业配偶生育的医疗费用待遇由生育保险基金支付；职工的生育津贴和一次性营养补助，在用人单位连续缴费满 10 个月后，由生育保险基金支付。第 15 条规定，用人单位未按照规定办理社会保险登记或者未按时足额缴纳生育保险费，其职工的生育保险待遇和职工未就业配偶生育的医疗费用待遇由用人单位按照所属统筹地区生育保险规定的待遇标准足额支付，其中生育津贴的支付标准按照职工产假或者休假前工资的标准执行。第 18 条规定，职工产假或者休假期间，享受的生育津贴低于其产假或者休假前工资的标准的，由用人单位予以补足；高于其产假或者休假前工资的标准的，用人单位不得截留。因此，各地对生育津贴的支付标准和规定不尽相同，在实际操作中，还需要根据各地的具体规定和政策执行。

三、用人单位应当注意，女职工产前检查时间视为正常出勤

在实际生活中，为了保证孕妇和胎儿的健康，孕妇应按卫生部门的要求做产前检查。根据《女职工劳动保护特别规定》第 6 条第 3 款的规定，怀孕女职工在劳动时间内进行产前检查，所需时间计入劳动时间。根据该条规定，女职工产检期间虽未向用人单位提供劳动，但用人单位应当按照正常出勤的工资标准向女职工发放产检期间的工资，不能按病假、事假、旷工等情形进行处理。同时，若女职工在怀孕期间自觉不安或因其他症状自行前往医院就诊，且检查内容与产前检查的项目不符的，应视作病假。

当然，在实际操作中，为了避免女职工打着去医院产检的幌子逃避上班，用人单位可以在规章制度中规定，怀孕女职工需到医院做产前检查的，应当提前履行请假手续，在产检结束返岗后进行销假，并向用人单位提供挂号单、母子健康手册、医疗单据等资料，用人单位核验完毕后留存复印件，并对内容信息予以保密。如果女职工未履行请假手续或拒绝提供相关材料，经用人单位催告后，仍然拒绝提供的，可以按旷工对待。

同时，根据一般常识，怀孕女职工为了保证孕妇和胎儿的健康，应按卫生部门的要求做产前检查。一般规定时间如下：（1）由开始妊娠至第 6 个月末，每月检查一次；（2）由第 7 个月初至第 8 个月末，每月检查二次；（3）最后一个月每周检查一次，有特殊情况的不在此列。最终，怀孕女职工的产假次数应当以主治医生出具的医嘱为准。

四、男职工休陪产假的，用人单位也不得克扣工资或与其解除劳动合同

陪产假，也叫陪护假，是指依法登记结婚的夫妻，女方在享受产假期间，男方享受的有一定时间看护、照料对方的权利。现行劳动法等相关法律法规并未对陪产假作出明确的规定，具体要看各省、自治区、直辖市的实际规定，基本都见于各地的计划生育条例之中。根据各地的规定，最短的陪产假有 7 天，最长的则有 1 个月，多数地区的陪产假为 15 天。

例如，《北京市人口与计划生育条例》第 18 条规定，机关、企业事业单位、社会团体和其他组织的女职工，按规定生育的，除享受国家规定的产假外，享受生育奖励假 30 天，其配偶享受陪产假 15 天。又如《山东省人口与计划生育条例》第 25 条规定，符合法律和本条例规定生育子女的夫妻，除国家规定的产假外，增加产假 60 日，并给予男方护理假 7 日。增加的产假、护理假，视为出勤，工资照发，福利待遇不变。由此可知，男职工在其配偶生育后休陪产假的，应当视为正常出勤，用人单位不得克扣工资或按事假处理，也不得借故与其解除劳动合同。同时，也要提醒用人单位，男职工享受的陪产假天数应当以用人单位所在地或劳动合同履行地的规定确定，而不能在规章制度中规定少于法定天数，否则以制度规定对劳动者进行处理的，属于违法行为。

风险提示

1. 对于女职工因难产申请多休产假的，无需开具难产的证明。在产妇办理出院手续时，医院会开具出院小结，里面会记录产妇入院时间、分娩前检查、选择何种方式分娩、婴儿出生等详细信息。其中，是否属于难产也会有明确界定。除此之外，在产妇出院半月后，可以到医院复印病例，对于是否属于难产，病例里也会有记录。

2. 用人单位在女职工休产假期间，仍应当按照正常出勤向其支付工资和缴纳社会保险，不能擅自降低工资标准或停发工资；若女职工在产假结束返回上班时，原岗位已经不存在或已被他人替代的，可以与女职工在保持薪资不变的前提下协商变更工作岗位；若女职工拒绝的，再结合实际情况，依据规章制度进行处理。

3. 用人单位也应当在其规章制度中明确规定，男职工休陪产假需履行请假手续，在其返岗后履行销假手续，并提供结婚证、子女出生证明等资料，若男职工拒绝提供或催告后仍拒绝提供的，可按旷工对其进行处理。同时，用人单位还应当明确规定，男职工享受的陪产假不得让与配偶延长其产假。

法律依据

《女职工劳动保护特别规定》第5—7条

第90讲：用人单位是否可以与医疗期满但处于孕期女职工解除劳动合同？

案例聚焦①

2014年11月19日，杨某与金银建公司签订期限至2020年11月30日的《劳动合同书》（适用于出租汽车驾驶员）及《承包营运合同书》（适用于出租汽车驾驶员）。合同约定，杨某担任出租汽车驾驶员工作，与对班驾驶员张某双班营运；双方解除、终止、续订劳动合同应当依照《劳动合同法》和国家、北京市有关规定执行。

---

① 本案例节选自北京市西城区人民法院（2017）京0102民初6760号民事判决书。

2016年8月1日至10月31日期间，杨某因怀孕不适开始休病假。2016年11月15日金银建公司向其发出《通知》，其内容为“杨某：你自2016年8月1日起开始享受医疗期待遇，2016年10月31日医疗期限届满。公司曾电话通知你返岗工作，但你至今一直未至公司上班，亦未履行相关请假手续或办理相关手续……现公司再次通知你于2016年11月18日前至公司报到或提交劳动能力鉴定材料，逾期未到，视为你放弃劳动能力鉴定，公司将按旷工处理，连续旷工15日或年内累计旷工30日，公司将与你解除劳动关系。”2016年11月21日，金银建公司再次向杨某发出同样内容的通知。

2016年11月28日，金银建公司向杨某发出《解除劳动合同通知》，其内容为：“杨某：因你自2016年10月31日连续旷工28日的事实，即日公司与你解除劳动合同，请你于接到通知2日内至公司办理人事关系转出手续。逾期，后果由您本人全部承担。”杨某收到该通知后即提起了劳动仲裁。2017年2月3日，北京市西城区劳动人事争议仲裁委员会作出裁决，要求金银建公司继续履行与杨某的劳动合同。金银建公司不服，诉至法院。

法院经审理认为，杨某怀孕后，已向金银建公司提供相应的病休证明，劳动合同法第42条明确规定，女职工在孕期、产期、哺乳期的，用人单位不得依照本法第40条、第41条的规定解除劳动合同。故，金银建公司作出的与杨某解除劳动合同的通知违反了法律规定，属违法解除，判决要求金银建公司继续履行与杨某的劳动合同。

实操技巧

在司法实践中，女职工因怀孕身体不适而休病假的案例不在少数。对于此类员工，用人单位在处理劳动关系上不能和对一般员工的处理方式一样，否则就会面临法律风险。对于孕期女职工休病假的情形应当如何处理，可以从以下几个方面进行考虑：

一、女职工在孕期休病假仍需要履行请假手续

任何一家用人单位都有内部的规章制度，劳动者因身体原因需休病假的，都会要求其提供相应的病假条，只是在提供病假资料上的要求不同而已。虽然“三期”女职工在一定程度上受到法律的特别保护，但这种保护并不是无限度的，其因身体不适需要休息的，也需要根据用人单位规章制度的要求履行相应的请假手续。建议用人单位在制度中作出如下明确的规定：

（1）员工申请病假应提前一天或当天按请假流程提出书面申请，经批准后方

为有效请假；若为突发急症，可先以电话、微信、短信或电子邮件等方式通知直接上级，并于病愈上班当日补办请假手续，否则按旷工处理。若员工因病需休病假在3天（含）以上的，应当通过近亲属提交或EMS形式邮寄请假资料，并于返岗后补办请假手续，否则按旷工处理。

（2）员工申请病假手续时需要根据病假天数的不同向公司提供相应的证明材料：

申请病假天数（工作日）	需提交材料（须为当地区级以上、公司或保险机构指定的医院）
单次病假1天以内（含半天）	医院出具的病假单原件、病历原件、挂号单原件及诊疗发票原件
单次病假连续2天以上不满5天	医院出具的病假单原件、病历原件、挂号单原件及诊疗发票原件、化验单、用药明细等
单次病假连续5天以上	医院出具的病假单原件、病历原件、挂号单原件及诊疗发票原件、化验单、用药明细等，并在病假开始的5个工作日内提供相关检验报告。之后每周作为一个周期更新上述证明

（3）员工请假的具体程序：请假员工→到人力资源部领取《员工请假申请单》，本人签字→填写请假类别及请假时间→部门经理签字→总经理签字→人力资源部备案。如请假天数在3天以上（含3天）需要总经理签字。

（4）1天（不含1天）以上病假需提供三级医院开具的诊断证明及病历、挂号单及门诊缴费发票，化验单、用药明细等。

（5）员工需按要求履行请假手续，提交病假单、诊断证明、挂号单和诊疗记录复印件以及其他需要递交的材料等相关证明，并须保证各项材料的真实性，不存在任何虚假或欺诈，且公司有权要求员工到指定的医院复查，有关医疗结果以复验结果为准。如员工提交虚假材料，骗取休假，视为欺诈及严重违反公司规章制度的行为，公司有权给予立即解除合同处理。同时，对于无休假申请或相应的病假证明、延期不按时返岗工作、虚报病假等行为，公司将视为严重违纪，与员工解除劳动合同。另外，对于员工提供有瑕疵的病假材料的，应当在接到公司要求补充材料的通知后3天（含）内补齐，否则，视为提交虚假材料，骗取休假，属于严重违反公司规章制度的行为，公司有权给予立即解除合同处理。如果怀孕的女职工或其他劳动者未履行请假手续的，则可以按照制度的规定处理。

二、用人单位对于女职工在孕期休病假的，需要为其计算医疗期

怀孕的女职工也属于劳动者，其因身体不适需休假接受治疗的，用人单位也应当根据《企业职工患病或非因工负伤医疗期的规定》的规定，为其计算相应的医疗期。根据规定，医疗期3个月的，按6个月内累计病休时间计算；6个月的，按12个月内累计病休时间计算；9个月的，按15个月内累计病休时间计算；12个月的，按18个月内累计病休时间计算；18个月的，按24个月内累计病休时间计算；24个月的，按30个月内累计病休时间计算。医疗期计算应从病休第一天开始，累计计算。如：享受3个月医疗期的职工，如果从1995年3月5日起第一次病休，那么该职工的医疗期应在3月5日至9月5日之间确定，在此期间累计病休3个月即视为医疗期满。其他以此类推。

由于《劳动法》和《劳动合同法》对医疗期标准都未作具体规定，因此全国各地执行的标准不一。比如上海市，员工医疗期标准与职工在本单位工作年限相挂钩，需要注意的是，此处所指的工作年限是在本单位连续工作的年限，而非累计工龄，也就是说在其他单位的工龄是不计算在内的。其具体标准为3—24个月，劳动者在本单位工作第1年，医疗期为3个月，以后工作每满1年，医疗期增加1个月，但最多不超过24个月，同时医疗期在使用上是累计计算的，而不是循环使用。

所以，用人单位对于怀孕女职工休病假的，也应当对其计算医疗期，并按照制度的要求让其提供相应的病假条。若出现违纪等行为的，可依据制度对其进行处理。

三、用人单位在怀孕的女职工医疗期满后，不能直接与其解除劳动合同

根据《女职工劳动保护特别规定》第5条的规定，用人单位不得因女职工怀孕、生育、哺乳降低其工资、予以辞退、与其解除劳动合同或者聘用合同。《劳动合同法》第42条规定，女职工在孕期、产期、哺乳期的，用人单位不得依照本法第40条、第41条的规定解除劳动合同。《劳动合同法》第40条规定的是预告解除的三种情形：一是劳动者患病或非因工负伤，在规定的医疗期满后不能从事原工作，也不能从事另行安排的工作的；二是劳动者不能胜任工作，经培训或调整工作岗位后仍不能胜任工作的；三是劳动合同订立时所依据的客观情况发生重大变化致使劳动合同无法履行，双方协商未能就变更劳动合同内容达成协议的。第41条是关于经济性裁员的规定。

根据上述法律规定可知，即便女职工在孕期因生病休假医疗期已满的，抑或是无法完成工作任务、不能胜任工作的，用人单位也不能解除其劳动合同。《劳动合同法》第42条已明文禁止在此种情形下解除劳动合同，这是法律对女职工处于特殊时期的特殊保护原则，用人单位应当予以遵守。

暂且抛开孕期的女职工而言，对于一般劳动者在其医疗期期满后的处理，可以从以下几个方面进行：（1）劳动者在医疗期满后，及时返回用人单位上岗工作的，按照原劳动合同继续履行；（2）劳动者在医疗期满后，及时返回用人单位但不能胜任原工作的，用人单位可以单方对其进行调岗，劳动者应当予以认可，并按照调整后的工作岗位履行劳动合同；（3）劳动者在医疗期满后，及时返回用人单位但不能胜任原工作，也不能从事用人单位为其另行安排的工作的，用人单位可依法与其解除劳动合同，需支付经济补偿金；（4）劳动者在医疗期满后，未及时返回用人单位上岗工作，经用人单位书面催告后返岗工作的，按照原劳动合同继续履行；（5）劳动者在医疗期满后，未及时返回用人单位上岗工作，经用人单位书面催告返岗后，不能胜任原工作的，用人单位将对其进行调岗，并按照调整后的工作岗位履行劳动合同；（6）劳动者在医疗期满后，未及时返回用人单位上岗工作，经用人单位书面催告返岗后，不能胜任原工作，也不能从事用人单位为其另行安排的工作的，用人单位可依法与其解除劳动合同；（7）劳动者在医疗期满后，未及时返回用人单位上岗工作，经用人单位书面催告后，本人拒不返岗且未提供任何证明资料的，按照旷工进行处理；（8）劳动者在医疗期满后，未及时返回用人单位上岗工作，经用人单位书面催告后，本人拒不返岗并继续向用人单位提供病休证明的，用人单位有理由认为该员工身体尚未康复，不能胜任原工作，也不能从事用人单位为其另行安排的工作，可依法与其解除劳动合同。

四、用人单位对于试用期内怀孕的女职工可以不符合录用条件解除劳动合同

《劳动合同法》第39条规定："劳动者有下列情形之一的，用人单位可以解除劳动合同：（一）在试用期间被证明不符合录用条件的……"可知，即使女职工处于孕期，但如果用人单位有证据证明女职工在试用期不符合录用条件的，仍可与其解除劳动合同。但是，用人单位必须要谨慎，用人单位在试用期解除劳动合同负有对"不符合录用条件"的举证义务，否则将承担违法解除的后果。

此外，用人单位在试用期间对劳动者进行考察，应当制定试用员工的录用考察程序，考核是否符合录用条件的结论应在试用期内作出。试用期内解除必须符合以下前提条件：（1）必须有明确并且经公示的录用条件；（2）必须有证据证明劳动者不符合录用条件。

因此用人单位要加强考核管理，对劳动者在试用期内的表现，应给予客观的记录与评价，最好有客观数据支持。

五、用人单位不能随意调整孕期女职工的工作岗位

根据《女职工劳动保护特别规定》第6条的规定，女职工在孕期不能适应原劳动的，用人单位应当根据医疗机构的证明，予以减轻劳动量或者安排其他能够适应的劳动。对怀孕7个月以上的女职工，用人单位不得延长劳动时间或者安排夜班劳动，并应当在劳动时间内安排一定的休息时间。由此可知，女职工在怀孕期间，由于身体、生理等方面的影响，不能适应原劳动的，用人单位应当根据医疗机构的证明，减轻劳动量或者安排其他能够适应的劳动，给予一定的人文关怀和必要照顾。

另外，用人单位应当注意，不能为了达到逼迫怀孕女职工离职的目的而故意对其进行工作岗位的调整。根据规定，如果确因工作需要调整怀孕女职工的工作岗位属于变更劳动合同，应当与劳动者进行协商。当双方就变更无法达成一致时，不得单方强行变更劳动合同。

风险提示

1. 女职工在孕期“泡病假”的不在少数，建议用人单位对孕期女职工休病假的事实到其就诊或开具病假条的医院进行核实，一旦发现存在虚假病假条等违纪行为的，不能盲目与其解除劳动合同，应当先找其谈话并录音，收集相关的证据，再结合制度进行处理。

2. 女职工因身体原因在孕期休病假的，即使医疗期满，用人单位也不能与其解除劳动合同，建议用人单位可以与劳动者协商签订《休假协议》，约定休假的期限、工资待遇的支付，以及与劳动合同相关的权利义务，避免纠纷的产生。

3. 目前，很多地方性规定中均规定了劳动合同中止的问题，针对怀孕女职工休病假以及接下来需要面对的产假、哺乳期等问题，可以经协商中止劳动合同。

法律依据

《女职工劳动保护特别规定》第6条

第91讲：“三期”女职工被解除劳动合同后是否可以主张哺乳期期满前的工资损失？

案例聚焦

王某于2017年7月6日入职广州某公司，担任人事行政主管工作，周一至周六每天上班7.5小时，电子指纹打卡考勤，每月满勤工资4300元。

2019年9月2日，广州某公司的法定代表人林某与王某发生口角，王某因广州某公司的法定代表人林某口头将其解雇，于当日离开公司后没有再到公司上班。随后王某申请劳动仲裁。后王某不服仲裁裁决，在法定期限内向法院提起诉讼。

法院经审理认为，广州某公司以口头方式解除与王某的劳动关系，广州某公司不能举证证明其具有依法可以解除与劳动者劳动关系的情形，广州某公司解除与王某的劳动关系违法，需向王某支付违法解除劳动关系的赔偿金。

王某怀孕期间被广州某公司解雇，客观上造成王某“三期”待遇损失，广州某公司应予以补偿。产期应按正常工资标准足额支付工资，孕期和哺乳期可按其本人正常工资的20%支付，但不得低于当地最低工资标准。最终法院判决，广州某公司支付违法解除劳动关系的赔偿金12900元，支付孕期、哺乳期、产假期间工资合计53306.28元。

实操技巧

在实际生活中，用人单位因女职工怀孕等原因单方解除劳动合同的案例不在少数，大多最终都被认定为违法解除。究其原因在于用人单位因女职工怀孕等不能像往常一样正常提供劳动，即将面临休产假等情形，想尽各种办法与其解除劳动合同，还有一种情形在于“三期”女职工认为自己属于法律规定保护人员，即使在工作中出现违纪行为，用人单位也不能对其进行处理，即使用人单位依据制度或法律规定与其解除劳动合同，最终如证据不充分或存在瑕疵亦会被认定为违法解除。所以，用人单位在处理与“三期”女职工的劳动关系时一定要慎重。笔者结合实操经验，作如下分析，以供参考：

一、“三期”女职工被解除劳动合同后是否可以主张哺乳期期满前的工资损失，各地认定不同

因用人单位对“三期”女职工违法解除劳动合同的行为，女职工主张用人单位向其赔偿孕期、产期、哺乳期期间的工资损失的，是否能够得到支持？在司法实践中，各地的做法不尽相同，主要存在以下两种观点：

第一种观点认为，女职工在“三期”内被用人单位违法解除劳动合同，客观上已经造成女职工“三期”待遇的损失，用人单位除需支付赔偿金外，还应当支付“三期”内的工资待遇。理由是：赔偿金是对于用人单位违法解除劳动关系作出的惩罚性经济补偿，即按经济补偿的两倍计算而来，与劳动者的工龄有关，并不能替代女职工被解除劳动合同时的“三期”待遇损失。在劳动者无过错的情况下，用人单位违法解除劳动合同，应当支付“三期”女职工遭受的“三期”待遇损失。

比如，广州中院发布的《民事审判若干问题的解答（2010 年）》规定：“女职工在怀孕期间被用人单位解雇，因客观原因造成三期待遇损失的，如何补偿？答：产期应按正常工资标准足额支付，哺乳期和孕期可按其本人正常工资的 20% 支付，但不得低于当地最低工资标准。”因此在广州地区，对于用人单位违法解除“三期”女职工劳动合同的，劳动者除主张赔偿金之外，还可以主张“三期”待遇损失。

第二种观点认为，女职工“三期”内被用人单位违法解除劳动合同，若劳动者要求用人单位支付赔偿金的，不得再另行要求支付“三期”内的待遇损失。理由是：“三期”待遇是基于劳动关系存在的前提而享有的，如果女职工要求用人单位支付赔偿金，这种惩罚性的经济补偿本身就具有弥补损失的功能，用人单位无需再另行支付“三期”待遇损失，否则就加重了用人单位的赔偿责任。

比如，《深圳市中级人民法院关于审理劳动争议案件的裁判指引》第 101 条规定：“用人单位违法解除与‘三期’内女职工的劳动合同，女职工要求继续履行劳动合同的，应撤销用人单位解除劳动合同的决定，双方继续履行劳动合同；造成该女职工工资收入损失的，用人单位还应支付违法解除劳动合同期间的工资。在案件处理过程中劳动合同期限届满的，应在撤销用人单位解除劳动合同决定的同时，认定双方劳动合同终止，判令用人单位支付女职工工资和福利待遇至劳动合同终止之日以及终止劳动合同的经济补偿。女职工未要求继续履行劳动合同或劳动合同已经不能继续履行的，应认定双方劳动合同解除，并依据《劳动合同法》第四十八条和第八十七条的规定，由用人单位支付违法解除劳动合同赔偿金。”

笔者同意第二种观点，且该种观点也是目前大多数地区的普遍做法。在用人单位与“三期”女职工解除劳动合同已经被认定违法，并按照劳动者的主张支付赔偿金的，用人单位也因此遭受相应的处罚，劳动者再要求用人单位向其支付实际尚未发生的“三期”待遇没有事实和法律依据。因此，若劳动者主张用人单位单方解除的行为违法，为了让自己的利益更大化，应按照《劳动合同法》第48条的规定要求用人单位继续履行劳动合同。在判决继续履行的情况下，劳动者则可以主张履行期间的工资损失及社保补缴等。若在劳动者不要求用人单位继续履行劳动合同，已主张赔偿金的情况下，再要求支付“三期”待遇的诉求则不能成立。

综上，由于各地裁判和认定标准不一，实践中应当结合当地的司法实践和相关政策性规定进行操作。作为用人单位还应当注意解除劳动合同的合法性，避免因证据缺失或因老板的个人喜好构成违法解除。

二、用人单位违法解除劳动合同的，“三期”员工可以要求继续履行

根据《劳动合同法》第48条的规定，用人单位违反本法规定解除或者终止劳动合同，劳动者要求继续履行劳动合同的，用人单位应当继续履行；劳动者不要求继续履行劳动合同或者劳动合同已经不能继续履行的，用人单位应当依照本法第87条规定支付赔偿金。也就是说，在用人单位构成违法解除劳动合同的情况下，劳动者既可以主张用人单位向其支付违法解除劳动合同的赔偿金，也可以主张用人单位继续履行劳动合同。

若劳动者主张继续履行劳动合同的，对于履行期间的工资损失，裁判机构一般会基于用人单位解除劳动合同的实际情形进行综合考量。比如，《北京市高级人民法院、北京市劳动争议仲裁委员会关于劳动争议案件法律适用问题研讨会会议纪要》第24条规定，用人单位作出的与劳动者解除劳动合同的处理决定被劳动仲裁委或人民法院依法撤销后，劳动者主张用人单位给付上述处理决定作出后至仲裁或诉讼期间的工资，应按以下原则把握：（1）用人单位作出的处理决定仅因程序方面存在瑕疵而被依法撤销的，用人单位应按最低工资标准向劳动者支付上述期间的工资；（2）用人单位作出的处理决定因在实体方面存在问题而被依法撤销的，用人单位应按劳动者正常劳动时的工资标准向劳动者支付上述期间的工资。当然，对于劳动者主张继续履行最终是否成立，不是本章节需要阐述的问题，具体内容详见本书第六章的论述。

风险提示

1. 在“三期”女职工不存在《劳动合同法》第39条规定的6种情形时，用人单位不能与其解除劳动合同，否则就构成违法解除；若因劳动合同、岗位等发生变更或其他的原因导致双方之间的劳动合同不能履行的，可以与“三期”女职工协商解除劳动合同，并签订《解除劳动合同协议书》，双方均应在协商的赔偿数额上互谅互让。

2. 用人单位解除劳动合同应注意保留和收集证据。首先要建立健全规章制度，保证内容合法、程序合法；其次要收集员工违纪行为的证据，如违纪员工的检讨书、求情书、申辩书、违纪情况说明或员工本人签字的违纪记录，有关书证、物证及视听资料，政府有关部门的处理意见、证人证言、处理记录及证明等。

3. 如果劳动者主张继续履行劳动合同，用人单位又没有证据证明属于合法解除的，建议用人单位尽快同意继续履行劳动合同，并要求员工限期返岗工作，在尽量止损的前提下，再结合制度、收集证据，按照法定的程序对员工进行处理，避免因被认定为违法解除而遭受巨大的经济损失。

法律依据

《劳动合同法》第48条

第92讲：用人单位能否以违反计划生育为由解除劳动合同？

案例聚焦①

周某于2000年4月19日结婚，2012年1月22日生育一孩，2012年9月1日开始到温馨校车黄岛分公司工作，双方签署了三份劳动合同，最后一份劳动合同为无固定期限劳动合同。2015年6月22日，周某生育二孩周某某。2015年7月27日，青岛市经济技术开发区妇幼保健所为周某某出具《出生医学证明》。2015年8月7日，周某为周某某在青岛市黄岛区长江路派出所办理了落户。2017年10月30日，温馨校车黄岛分公司解除了与周某的劳动合同，解除理由是周某违反了计划生育政策规定。经核实，周某劳动合同解除前的月平均工资为3037元。

周某于2017年11月27日向青岛市黄岛区劳动人事仲裁委员会提起劳动仲裁，仲裁委员会于2018年1月25日作出裁决：温馨校车黄岛分公司支付周某解

① 本案节选自山东省青岛市中级人民法院（2019）鲁02民终2499号民事判决书。

除劳动合同赔偿金30370元。温馨校车黄岛分公司不服仲裁裁决，诉至法院。

一审法院认为，温馨校车黄岛分公司认定周某违反了计划生育政策，但未提供充分证据予以证明，而且周某所生育二孩已经医疗机构出具了《医学生育证明》，公安机关也已为周某所生育之二孩办理了户籍，没有任何政府部门认定周某所生育二孩违法，故温馨校车黄岛分公司认定周某违反计划生育政策没有事实和法律依据，温馨校车黄岛分公司系违法解除与周某的劳动合同，温馨校车黄岛分公司应当支付周某违法解除劳动合同赔偿金30370元。温馨校车黄岛分公司不服一审判决，提起上诉。

二审法院认为，温馨校车黄岛分公司以周某违反计划生育政策为由解除其与周某的劳动合同，但在仲裁及本案审理期间，均未提交卫生和计划生育行政部门作出的相关决定。故，温馨校车黄岛分公司认定周某违反计划生育政策没有事实和法律依据，一审据此认定温馨校车黄岛分公司系违法解除其与周某的劳动合同，并判决温馨校车黄岛分公司支付周某违法解除劳动合同赔偿金，并无不当，本院予以确认。

实操技巧

计划生育是我国的一项基本国策，《宪法》第25条规定，国家推行计划生育，使人口的增长同经济和社会发展计划相适应。第49条还规定，夫妻双方有实行计划生育的义务。2015年12月27日第十二届全国人民代表大会常务委员会第十八次会议对《人口与计划生育法》进行修订，该法第18条规定，国家提倡一对夫妻生育两个子女。符合法律、法规规定条件的，可以要求安排再生育子女。即使在当前计划生育政策已经放开的情况下，难免还会存在一些家庭违反计划生育政策超生的事实。那么，作为用人单位是否可以对违反计划生育政策的劳动者解除劳动合同呢？由于各地的具体政策不同，在处理该问题的操作上也不尽相同。

一、劳动者违反计划生育政策，用人单位能否与其解除劳动合同

大部分地区均认定劳动者违反计划生育政策，用人单位不能解除劳动合同。劳动者的权益受劳动法保护，其中女职工的劳动权益受《女职工劳动保护特别规定》的规范，但女职工违反国家有关计划生育规定的，其劳动保护应当按照国家有关计划生育的规定办理，经计划生育部门认定，由计划生育部门根据计划生育政策作出相关决定。在现行的《人口与计划生育法》中，并未规定用人单位在劳动者违反计划生育政策后有权对劳动者解除劳动合同。同时，劳动者违反计划生育政策属于行政法上的法律责任，不受劳动法的调整，劳动者超生问题也不属于

用人单位的职权范围，其无权作出任何处理决定。目前，国内大部分地区均认可该种观点和做法。但是，如果用人单位所在地区的人口与计划生育条例中明确规定，劳动者违反计划生育政策多生育子女，用人单位可解除劳动合同的，可依据当地的政策执行。

二、若用人单位在规章制度中规定员工违法生育属于严重违纪，可以解除劳动合同吗

生育权是基本的人权，受宪法保护。劳动者违反计划生育政策的情形在《劳动合同法》第 39 条所规定的法定事由之外，用人单位不得据此将违反计划生育政策规定为严重违纪。因此，即使用人单位在规章制度中规定“违反计划生育政策可解除劳动合同”，这一条款也因违反法律规定而无效，不能作为解除劳动合同的依据。但是，如根据各地人口与计划生育政策的规定，用人单位可以在规章制度中规定，女性劳动者违反计划生育政策生育的，可以给予相应的纪律处分，比如书面警告一次，则可依据当地的规定执行。在北京、上海等地的人口与计划生育条例中均有类似的规定，但不能直接与劳动者解除劳动合同。

三、劳动者违反计划生育政策，在其生育期间是否享有产假、生育津贴等待遇

根据《女职工劳动保护特别规定》第 7 条的规定，女职工生育享受 98 天产假，其中产前可以休假 15 天；难产的，增加产假 15 天；生育多胞胎的，每多生育 1 个婴儿，增加产假 15 天。女职工怀孕未满 4 个月流产的，享受 15 天产假；怀孕满 4 个月流产的，享受 42 天产假。该规定是对女性劳动者的特殊保护，在该规定中并未对合法生育还是违法生育作出明确区分，也就是说，即使女性劳动者违反计划生育政策生育，仍然享有 98 天的产假，难产的，应增加产假 15 天；生育多胞胎的，每多生育 1 个婴儿，可增加产假 15 天。但是，如果女性劳动者生育违反了当地的计划生育政策，则不再享有法律赋予的奖励假。

根据《云南省人口与计划生育条例》第 30 条的规定，违法生育的人员，生育费用及与生育有关的医疗费用自理；有工资待遇的，产假期间不发工资。《浙江省人口与计划生育条例》第 44 条规定，不符合法定条件多生育的，除按照本条例规定缴纳社会抚养费外，产假期间不发工资，妊娠、分娩等一切费用自理，取消其他生育福利待遇，男女双方各处降级以上的处分，直至开除公职。《上海市人口与计划生育条例》第 41 条规定：“对违反本条例规定生育子女的公民，除征收社会抚养费外，给予以下处理：（一）分娩的住院费和医药费自理，不享受生育保险待遇和产假期间的工资待遇……”《北京市人口与计划生育条例》第 36

条规定，机关、企业事业单位、社会团体、其他组织的职工违反本条例规定生育的，由其所在单位给予行政处分或者纪律处分；分娩的住院费和医药费自理，产假期间停止其工资福利待遇；三年内不得被评为先进个人、不得提职，并取消一次调级。

根据上述各地的规定可知，女性劳动者在违反计划生育政策的情况下，用人单位在其产假期间将不再向其发放产假工资，由于其行为违法，因分娩产生的住院费、医药费自理，社保部门不予报销，也不再享有生育津贴。另外，女性劳动者违法生育的，在其产假期间不再享有工资及补贴等福利，由于双方劳动关系并未解除、仍然存续，劳动者的社会保险及住房公积金也应当继续缴纳，此时用人单位可以要求劳动者自行支付相关费用，或从将来的工资中优先扣除，并留存相应的书面证据材料。

四、未婚先孕≠未婚先育，用人单位均不能直接解除劳动合同

未婚先孕，是指未履行结婚登记手续的男女发生性行为而导致女方怀孕的现象。未婚先育，是指在没领取结婚证与准生证的情况下生育，这就违背了各地的计划生育管理条例，属于违法行为，按照规定，孩子出生后要缴纳一定的社会抚养费。

未婚先孕和未婚先育是两个不同的概念。未婚先孕不一定是违法的，只要在孩子出生前领取了结婚证，仍然属于合法生育；但是，未婚先育违反《人口与计划生育法》，并且在生育期间仅享有98天的产假及哺乳期待遇，不再享有其他的福利，包括工资、生育手术费用、奖励假等。但是，上述两种行为均不违反《劳动法》《劳动合同法》的规定。

此外，《女职工劳动保护特别规定》第5条也明确规定，用人单位不得因女职工怀孕、生育、哺乳与其解除劳动合同。即使合同期满，女职工在孕期、产期和哺乳期间的，用人单位也不能终止劳动合同，而应根据《劳动合同法》的规定，将劳动合同延续到孕期、产期和哺乳期满。所以，无论是未婚先孕还是未婚先育，用人单位均不能因此与劳动者解除劳动合同。

风险提示

1. 根据各地人口与计划生育政策的规定，用人单位可以在规章制度中规定，如果女性劳动者违反计划生育政策生育的，可以给予相应的纪律处分，比如书面警告一次。如果当地政策规定可以解除劳动合同的，则可以在制度中作出明确规定。

2. 无论是未婚先孕还是未婚先育，用人单位均不能因此与劳动者解除劳动合同。；未婚先孕的女职工在生育之前领取结婚证的，属于合法生育；对于未婚先育的女职工，用人单位可依据法律规定不再支付产假工资，但不能出现歧视等行为。

3. 用人单位对于“三期”女职工都应当给予特殊照顾，不论是不是合法生育。建议用人单位在规章制度中对女性怀孕、生育等问题结合当地政策作出规定，对于生育的女性职工可以要求其提供相关证明材料，比如子女出生证明、结婚证等材料。

法律依据

《北京市人口与计划生育条例》第 36 条

第二节　大学生实习与就业

第 93 讲：用人单位招用大学生实习是否属于建立劳动关系？

案例聚焦 ①

2016 年 9 月 30 日，邓某开始到北京某公司工作，双方未签订任何合同。邓某当时是某大学四年制的本科学生，尚未毕业。双方口头约定邓某的月工资为 4500 元，此后双方签订了自 2017 年 2 月 4 日至 2018 年 2 月 4 日的劳动合同。劳动合同约定邓某从事评审及财务工作；北京某公司应以法定货币形式按月支付邓某工资，支付日期为每月的 15 日。2017 年 7 月邓某毕业。

2017 年 9 月 15 日，北京某公司为邓某出具欠条，其内容为：“北京某公司欠邓某 2017 年 6 月至 9 月工资，共欠人民币：壹万捌仟壹佰陆拾壹元零肆角肆分（18161.44 元），并于 2017 年 10 月 15 日之前结清。”该欠条下方有法定代表人李某望的签字、名章及北京某公司的财务专用章，还注有“依据 2017 年 6 月至 9 月

① 本案例节选自北京市第二中级人民法院（2018）京 02 民终 6882 号民事判决书。

15日工资单确认，核实无误，刘某松，2017.9.15”字样。北京某公司对该欠条真实性表示认可，称经核实李某望、刘某松签字均系本人所签，刘某松原系公司高管，认可拖欠邓某工资18161.44元。北京某公司称系受邓某胁迫所出具欠条，但未向一审法院提供任何证据。邓某提交的建设银行明细单显示，2016年12月邓某月工资为3655.2元，2017年1月邓某月工资为3822.43元。2017年12月13日邓某向西城区劳动人事争议仲裁委员会提起劳动仲裁，要求北京某公司支付工资、未签订劳动合同的二倍工资差额及解除劳动合同赔偿金。仲裁委经审理后支持未发工资和双倍工资的诉请。一审判决同仲裁结果一致，二审维持原判。

实操技巧

即将毕业的大学生，基于学习实践以及毕业后的就业考虑，一般都会提前到用人单位实习，在实习的过程中，可能会因为劳动报酬的支付、发生意外伤害等产生争议。对于大学生到用人单位进行实习，双方之间是否存在劳动关系，在现实中还存在一定的争议。笔者结合实践中的相关问题，作如下解析：

一、大学生实习与用人单位之间是否存在劳动关系

针对该问题，在司法实践中存在以下三种观点：

第一种观点认为，大学生实习与用人单位之间不建立劳动关系。理由是，大学生在用人单位进行社会实践或者专业实习，是出于学习需要在单位进行社会实践的行为，或者在学校的安排下进行实习，该行为系以学习为目的，是将在学校学到的知识运用到实习单位的具体岗位上参加实践的过程，通过实践达到培养学生的职业道德和职业技能的目的，是为了学校教学活动而进行的没有工资报酬的实习，或是利用业余时间勤工助学，不应认定与用人单位成立劳动关系。

第二种观点认为，大学生实习与用人单位之间建立劳动关系。理由是，大学生及用人单位均符合法律法规规定的主体资格，大学生接受用人单位的劳动管理从事其安排的有报酬的劳动，大学生的工作内容系用人单位的业务组成部分，用人单位亦按月向其支付工资报酬，双方之间符合确立劳动关系的有关要件，双方的劳动关系应予成立。

第三种观点认为，应当区分在校实习生的不同情况，具体分为教学实习、带薪实习和就业实习三种。教学实习是学校正常教学活动的一部分，一般来说这种实习在教学过程中具有一定强制性，即必须完成实习才能拿到学分完成毕业。带薪实习主要指学生在教学计划之外自行联系用人单位进行的实习活动，通过提供劳动来获取一定报酬，通常说的勤工俭学就是这种形式。就业实习是指在校学生以就业为目的，在符合用人单位招录条件的前提下，进入用人单位进行实习，通过实习获得与用人单位签订劳动契约的机会，这种形式下实习生的管理和薪酬都类似于用人单位的普通员工。在教学实习的情况下，在校生实习更多是为了完成学习任务，通常学校会与用人单位签订协议，由用人单位承担部分对学生的教育、管理权利，实习生与用人单位之间形成了一种教育关系，此时实习生并非法律意义上的劳动者。带薪实习的情况下，可参照劳动部《劳动部关于贯彻执行〈中华人民共和国劳动法〉若干问题的意见》的相关规定。就业实习的情况下，双方都是以签订劳动合同、建立劳动关系为目的，除了在社保方面存在一定的特殊性外，其他方面与正式员工无本质区别。虽然实习生仍属学生身份，但此时已基本完成学业，在管理方面更倾向于接受用人单位的管理，人格和经济从属性特征明显。此种情况下，若符合劳动关系的实质，可以认定双方之间形成劳动合同法律关系。

笔者认为第一、二种观点有失偏颇。笔者同意第三种观点，大学生到用人单位实习，对于是否建立劳动关系不能一概而论，还应当根据实际情况有所区分。

（一）对于全日制大一、大二、大三的学生到用人单位实习的，不建立劳动关系

《劳动法》第 15 条规定，禁止用人单位招用未满 16 周岁的未成年人。但是对于年满 16 周岁的在校大学生，用人单位能否与其形成劳动关系并无明确规定。根据《劳动部关于贯彻执行〈中华人民共和国劳动法〉若干问题的意见》第 12 条规定，在校生利用业余时间勤工助学，不视为就业，未建立劳动关系，可以不签订劳动合同。根据该规定，在校生不是适格的劳动关系主体，大学生到用人单位进行社会实践或专业实习，这是实习人员出于学习需要在用人单位进行社会实践或利用课余时间到用人单位进行实习，因此此时全日制在校大学生还是学生身份，不受《劳动法》的调整和保护。

所以，大一、大二、大三的在校学生在用人单位进行实习的，对于完成学校的社会实习安排或自行从事社会实践活动的实习，其主要任务是完成学业，故不认定为劳动关系。但是，用人单位对于在校大学生实习的，也应当根据提供劳务的付出向其支付相应的劳务费。如果用人单位拖欠大学生实习期间劳务费的，大学生可以依据《民法典》合同编的规定，向人民法院提起诉讼或向劳动部门投诉。

（二）大四学生到用人单位实习的，很容易被认定建立劳动关系

大四的学生则不同，虽然大四的学生也属于在校大学生，但大四的学生基本

上已经完成学业，到用人单位实习不仅仅是为了完成实践活动，更多的是出于就业的需要。在司法实践中，有很多的用人单位为大四学生提供实习岗位，在其取得毕业证之后，则直接留在用人单位就业。所以，用人单位安排大四学生实习，可能存在名为实习，实为劳动关系的情形。根据《劳动和社会保障部关于确立劳动关系有关事项的通知》的规定，用人单位招用劳动者未订立书面劳动合同，但同时具备下列情形的，劳动关系成立：（1）用人单位和劳动者符合法律、法规规定的主体资格；（2）用人单位依法制定的各项劳动规章制度适用于劳动者，劳动者受用人单位的劳动管理，从事用人单位安排的有报酬的劳动；（3）劳动者提供的劳动是用人单位业务的组成部分。所以，用人单位在安排大四学生上岗实习的过程中，还是应当注意法律的规定及劳动关系的确认，可以按照实际出勤天数结算薪资，让实习生从事一些基本的工作，避免被认定为存在事实劳动关系。

因此，在校大学生为企业提供劳动是现阶段所普遍存在的现象，双方之间是否构成劳动关系并适用劳动合同法调整还存在争议。虽然主流见解认为双方仅存在劳务关系，并未建立劳动关系，但用人单位仍应引以为鉴，规范在校大学生的实习行为。

二、用人单位若安排大学生实习，必须要明确双方的关系

在现行法律中，除《劳动法》第 15 条规定禁止用人单位招用未满 16 周岁的未成年人外，并没有对在校生成为劳动关系主体作出禁止性规定。《劳动部关于贯彻执行〈中华人民共和国劳动法〉若干问题的意见》第 12 条的规定，也仅限于对在校生勤工助学行为的规定，并未将在校生全部排除在劳动关系主体之外。在司法实践中，也有部分法院出台审判意见，规定即将毕业的大学生在用人单位实习，对劳动关系的认定应综合考虑劳动关系的从属性、劳动者从事工作的内容、工资报酬支付情况等因素，而不能单纯以实习活动为由认定为劳务关系。

所以，用人单位若安排大学生实习，就必须要明确双方的关系，签订《实习协议》，并在协议中明确双方之间的权利义务，约定实习期限；若用人单位安排大四学生实习并决定将来长期留用的，在签订实习协议时必须要特别强调在实习的学生未取得毕业证之前，双方之间仅存在实习关系或劳务关系，或者在协议中约定实习期限仅到大学生毕业前夕，待其取得毕业证之后，再入职用人单位签订劳动合同，正式建立劳动关系。

风险提示

1. 用人单位招用在校大学生时，要调查清楚学生的基本情况，如何时毕业、能够提供劳动的时间等，用人单位可以按照非全日制用工的方式使用在校生；对于在校生提供劳动过程中发生事故的，单位要承担人身损害赔偿责任，单位在雇用之前可以为在校生上一份商业保险，避免风险。

2. 用人单位招用在校大学生之前，应与学生签订规范的实习协议，明确双方权利义务。尤其对于即将毕业有留用打算的在校生，更应着重注意，在日常管理中应明显区别于一般劳动关系员工，处理好实习关系与劳动关系的衔接问题，避免出现二者混同而被法院统一认定为劳动关系的风险。

3. 大学生到用人单位实习的，一定要与用人单位签订书面的实习协议，不要仅仅通过口头约定薪资标准及工作内容，在日常工作中也应当注意相关证据的留存，避免将来在用人单位拖欠劳务费或造成人身伤害时举证不能。

法律依据

《劳动部关于贯彻执行〈中华人民共和国劳动法〉若干问题的意见》12

第 94 讲：用人单位与大学生签订的三方协议可以解除吗？

案例聚焦

2019 年 3 月 30 日，景某通过校园招聘会向某医院投递简历一份，应聘职位要求本科学历，景某所投递的简历写明教育经历为：2017 年 9 月至 2019 年 7 月，在某大学计算机科学与技术（师范）就读，2017 年 9 月至今，二学位为学前教育。2019 年 4 月 11 日，某医院工作人员通知景某于 2019 年 4 月 15 日到某医院处面试。某医院于 2019 年 4 月 16 日通知景某面试通过，并告知景某应于 2019 年 4 月 26 日到某医院处签订全国普通高等学校毕业生就业协议书。景某与某医院于 2019 年 4 月 26 日签订该协议书，双方约定毕业生需取得毕业证、学位证、报到证，企业方可接收，违约方须向对方支付违约金人民币 5000 元整。

2019 年 7 月 3 日，景某到某医院处报到时，某医院告知景某其为专升本，不符合某医院要求的高中起点本科，拒绝录用。景某主张因某医院违约，导致其租赁房屋产生违约金 2000 元、交通费损失 1000 元。

法院经审理认为，景某与某医院签订全国普通高等学校毕业生就业协议书，证明某医院愿意接收景某在某医院处工作，该协议符合法律规定，应认定合法有效，立约人均应依约履行协议义务。景某按照就业协议书约定向某医院提供了已取得的毕业证、学位证、报到证，但某医院拒绝接收，存在违约，作为违约方的某医院须向景某支付违约金5000元整。

某医院虽抗辩景某系专升本，不符合某医院高中起点本科的招聘条件，但造成此纠纷的原因并非景某故意隐瞒专升本的学历信息，而是某医院在发布招聘启事及审查景某简历时存在失误，应承担相应责任，景某在应聘及签订就业协议过程中不存在过错，不应承担责任。

按照法律规定，当事人可以约定一方违约时应当根据违约情况向对方支付一定数额的违约金，也可以约定因违约产生的损失赔偿额的计算方法；约定的违约金低于造成的损失的，当事人可以请求人民法院予以增加，现景某主张的租房损失及交通费合计数额不超过双方约定的违约金5000元，故对于景某主张租房损失及交通费法院无法支持，依法判决某医院给付景某违约金5000元。

实操技巧

在每年的大学毕业季，应届毕业生在参加校招后，一般都会与用人单位签订“三方协议”，即《全国普通高等学校毕业生就业协议书》，这是应届毕业生与用人单位在确立劳动人事关系前，经双向选择，在规定期限内就确立就业关系、明确双方权利和义务而达成的书面协议，是用人单位确认毕业生相关信息真实可靠以及接收毕业生的重要凭据，也是高校进行毕业生就业管理、编制就业方案以及毕业生办理就业落户手续等有关事项的重要依据。那么，三方协议到底具有怎样的法律效力呢？笔者从以下几个方面进行分析：

一、三方协议具有法律效力，大学生及用人单位均应当遵守

所谓三方协议，是《全国普通高等学校毕业生就业协议书》的简称，是应届毕业生在第一次就业时必须签署的协议，由学生本人、学校和用人单位三方签订。在实践中，三方协议对用人单位的约束相对较少，更多规定的是学生违约后所应承担的责任。

根据《民法典》第119条的规定，依法成立的合同，对当事人具有法律约束力。故在三方协议中，大学生与用人单位就就业等事宜达成一致签订协议的，则该协议应认定合法有效，双方均应依约履行协议义务。

所以，对于大学生而言，在签订三方协议之前，一定要考虑清楚，一旦签订三方协议，则意味着大学生不得再与其他用人单位签订三方协议，也不得再到其他单位入职，否则有违诚信原则，也会导致其人事档案等无法转出，将会影响身份的认定。对于用人单位而言，在与大学生签订三方协议之前，需要将相关的招聘条件、录用要求、岗位设定等弄清楚，避免将来因岗位取消等原因承担违约责任，影响其声誉，甚至有些高校会将违约的用人单位列入黑名单。

二、三方协议签订后，任何一方违约均需承担违约责任

根据《民法典》第577条的规定，当事人一方不履行合同义务或者履行合同义务不符合约定的，应当承担继续履行、采取补救措施或者赔偿损失等违约责任。由于三方协议具有很强的人身属性，在一方违约的情况下，要求其承担继续履行的责任是不现实的，也很难实现其目的。为此，守约方可以要求违约方根据三方协议的约定向其支付一定金额的违约金。

因此，无论是应届毕业生还是用人单位，在签订协议之前都应当充分预见自己民事行为的法律后果，一旦违约，就要承担相应责任。毕业生与用人单位在签订三方协议时应考虑清楚，一旦双方签字盖章后，就业协议书便有了法律效力。无论是用人单位还是毕业生，一旦违约，都会面临承担违约责任的风险。

由于三方协议具有民事合同的法律性质，协议各方当事人均可在协议中约定一定数额的违约金。在司法实践中，一般情况下，三方协议中约定的违约金数额为5000元居多。在当前市场经济条件下，5000元的违约金不算高，但对于尚未就业的大学生来讲也是一笔不小开支，而且一旦违约，除了要支付违约金之外，还会影响其声誉，不利于职业的发展。

三、三方协议不具有劳动合同的效力

劳动合同是证明劳动者与用人单位之间建立劳动关系的协议。根据《劳动合同法》的规定，劳动者一旦入职用人单位，用人单位就应当在劳动者入职后一个月内与之签订书面劳动合同，否则将面临因未签订劳动合同而支付双倍工资的风险。三方协议是在毕业生入职用人单位之前，双方相互就确立就业关系达成的协议，不具有劳动合同的效力，受到《民法典》合同编的调整和约束。一旦毕业生持三方协议入职用人单位，三方协议即归于失效。所以，在司法实践中，三方协议与劳动合同分别具有不同的用处和法律性质，二者不可混同。三方协议不具有劳动合同的效力，不能代替劳动合同。

风险提示

1. 三方协议的签订程序，一般是毕业生和用人单位就工作情况达成一致后，先由毕业生领取就业协议书，如实填写基本情况和应聘意见并签名，然后由用人单位签订意见，最后由学校就业指导中心或者就业主管部门签订意见。

2. 应届毕业生在签订三方协议时，一定要等用人单位填写完盖章后再到学校签证盖章，切忌自己填完后就直接要求学校盖章。万一用人单位承诺待遇有变，就可能引发纠纷。如果毕业生违约，必须办理与原签约单位的解约手续，然后将原协议书交还招生就业工作处，换取新的协议书。

3. 毕业生在签订三方协议时要认真核对用人单位名称，看自己填写的单位名称与单位的有效印鉴名称是否一致，一字之差都可能导致协议无效。此外，要格外注意明确违约金数额，通常公司在签约时会主动提出违约金的金额，然后写到备注栏里，通常不得超过5000元。为了防止用人单位承诺无法落实，毕业生可将工资、奖金、补贴、休假、住房、保险等福利待遇在备注栏中备注清楚，以维护自身合法权益。

法律依据

《民法典》第577条

第三节　外国人及港澳台同胞就业

第95讲：用人单位聘用外国人是否需要缴纳社会保险？

案例聚焦

金某系韩国人，2017年4月入职北京一家化妆品公司，担任总经理助理一职，月工资标准为人民币35000元。金某入职后，公司与其签订了一份3年期限劳动合同，并为其办理了《外国人就业证》。2018年5月，金某因病住院治疗期间才得知公司未为其缴纳社会保险。金某在医疗期满后返回公司上班，并就社会保险缴纳一事与公司进行交涉。

金某认为，自己虽然是外国人，但已经与公司签订劳动合同，并办理了就业证，双方之间存在劳动关系，公司就应当依照中国法律的规定为其缴纳社会保险。现因公司未能为其依法缴纳社会保险，导致其生病住院期间无法享受医疗保险等待遇，故依据《劳动合同法》第38条的规定，向公司提出被迫解除劳动合同。

随后，金某委托律师向北京市某区劳动争议仲裁委员会申请劳动仲裁，要求北京某化妆品公司向其支付解除劳动合同经济补偿金、医疗费用等损失，共计人民币 14 万元。仲裁委以主体不适格为由未予受理。金某起诉至某区法院。

法院经审理认为，金某与北京某化妆品公司之间签订劳动合同，公司为其办理了《外国人就业证》，双方之间的劳动关系成立。依据《社会保险法》的规定，用人单位为劳动者缴纳社会保险是其法定义务，金某虽然为外国人，但根据法律规定，也应当为其缴纳社会保险。现因公司未能为金某依法缴纳社会保险，违反了法律的强制性规定。金某依据《劳动合同法》的规定提出解除劳动合同，北京某化妆品公司应当依法向其支付经济补偿金。

实操技巧

随着“一带一路”的广泛深入，越来越多的外国人来到中国寻找就业机会，我国涉外领域、教育行业、文化产业等也亟需大量外国人，导致了外国人在华就业人数的激增，同时也不可避免地引发了各种劳动争议案件。那么，用人单位在聘用外国人时有哪些事项需要注意，又有哪些法律风险需要防范？笔者结合实际情况予以解答。

一、外国人在中国境内就业，必须要办理就业证

根据《最高人民法院关于审理劳动争议案件适用法律若干问题的解释(四)》第 14 条的规定，外国人、无国籍人未依法取得就业证件即与中国境内的用人单位签订劳动合同，以及我国香港特别行政区、澳门特别行政区和台湾地区居民未依法取得就业证件即与内地用人单位签订劳动合同，当事人请求确认与用人单位存在劳动关系的，人民法院不予支持。持有《外国专家证》并取得《外国专家来华工作许可证》的外国人，与中国境内的用人单位建立用工关系的，可以认定为劳动关系。由此可知，外国人、无国籍人，我国香港、澳门、台湾地区同胞在中国境内就业，与用人单位之间是否建立劳动关系，可以从以下几个方面进行分析：

（一）外国人在中国境内就业必须要办理就业证，否则不建立劳动关系

虽然在现行《劳动法》和《劳动合同法》中均未对外国人、无国籍人如何成为适格的劳动者作出明确规定，但是依据《外国人在中国就业管理规定》第 5 条的规定，用人单位聘用外国人须为该外国人申请就业许可，经获准并取得《外国人就业许可证书》方可聘用。外国人在中国就业须具备下列条件：（1）年满 18 周岁，身体健康；（2）具有从事其工作所必需的专业技能和相应的工作经历；（3）无犯罪记录；（4）有确定的聘用单位；（5）持有有效护照或能代替护照的

其他国际旅行证件。在中国就业的外国人应持职业签证入境（有互免签证协议的，按协议办理），入境后取得《外国人就业证》和外国人居留证件，方可在中国境内就业。未取得居留证件的外国人（即持F、L、C、G字签证者）、在中国留学、实习的外国人及持职业签证外国人的随行家属不得在中国就业。特殊情况，应由用人单位按规定的审批程序申领许可证书，被聘用的外国人凭许可证书到公安机关改变身份，办理就业证、居留证后方可就业。外国驻中国使、领馆和联合国系统、其他国际组织驻中国代表机构人员的配偶在中国就业，应按《中华人民共和国外交部关于外国驻中国使领馆和联合国系统组织驻中国代表机构人员的配偶在中国任职的规定》执行，并办理有关手续。

由此可知，用人单位聘用外国人就业的，必须要按照法定程序办理就业证，双方之间才能建立劳动关系；否则，不建立劳动关系，按劳务关系处理。

另外，用人单位还应当注意，《外国人在中国就业管理规定》第17条规定，用人单位与被聘用的外国人应依法订立劳动合同。劳动合同的期限最长不得超过5年。劳动合同期限届满即行终止，用人单位若履行审批手续后可以续订。同时，被聘用的外国人与用人单位签订的劳动合同期满时，其就业证即行失效。如需续订，该用人单位应在原合同期满前30日内，向劳动行政部门提出延长聘用时间的申请，经批准并办理就业证延期手续。

（二）用人单位聘用香港、澳门、台湾同胞就业无需办理就业证

根据《人力资源社会保障部关于香港澳门台湾居民在内地（大陆）就业有关事项的通知》的规定，2018年7月28日，国务院印发《关于取消一批行政许可事项的决定》（国发〔2018〕28号），取消台港澳人员在内地就业许可。2018年8月23日，人力资源社会保障部颁布《关于废止〈台湾香港澳门居民在内地就业管理规定〉的决定》（人力资源社会保障部令第37号），废止《台湾香港澳门居民在内地就业管理规定》（劳动和社会保障部令第26号）。

自2018年7月28日起，港澳台人员在内地（大陆）就业不再需要办理《台港澳人员就业证》。在内地（大陆）求职、就业的港澳台人员，可使用港澳台居民居住证、港澳居民来往内地通行证、台湾居民来往大陆通行证等有效身份证件办理人力资源社会保障各项业务，以工商营业执照、劳动合同（聘用合同）、工资支付凭证或社会保险缴费记录等作为其在内地（大陆）就业的证明材料。在内地（大陆）就业的港澳台人员，依法享有各项劳动保障权益，与用人单位发生劳动人事争议或者合法劳动权益被侵害的，依照国家有关劳动人事争议、劳动保障监察的规定处理。

（三）用人单位雇用外国人未为其办理就业证的，须承担法律责任

根据《出境入境管理法》第80条的规定，外国人非法就业的，处5000元以上2万元以下罚款；情节严重的，处5日以上15日以下拘留，并处5000元以上2万元以下罚款。非法聘用外国人的，处每非法聘用一人1万元，总额不超过10万元的罚款；有违法所得的，没收违法所得。

当然，符合下列条件之一的外国人，可免办就业许可证和就业证：

（1）由我国政府直接出资聘请的外籍专业技术和管理人员，或由国家机关和事业单位出资聘请，具有本国或国际权威技术管理部门或行业协会确认的高级技术职称或特殊技能资格证书的外籍专业技术和管理人员，并持有外国专家局签发的《外国专家证》的外国人。

（2）持有《外国人在中华人民共和国从事海上石油作业工作准证》从事海上石油作业、不需登陆、有特殊技能的外籍劳务人员。

（3）经文化部批准持《临时营业演出许可证》进行营业性文艺演出的外国人。另外，中央级用人单位、无行业主管部门的用人单位聘用外国人，可直接到劳动行政部门发证机关提出申请和办理就业许可手续。外商投资企业聘用外国人，无须行业部门主管批准，可凭合同、章程、批准证书、营业执照和《外国人在中国就业管理规定》第11条所规定的文件直接到劳动行政部门发证机关申领许可证。

二、外国人与用人单位建立劳动关系的情况下，应当依法缴纳社会保险

根据《在中国境内就业的外国人参加社会保险暂行办法》第3条的规定，在中国境内依法注册或者登记的企业、事业单位、社会团体、民办非企业单位、基金会、律师事务所、会计师事务所等组织依法招用的外国人，应当依法参加职工基本养老保险、职工基本医疗保险、工伤保险、失业保险和生育保险，由用人单位和本人按照规定缴纳社会保险费。与境外雇主订立雇佣合同后，被派遣到在中国境内注册或者登记的分支机构、代表机构工作的外国人，应当依法参加职工基本养老保险、职工基本医疗保险、工伤保险、失业保险和生育保险，由境内工作单位和本人按照规定缴纳社会保险费。同时，《社会保险法》第97条规定，外国人在中国境内就业的，参照本法规定参加社会保险。所以，用人单位招用外国人的，应当自办理就业证件之日起30日内为其办理社会保险登记。由此可知，只要用人单位依法聘用外国人就业的，就应当按照法律规定的程序依法缴纳社会保险。

当然，当前也存在聘用外国人可免交社会保险的情形。根据《在中国境内就

业的外国人参加社会保险暂行办法》第9条的规定，具有与中国签订社会保险双边或者多边协议国家国籍的人员在中国境内就业的，其参加社会保险的办法按照协议规定办理。所以，双方签订互免社保协议国家国籍的人员可以不缴纳社会保险，有点类似于税收协定，目前，我国已经与韩国、德国、丹麦、芬兰、加拿大、瑞士、荷兰、西班牙、日本、卢森堡、塞尔维亚、法国等国家签订互免社保协议。

三、外国人在中国境内依法享受社保待遇

在中国参加社会保险的外国人符合条件的，依法享受社会保险待遇。以养老保险为例，凡累计缴费满15年，达到我国法定退休年龄（男年满60岁，女年满55岁）的外籍员工，既可以在中国养老，按月领取基本养老金，也可以在境外按月领取养老金，但应当至少每年向负责支付其养老金的社会保险经办机构提供一次由中国驻外使、领馆出具的生存证明，或者由居住国有关机构公证、认证并经中国驻外使、领馆认证的生存证明。如果外国劳动者在达到规定的领取养老金年龄前离境的，其社会保险个人账户予以保留，再次来中国就业的，缴费年限累计计算；经本人书面申请终止社会保险关系的，也可以将其社会保险个人账户储存额一次性支付给本人。对于外国籍女职工在中国境内合法生育的，依法享受相应的产假、哺乳时间及生育津贴等待遇。

风险提示

1. 外国人在来中国就业之前需到中国驻本国大使馆办理职业签证，来到中国后，再到当地劳动部门办理就业证，最后到公安部门办理居留证。上述三证齐全后，才能到有聘用外国人资质的单位去工作。

2. 聘用外国人的用人单位必须是依法设立的企业法人、社团法人、民办非企业单位等，中国境内的个体经济组织和公民个人不得聘用外国人。

3. 用人单位必须依法与所聘任外国人签订劳动合同，但最长期限不得超过5年，合同期满须履行审批手续后方可续签。用人单位支付所聘用外国人的工资不得低于当地最低工资标准。外国人在中国就业的工作时间、休息休假、劳动安全卫生以及社会保险按国家有关规定执行。

法律依据

《外国人在中国就业管理规定》第7条；《在中国境内就业的外国人参加社会保险暂行办法》

第96讲：外国人或港澳台同胞从国外被委派到中国工作，与国内公司建立劳动关系吗？

案例聚焦①

练某于2003年8月5日与香港崇光公司签订雇佣合同，约定练某同意以香港崇光公司认为必要的职位被调到集团的任何附属公司、联营公司或关联公司或者任何分区或部门。

2004年7月28日，香港崇光公司与上海久光公司签订《经营管理代表派遣协议》及《委托代发工资协议》，约定香港崇光公司根据上海久光公司的经营特点及需求派出经营管理代表，具体任职岗位及数量由香港崇光公司决定。根据中国国内劳动法的规定，在中国大陆就业的外籍人员需办理《就业许可证》，由上海久光公司代为办理，经营代表的工资标准及奖金福利由香港崇光公司制定并确立，委托上海久光公司每月按时足额发放；经营代表应缴纳的个人所得税，上海久光公司可按照有关规定在工资中扣除。

2015年7月24日，香港崇光公司通过电子邮件向练某发送雇佣终止通知书，通知练某最后雇佣日期为2015年7月24日，香港崇光公司根据《香港雇佣条例》，针对终止雇佣合同给予练某一个月的代通知金，练某应不晚于2015年7月24日向人力资源部（上海）归还练某的所有相关雇佣文件，练某的最后薪酬连同2015年7月的工资必须在香港结算，上海久光公司不支付练某2015年7月的工资，练某享有的2015年7月1日至7月24日的住房及生活津贴仍然可以由上海久光公司报销。

2015年8月4日，香港崇光公司向练某发送电子邮件，因练某与香港崇光公司的雇佣关系已终止，故练某在中国大陆上海久光公司的调任亦自动终止，练某总计为280217.20港元的最后薪酬已全部于2015年7月31日及2015年8月7日结算并存入练某汇丰银行账户，最后薪酬按照《香港雇佣条例》计算，包括2015年7月1日至7月24日基本工资、长期服务金、一个月代通知金、未休年假补偿金、未休休息日补偿金、未休香港法定节假日补偿金。练某不服裁决，诉至法院。

法院经审理认为，领取就业许可证是国（境）外自然人与本市用人单位间形成劳动关系的前提，但是办理就业许可证并不必然证明双方间存在劳动关系，还

---

① 本案例节选自上海市静安区人民法院（2016）沪0106民初644号民事判决书。

需结合实际履行情况予以认定，如是否实际付出劳动并从用人单位处取得劳动报酬，用人单位是否对劳动者实施管理、指挥、监督职能，劳动者是否必须接受用人单位劳动纪律和规章制度的约束。

审理中，上海久光公司提供的雇佣合同、经营管理代表派遣协议、委托代发工资协议、工作调配单，上海久光公司支付练某部分工资及福利的银行交易明细单、薪资单、税收完税证明，香港崇光公司支付练某部分薪资、福利以及包括基本工资、长期服务金、代通知金、未休年假、未休休息日、未休香港法定节假日补偿金等最后薪酬的电子邮件及支付凭证，均证明练某系与香港崇光公司建立雇佣关系，被派遣至大陆地区上海久光公司工作，练某与香港崇光公司签订劳动合同，系香港崇光公司员工，练某部分薪资福利由上海久光公司代发的事实。

上海久光公司为练某办理就业证而与练某签订聘用合同，不能直接证明练某、上海久光公司间建立劳动关系。练某与香港崇光公司间雇佣合同解除后，香港崇光公司业已根据《香港雇佣条例》支付练某包括基本工资、长期服务金、代通知金、未休年假、未休休息日、未休香港法定节假日补偿金在内的最后薪酬280217.20港元。综上，练某关于其与香港崇光公司及上海久光公司在香港地区及大陆地区同时建立劳动关系的主张，无事实及法律依据，法院不予支持。

实操技巧

共建“一带一路”致力于亚欧非大陆及附近海洋的互联互通，建立和加强沿线各国互联互通伙伴关系，构建全方位、多层次、复合型的互联互通网络，实现沿线各国多元、自主、平衡、可持续的发展。随着“一带一路”的纵深发展，中国企业在“走出去”的同时，也有越来越多的企业积极地走进中国市场。

为了方便与母公司沟通和汇报工作，不少外资企业通过境外母公司派遣部分员工到国内，这些员工职位通常为境内子公司的高管，大多是外籍人士或我国台港澳籍人士，他们往往与境外的公司直接签订劳动合同，但工作地点却在中国大陆。在劳动合同履行的过程中，难免会出现纠纷，往往由于涉及涉外法律及国内法的适用、主体资格的认定等都比较复杂。笔者结合司法实践中遇到的一些问题，作如下分析，以供参考：

一、外国人从国外被委派到中国工作，与国内公司之间并不必然建立劳动关系

根据《劳动和社会保障部关于确立劳动关系有关事项的通知》的规定，劳动关系主要从以下几个方面进行认定：（1）用人单位和劳动者符合法律、法规规定的主体资格；（2）用人单位依法制定的各项劳动规章制度适用于劳动者，劳动者

受用人单位的劳动管理，从事用人单位安排的有报酬的劳动；（3）劳动者提供的劳动是用人单位业务的组成部分。由此可知，在劳动法律关系中，因劳动关系具有人身隶属性，故认定双方是否具有劳动关系的基本标准应为双方是否实际存在管理与被管理、指挥与被指挥的关系，而不能仅凭是否支付劳动报酬等形式要件。

在涉外用工法律关系中，不能仅仅依靠法律规定而机械地认定劳动关系，还需要结合劳动合同的实际履行情况。外国人被国外母公司委派到中国企业工作的，即使中国企业依据中国税法的规定为其发放工资并代扣代缴个人所得税，但该行为实际上是受到国外母公司的委托而为之。同时，还应当意识到，虽然外国人在中国工作的场所是在中国企业范围内，但其所履行的职务、工作的汇报等，均向国外母公司进行，并实际受到国外母公司的管理和调配，国内公司对其不行使管理之职责，对其工作内容、岗位变动、薪资调整等均没有支配权，与国内公司之间并未形成人身依附关系。

另外，即使外国人从国外被委派到中国企业工作，并为其办理了就业证，也不能代表双方之间就建立了劳动关系。根据《外国人在中国就业管理规定》的规定，领取就业许可证是国外自然人与国内用人单位之间形成劳动关系的前提，但是办理就业许可证并不必然证明双方之间存在劳动关系，还需结合实际履行情况予以认定，如劳动者是否实际付出劳动并从用人单位处取得劳动报酬，用人单位是否对劳动者实施管理、指挥、监督职能，劳动者是否必须接受用人单位劳动纪律和规章制度的约束。因此，对于外国人从国外被委派到中国企业工作，并受到国外企业管理和支配的，其与国内公司之间并不建立劳动关系。

当然，在司法实践中，也不排除外国人被国外企业委派到国内企业工作，国外企业将不再对其进行管理，也不对其行使支配权，完全由国内企业对其进行管理和支配，并且为其办理就业证。在此种情况下，根据《劳动和社会保障部关于确立劳动关系有关事项的通知》的规定，可以认定双方之间建立劳动关系。

二、在国内注册的外国法人企业招用员工的，双方间建立劳动关系

无论是外国人还是外国法人依据《公司法》等相关法律的规定，在中华人民共和国境内依法设立企业，并依据中国劳动法的规定招用中国人的，双方之间建立劳动关系，用人单位应依据中国法律的规定，依法为劳动者签订劳动合同、缴纳社会保险，遵守中国的各项法律规定。若招聘外国人就业的，需依照《外国人在中国就业管理规定》的规定，为聘用的外国人办理就业证，并签订劳动合同。在国内注册的外资企业与劳动者发生劳动争议的，则适用中国法律，在中国境内通过仲裁或诉讼解决双方之间的纠纷。

风险提示

1. 国内企业接收国外企业委派的员工就业的，应当签订委派协议及工资代付协议，并要求国外企业提供该员工与其之间签订的劳动合同、社保缴费记录、派遣函等资料。

2. 境内公司在接受派遣时，由于国内用工规范的规定，往往需要和劳动者签订劳动合同，如是外籍人士，还需要办理就业证等手续。为避免纠纷，境内公司可以在劳动合同或其他协议中明确“劳动合同仅用于办理就业证或办理社保、公积金”“办理就业证仅为了满足用工需求，但不代表双方存在劳动关系”等内容。

3. 劳动报酬作为认定劳动关系的重要因素，建议最好由境外公司直接发放。若需由境内公司代发的，建议双方或三方之间签订协议予以明确；同时，员工长期在境内公司工作，难免会接受境内公司的直接管理，但母公司仍可以做一些预防措施，比如要求员工直接或定期向母公司汇报工作、在劳动合同或岗位职责中明确员工应受境外母公司的管理等。

4. 外国企业在中国境内聘任中国员工的，必须按照中国法律的规定规范用工，否则，仍需承担劳动法上的法律责任。

法律依据

《劳动和社会保障部关于确立劳动关系有关事项的通知》一

第97讲：外国公司驻中国代表处与外籍员工发生纠纷是否适用《劳动合同法》?

案例聚焦

王某系加拿大国籍，2009年2月23日入职美国某公司北京代表处，担任市场总监一职，并签订劳动合同。在工作期间，北京代表处为其办理就业证及代表处工作证，双方约定工资标准为15000元/月。2009年9月21日，北京代表处与王某就变更岗位未能达成一致，遂与王某解除劳动合同。王某认为北京代表处的解除行为属于违法行为，遂申请劳动仲裁。

北京某区仲裁委以申请仲裁的主体不适格为由，不予受理其仲裁申请。随后，王某又向北京市某区人民法院提起诉讼，要求北京代表处向其支付解除劳动合同经济补偿金、工资差额等。

一审法院经审理认为，北京代表处系外国某企业常驻代表机构，王某在代表处工作，未通过外事服务单位招聘和派遣，故双方之间不建立劳动关系。对于王某主张解除劳动合同经济补偿金的诉求没有法律依据，不予支持。同时，在王某提供劳务的情况下，北京代表处未能按照双方劳动合同的约定标准支付工资，应当向王某支付工资差额。判决后，王某不服，又向二审法院提起上诉。

二审法院经审理认为，外国企业代表机构聘用雇员，必须通过北京市人民政府指定的外事服务机构聘用，外国企业代表机构及其人员在我国境内不得自行招聘雇员。由于北京代表处直接聘用王某，且北京代表处不具有用工主体资格，故双方之间不建立劳动关系。根据《劳动合同法》的规定，在劳动者已经付出劳动的情况下，该单位或出资人应向劳动者支付经济补偿金。最终，二审法院依法改判北京代表处向王某支付工资差额及经济补偿金。

实操技巧

在上述案例中，不仅涉及外国企业驻中国代表处是否具有用工的主体资格，还涉及代表处雇用外国人，双方之间是否建立劳动关系以及是否需支付经济补偿金等问题。笔者结合司法实践中的相关案例及实操技巧，作如下解析：

一、外国公司驻中国代表处与外籍员工发生纠纷的法律适用

在中国境内发生的外国公司驻中国代表处与外籍员工之间劳动纠纷的处理，涉及准据法适用的问题。现行的《劳动法》《劳动合同法》均未对涉外劳动关系的处理作出明确的规定，仅在《外国人在中国就业管理规定》第25条中规定，“用人单位与被聘用的外国人发生劳动争议，应按照《中华人民共和国劳动法》和《中华人民共和国企业劳动争议调解仲裁法》处理”。这里所指的用人单位是在中国境内依法注册成立的企业，并不包括外国公司驻中国代表处。

根据《涉外民事关系法律适用法》第43条的规定，劳动合同，适用劳动者工作地法律；难以确定劳动者工作地的，适用用人单位主营业地法律。劳务派遣，可以适用劳务派出地法律。所以，在中华人民共和国境内发生的外国公司驻中国代表处与外籍员工之间的纠纷适用劳动者工作地法律或用人单位主营业地法律，即适用中华人民共和国的相关法律。

二、外国公司驻中国代表处在中国大陆地区与直接招聘员工之间不建立劳动关系

根据《国务院关于管理外国企业常驻代表机构的暂行规定》第11条的规定，

常驻代表机构租用房屋、聘请工作人员，应当委托当地外事服务单位或者中国政府指定的其他单位办理。《劳动和社会保障部关于外国使馆雇用中国公民有关问题的复函》规定，外国驻华外交代表机构不能直接与中国劳动者建立劳动关系、订立劳动合同。外国驻华外交代表机构聘用中国雇员，应按照现行法律规定，由外交人员服务机构派遣雇员，代理社会保险事务。同时，根据《北京市政府关于外国企业常驻代表机构聘用中国雇员的管理规定》第5条规定，外国企业常驻代表机构招聘中国雇员，必须委托外事服务单位办理，不得私自或者委托其他单位、个人招聘中国雇员。中国公民必须通过外事服务单位向外国企业常驻代表机构求职应聘，不得私自或者通过其他单位、个人到外国企业常驻代表机构求职应聘。外事服务单位应当按照《劳动法》的规定与中国雇员签订劳动合同，并依法为中国雇员缴纳社会保险费用。外事服务单位与中国雇员发生劳动争议，应当按照《劳动法》的规定处理。

由此可知，外国企业常驻代表机构招聘中国雇员，必须委托外事服务单位办理，由劳动者与外事服务单位签订劳动合同，再派遣到外国企业常驻代表机构工作。如果外国企业常驻代表机构未通过外事服务单位，而是直接招聘劳动者进行就业的，则双方之间不建立劳动关系，签订劳动合同应属于无效。

三、无论是中国公民还是外国人与外国公司常驻中国代表处的劳动争议均可适用《劳动合同法》

依据上述分析，在中华人民共和国境内发生的外国公司驻中国代表处与外籍员工之间的纠纷适用中华人民共和国的相关法律。在双方之间不建立劳动关系的情况下，该纠纷所适用的法律是《劳动合同法》还是其他的法律呢？在司法实践中存在两种观点：

第一种观点认为，由于外国公司常驻中国代表处与直接聘用的中国公民或外国人之间不建立劳动关系，双方不能按我国《劳动法》以及《劳动合同法》的规定主张权利，一般是按照民事平等主体之间的纠纷，依据《民法典》合同编进行处理。

第二种观点认为，虽然外国公司常驻中国代表处与直接聘用的中国公民或外国人之间不建立劳动关系，但是在劳动者实际已经为其提供劳动的情况下，若不能依据《劳动法》以及《劳动合同法》的规定进行裁决，对于劳动者而言，将面临其合法权益无法得到维护，显失公平，这样就会进一步助长外国公司常驻中国代表处在劳动用工方面的违法行为。

笔者同意第二种观点。根据《劳动合同法》第93条的规定，对不具备合法经营资格的用人单位的违法犯罪行为，依法追究法律责任；劳动者已经付出劳动的，该单位或者其出资人应当依照本法有关规定向劳动者支付劳动报酬、经济补偿、赔偿金；给劳动者造成损害的，应当承担赔偿责任。所以，虽然外国公司常驻中国代表处在中国境内不具有用工主体资格，但在已招用劳动者为其提供劳动的情况下，就应当依据法律的规定，维护劳动者的利益。这样既能保障劳动者的合法权益，也能对违法用工的外国公司常驻中国代表处给予警告，以维护双方之间的利益平衡。

风险提示

1. 外国公司驻华代表处招用员工应当委托当地外事服务单位或者中国政府指定的其他单位办理。这样，外国公司委托的外事服务单位也就直接和我国公民建立劳动关系，而劳动者的工作权、休息权、劳动报酬权、社会保险以及公积金等权利也能得到保障。一旦发生解除、终止劳动合同等劳动纠纷，也可以按照我国劳动法及劳动合同法的规定进行处理。

2. 劳动者在应聘时，也应当擦亮眼睛，有条件的可以先登录企业信息网站进行查询，避免因入职的企业不具有用工主体资格，导致自己的合法权益无法维护。

3. 对于外国驻华外交代表机构聘用中国雇员，也应按照现行法律规定，由外交人员服务机构派遣雇员，代理社会保险事务。

法律依据

《涉外民事关系法律适用法》第43条；《劳动合同法》第93条

第四节 残疾人就业

第98讲：用人单位是否可以拒绝录用残疾人？

案例聚焦

何某于2012年7月从河南某大学毕业，在毕业前与某勘探公司签订了就业协议，2012年7月9日与某勘探公司签订了劳动合同，合同期限为5年；约定试用期为2012年7月9日起至2012年12月9日止。

2012年8月15日，某勘探公司以何某“经体检发现下肢肌肉萎缩，双下肢不等长，伴活动障碍，其身体不符合录用重要条件”为由，下发《解除劳动合同通知书》文件，解除了与何某的劳动合同关系，2012年8月16日某勘探公司出具解除与何某劳动合同通知书。

法院经审理认为，劳动合同一经签订，对双方均有约束力，用人单位和劳动者均应依据合同的约定严格履行。双方所签订的劳动合同中，对工作岗位没有明确约定，某勘探公司也未提供相应证据证明对身体条件标准作出明确要求，故某勘探公司以何某“在试用期内被证明不符合录用条件”解除与何某间的劳动合同关系，缺乏事实依据。遂依法判决撤销某勘探公司作出的《解除劳动合同通知书》文件，继续履行双方所签订的劳动合同。

实操技巧

在实际生活中，对于一些身体有残疾的人来说，在找工作这条路上他们要比普通人付出更多的努力，各种碰壁也更多。也正是在应聘过程中的种种状况，让越来越多的应聘者感到了迷茫，也让一些残疾人觉得是因为自己身体有缺陷所以很多公司不录用自己。笔者结合实际情况及法律规定，作如下分析，以供参考：

一、用人单位拒绝录用残疾人就业的，其行为构成就业歧视

所谓残疾人，是指在心理、生理、人体结构上，某种组织、功能丧失或者不正常，全部或者部分丧失以正常方式从事某种活动能力的人。残疾人包括视力残疾、听力残疾、言语残疾、肢体残疾、智力残疾、精神残疾、多重残疾和其他残疾的人。

《宪法》规定，法律面前人人平等，当然就应当包括就业机会的平等。我国当前虽没有反对就业歧视方面的专门立法，但在各个单行法中都有相应的条款。比如，《就业促进法》第3条规定，劳动者依法享有平等就业和自主择业的权利。劳动者就业，不因民族、种族、性别、宗教信仰等不同而受歧视。第29条规定，国家保障残疾人的劳动权利。各级人民政府应当对残疾人就业统筹规划，为残疾人创造就业条件。用人单位招用人员，不得歧视残疾人。同时，《残疾人保障法》第38条规定，国家保护残疾人福利性单位的财产所有权和经营自主权，其合法权益不受侵犯。在职工的招用、转正、晋级、职称评定、劳动报酬、生活福利、休息休假、社会保险等方面，不得歧视残疾人。残疾职工所在单位应当根据残疾职工的特点，提供适当的劳动条件和劳动保护，并根据实际需要对劳动场所、劳动设备和生活设施进行改造。国家采取措施，保障盲人保健和医疗按摩人员从业的合法权益。

残疾人也是民事活动的主体，也具有适格的劳动关系主体资格，在就业的过程中享有与正常人平等的就业权利，任何用人单位在招聘、录用劳动者时均不得以身患残疾而将其拒之门外。否则，其行为就构成就业歧视，需承担相应的法律责任。

另外，用人单位在招工的过程中除了不能对残疾人实施就业歧视外，也不得因户籍、地域、学历、身高等理由拒绝录用，否则，就侵犯了劳动者的平等就业权，构成就业歧视，应当承担相应的民事责任。

二、残疾人在就业中遭遇不公平待遇的，可以“平等就业权纠纷”提起诉讼

根据《就业促进法》第26条的规定，用人单位招用人员、职业中介机构从事职业中介活动，应当向劳动者提供平等的就业机会和公平的就业条件，不得实施就业歧视。第62条规定，违反本法规定，实施就业歧视的，劳动者可以向人民法院提起诉讼。所以，用人单位在招用人员的时候，应当向劳动者提供平等的就业机会和公平的就业条件，不得实施就业歧视。如果用人单位在招聘时对残疾人实施就业歧视的，劳动者可以向人民法院提起诉讼。

最高人民法院在2018年印发的《最高人民法院关于增加民事案件案由的通知》中增加了“平等就业权纠纷”案由。此类案由明确按侵权纠纷（人格权纠纷）来处理，区别于劳动争议纠纷，侵权纠纷直接诉讼即可，劳动争议则必须仲裁前置。一旦被法院认定侵害平等就业权，应依照民法典侵权责任编承担相应的侵权责任，而劳动争议纠纷则往往围绕劳动报酬、工伤医疗费、经济补偿金或者赔偿金等展开。同时，依据《就业促进法》《妇女权益保障法》的规定，平等就业权保护的范围应当包括两个方面，一是招录过程中劳动者被平等录用的权利；二是劳动合同履行过程中劳动者被平等对待的权利。也就是说，平等就业权保护的法益是求职者与具有相同条件的人相较不因民族、性别、残疾等其他因素而在求职过程中被区别对待的权利。

但是，劳动者在以“平等就业权纠纷”为由向法院提起诉讼时应注意，要求用人单位承担侵害平等就业权的损害赔偿责任，必须同时满足以下要件：1. 劳动者的平等就业权受到损害；2. 用人单位实施了侵害劳动者平等就业权的违法行为；3. 用人单位在实施违法行为时主观上存在过错；4. 用人单位的违法行为与劳动者平等就业权受损之间存在因果关系。所以，凡是劳动者在就业过程中遇到就业歧视并符合上述条件的，劳动者都可以以“平等就业权纠纷”为由，向人民法院提起诉讼，以维护自身的合法权利。

三、用人单位在招聘时不得以劳动者体检不合格等理由拒绝录用

在司法实践中，有很多用人单位在招聘时都会要求劳动者进行入职体检，一旦劳动者体检结果不符合用人单位的要求或用人单位认为在将来的劳动合同履行过程中可能会存在医疗期等问题时，均会以各种理由将其拒之门外。根据《就业促进法》第30条的规定，用人单位招用人员，不得以是传染病病原携带者为由拒绝录用。但是，经医学鉴定传染病病原携带者在治愈前或者排除传染嫌疑前，不得从事法律、行政法规和国务院卫生行政部门规定禁止从事的易使传染病扩散的工作。同时，《劳动和社会保障部关于维护乙肝表面抗原携带者就业权利的意见》则明确要求保护乙肝表面抗原携带者的就业权利。除国家法律、行政法规和卫生部规定禁止从事的易使乙肝扩散的工作外，用人单位不得以劳动者携带乙肝表面抗原为理由拒绝招用或者辞退乙肝表面抗原携带者。

所以，用人单位在招聘劳动者的过程中要求体检的做法无可厚非，但是在录用时不得以劳动者身患残疾或其他的理由对其拒绝录用。如果用人单位属于餐饮行业或对健康要求比较高的行业，可以依据行业标准进行录用，需要在面试或招聘时向求职者尽到告知义务。

风险提示

1. 农村劳动者进城就业享有与城镇劳动者平等的劳动权利，用人单位不得对农村劳动者进城就业设置歧视性限制。

2. 残疾人在政治、经济、文化、社会和家庭生活等方面享有同其他公民平等的权利。残疾人的公民权利和人格尊严受法律保护。禁止基于残疾的歧视。禁止侮辱、侵害残疾人。禁止通过大众传播媒介或者其他方式贬低损害残疾人人格，更不能对其存在就业歧视。

3. 用人单位或人力资源服务机构在拟订招聘计划、发布招聘信息、招用人员过程中不得限定性别或明确性别优先，不得以性别为由限制妇女求职就业、拒绝录用妇女，不得询问妇女婚育情况，不得将妊娠测试作为入职体检项目，不得将限制生育作为录用条件，不得差别化地提高对妇女的录用标准。

4. 用人单位在招聘劳动者时要求体检的，一定要将体检放在入职前进行，避免在劳动者已经办理入职手续并签订劳动合同之后再进行体检；若劳动者已经入职的，应设定相应的录用条件，并对其进行考核，但不得对其进行就业歧视。

法律依据

《就业促进法》第3条

第99讲：用人单位安排残疾人就业是否可以享受残保金优惠政策？

案例聚焦

某康复援助中心系经人力资源和社会保障局认定，组织就业困难残疾人相对集中地开展生产劳动、职业培训、职业辅助等职业康复活动的非正规就业劳动组织，对参加各项职业康复活动的援助对象给予劳动补贴，补贴标准为非农户籍残疾人每人每月400元，并按非正规就业组织渠道为援助对象缴纳社会保险费的费用给予补贴。

张某系非农户籍，于2010年9月1日进入某康复援助中心，某康复援助中心未安排张某工作，由张某在家自行康复，不对张某进行管理。某康复援助中心根据上海市残疾人联合会《关于实施阳光职业康复援助基地建设工作的试行意见》的通知规定，每月从残保金中列支400元发放给张某，2014年增加至808元，同时按规定为张某缴纳社会保险费。2014年8月1日，张某在办理其本人人事资料途中受伤。2015年9月14日，张某申请仲裁，要求裁决与某康复援助中心之间存在劳动关系。仲裁委未予受理。张某不服，于法定期限内诉至法院。

法院经审理认为，劳动关系是劳动者为用人单位提供劳动并且该劳动为用人单位业务活动的组成部分，用人单位支付劳动报酬而形成的管理与被管理的经济社会关系。

张某未为某康复援助中心提供职业性劳动，亦未接受某康复援助中心的管理，某康复援助中心向张某支付补贴以及缴纳社会保险费，均属政策性福利，双方之间不具有人身依附性特征，不符合劳动关系的构成要件，张某要求确认双方之间存在劳动关系的诉讼请求，缺乏事实和法律依据，本院不予支持。据此，依据《劳动法》第78条之规定，判决驳回张某的诉讼请求。

实操技巧

在司法实践中，对于企业来讲，不雇用残疾人就得交高额残保金，雇用残疾人却又不知如何对其进行管理，甚至没有合适的岗位供其安排。为此，实际操作中，有很多企业为了达到减免残保金的目的，通过第三方公司“聘用”残疾人就业，由此就产生了通过第三方机构“空挂”“假用工”的情形，难免会产生法律风险。因此，残疾证的滥用和不规范的使用，最终的受害方还是企业和残疾人。

一、用人单位要达到残保金减免的目的，必须真实存在聘用残疾人的事实

残保金，是残疾人就业保障金的简称，是为保障残疾人权益，由未按规定安排残疾人就业的机关、团体、企业、事业单位和民办非企业单位缴纳的资金。

根据《残疾人就业保障金征收使用管理办法》第6条的规定，用人单位安排残疾人就业的比例不得低于本单位在职职工总数的1.5%。用人单位安排残疾人就业达不到其所在地省、自治区、直辖市人民政府规定比例的，应当缴纳保障金。由此可知，用人单位享受减免残保金的前提条件是安排残疾人就业的比例不得低于本单位在职职工总数的1.5%。针对具体的比例，各地规定的标准不一致，如《北京市残疾人就业保障金征收使用管理办法》第6条规定，本市行政区域内的用人单位，应当按照不少于本单位在职职工总数1.5%的比例安排残疾人就业，达不到上述规定比例的，应当缴纳保障金。

同时，用人单位将残疾人录用为在编人员或依法与就业年龄段内的残疾人签订1年以上（含1年）劳动合同（服务协议），实际支付的工资不低于当地最低工资标准，并足额缴纳社会保险费的，方可计入用人单位所安排的残疾人就业人数。如果用人单位安排1名持有《中华人民共和国残疾人证》（1至2级）或《中华人民共和国残疾军人证》（1至3级）的人员就业的，按照安排2名残疾人就业计算。用人单位跨地区招用残疾人的，应当计入所安排的残疾人就业人数。

根据法律规定，用人单位安排残疾人就业必须是客观存在的事实，不能利用第三方公司采用“挂空饷”的方式提供虚假信息。所以，用人单位安排残疾人就业是其承担的社会义务，在履行社会义务、承担社会责任的情况下，可以根据相关政策的规定享受残保金的优惠政策。

二、用人单位聘用残疾人就业可以享受残保金优惠政策

根据现行法律规定及地方性的政策规定，用人单位聘用残疾人就业的可以享受相应的优惠政策，比如残保金的减免等。

（一）若用人单位安置残疾人就业比例达到要求，将免纳残保金

根据《残疾人就业保障金征收使用管理办法》第6条的规定，用人单位安排残疾人就业的比例不得低于本单位在职职工总数的1.5%。《北京市残疾人就业保障金征收使用管理办法》第6条规定，本市行政区域内的用人单位，应当按照不少于本单位在职职工总数1.5%的比例安排残疾人就业，达不到上述规定比例的，应当缴纳保障金。所以，如果用人单位安排残疾人就业的比例未能达到上述比例要求的，则需要按照法律的规定缴纳残保金。

（二）若用人单位安置残疾人就业未达到比例要求的，需缴纳残保金

用人单位安置残疾人就业未达到比例要求的，按如下方法计算缴纳残保金：

根据《残疾人就业保障金征收使用管理办法》第 8 条的规定，保障金按上年用人单位安排残疾人就业未达到规定比例的差额人数和本单位在职职工年平均工资之积计算缴纳。计算公式如下：

保障金年缴纳额 =（上年用人单位在职职工人数 × 所在地省、自治区、直辖市人民政府规定的安排残疾人就业比例 – 上年用人单位实际安排的残疾人就业人数）× 上年用人单位在职职工年平均工资

用人单位在职职工，是指用人单位在编人员或依法与用人单位签订 1 年以上（含 1 年）劳动合同（服务协议）的人员。季节性用工应当折算为年平均用工人数。以劳务派遣用工的，计入派遣单位在职职工人数。用人单位安排残疾人就业未达到规定比例的差额人数，以公式计算结果为准，可以不是整数。上年用人单位在职职工年平均工资，按用人单位上年在职职工工资总额除以用人单位在职职工人数计算。

以北京为例，某用人单位上年度职工年平均工资为 8000 元，单位上年度在职职工总数为 200 人，未录用残疾人。那么该用人单位需缴纳的残疾人保障金如下：

应缴纳残保金 = 200 人 × 1.5% × 8000 元 = 24000 元

再如，某用人单位上年度职工年平均工资为 8000 元，单位上年度在职职工总数为 200 人，其在上年 8 月 1 日安排了 1 名残疾人就业，9 月 5 日安排了 1 名残疾人就业。那么该用人单位需缴纳的残疾人保障金如下：

应缴纳残保金 = ［200 人 × 1.5% –（1 × 5/12 个月 + 1 × 4/12 个月）］× 8000 元 = 18000 元

（三）用人单位安排残疾人就业在残保金缴纳方面的优惠政策

根据《财政部、国家税务总局关于对小微企业免征有关政府性基金的通知》的规定，自工商登记注册之日起 3 年内，对安排残疾人就业未达到规定比例、在职职工总数 20 人以下（含 20 人）的小微企业，免征残疾人就业保障金。

根据《北京市残疾人就业保障金征收使用管理办法》的规定，自工商登记注册之日起 3 年内，对安排残疾人就业人数未达到在职职工总数的 1.5%，且在职职工总数在 30 人以下（含 30 人）的小微企业，免征保障金。调整免征范围后，工商注册登记未满 3 年、在职职工总数 30 人（含）以下的企业，可在剩余时期内按规定免征保障金。

另外，根据规定，用人单位在职职工年平均工资未超过当地社会平均工资3倍（含）的，按用人单位在职职工年平均工资计征残疾人就业保障金；超过当地社会平均工资3倍的，按当地社会平均工资3倍计征残疾人就业保障金。

（四）用人单位不缴纳残保金的法律后果

根据《残疾人就业保障金征收使用管理办法》第26条的规定，用人单位未按规定缴纳保障金的，按照《残疾人就业条例》的规定，由保障金征收机关提交财政部门，由财政部门予以警告，责令限期缴纳；逾期仍不缴纳的，除补缴欠缴数额外，还应当自欠缴之日起，按日加收5‰的滞纳金。滞纳金按照保障金入库预算级次缴入国库。所以，用人单位缴纳残保金具有强制性，这就要求用人单位要么聘用残疾人就业，要么按照法律规定的比例缴纳残保金。若拒绝缴纳的，将会由税务机关进行强制征收，并加收滞纳金。

三、用人单位安排残疾人就业还可以享受税收方面的优惠

根据现行法律及地方性政策的规定，用人单位聘用残疾人就业的，除了可享受残保金的减免等优惠政策外，还可以根据实际情况享受相应的税收优惠。

（一）在增值税方面

根据《财政部、国家税务总局关于促进残疾人就业增值税优惠政策的通知》的规定，安置残疾人的单位可以根据残疾职工人数，用最低工资标准的4倍即征即退增值税，但需要满足以下条件：（1）安置的残疾人占在职职工人数的比例不低于25%（含25%），并且安置的残疾人人数不少于10人（含10人）；（2）签订了一年以上（含一年）的劳动合同；（3）为安置的每位残疾人按月足额缴纳了基本养老保险、基本医疗保险、失业保险、工伤保险和生育保险等社会保险，并按月支付工资；（4）适用于生产销售货物，提供加工、修理修配劳务，以及提供营改增现代服务和生活服务税目（不含文化体育服务和娱乐服务）范围的服务取得的收入之和，占其增值税收入的比例达到50%的纳税人，不适用批发和零售收入。

同时，用人单位还需注意，若企业的纳税信用等级为C级或D级的，不享受此政策。残疾人个人提供的加工、修理修配劳务，则免征增值税。

以北京为例，北京市某公司满足享受残保金增值税税收优惠条件，该公司安置残疾人员工5人，北京市的月最低工资标准为2200元，则该公司可以享受每月不超过44000元（2200元×4×5人）限额的增值税即征即退税收优惠。

（二）在企业所得税方面

根据《财政部、国家税务总局关于安置残疾人员就业有关企业所得税优惠政策问题的通知》规定，企业安置残疾人员的，在按照支付给残疾职工工资据实扣除的基础上，可以在计算应纳税所得额时按照支付给残疾职工工资的100%加计扣除。

企业就支付给残疾职工的工资，在进行企业所得税预缴申报时，允许据实计算扣除；在年度终了进行企业所得税年度申报和汇算清缴时，再依照规定计算加计扣除。但是，企业享受安置残疾职工工资100%加计扣除应同时具备如下条件：（1）依法与安置的每位残疾人签订了1年以上（含1年）的劳动合同或服务协议，并且安置的每位残疾人在企业实际上岗工作；（2）为安置的每位残疾人按月足额缴纳了企业所在区县人民政府根据国家政策规定的基本养老保险、基本医疗保险、失业保险和工伤保险等社会保险；（3）定期通过银行等金融机构向安置的每位残疾人实际支付了不低于企业所在区县适用的经省级人民政府批准的最低工资标准的工资；（4）具备安置残疾人上岗工作的基本设施。

（三）在城镇土地使用税方面

根据《财政部、国家税务总局关于安置残疾人就业单位城镇土地使用税等政策的通知》（财税〔2010〕121号）的规定，对在一个纳税年度内月平均实际安置残疾人就业人数占单位在职职工总数的比例高于25%（含25%）且实际安置残疾人人数高于10人（含10人）的单位，可减征或免征该年度城镇土地使用税。

综上可知，用人单位在聘用残疾人就业方面百利而无一害，只要在劳动者入职、劳动合同的履行、规章制度的制定及告知等方面进行完善，既能帮助国家减少相应的负担，还能帮助企业减少相应的成本。

风险提示

1. 在北京地区，用人单位可以选择网上申报或上门申报的方式进行保障金申报，并对申报信息的真实性、完整性负责，依照有关规定不需缴纳保障金的用人单位也要进行“零申报”；选择上门申报方式的用人单位已安排残疾人就业的，应当提交《北京市用人单位安排残疾人就业情况审核确定书》和《残疾人就业保障金缴费申报表》；未安排残疾人就业的，应当提交《残疾人就业保障金缴费申报表》。

2. 建议用人单位聘用残疾人就业，但需要劳动合同的签订等方面做好风险防范工作。

3. 保障金退款由用人单位向主管税务机关提交申请，如果用人单位安排残疾人就业人数审核有误的，应当先到税务登记地区的残疾人就业服务机构重新审核残疾人人数。

法律依据

《残疾人就业保障金征收使用管理办法》第6条

第100讲：残疾员工因违纪被解除劳动合同，用人单位是否需支付一次性伤残就业补助金？

案例聚焦

王某系残疾人，于2014年6月26日入职树林公司，当日被派遣至柳树公司担任生产辅助工，其与树林公司签订有期限为2014年6月26日至2016年6月25日的劳动合同。王某的月工资为2400元，每月10日由树林公司通过银行代发王某上上个月21日至上个月20日的工资。王某正常出勤至2014年8月19日，当日在工作中受伤，2014年8月19日至2014年9月19日期间住院治疗。

2014年10月23日，王某领取《工伤证》，认定伤情为左侧双踝骨折、左足跟骨骨折、左距骨骨折、软组织损伤、皮肤擦伤。2015年8月27日，北京市某区劳动能力鉴定委员会就王某的停工留薪期作出劳动能力鉴定、确认结论通知书，鉴定、确认结论是“不同意延长停工留薪期待遇”。树林公司按原工资标准支付王某工资至2015年8月20日。

2015年9月9日，树林公司曾向王某当面送达《关于王某到岗工作通知函》，称：“现通知您本人于接到本通知函三个工作日内，持身份证原件到原部门办理到岗工作相关手续，同时将办理工伤劳动能力鉴定申请相关资料交予我单位，我单位将在接收资料后进行工伤劳动能力鉴定申请的工作。如逾期未办理到岗工作相关手续，我司将视为您放弃到岗工作，并按照旷工处理。由此将直接影响到您工伤劳动能力鉴定申请的相关手续办理，所产生的相关责任及费用由您本人承担。”2015年9月14日，树林公司向王某邮寄《通知函》，内容显示：“派遣员工王某……违纪已达到我公司规章制度即《劳动合同书》附件一《甲方劳动纪律》第三条规定：（3）达到累计旷工2个工作日的予以解除劳动合同……劳动合同解除时间为2015年9月14日。”王某认可于2015年9月16日收到该通知。

法院经审理认为，根据《工伤保险条例》第33条的规定，停工留薪期一般不超过12个月，在停工留薪期内，原工资福利待遇不变，由所在单位按月支付。结合王某所受伤情并根据《北京市停工留薪期分类目录（试行）》的规定，王某应享有6个月停工留薪期。王某未举证证明其2015年9月3日曾向两公司请假，两公司亦不予认可，对两公司关于王某该日旷工的主张，法院予以采信。王某主张其曾提交过2015年9月4日的诊断证明书原件给公司，对该主张，其未举证证明，两公司亦不予认可，法院难以采信。

根据《劳动法》第3条的规定，劳动者应当完成劳动任务，遵守劳动纪律和职业道德。根据《劳动合同法》第39条的规定，严重违反用人单位规章制度的，用人单位有权依法解除劳动合同。王某认可《劳动合同书》及《派遣员工参加劳动合同及企业管理制度宣讲情况记录表》上其本人签名的真实性，故对两公司关于已将规章制度向其送达并宣讲的主张，法院予以采信。

王某2015年9月2日之后无故未到岗工作，构成旷工，违反了《甲方劳动纪律》中可以解除劳动合同的相关规定，树林公司据此通知王某于2015年9月14日解除劳动合同，王某已于2015年9月16日收到该通知，树林公司解除双方劳动关系，具有事实及法律依据，属合法解除。

根据《工伤保险条例》第37条的规定："职工因工致残被鉴定为七级至十级伤残的，享受以下待遇：……（二）劳动、聘用合同期满终止，或者职工本人提出解除劳动、聘用合同的，由工伤保险基金支付一次性工伤医疗补助金，由用人单位支付一次性伤残就业补助金……"王某因违纪被依法解除劳动合同，故不符合由用人单位支付一次性伤残就业补助金的条件。法院最终依法驳回王某主张一次性伤残就业补助金的诉求。

实操技巧

根据《工伤保险条例》的规定，劳动者受到工伤后，在双方劳动关系解除或终止时，用人单位应当按照法律规定向劳动者支付一次性伤残就业补助金。如果劳动者因工受伤后，在工作中又存在严重违纪行为的，用人单位可以依法解除劳动合同关系，但是否还需要向劳动者支付一次性伤残就业补助金呢？针对上述问题，笔者作如下分析。

一、劳动合同期满终止或者职工本人提出解除劳动合同的，由用人单位支付一次性伤残就业补助金

根据《工伤保险条例》第37条的规定："职工因工致残被鉴定为七级至十级伤残的，享受以下待遇：……（二）劳动、聘用合同期满终止，或者职工本人提

出解除劳动、聘用合同的，由工伤保险基金支付一次性工伤医疗补助金，由用人单位支付一次性伤残就业补助金……”根据该条款的规定可知，用人单位向工伤职工支付一次性伤残就业补助金的前提条件是：（1）劳动合同到期终止的；（2）工伤职工本人提出解除劳动合同的。所以，只有工伤职工满足上述条件之一的，才可以主张用人单位向其支付一次性伤残就业补助金。

二、劳动者因违纪被解除劳动合同，用人单位是否需支付一次性伤残就业补助金

在司法实践中，对于劳动者因违纪被解除劳动合同，用人单位是否需要支付一次性伤残就业补助金，还存在不同的观点及判决结果：

第一种观点认为，劳动者因违纪被解除劳动合同的，用人单位需要支付一次性伤残就业补助金。理由是，用人单位的规章制度是员工违纪的罚则，针对员工的严重违规行为，用人单位已经通过解除劳动合同来体现处罚。员工的伤残待遇本质上与违纪行为没有关联性，不应当受到影响。工伤保险待遇是对劳动者因工负伤或者患职业病的补救和补偿，根据《工伤保险条例》第42条的规定，工伤职工有下列情形之一的，停止享受工伤保险待遇：（1）丧失享受待遇条件的；（2）拒不接受劳动能力鉴定的；（3）拒绝治疗的。因劳动者严重违纪被解除劳动合同显然不属于上述三种情况。根据《社会保险法》第39条第3项明确规定，终止或者解除劳动合同时，工伤职工应当享受的一次性伤残就业补助金，按照国家规定由用人单位支付。该规定仅将终止或解除劳动合同作为工伤职工享受一次性伤残就业补助金的前提条件，并未将合同解除方式与原因作为支付一次性伤残就业补助金的前提条件。故，用人单位仍应当依法支付一次性伤残就业补助金。

支持该观点的有：《安徽省高级人民法院关于审理劳动争议案件若干问题的指导意见》第23条第3款规定：“因严重违纪被用人单位解除劳动合同的工伤职工，向用人单位主张支付一次性伤残就业补助金、一次性工伤医疗补助金的，人民法院应予支持。”

《浙江省高级人民法院民事审判第一庭、浙江省劳动人事争议仲裁院关于审理劳动争议案件若干问题的解答（二）》第15条规定：“已参加工伤保险的工伤职工工作期间存在劳动合同法第三十九条情形，用人单位依照规定解除劳动合同的，是否还应向该工伤职工支付一次性伤残就业补助金？答：一次性伤残就业补助金是职工因工伤产生的社会保险待遇。用人单位虽依照劳动合同法第三十九条规定与工伤职工解除劳动合同，但仍应向该工伤职工支付一次性伤残就业补助金。”

《福建省实施〈工伤保险条例〉办法》第26条规定："职工因工致残，有下列情形之一的，由工伤保险基金支付一次性工伤医疗补助金，用人单位支付一次性伤残就业补助金：……（三）用人单位依据《中华人民共和国劳动合同法》第三十六、三十九条规定解除劳动（聘用）关系的……"

第二种观点认为，劳动者因违纪被解除劳动合同的，用人单位无需支付一次性伤残就业补助金。理由是，根据《工伤保险条例》第37条的规定，用人单位向工伤职工支付一次性伤残就业补助金的前提条件是：（1）劳动合同到期终止的；（2）工伤职工本人提出解除劳动合同的。若劳动者是因严重违纪被解除劳动合同则不符合上述领取条件，且系员工本人的过错所致，故不应该享受这一工伤待遇。

如《北京市实施〈工伤保险条例〉若干规定》第24条规定，工伤职工与用人单位的劳动关系依法解除或者终止的，该用人单位应当按照《工伤保险条例》的规定向该工伤职工支付一次性伤残就业补助金。在司法实践中，对该条款的理解是工伤职工提出解除劳动合同、双方协商一致解除劳动合同或劳动合同到期终止的，用人单位需要支付一次性伤残就业补助金，如劳动者是因严重违纪被解除劳动合同的，不符合《工伤保险条例》的规定，则不予支持一次性伤残就业补助金。

所以，由于各地对该问题的裁判观点不一致，在实际操作中还需要结合当地的司法实践及裁判规则进行适用。

风险提示

1. 无论是普通劳动者还是工伤劳动者在工作过程中，都应当遵守用人单位的规章制度，遵守劳动纪律及诚信原则，千万不可以身试险，将自己置于违纪被解除劳动合同的境地。

2. 由于各地对一次性伤残就业补助金规定的标准及支付条件不一致，实践中请参照各地规定的标准执行；从以上地方规定和实务案例来看，目前的主流观点认为，即便工伤员工因严重违纪被解除劳动合同，用人单位也不能免除一次性伤残就业补助金的给付责任。

3. 笔者建议，虽然用人单位在生产经营中享有用工自主权，对员工负有监管责任，且对员工严重违纪、违反规章制度的行为可依法行使解除权，但在行使解除权的同时也应对员工应享有的待遇给予保障，不能因员工存在违纪或违反规章制度的行为而免除一切员工应享有的福利或待遇。

法律依据

《工伤保险条例》第37条

第五节 非全日制用工

第101讲：非全日制员工是否可以主张加班费？

案例聚焦

2014年2月25日，向某申请与某医院签订非全日制用工劳动合同。同日，某医院与向某签订《非全日制用工劳动合同书》，约定向某担任供应室护工，折算平均每日工作4小时，累计每周不超过24小时。按小时计酬，每小时11.5元。甲方按日支付乙方工资，工资的结算支付周期最长不得超过15日。

双方特别约定，医院是一个特殊的服务行业，如果有突发事件，或病人需要，节假日不能休假者，乙方要服从医院安排，医院按实际完成任务情况计发工资，按时计酬。任何一方都可以随时通知对方终止用工，不支付经济补偿。甲方支付的小时工资中已包含其应缴纳的基本养老保险、失业保险、基本医疗保险和工伤、生育保险费用，乙方可依照国家和当地有关规定自主参加各项社会保险。2015年9月24日，某医院向向某发出《终止非全日制劳动关系协议书》，双方于2015年10月1日终止非全日制用工关系。

向某于2016年8月9日向某区劳动人事争议仲裁委员会申请仲裁，要求医院应当向其支付加班费和经济补偿金。某区劳动人事争议仲裁委员会以申请人已年满50周岁，超过法定退休年龄为由，决定不予受理。向某不服仲裁决定，诉至法院。

法院经审理认为，本案的争议焦点为向某与某医院之间的用工关系是全日制用工关系还是非全日制用工关系。非全日制用工，是指以小时计酬为主，劳动者在同一用人单位一般平均每日工作时间不超过4小时，每周工作时间累计不超过24小时的用工形式。

本案向某与某医院双方自愿签订《非全日制用工劳动合同书》，合同中关于工作时间、工作地点、工作内容、劳动报酬等约定均符合非全日制用工的形式，同时，双方就节假日不能休假进行了特别约定，节假日加班按实际完成的任务计发工资，按时计酬。故本案向某与某医院双方建立的应为非全日制用工关系，任何一方都可以随时通知对方终止用工关系。

非全日制用工关系终止用工，用人单位不向劳动者支付经济补偿。双方签订的非全日制用工合同约定节假日加班按时计酬，向某没有提交充分的证据证明加班事实，也没有举示证据证明某医院没有按约定支付加班工资。最终，法院依法驳回了向某的诉讼请求。

实操技巧

非全日制用工作为一种灵活用工的模式，既能满足用人单位灵活用工的需求、降低用工成本，同时也可以满足劳动者求职愿望，促进就业和新经济的发展。但是，在实际用工管理中，还是有很多用人单位对于非全日制用工的实际操作存在一定的误区，导致在此后的实际用工中存在法律风险。为此，笔者结合法律规定与一些典型案例，对非全日制用工的法律风险点作出如下分析及提示。

一、非全日制用工的法律特点

《劳动合同法》第68条规定："非全日制用工，是指以小时计酬为主，劳动者在同一用人单位一般平均每日工作时间不超过四小时，每周工作时间累计不超过二十四小时的用工形式。"根据这一规定，非全日制用工的法律特点主要表现在以下几个方面：

1. 可以不订立书面劳动合同。根据《劳动合同法》的规定，建立劳动关系，应当订立书面劳动合同。但例外的是，非全日制用工双方当事人可以订立口头协议，双方通过口头约定的方式明确各自的权利、义务，这也体现了非全日制用工的灵活性。但笔者建议用人单位在使用非全日制用工的过程中，为了避免日后产生纠纷，还是应当签订书面的非全日制用工劳动合同。

2. 允许劳动者建立多重劳动关系。根据《劳动合同法》第39条的规定，劳动者同时与其他用人单位建立劳动关系，对完成本单位的工作任务造成严重影响，或者经用人单位提出，拒不改正的，用人单位可以与其解除劳动合同。于非全日制用工而言，由于用工形式比较灵活，鼓励非全日制劳动者在能力允许的情况下，与一个或者一个以上的用人单位订立劳动合同。但是，后订立的劳动合同不得影响先订立的劳动合同的履行。

3. 工作时间灵活但也要进行严格的限制。非全日制用工，一般平均每日工作时间不超过 4 小时，每周工作时间累计不超过 24 小时，在上述时限内具体工作时间可由用人单位灵活自主决定和安排。

4. 薪资支付周期短。非全日制用工小时计酬标准不得低于用人单位所在地人民政府规定的最低小时工资标准，非全日制用工劳动报酬结算支付周期最长不得超过 15 日。

5. 解除合同方式灵活。在全日制用工模式下，解雇标准非常严格，必须满足法律规定的条件、程序等，用人单位方可解除与劳动者的劳动关系，否则用人单位将承担违法解雇的不利后果；在非全日制用工模式下，双方当事人任何一方都可以随时通知对方终止用工。终止用工，用人单位不向劳动者支付经济补偿。

二、非全日制用工与全日制用工的区别

通过上述分析，可以得知非全日制用工与全日制用工之间的区别还是非常明显的，具体如下表所示：

	全日制用工	非全日制用工
劳动合同	需签订书面劳动合同	无需签订书面劳动合同
试用期	可以约定试用期	不得约定试用期
兼职	虽未禁止，但风险极大	可以建立多重劳动关系
工作时间	每日工作 8 小时、每周工作 40 小时	每日工作不超过 4 小时，每周工作累计不超过 24 小时
工资标准	不得低于月最低工资标准	不得低于小时最低工资标准
工资支付周期	按月发放	不得超过 15 日
解雇保护	满足法定条件、法定程序方可解约	随时解约
经济补偿金	根据法律规定的条件支付	无需支付
社会保险	应当依法足额缴纳	仅需缴纳工伤保险
加班费	有	无
年休假	有	无

通过上述比较可知，非全日制用工形式比较灵活，成本较低，但对于用人单位来讲，需要严格控制劳动者的上班时间，否则，很容易被认定为全日制用工形式。

三、用人单位安排非全日制员工加班的法律风险

《劳动法》第 44 条规定："有下列情形之一的，用人单位应当按照下列标准支付高于劳动者正常工作时间工资的工资报酬：（一）安排劳动者延长工作时间的，支付不低于工资的百分之一百五十的工资报酬；（二）休息日安排劳动者工作又不能安排补休的，支付不低于工资的百分之二百的工资报酬；（三）法定休假日安排劳动者工作的，支付不低于工资的百分之三百的工资报酬。”由此可知，劳动者因工作原因被用人单位安排加班的，用人单位需要根据加班的具体情况及加班的时间节点向劳动者支付相应加班费。但是，这个规定主要是针对全日制用工形式下的劳动者而言的，对于非全日制用工形式下劳动者加班的，用人单位是否也需要按照该标准向劳动者支付加班费呢？现行的《劳动合同法》并没有作出明确的规定。《劳动合同法》第 68 条规定：“非全日制用工，是指以小时计酬为主，劳动者在同一用人单位一般平均每日工作时间不超过四小时，每周工作时间累计不超过二十四小时的用工形式。”可见，法律已经对非全日制用工作出了明确的规定，即“每日工作时间不超过 4 小时，每周工作时间累计不超过 24 小时”的硬性规定。在此情况下，非全日制劳动者加班的，显然其工作时间违反“每日工作时间不超过 4 小时，每周工作时间累计不超过 24 小时”的规定，是否又可以将其认定为全日制用工呢？

根据《北京市工资支付规定》第 18 条的规定，用人单位招用非全日制工作的劳动者，可以不执行本规定第 14 条（关于劳动者加班工资支付标准）的规定，但用人单位安排其在法定休假日工作的，其小时工资不得低于本市规定的非全日制从业人员法定休假日小时最低工资标准。非全日制从业人员小时最低工资标准和法定休假日小时最低工资标准由市劳动保障部门确定、调整和公布。也就是说，用人单位安排非全日制劳动者在法定节假日工作的，需按照相应的工资标准支付劳动报酬，但并没有对工作日延长工作时间及周末工作的加班等情况作出规定。因此，笔者认为，由于非全日制用工的工作时间受到法律的严格界定，用人单位就应当严格遵守工作时间这条红线不放松，否则，很容易被司法裁判机关认为构成全日制用工形式。

在司法实践中，非全日制用工与全日制用工最本质的区别就是工作时间，判定是否成立非全日制用工劳动关系，应同时满足平均每日工作时间不超过 4 小时，每周工作时间累计不超过 24 小时，否则一旦突破上述工作时间的任一限制，极有可能被认定为全日制用工。例如《北京市非全日制就业管理若干问题的通知》第 1 条规定，劳动者在同一用人单位每日工作时间超过 4 小时的视为全日制从业人员。因此，工作时间作为判定成立非全日制劳动关系的重要因素，用人单位在实际用工过程中一定要确保严格遵守法律的限制性要求，并且做好非全日制员工的工作时间管理和记录，以免在发生争议时因无法举证而产生不利后果。

风险提示

1. 虽然现行法律并未强制要求用人单位使用非全日制用工订立书面劳动合同，但一旦劳动者与用人单位产生劳动争议，双方面临的首要问题便是确认用工的性质，故订立书面的非全日制劳动合同有利于明确用工性质及双方的权责。同时，双方可在合同中对于加班费、工作时间、工资等相关福利待遇的给付予以明确约定，以应对将来可能产生的争议或纠纷。

2. 在非全日制用工模式中，工作时间是判定成立非全日制劳动关系的关键因素，用人单位一定要严守红线，做好工作时间安排和考勤管理，确保符合“每日工作时间不超过4小时，每周工作时间累计不超过24小时”的硬性规定，以免在发生争议时因无法举证而产生不利后果。

3. 用人单位应避免安排非全日制员工加班，以免因加班突破工作时间的限制而被认定为全日制用工。若确因工作需要加班的，也应当是偶然的加班，不能将其变成常态，应征求劳动者的意见并要求其签字确认，做好相应的风险防范和证据留存。

法律依据

《劳动合同法》第68条

第102讲：用人单位按月发放员工工资是否成立非全日制劳动关系？

案例聚焦

王某在某围棋俱乐部担任围棋教师，主要从事围棋教学工作，双方未签订劳动合同。王某工作期间，某围棋俱乐部未实行考勤，仅根据王某的课时情况，在俱乐部的管理系统进行登记，并根据登记的课时向王某支付课时费，工资结算支付周期为一个月。

王某在某围棋俱乐部工作至2014年8月20日，某围棋俱乐部的法定代表人于当日作出《非全日制用工解除通知书》，以王某不服从管理为由，解除双方非全日制用工关系，王某确认收到该通知书。王某对此不认可，遂提起劳动仲裁。仲裁委员会裁决支持了王某的部分仲裁请求。某围棋俱乐部不服仲裁裁决，诉至法院。

一审法院经审理认为，案件的争议焦点为某围棋俱乐部、王某之间的劳动关系是否为非全日制用工劳动关系。首先，王某在某围棋俱乐部从事围棋教学工作，其工资报酬根据每月的课时情况进行结算。其次，关于王某的上课时间，根据某围棋俱乐部的课程安排情况，在非暑假期间，即使在每天满课的情况下（即周一至周五每晚一节课，课时 2 小时；周六、周日上午、下午各一节课，课时 3 小时，晚上一节课，课时 2 小时），围棋教练的平均每日上课时间为 3.71 小时［（2 小时 ×5 天 +3 小时 ×2 ×2 天 +2 小时 ×2 天） ÷7 天］；结合王某 2013 年 1 月至 2014 年 7 月的课时情况，王某在非暑假期间课时一般为周一至周五四节课，周六、周日五节课，每月课时均未超过 111.43 小时（3.71 小时 ×30 天），即使偶尔存在小课加课的情形（如 2013 年 11 月），也仅有一周上课时间为 26 小时。故一审法院认定，王某在非暑假期间，每周上课时间基本未超过 24 小时，在暑假期间，王某每周上课时间累积超过 24 小时。

再次，关于王某陈述其工作内容除正常上课外，还存在备课、课后交流、开会及宣传推广等工作，对此，一审法院认为，备课是劳动技能的训练和提高，且可以多次重复使用；课后交流是教学工作的延伸，其目的是增进与学员的感情，了解学员对教学内容的反馈，促进教学工作取得更好的效果。虽王某在备课和课后交流时可能需要花费一定的时间和精力，但该两者并非某围棋俱乐部强制要求王某完成的工作内容或考核目标。同时，某围棋俱乐部向王某发放的工资报酬，也仅仅以王某的授课时间作为计算依据，故一审法院认为备课及课后交流时间不应纳入王某的工作时间。而王某主张参加教学会议的时间，因未提供证据予以佐证，一审法院不予采信。宣传推广工作并非王某的日常工作内容，仅是特殊工作时段的工作内容，尤其是 2012 年 7 月以后，王某仅有 75 元的外联费收入，故一审法院对王其关于其日常工作时间包括宣传推广的时间的主张，不予采信。

综上，一审法院认为，对非全日制用工的界定应综合考量用人单位的用工目的、劳动者的工作量与工作时间，在某围棋俱乐部与王某劳动关系存续的数年中，双方以课时计算工作报酬，王某上班无需考勤，绝大部分时间内王某每日工作时间不超过 4 小时、每周工作时间累计不超过 24 小时，符合非全日制用工的主要特征，虽双方劳动报酬结算支付周期超过 15 日、少部分时间每周累计工作时间超过 24 小时，亦不影响双方之间非全日制用工关系的性质，故一审法院认定某围棋俱乐部与王某之间属于非全日制用工关系。某围棋俱乐部以王某不服管理为由，终止与王某的非全日制用工关系不属于违法解除劳动合同的行为，某围棋俱乐部无需向王某支付违法解除劳动合同的赔偿金。王某不服一审判决，提起上诉。

二审法院经审理认为，根据《劳动合同法》第68条的规定，非全日制用工关系的界定依据主要为计薪方式和工作时间，特征为以小时计薪为主且一般平均日工作时间不超过4小时、每周累计工作时间不超过24小时。从计薪方式来看，王某在某围棋俱乐部工作期间，其报酬系以其完成的课时作为结算依据，符合以小时计薪的特征。

对于王某主张某围棋俱乐部按月向其支付工资，与法律规定的非全日制用工薪资支付周期不相符，二审法院认为，劳动合同法规定非全日制用工劳动报酬结算支付最长不得超过15日，是在确定非全日制用工关系的情况下，对于薪资支付周期所作的禁止性规定，但并不能反推超出法律规定的支付周期即为全日制用工，因此王某的该项上诉理由不成立。遂依法判决驳回上诉，维持原判。

实操技巧

非全日制用工作为灵活用工形式被《劳动合同法》予以明确规定，但在实际履行过程中，往往由于用人单位对法律规定的不了解或误读、误解，导致在工作时间、工资支付等方面存在一定的问题，在双方产生争议后，因工作时间及工资支付等问题被认定为全日制用工，由此给用人单位带来经济损失。为此，笔者建议：

一、虽然用人单位按月支付工资不是认定全日制劳动关系的唯一因素，但应当按照法律规定的周期进行工资支付

在非全日制用工形式中，由于较之全日制用工而言，工作时间较短，工资标准偏低，如果允许用人单位按照全日制用工支付工资的周期进行支付，往往会导致非全日制劳动者陷入经济困难的境地，不利于和谐稳定劳动关系的建立，也违背了灵活用工的根本目的。

根据《劳动合同法》第72条的规定，非全日制用工劳动报酬结算支付周期最长不得超过15日。同时，根据《劳动和社会保障部关于非全日制用工若干问题的意见》的规定，非全日制用工的工资支付可以按小时、日、周或月为单位结算。根据这一规定，非全日制用工的工资支付可以按月为单位进行结算。该意见的出台时间是2003年，虽然该意见至今仍然有效，但该规定与《劳动合同法》的规定不一致，从法律效力角度看，上位法优于下位法。故最终还是应当以《劳动合同法》的规定为准。在司法实践中，用人单位往往为了财会记账便利，选择与其他全日制用工的劳动者一起发放工资，这种做法将工资支付周期延长了一倍，违反了法律的强制性规定。

虽然根据《劳动合同法》的规定，司法裁判机关在认定非全日制用工时的核心因素是工作时间，但工资支付周期也是很重要的一个参考因素。在司法实践中，各地裁判机关在该问题的认定上没有统一的尺度，不排除因用人单位向非全日制劳动者按月支付工资，最终被认定构成全日制用工的可能。因此，笔者建议用人单位在使用非全日制用工的过程中，除了要严格控制工作时间之外，还应当遵守法律关于工资支付周期的规定，避免将来被认定为全日制用工。

二、用人单位向劳动者支付的工资不得低于最低工资标准

根据《劳动合同法》第72条的规定，非全日制用工小时计酬标准不得低于用人单位所在地人民政府规定的最低小时工资标准。非全日制用工是一种灵活的用工形式，主要是以小时计酬为主，因此在劳动报酬的计算及支付等方面与全日制用工均有着明显的区别。在劳动报酬的计薪标准方面，月最低工资标准适用于全日制就业劳动者，小时最低工资标准则适用于非全日制就业劳动者。

同时，根据《劳动和社会保障部关于非全日制用工若干问题的意见》的规定，确定和调整小时最低工资标准应当综合参考以下因素：当地政府颁布的月最低工资标准；单位应缴纳的基本养老保险费和基本医疗保险费（当地政府颁布的月最低工资标准未包含个人缴纳社会保险费因素的，还应考虑个人应缴纳的社会保险费）；非全日制劳动者在工作稳定性、劳动条件和劳动强度、福利等方面与全日制就业人员之间的差异。小时最低工资标准的测算方法为：小时最低工资标准=［（月最低工资标准÷20.92÷8）×（1+单位应当缴纳的基本养老保险费和基本医疗保险费比例之和）］×（1+浮动系数）。

最低工资标准制度是国家对于工资分配的底线干预制度。用人单位向非全日制劳动者支付的工资标准不得低于当地政府规定的小时最低工资标准，否则就违反了《劳动合同法》及《最低工资规定》等法律规定。如果用人单位向非全日制劳动者支付的工资标准低于当地的小时最低工资标准的，劳动者除了可要求用人单位支付工资差额之外，还可以向当地劳动行政部门提起举报或投诉，根据《劳动合同法》第85条的规定，由劳动行政部门责令用人单位限期支付差额部分，用人单位逾期仍不支付的，劳动行政部门有权责令用人单位按应付金额50%以上100%以下的标准向劳动者加付赔偿金。

三、用人单位应当保存支付工资的相关证据

虽然非全日制用工形式比较灵活，但也极易产生劳动争议。所以，在日常用工管理过程中，用人单位除了要严格控制劳动者的工作时间之外，还应当注意工资的支付周期。此外，如果用人单位为了方便财务人员记账或便于工资的统一核算与支付，按月向劳动者支付工资的，建议用人单位在工资支付明细及支付凭证上还是遵循每15日计发一次工资的模式，在向劳动者支付工资时，要求劳动者签字确认。如果可能的话，还可以让劳动者向用人单位提交一份按月支付工资的书面申请。

风险提示

1. 为避免承担被认定为全日制用工的风险和责任，建议用人单位采用非全日制用工的，在实际用工过程中尽量实行按时计酬，明确计薪的标准、薪酬的发放方式且至少每15日向劳动者支付一次工资。同时，企业还应注意非全日制用工小时计酬标准不得低于用人单位所在地人民政府规定的最低小时工资标准。

2. 非全日制用工双方当事人不得约定试用期。这是法律的禁止性规定，用人单位在实际用工时应当注意遵守该规定，否则一旦违法约定试用期，用人单位极有可能需根据《劳动合同法》的规定，按已经履行的超过法定试用期的期间向劳动者支付赔偿金。

3. 由于现行法律允许非全日制用工的劳动者建立多重劳动关系，为避免非全日制员工在与其他用人单位同时存在劳动关系时泄露商业秘密的风险，建议用人单位加强保密工作，与涉密人员签订保密协议、竞业限制协议或者避免在涉密岗位上使用非全日制用工形式。

法律依据

《劳动合同法》第72条

第103讲：用人单位与非全日制员工解除劳动合同是否需要支付经济补偿金?

案例聚焦

2017年4月至2020年4月，李某在北京某装修公司工程监理岗位工作，并签订非全日制劳动合同。2018年12月，北京某装修公司在无任何理由、未履行任何手续情况下，口头告知解除劳动关系，且未支付任何经济补偿金。

为此，李某认为其在北京某装修公司每日工作最少8小时，经常加班，远远超过非全日制用工“每日工作时间不超过4小时，每周工作时间累计不超过24小时”的要求。遂申请仲裁，主张未休假工资、工资差额及解除劳动合同经济补偿金。后李某对仲裁结果不服，又起诉到法院。

一审法院经审理认为，北京某装修公司与李某于2017年4月26日签订非全日制劳动合同书，系双方在平等自愿的基础上所签订，符合北京某装修公司的工作特点。北京某装修公司在录用李某从事非全日制工作后，未到当地劳动保障行政部门办理录用备案手续，存在瑕疵。但《劳动和社会保障部关于非全日制用工若干问题的意见》关于“用人单位招用劳动者从事非全日制工作，应当在录用后到当地劳动保障行政部门办理录用备案手续”的规定，并非用人单位招用劳动者从事非全日制工作的前提条件。且李某的档案自1985年8月至2018年12月一直在北京某厂，由该厂为李某缴纳社会保险，也符合《劳动和社会保障部关于非全日制用工若干问题的意见》关于从事非全日制工作的劳动者，可以与一个或一个以上用人单位建立劳动关系的规定，双方所签订的非全日制劳动合同的内容并未违反国家法律、行政法规的强制性规定，北京某装修公司支付李某劳动报酬的结算周期也符合《劳动合同法》第72条的规定，故双方签订的非全日制劳动合同合法有效。

对于非全日制劳动合同，当事人未约定终止劳动合同提前通知期的，任何一方均可以随时通知对方终止劳动合同；双方约定了违约责任的，按照约定承担赔偿责任。北京某装修公司与李某签订的非全日制劳动合同约定双方可以随时终止劳动合同，故北京某装修公司通知李某解除双方的劳动合同，并无不当。李某要求北京某装修公司支付经济补偿金的诉求，不予支持。

另外，根据相关规定，企业职工带薪年休假实施办法中规定职工连续工作满12个月以上享受带薪年休假。累计工作时间应为职工在该单位从事全日制工作的时间。本案中，李某与北京某装修公司签订的是非全日制劳动合同，其不应享受带薪年休假工资，故李某要求北京某装修公司支付带薪年休假工资的诉讼请求缺乏法律依据，法院不予支持。李某不服一审判决，上诉至二审法院。

二审法院经审理认为，非全日制用工是劳动者与用人单位自主选择的一种劳动用工形式，双方建立的非全日制劳动关系依法应受保护。《劳动和社会保障部关于非全日制用工若干问题的意见》规定，用人单位招用劳动者从事非全日制工作，应当在录用后到当地劳动保障行政部门办理录用备案手续。因该规定是对非全日制用工行政管理的备案要求，并非用人单位与劳动者建立非全日制劳动关系的审批条件，故非全日制劳动合同在用人单位与劳动者协商一致并经双方签字或盖章后，即产生法律效力。双方于2017年4月26日签订的非全日制劳动合同并未违反国家法律与行政法规的强制性规定，应属合法有效。李某提交的工资统计明细表，证明其工资是按月结算，每月分三次支付，其与北京某装修公司应属非全日制劳动关系。

根据《劳动合同法》的规定及非全日制劳动合同约定，任何一方当事人均可以随时通知对方终止劳动合同，在北京某装修公司通知李某解除劳动合同后，李某上诉请求北京某装修公司向其支付经济补偿金，缺乏法律依据，本院不予支持。最终，二审法院依法驳回上诉，维持原判。

实操技巧

非全日制用工的灵活性，决定了用人单位与劳动者双方在签订劳动合同及解除劳动合同时都比较灵活的特点。根据《劳动合同法》的规定，除劳动者存在严重违纪的情况下，用人单位与劳动者解除或终止劳动合同时，需要向劳动者支付经济补偿金。在非全日制用工模式下，用人单位在与劳动者解除或终止劳动合同时是否需要支付经济补偿金呢？

一、用人单位与非全日制员工解除劳动合同无需支付经济补偿金

在全日制用工模式下，无论是用人单位还是劳动者在解除劳动合同时，都必须满足法律规定的一些条件，比如《劳动合同法》第37条、第38条、第39条、第40条及第41条规定的解除的前提条件及法定程序，否则就要承担相应的法律责任。同时，用人单位解除或终止劳动合同时符合《劳动合同法》第46条规定的情形的，需向劳动者支付相应的经济补偿；如系违法解雇的，用人单位还需支付赔偿金。

在非全日制用工模式下，根据《劳动合同法》第71条的规定，非全日制用工双方当事人任何一方都可以随时通知对方终止用工。终止用工，用人单位不向劳动者支付经济补偿。也就是说，在非全日制用工的前提下，用人单位或劳动者提出解除劳动合同，均无需受限于任何法定条件及法定程序，并且用人单位无需向劳动者支付任何经济补偿，亦不会存在违法解雇的行为。

另外，在非全日制用工中，只要用人单位与劳动者签订的非全日制劳动合同中未约定终止劳动合同提前通知期的，任何一方均可以随时通知对方终止劳动合同；如果劳动合同双方当事人约定了违约责任的，则可以要求按照约定承担赔偿责任。

二、用人单位不得与非全日制员工约定试用期

《劳动合同法》第 19 条规定："劳动合同期限三个月以上不满一年的，试用期不得超过一个月；劳动合同期限一年以上不满三年的，试用期不得超过二个月；三年以上固定期限和无固定期限的劳动合同，试用期不得超过六个月。同一用人单位与同一劳动者只能约定一次试用期。以完成一定工作任务为期限的劳动合同或者劳动合同期限不满三个月的，不得约定试用期。试用期包含在劳动合同期限内。劳动合同仅约定试用期的，试用期不成立，该期限为劳动合同期限。"根据这一规定可知，在全日制劳动合同中，可以根据劳动合同期限的长短约定相应的试用期。但在该条款中并未对非全日制用工能否约定试用期作出规定，往往让一些用人单位想当然地认为可以约定试用期。

其实不然，根据《劳动合同法》第 70 条的规定，非全日制用工双方当事人不得约定试用期。所以，无论用人单位与劳动者所签订的非全日制用工劳动合同的期限是多长，均不得在劳动合同中约定试用期。如果用人单位与非全日制员工违法约定试用期的，根据《劳动合同法》第 83 条的规定，应由劳动行政部门责令改正；违法约定的试用期已经履行的，由用人单位以劳动者试用期满月工资为标准，按已经履行的超过法定试用期的期间向劳动者支付赔偿金。

三、非全日制员工不享有休年假的权利

根据《企业职工带薪年休假实施办法》第 3 条的规定，职工连续工作满 12 个月以上的，享受带薪年休假。同时，根据《职工带薪年休假条例》第 3 条的规定，职工累计工作已满 1 年不满 10 年的，年休假 5 天；已满 10 年不满 20 年的，年休假 10 天；已满 20 年的，年休假 15 天。根据上述规定，劳动者连续工作满 12 个月以上的，则享有带薪年休假的权利。但是，该规定是针对全日制员工而言的。

《人力资源和社会保障部办公厅关于〈企业职工带薪年休假实施办法〉有关问题的复函》中明确，《企业职工带薪年休假实施办法》第 4 条中的"累计工作时间"，包括职工在机关、团体、企业、事业单位、民办非企业单位、有雇工的个体工商户等单位从事全日制工作期间，以及依法服兵役和其他按照国家法律、行政法规和国务院规定可以计算为工龄的期间（视同工作期间）。职工的累计工作时间可以根据档案记载、单位缴纳社保费记录、劳动合同或者其他具有法律效力的证明材料确定。从这一规定可以看出，在《劳动合同法》已区分全日制用工和非全日制用工的情况下，复函中仅列明将劳动者从事全日制工作的期间作为"累计工作时间"，故不应将劳动者从事非全日制工作期间作为"累计工作时间”。由于非全日制用工形式的特点是具有灵活性，劳动者可以随时工作、随时休息，所以，此类用工不适用年休假的相关规定。也就是说，非全日用工的劳动者不享有休年假的权利。

如果用人单位在规章制度中规定或者与劳动者在劳动合同中约定，非全日制用工的劳动者可享受年休假，那么，非全日制劳动者也可以享受带薪年假待遇。但是，这种情形属于用人单位在法定标准之上向劳动者额外提供的福利假期，是其用人自主权及相应权利自由处分的体现，法律不予干涉。

四、用人单位需要为非全日制员工缴纳工伤保险

在现行《劳动合同法》中并没有规定用人单位是否需要为非全日制用工的劳动者缴纳社会保险，但根据《劳动和社会保障部关于非全日制用工若干问题的意见》的规定，从事非全日制工作的劳动者应当参加基本养老保险，原则上参照个体工商户的参保办法执行；可以以个人身份参加基本医疗保险；用人单位应当依法为其缴纳工伤保险费，用人单位支付的小时工资中应当包含单位应缴纳的基本养老保险费和基本医疗保险费。

同时，《社会保险法》第 10 条规定，无雇工的个体工商户、未在用人单位参加基本养老保险的非全日制从业人员以及其他灵活就业人员可以参加基本养老保险，由个人缴纳基本养老保险费。根据《实施〈中华人民共和国社会保险法〉若干规定》第 9 条的规定，职工（包括非全日制从业人员）在两个或者两个以上用人单位同时就业的，各用人单位应当分别为职工缴纳工伤保险费。职工发生工伤，由职工受到伤害时工作的单位依法承担工伤保险责任。

根据上述规定可知，用人单位在使用非全日制用工的过程中，为了避免工伤等意外风险的发生，应当依法为劳动者购买工伤保险。但是，由于目前各地关于社会保险缴纳项目的规定不一致，如确因当地政策致使用人单位无法为非全日制员工单独缴纳工伤保险费的，建议用人单位考虑为非全日制员工购买雇主责任险等商业保险以分担用人单位在实际用工中的法律风险。

风险提示

1. 虽然非全日制用工中，用人单位可以随时与劳动者解除劳动合同且无需支付任何补偿，但是，用人单位一定要注意用工时间的控制，否则一旦被认定属于全日制用工，则会涉及支付经济补偿金或赔偿金的问题。

2. 用人单位在使用非全日制劳动者时，不要抱有侥幸心理，认为法律并未强制要求为劳动者缴纳社会保险，就可以不缴纳，一旦在此后的劳动用工过程中发生工伤事故的，其所有的赔偿责任将由用人单位承担，因此，购买工伤保险或商业保险还是有必要的。

3. 用人单位应当按照国家有关规定为建立劳动关系的非全日制劳动者缴纳工伤保险费。从事非全日制工作的劳动者发生工伤，依法享受工伤保险待遇；被鉴定为伤残5—10级的，经劳动者与用人单位协商一致，可以一次性结算伤残待遇及有关费用。

法律依据

《劳动合同法》第70条

第六节　新型用工形式

第104讲：劳动者与网络经营平台之间是否建立劳动关系？

案例聚焦

同城必应科技公司为“闪送”平台的运营方。李某自主下载“闪送”APP并注册成为闪送员，自2016年5月29日起开始接单。2016年7月24日，李某在进行闪送业务时发生交通事故。后李某诉请要求确认2016年5月29日至2017年3月30日期间与同城必应科技公司存在劳动关系。同城必应科技公司辩称双方间为合作关系，并主张公司业已为李某等快递员投保商业保险。

法院经审理查明：李某下载“闪送”APP并注册成为闪送员，自行购买配送车辆，在平台上抢单后从事快递配送服务。李某无底薪，每单配送收益的80%归其所有，计入APP账户内，剩余20%归属“闪送”平台。“闪送”平台对李某无工作量、在线时长、服务区域方面的限制和要求，但对每单配送时间有具体规定，超时、货物损毁情况下有罚款。快递员不得同时为其他平台提供服务。“闪送”平台为快递员投保商业保险。

法院经审理认为，法律关系的性质应根据事实审查认定，当事人不可以协议约定的方式排除劳动法之适用。“闪送”平台的经营模式为通过大量提供货物运输服务来获取利润，故闪送平台的运营公司同城必应科技公司并不是一家信息服务公司，而是一家从事货物运输业务经营的公司，而闪送员的作用在于提供货物运输服务，使同城必应科技公司得以履行货物运输合同中运输货物的合同义务。本案中，同城必应科技公司在招聘闪送员时，对担任闪送员的条件作出了要求，李某在进行闪送服务时需佩戴工牌，按照服务流程的具体要求提供服务，在任平台闪送员期间李某并未从事其他工作，从事闪送员工作获取的报酬是李某的主要劳动收入，故同城必应科技公司与李某之间具有从属性，双方间属于劳动关系。最终，法院判决确认李某与同城必应科技公司间存在劳动关系。

实操技巧

上述案例系“互联网+”用工模式下，快递员与互联网平台间的新型用工形式衍生出来的劳动纠纷，该案具有一定的代表性。在这种新兴的劳动用工模式下，如何确认双方之间是否存在劳动关系？对此不能依靠常规的观点来进行辨认，还需要在“互联网+”用工模式下结合法律的规定、实际的用工方式、工资支付等进行综合考量。现笔者结合案件的实际情况，从以下几个方面进行阐述：

一、在“互联网+”模式下，网络平台与劳动者之间是否存在劳动关系，需区分对待

随着“互联网+”模式的兴起，劳动用工逐渐变得多样化，法律也越来越复杂。在判断劳动者与网络平台之间是否存在劳动关系时，不能仅仅依靠常规的模式进行认定，也不能依据双方之间签订的合作协议武断地作出结论。

在认定劳动关系时，不能运用固有的思维模式，还应当结合《劳动和社会保障部关于确立劳动关系有关事项的通知》第1条的规定，即用人单位招用劳动者未订立书面劳动合同，但同时具备下列情形的，劳动关系成立：（1）用人单位和劳动者符合法律、法规规定的主体资格；（2）用人单位依法制定的各项劳动规章制度适用于劳动者，劳动者受用人单位的劳动管理，从事用人单位安排的有报酬的劳动；（3）劳动者提供的劳动是用人单位业务的组成部分。由此可知，要认定成立劳动关系，应符合以下几个要件：（1）劳动者的工作内容是用人单位业务不可或缺的组成部分；（2）劳动者提供劳动受到用人单位的指挥，是在单位的授意、指导下进行；（3）用人单位对劳动者进行管理，劳动者要遵守用人单位的各项规章制度；（4）用人单位向劳动者支付工资报酬，且支付周期相对固定、支付数额基本稳定，且具有一定的持续性；（5）劳动者与用人单位主体合法，即符合劳动法律法规规定的主体资格。

在司法实践中，审判机关在“互联网＋”模式下判断劳动关系是否成立主要从如下角度进行考量：依据相关法律规定，劳动关系指劳动者与用人单位之间，在劳动者提供劳动、实现劳动价值的过程中形成的连续性的、相对稳定的社会关系。而区别于劳务、合作、居间等民事法律关系的、劳动关系的本质特征，指向劳动者与用人单位间的从属性，即劳动者必须服从用人单位的管理，遵守用人单位的劳动纪律和规章制度，用人单位有权监督劳动者的工作。同时，还需结合实际情况，从以下几个方面进行分析：

1. 在“互联网＋”模式下，劳动者与网络平台之间是否存在居间合同关系。

网络平台是为劳动者提供活动的平台，劳动者通过平台提供相应的服务从而获得相应的劳动报酬，平台也因此从劳动者提供的劳动中获益。网络平台应当承担相应的法律责任及企业的社会责任。若允许其低成本地用工，则其必然缺乏防范用工风险之主动性，对采取劳动安全保护措施的积极性必然不高，因此带来之社会问题必然增多。互联网企业不能因其采用了新的技术手段与新的经营方式而不承担本应由其承担的法律责任与社会责任。作为运用新技术手段进行经营的公司，其完全可以运用信息技术优势实现合法的经营、管理。审判机关不能因为相关配套制度尚不完善而拒绝向劳动者提供基本权利之救济。为此，双方之间的法律关系并不符合《民法典》合同编所规定的居间服务的法律关系。

2. 在“互联网＋”模式下，劳动者与网络平台之间是否存在合作关系。

在司法实践中，网络平台在劳动者注册之时，双方之间一般都会签订《合作协议》，在《合作协议》中明确约定，双方之间是商业合作关系，不存在劳动关系。对于双方之间法律关系的性质，应从涉案相关法律事实出发，依据相关法律规定进行判断，不能仅仅依靠双方订立的协议进行认定。若双方关系之性质指向劳动关系，则用人单位一方以格式条款形式作出的、排除劳动者主要权利的约定无效。因此，依据双方之间订立的《合作协议》认定平等主体之间的合作关系，显然缺乏相应的事实依据。

3. 劳动者与网络平台之间是否具有从属性。

通常认为，从属性是劳动关系之本质特征。劳动者对于用人单位具有人格从属性、经济从属性，用人单位一方居于强势和主导地位。在司法实践中，劳动者通过网络平台注册成为该平台的一员，需根据平台发布的相关信息和指导去完成相应的工作，还需遵守平台的相关制度和流程，这些足以说明劳动者在利用网络平台从事民事活动时，与网络平台之间存在人格从属性。

4. 劳动者的主要收入来源于平台且获取收入的数额相对固定。

劳动者通过网络平台提供相应的劳动，工作时间也相对稳定，通过平台获得相对比较固定的收入，作为其主要的生活来源。并且，劳动者通过网络平台提供劳动期间，也未从事其他工作，通过平台提供的工作内容获得的收入是其主要劳动收入，所从事的劳动也是网络平台业务的组成部分。

5. 双方之间的关系具有灵活性并不影响劳动关系的认定。

在“互联网 +”模式下，双方之间的关系与传统劳动关系有一定的区别，具有相对灵活之特征。劳动者可以根据实际情况自主决定是否接单，自主决定使用何种交通工具，无需考勤，网络平台也不限制其工作地点、工作时间、工作量，不向其提供劳动工具。根据《劳动合同法》的规定，灵活安排工作时间的特点本身并不排斥劳动关系的存在，因为劳动关系项下本身有多种用工形式，包括相对灵活的用工工时形式。

在互联网经济下的新的用工模式中，所谓的交通工具并不是主要的生产资料，由网络平台通过互联网技术所掌握的信息才是更为重要的生产资料。这些信息及信息技术手段是劳动者个人无法掌握的，网络平台借助其对相关信息及技术手段的掌控权，在与劳动者的用工关系中处于强势支配地位。因此，网络平台与劳动者之间用工关系的灵活性特点，并不能掩盖其劳动关系的性质。

综上，在“互联网 +”模式下，并不能笼统地认为凡是在网络平台注册的劳动者与平台之间均具有劳动关系或一概认定双方之间不存在劳动关系，还需要结合具体情况进行认定。如此一来，虽然会给网络平台的经营管理带来一定的困难，但作为运用新技术手段进行经营的公司，其完全可以运用信息技术优势实现合法的经营、管理。

另外，在“互联网 +”模式下，也并不是所有在网络平台注册的劳动者与平台之间都存在劳动关系。比如，目前比较常见的用工有闪送、外卖、货拉拉、快递、快车司机等形式。在这类人群里不排除一些劳动者依靠平台推送的信息提供相应的劳动，以此获取相应的劳动报酬，这类人群与平台之间往往符合劳动关系的特点。但是，也有一群人在网络平台注册后，并不是长时间在线接单提供劳动，而是利用业余时间或下班以后的空闲时间在网络平台接单从事劳动，以获取相应的劳动报酬，这类人员大多属于兼职，一般不会被认定为与平台之间存在劳动关系。

二、“互联网 +”模式下的用工管理亟须相关法律进行完善规范

“互联网 +”模式下的用工形式是随着社会日新月异的发展衍生出来的一种新型用工形式，在现行法律框架内并没有直接可以引用或与之相匹配的法律条款

可用，在双方产生争议之后，需要借助相关法律的规定并结合案件的实际情况进行逐一剖析，才能确定双方之间是否存在劳动关系。

也正是由于目前相关法律条文的缺失，一些互联网公司为了规避劳动用工带来的潜在法律风险，在劳动者注册网络平台时要求其签订《合作协议》，以此来否认双方之间的劳动法律关系。也正是由于目前法律方面的不完善，导致劳动者的合法权益无法得到维护，特别是在工作时发生工伤事故之后，劳动者常因无法确认劳动关系而投诉无门。因此，针对“互联网＋”模式下的用工，除了亟须完善相关法律规定外，也建议互联网平台为劳动者购买相应的工伤保险。

风险提示

1. 在“互联网＋”模式下，劳动者应当注意相关证据的留存，这样在将来发生争议时，才能有充分的证据来证明双方之间的法律关系。

2. 互联网平台的经营者也应当根据实际情况与劳动者签订劳动合同、缴纳社会保险，以此来规避相应的法律风险。

3. 目前“互联网＋”模式下的新型用工形式比较复杂，亟须国家相关部门结合实际情况，尽早出台相关的法律法规，以调整当前用工混乱的情形，保障劳动者的利益。

法律依据

《劳动和社会保障部关于确立劳动关系有关事项的通知》一

第105讲：共享员工的运用应如何规避法律风险？

案例聚焦[①]

2020年春节，一场突如其来的新型冠状病毒肺炎疫情让欢乐祥和的春节蒙上了一层阴影。由于病毒传染性极强，各地迅速启动一级响应措施，大小企业全部关停。据媒体报道，由于受疫情影响，一些容易造成人群聚集的文娱类企业不能复工，面临着门店租金、员工工资等经济成本的压力。而盒马等生鲜电商则线上

① 案例节选自《共享员工，如何让劳企双方在法律框架内并肩“战疫”》，载《工人日报》2020年2月13日。

订单暴增，背后承载的是许多家庭一日三餐的基本需求，订单量仿佛天天都在“双十一”，因此从分拣到配送的系列环节都出现了一定程度的“用工荒”。此时，餐饮、旅游等企业遭遇“复工难”，电商、快递等企业却面临“用工荒”，于是双方一拍即合，共享员工模式由此开启。

2020年2月初，盒马宣布开启“共享员工”模式，鼓励赋闲待业的餐饮、文娱等行业员工增援盒马门店。随后，由于文娱、餐饮、影视等行业全面处于歇业状态，一部分原本为了春节营业而留守的员工，便经过主动报名、面试、培训、体检以及健康防疫培训等流程，于2月13日正式上岗，共享期间的劳动报酬由盒马方面支付。员工被“借”走后，多方受益，借入企业得到了人员补充，借出企业减轻了用工成本，员工获得了稳定就业和劳动报酬。疫情面前，共享也是共担，救人亦是自救，员工共享是一举多得的妙招。

实操技巧

在疫情防控阶段，为了更好扼制疫情的扩散，各地纷纷出台政策要求企业延期复工或在家办公。但是，对于餐饮行业来讲，将面临无法正常经营员工如何安置的问题，而零售企业却要解决人员短缺的问题。为此，“共享员工”的新型用工模式在这个特殊的冬天应运而生。在这种灵活用工的新模式下，员工的工资怎么发、社保怎么缴、发生工伤了怎么办，“共享员工”模式的诸多潜在用工风险也引发了社会的关注。笔者结合实际情况及法律规定，从以下几个方面进行阐述：

一、“共享员工”作为一种灵活用工模式有没有风险，主要存在于哪些方面

“共享员工”是在新冠肺炎疫情暴发期间产生的一种新型用工形式，有别于传统的用工模式及“互联网+”模式下的用工管理。在疫情防控期间，为了切断疫情的传染源采取的一系列措施，对餐饮行业的影响比较大，但却带动便民超市等零售企业出现了“用工荒”。在此种情况下衍生出的“共享员工”的用工形式可以缓解餐饮行业用工成本的压力，解决零售企业“用工荒”的问题，同时也增加了员工的收入，这是一种“三赢”的结局。但是，在这种新型用工形式下，还存在一些法律风险，主要表现在以下几个方面：

（一）法律关系的认定风险

在这种新型用工模式下，员工被借用后，法律关系如何确认？如果两家企业之间是借用关系，是否需要签订《借用协议》或签订三方的《借调协议》，并在协议中明确约定工资支付的主体、社保缴纳的主体以及出现工伤等情形的赔偿责

任主体？在借用或借调的模式下，劳动者仍与原单位之间存在劳动关系，与借调单位之间构成劳务关系，社保一般仍由原单位继续缴纳，费用承担可由双方约定。

当然，在此种情况下也不排除员工从原单位离职，再到新单位入职的可能，这种情况就会存在未签订劳动合同、缴纳社保、工资支付等法律风险。所以，零售企业若是以兼职或借调的方式进行用工，需要签订兼职劳务协议或借调协议，并在协议中对工作职责、工作期限、计薪方式等进行明确，一旦产生劳动争议也可以通过协商、调解、仲裁的方式进行解决。

（二）工伤赔偿的风险

员工在上下班的途中或工作中，一旦出现工伤等情况，就会涉及最终责任承担的问题，为了避免出现扯皮，根据《工伤保险条例》第43条的规定，职工被借调期间受到工伤事故伤害的，由原用人单位承担工伤保险责任，但原用人单位与借调单位可以约定补偿办法。所以，对于此种新型用工模式，为了规避工伤等法律风险，在签订借调协议时就应当就员工工伤等问题作出明确的约定。同时，建议用工企业通过购买商业保险来预防可能产生的伤害风险。

（三）社会保险缴纳的风险

如果原单位已经为员工缴纳社保，在员工被借调期间，一般社保需要继续由原单位缴纳；如果原单位未给员工缴纳社保，借调单位一般也不会为借用的员工缴纳社保，这就会存在工伤赔偿或社保补缴等法律风险。

（四）员工流失的风险

员工跳槽是比较常见的事实，但在新型用工的情况下，不排除员工到借调单位工作后拒绝再回到原单位工作的可能。为了避免此种情况的发生，建议在签订的借调协议或兼职协议中，就协议的期限、禁止聘用、工资支付、违约责任等作出明确具体的约定。

（五）违纪员工处理的风险

员工在借用期间出现违纪行为，借调单位能否对其进行处理？是退回原企业还是直接解除劳动合同？由于双方之间仅是一种借用关系，原用人单位不是劳动派遣单位，也不具有劳务派遣的资质，往往这时就会出现争议。所以，无论是借调关系还是员工个人自愿的兼职，都需要将遵守法律法规及诚实守信等劳动纪律在协议中约定清楚，一旦符合相应的情形时，就有了最终的处理依据。

二、从法律角度来看，目前我国有没有相关法律就灵活用工模式进行界定，有没有保护灵活用工人员劳动权益的条款

从法律角度来看，在《劳动合同法》中已经就“非全日制用工”“劳务派遣”

等灵活用工形式作出了相应法律规定；同时在《社会保险法》《工伤保险条例》中也对灵活用工的社保缴纳、工伤认定、工伤赔偿等作出了规定；《劳务派遣暂行规定》也对劳务派遣用工、退回等机制作出了明确的界定。在疫情防控期间衍生出来的“共享员工”的新型用工形式也属于灵活用工的一种方式。所以，从法律层面来看，无论是何种用工形式，目前在劳动法律方面还是比较健全的，均可以找到相应的法律依据。

三、“共享员工”这种劳动关系应该如何界定？若发生劳动争议，“共享员工”应该如何处理

对于“共享员工”这种劳动关系的界定，还需要看双方之间所签订的协议是如何约定的。当然也不排除餐饮行业的员工在待岗期间私自到零售行业进行工作，并进行相应的口头约定的可能。如果餐饮企业与零售企业就员工借用或租用签订了《借调协议》，那么，餐饮企业与劳动者之间仍是劳动关系，劳动者与零售企业之间是劳务关系，这也是目前新型的灵活用工形式；如果劳动者已经从餐饮企业离职，再应聘到零售企业进行工作，双方之间则是一种劳动关系。

当然，在这其中也不排除存在双重劳动关系的可能。由于受到疫情的影响，现在的餐饮行业基本上都处于停业放长假的状态，员工在待岗期间到零售行业进行就业，根据《最高人民法院关于审理劳动争议案件适用法律若干问题的解释（三）》第8条的规定，企业停薪留职人员、未达到法定退休年龄的内退人员、下岗待岗人员以及企业经营性停产放长假人员，因与新的用人单位发生用工争议，依法向人民法院提起诉讼的，人民法院应当按劳动关系处理。所以，在目前的用工形式下不排除这种情况的发生。

目前根据媒体报道信息来看，云海肴等餐饮企业的员工确实属于企业经营性停产放假人员，但是由于这次的合作实际上是盒马与云海肴等企业之间的合作，不属于餐饮企业的员工单独与盒马之间进行用工约定，且工资的结算还是通过原餐饮企业发放，所以这种“共享员工”模式不属于双重劳动关系。

四、在劳动报酬、五险一金、休息休假等具体的劳动权益方面，“共享员工”是否可以享受

通过上述分析，笔者认为，“共享员工”应该属于一种跨行业的借调用工模式，即社保仍由原单位进行缴纳，工资由借用单位承担并由原单位负责发放，在休息休假方面也应当遵守法律的强制性规定，在保障劳动者休息权利的同时，应支付相应的加班费。所以，即使员工存在共享或借调的事实，其享受的法律保障权利也仍然存在，不能予以剥夺。

五、从法律角度来看，灵活用工企业应该如何更好地保障“共享员工”的劳动权益？“共享员工”应该如何更好地维护自己的劳动权益？在平时的工作中，需要注意些什么

首先，在疫情防控期间，灵活用工企业应当严格按照国家及当地政府的要求保障员工的身体健康安全，为员工提供相应的劳动保护装备如口罩、手套、护目镜等必要的用品。

其次，灵活用工企业与餐饮企业还应当就员工的借调期限、工资标准、工资支付时间、社保缴纳、人身伤害赔偿责任承担等作出明确具体的约定，并签订三方协议。

再次，员工在被借调期间应当要求签订三方协议，或与灵活用工企业签订劳务协议并保留一份；如果在工作中出现克扣工资、未提供劳动保护的必需用品等违法情形，可以到当地的劳动监察部门进行投诉。

最后，在“共享员工”的前提下，劳动者应当遵守用工单位的各项规章制度，遵守劳动纪律，并注意留存相关工作的证据；在防控疫情期间，更应该注意自身的安全防护。对于借出企业而言，建议签订完善的借调协议、及时足额缴纳社保并支付工资，建议灵活用工企业完善各项规章制度、保障措施，注意法律风险的规避，并为借用员工购买商业保险。

风险提示

1. 在特殊时期，建议在法律允许的范围内，谨慎大胆地尝试灵活用工的新模式，合理调动人力资源，让企业和员工都可以更好地“活”下去。就灵活用工模式而言，借入企业应该严格按照国家及当地政府要求，为员工提供相应的劳动保护装备如口罩等，还应与借出企业就员工的借调期限、工资标准和支付时间、人身伤害赔偿责任承担等方面作出具体约定。

2. 借出企业要签订完善的借调协议，及时足额为员工缴纳社保并支付工资，保障员工的合法权益；员工应更注重安全防护，借调期间应当要求签订三方协议或劳务协议，保留好工作记录和证据。

3. 如约定工伤保险由用人单位单独缴纳，发生工伤事故后其负有给付义务，则用人单位会尽力避免工伤事故的发生。因此，在工伤保险方面，建议借出企业与借入企业进行协商，强化双方责任。

法律依据

《工伤保险条例》第43条

第九章 社会保险与住房公积金

第一节　养老保险

第106讲：用人单位与劳动者签订的自愿放弃社会保险声明是否有效？

案例聚焦

田某与大柳树公司于2014年3月2日签订《劳动合同书》，合同约定劳动期限为2014年3月2日到2016年3月1日，田某从事车间管理工作，月工资为5000元。田某于2014年3月2日签署的一份《自愿放弃社会保险声明》载明，自愿放弃各项社会保险。

后双方就工伤保险待遇发生争议，田某就涉案劳动争议向劳动人事争议仲裁委员会申请仲裁，仲裁委于2016年8月30日作出裁决。田某不服仲裁结果，向法院提起诉讼。

法院经审理认为，田某、大柳树公司对于双方从2014年2月至2016年1月30日期间存在劳动合同关系均无异议，对此依法予以确认。田某自述于2016年1月30日后未在大柳树公司处上班，故法院确认田某与大柳树公司于2016年1月31日解除劳动关系。据田某提供的工伤保险记录，其2013年8月至2014年2月没有参加工伤保险，田某主张系因工伤在家休息，工伤事宜已经处理，但未提供相应的证据予以佐证，故法院对其主张不予支持。

当事人对自己提出的诉讼请求所依据的事实有责任提供证据加以证明。没有证据或者证据不足以证明当事人主张的，由负有举证责任的当事人承担不利后果。田某主张大柳树公司违法解除劳动关系，大柳树公司应该支付田某经济补偿金，但田某未提供证据证明大柳树公司存在违法解除劳动关系的事实，故法院不予支持。

用人单位和劳动者必须依法参加社会保险，用人单位为职工缴纳社会保险是其法定义务。《自愿放弃社会保险声明》中关于田某自愿放弃参加社会保险的约定违反法律强制性规定，法院确认该内容无效。现田某要求大柳树公司为其补缴社会养老保险，符合法律规定，大柳树公司应为田某补缴2014年2月至2016年1月期间的社会养老保险，个人承担部分由田某自行承担。田某其他的诉讼请求依据不足，依法不予支持。

据此，法院依法判决田某与大柳树公司之间的劳动关系于2016年1月31日解除，大柳树公司于判决生效之日起30日内按规定为田某补缴2014年2月至2016年1月应由大柳树公司承担部分的社会养老保险费，个人承担部分由田某自行缴纳。

实操技巧

劳动者与用人单位签订劳动合同是为了保障自己的合法权益，那么在劳动合同中需要约定怎样的条款，养老保险费是不是在劳动合同内容之列？如果在劳动合同中约定劳动者的养老保险费是由劳动者自己承担，或者让劳动者签订“放弃社保声明”等文件，或是将社保费用包含在工资中一起支付给员工，这样是否可行呢？笔者结合现实中的实际问题，作如下解析：

一、关于养老保险的法律规定

养老保险，全称社会基本养老保险，是国家和社会根据一定的法律和法规，为解决劳动者在达到国家规定的解除劳动义务的劳动年龄界限，或因年老丧失劳动能力退出劳动岗位后的基本生活而建立的一种社会保险制度。养老保险是社会保障制度的重要组成部分，是社会保险五大险种中最重要的险种之一。养老保险的目的是保障老年人的基本生活需求，为其提供稳定可靠的生活来源。

（一）基本养老保险的征缴范围

根据《社会保险费征缴暂行条例》第3条的规定，基本养老保险费的征缴范围包括：国有企业、城镇集体企业、外商投资企业、城镇私营企业和其他城镇企业及其职工，实行企业化管理的事业单位及其职工。省、自治区、直辖市人民政府根据当地实际情况，可以规定将城镇个体工商户纳入基本养老保险的范围。

（二）基本养老保险的缴费基数及比例

根据《社会保险法》的规定，职工应参加基本养老保险，费用的缴纳是由用人单位和职工按照一定的比例共同承担。基本养老保险费的缴费基数为职工本人上一年度月平均工资。职工工资包括计时工资、计件工资、奖金、津贴和补贴、加班加点工资、特殊情况下支付的工资等。

根据规定，当职工上年月平均工资收入低于上一年度当地职工月平均工资60%时，以上一年度当地职工月平均工资的60%作为缴费基数。职工月工资标准超过上一年度职工月平均工资的3倍的，则以上一年度当地职工月平均工资的300%作为缴费基数。

对于用人单位新招职工（包括研究生、大学生、大中专毕业生等），以起薪当月工资收入作为缴费工资基数；从第二年起，以上一年实发工资的月平均工资作为缴费工资基数。单位派出的长期脱产学习人员、经批准请长假的职工，保留工资关系的，以脱产或请长假的上年月平均工资作为缴费工资基数。单位派到境外、国外工作的职工，按本人出境（国）上一年在本单位领取的月平均工资作为缴费工资基数；次年的缴费工资基数按上年本单位平均工资增长率进行调整。失业后再就业的职工，以再就业起薪当月的工资收入作为缴费工资基数；从第二年起，以上一年实发工资的月平均工资作为缴费工资基数。

关于基本养老保险的缴费比例，在国家层面并未出台统一的规定，各地的缴费比例也不尽相同，实践中需具体参照当地的缴费比例。笔者简单地整理了北京、上海、广州的养老保险缴费比例，供读者参考，如下表所示：

基本养老保险	北京		上海		广州	
	个人	单位	个人	单位	个人	单位
缴费比例	8%	16%	8%	16%	8%	14%

通过上述三个城市的缴费比例可以看出，个人承担养老保险的缴费比例基本上是一致的，只是用人单位承担养老保险的缴费比例不尽相同。

（三）基本养老保险的享受条件

根据《社会保险法》第16条第1款的规定，参加基本养老保险的个人，达到法定退休年龄时累计缴费满15年的，按月领取基本养老金。根据这一规定，按月领取基本养老金必须符合两个条件：一是达到法定退休年龄，二是累计缴费满15年。

如果参加基本养老保险的个人，达到法定退休年龄时累计缴费不足15年的，可以缴费至满15年，按月领取基本养老金；也可以转入新型农村社会养老保险或者城镇居民社会养老保险，按照国务院规定享受相应的养老保险待遇。

因此，对于依法享受基本养老保险的劳动者，在其办理退休手续后可以按月领取基本养老金；若劳动者因病或者非因工死亡的，其遗属可以领取丧葬补助金和抚恤金；在未达到法定退休年龄时因病或者非因工致残完全丧失劳动能力的，可以领取病残津贴。

二、因养老保险产生的争议是否属于劳动争议案件的受案范围

根据《最高人民法院关于审理劳动争议案件适用法律若干问题的解释（三）》第1条的规定，劳动者以用人单位未为其办理社会保险手续，且社会保险经办机构不能补办导致其无法享受社会保险待遇为由，要求用人单位赔偿损失而发生争议的，人民法院应予受理。而对因用人单位欠缴社会保险费或者因缴费年限、缴费数额等发生争议的，未规定由法院受理。根据《社会保险法》和《社会保险费征缴暂行条例》的规定，我国社会保险从办理登记、缴费、发放社保费用到监督检查等均由社会保险行政部门负责和管理，这一规定是与我国当前社会发展阶段相适应的，如果人为地由司法权强行介入和干预，不仅不利于日益完善的社会保险功能的正常运行，而且不利于合理划分司法权与行政权的职责，导致二者权限重叠混乱，最终不利于对劳动者合法权益的切实保护。

在司法实践中，因社保机构对用人单位欠缴费用负有征缴的义务，如果劳动者、用人单位与社保机构就欠费等发生争议，应属于征收与缴纳之间的纠纷，属于行政管理的范畴，带有社会管理性质，不是单一的劳动者与用人单位之间的社保争议。因此，此类争议不宜纳入民事审判的范围。劳动者对用人单位欠缴社会保险费或者因缴费年限、缴费数额等发生争议的，应向相关社保征缴部门申请解决。只有因那些未被《社会保险费征缴暂行条例》和《社会保险法》明确规定由社会保险管理部门负责处理的事项发生争议的，才纳入人民法院的受案范围。

社会保险行政部门与缴费义务主体之间是一种管理与被管理的行政法律关系，劳动者就缴费年限、缴费基数与用人单位发生争议的，应当向社会保险管理部门反映，请求社会保险管理部门给予相应的处理。对于劳动者认为用人单位为其缴纳养老保险的月份不足而要求用人单位将少缴纳的养老保险费用直接向其本人支付的，因劳动者本人并非养老保险费用的收取主体，不具有适格的主体资格，故劳动者请求用人单位向其支付少缴纳的养老保险费用主体不适格，应依照法律规定裁定予以驳回。

最后，《最高人民法院关于审理劳动争议案件适用法律若干问题的解释》第1条规定："劳动者与用人单位之间发生的下列纠纷，属于《劳动法》第二条规定的劳动争议，当事人不服劳动争议仲裁委员会作出的裁决，依法向人民法院起

诉的，人民法院应当受理：……（三）劳动者退休后，与尚未参加社会保险统筹的原用人单位因追索养老金、医疗费、工伤保险待遇和其他社会保险费而发生的纠纷。”由此可知，在劳动者退休后，因养老金、医疗费、工伤保险待遇与用人单位发生纠纷的，人民法院予以受理。

三、用人单位要求劳动者签订“放弃社保承诺书”等协议均属于无效

关于用人单位要求劳动者签订放弃社保承诺书，或者将社保费用包含在工资中向劳动者进行支付，要求劳动者个人去缴纳社会保险等情形，在司法实践中对该种行为是否有效，存在着两种观点：

第一种观点认为，用人单位为员工缴纳社会保险系用人单位的法定义务，用人单位不为劳动者缴纳社会保险或劳动者通过其他渠道缴纳社会保险的，均与劳动关系的真实状态不符，违反社会保险法的强制性规定，所签订的放弃社保承诺书或声明之类的文件均属于无效。因此，即便是劳动者要求用人单位不为其缴纳社会保险，但劳动者按照劳动合同法第 38 条的规定主张经济补偿的，仍应予支持。

第二种观点认为，对于劳动者签署自愿放弃社会保险声明的效力，应当从两个方面分别理解：一方面，从民事义务和社会义务的角度，因社会保险系对公民基本权利的基础保障，缴纳社会保险也系用人单位的强制性义务，故无论劳动者是否声明放弃社会保险，用人单位的该义务均不能得到豁免，劳动者也享有随时要求用人单位为其补缴社会保险的权利。另一方面，从民事责任的角度，未办理社会保险属于《劳动合同法》第 46 条第 1 项规定的应当支付经济补偿金的情形，即“劳动者依照本法第三十八条规定解除劳动合同的”，用人单位应当向劳动者支付经济补偿金。而劳动合同法第 38 条规定的未按照劳动合同约定提供劳动保护或者劳动条件、未及时足额支付劳动报酬、未依法为劳动者缴纳社会保险费、用人单位的规章制度违反法律法规的规定损害劳动者权益、因本法第 26 条第 1 款规定的情形致使劳动合同无效等，均以用人单位负有过错为基本特征。因此，《劳动合同法》第 46 条第 1 项所规定的经济补偿金的请求权基础，实际上是用人单位履行劳动合同过程中存在过错。如劳动者自愿作出暂不办理社会保险声明，足以认定其主观上存在不办理社会保险的意思表示。劳动者在工作期间未能办理社会保险，其个人的意志占据了主导地位，若仍支持其要求支付经济补偿金的请求，有违诚实信用原则。

笔者同意第一种观点，这也是目前社会上的主流观点。为劳动者缴纳社会保险系用人单位的法定义务，不能通过放弃等事由规避或逃避法律责任。第二种观点也是认为用人单位具有缴纳社会保险的法定义务，只是在认定劳动者以用人单位未依法缴纳社会保险提出被迫解除劳动合同而主张经济补偿金时，法院应认定违背诚信原则，不予支持。

风险提示

1. 缴纳社会保险是用人单位的法定义务，用人单位不能通过要求劳动者签订放弃声明等文件而拒绝缴纳社会保险。

2. 如果因用人单位未为劳动者缴纳社会保险，导致劳动者不能享受养老保险待遇的，由用人单位承担赔偿责任；若劳动者因病或者非因工死亡的，其遗属应当领取的丧葬补助金和抚恤金由用人单位支付。

3. 依法缴纳养老保险既是用人单位的义务，也是劳动者的义务，用人单位在向劳动者支付工资时，可以按照当地社保部门核定的缴费比例代扣代缴养老保险费用，此种行为不属于克扣工资，劳动者以此提出解除劳动合同的，属于因个人原因离职。

法律依据

《社会保险法》第16条

第107讲：用人单位未给劳动者缴纳养老保险导致其无法享受退休待遇，劳动者能否要求赔偿？

案例聚焦

孙某于2001年4月30日入职某出租车公司，担任出租车司机一职，2012年10月23日，双方签订劳动合同书，期限自2012年10月23日至2018年10月31日。2017年10月17日双方签订（离退休）返聘协议，约定由孙某从事出租汽车驾驶岗位工作，期限自2017年10月17日至2021年10月31日。孙某于2016年11月20日达到退休年龄，因某出租车公司未能给孙某缴纳2001年4月至2007年4月期间的保险费用，孙某于2017年10月才办理退休手续并开始领取养老保险退休金。

2016年11月22日，某出租车公司出具的情况说明载明：孙某系其公司出租汽车驾驶员，其2016年11月年满60周岁达到法定退休年龄，但全部缴费年限不满15年，不符合退休条件，本人申请将人事档案和社会保险关系一并转入海淀职介，在职介按相关规定办理退休。2017 年 11 月 27 日，北京市某区人力资源和社会保障局出具的孙某北京市基本养老保险待遇核准表载明：孙某参加工作时间为 2001 年 4 月，退休时间为 2016 年 11 月，养老保险金计发金额 1714 元。

法院另查明，孙某于 2017 年诉至法院，请求确认与某出租车公司于 2001 年至 2007 年存在劳动关系，法院于 2017 年 4 月 7 日作出判决，认定双方之间于 2001 年 4 月 30 日至 2007 年 4 月 14 日存在劳动关系。某出租车公司认可因孙某社保没有缴够，双方对上述劳动争议进行了诉讼，二审判决下来之后某出租车公司才为孙某补缴之前的社会保险，导致孙某于 2017 年 10 月才办理退休。孙某于 2018 年 11 月 2 日提出仲裁申请，某区劳动人事争议仲裁委员会于 2018 年 11 月 7 日作出不予受理通知书。

法院经审理认为，合法的民事权益应受法律的保护。行为人因过错造成他人财产损失的，应承担侵权赔偿责任。根据《最高人民法院关于审理劳动争议案件适用法律若干问题的解释（三）》第 1 条的规定，劳动者以用人单位未为其办理社会保险手续，且社会保险经办机构不能补办导致其无法享受社会保险待遇为由，要求用人单位赔偿损失而发生争议的，人民法院应予受理。

本案中，根据查明的事实，鉴于生效判决认定孙某与某出租车公司之间自 2001 年 4 月起即存在劳动关系，某出租车公司理应及时为孙某办理缴纳养老保险手续，现因某出租车公司未能及时为孙某办理养老保险手续导致孙某迟延办理退休手续并造成相应养老保险待遇损失，故对孙某因迟延办理退休手续造成的养老保险待遇损失，某出租车公司存在过错，且某出租车公司之过错与孙某损失之间存在因果关系。故孙某请求某出租车公司赔偿因迟延退休造成的养老保险待遇损失的主张，有事实和法律依据，法院予以支持。综上，法院依法判决某出租车公司赔偿孙某养老金经济损失 20568 元。

实操技巧

依法缴纳社会保险是用人单位的法定义务，养老保险又是社会保险之中最为重要的一项保险。所以，用人单位未依法为劳动者缴纳养老保险或在劳动关系存续期间存在断缴或未缴的事实，由此导致劳动者无法办理或迟延办理退休手续的，应当承担赔偿责任。

一、用人单位未给劳动者缴纳养老保险导致其无法享受退休待遇的，需承担赔偿责任

根据《最高人民法院关于审理劳动争议案件适用法律若干问题的解释

（三）》第1条的规定，劳动者以用人单位未为其办理社会保险手续，且社会保险经办机构不能补办导致其无法享受社会保险待遇为由，要求用人单位赔偿损失而发生争议的，人民法院应予受理。由此可知，缴纳社会保险是用人单位的法定义务，若用人单位未给劳动者缴纳社会保险，且社会保险行政部门又无法为其办理补缴的，劳动者可以向用人单位主张经济赔偿。

另外，对于用人单位未给劳动者缴纳社会保险，还需要根据实际情况进行分析，不能一概认为未缴纳就需要用人单位承担赔偿责任。

如果劳动者并未达到法定退休年龄，因用人单位未给劳动者缴纳社会保险，或者未足额缴纳社会保险的，根据《社会保险法》第63条的规定，用人单位未按时足额缴纳社会保险费的，由社会保险费征收机构责令其限期缴纳或者补足。用人单位逾期仍未缴纳或者补足社会保险费的，社会保险费征收机构可以向银行和其他金融机构查询其存款账户；并可以申请县级以上有关行政部门作出划拨社会保险费的决定，书面通知其开户银行或者其他金融机构划拨社会保险费。《劳动保障监察条例》第20条规定，违反劳动保障法律、法规或者规章的行为在2年内未被劳动保障行政部门发现，也未被举报、投诉的，劳动保障行政部门不再查处。前款规定的期限，自违反劳动保障法律、法规或者规章的行为发生之日起计算；违反劳动保障法律、法规或者规章的行为有连续或者继续状态的，自行为终了之日起计算。所以，对于用人单位未缴纳或未足额缴纳社会保险，且劳动者未达到法定退休年龄的，劳动者可以向社保主管行政部门进行投诉要求补缴。同时，劳动者还应当注意，如果已经从用人单位离职后又要求补缴的，需提供能够证明双方之间存在劳动关系的证据，如工资明细、劳动合同书、社保缴费记录、已生效的裁判法律文书等。

若劳动者已经达到法定退休年龄，因用人单位未缴纳社会保险导致其无法办理退休手续并享受退休待遇的，可以要求用人单位承担赔偿责任。若用人单位已经为劳动者缴纳社会保险，但未足额缴纳的，在办理退休手续之前可以要求补缴；若已经办理退休手续，劳动者主张享受的退休待遇降低的，不属于人民法院的受案范围，若无法补缴的，可以与用人单位协商解决。

二、用人单位给劳动者缴纳养老保险存在断缴的，劳动者可要求补缴

在劳动合同履行的过程中，可能因种种原因导致劳动者缴纳社会保险的中途存在断缴的事实，也有可能因劳动者离职后未能再就业导致社会保险断缴。由于社会保险对于每一个劳动者来讲都比较重要，所以，无论是在劳动合同履行期间还是终止后，劳动者都应当保证社保缴费的连续性，避免断缴的出现。在目前社会生活中，一旦劳动者的社会保险出现断缴的，将会对其产生比较大的影响。

1. 养老保险待遇会受影响。社会保险一旦断缴会影响申报享用养老保险待遇，若养老保险没有达到缴费年限，那么退休后将无法领取养老金。根据现行社会保险法，领取养老金必须达到两个条件，一是必须达到法定的退休年龄，二是累计缴费满 15 年。假如劳动者的社会保险断缴之后，没有续缴，缴费时间不足 15 年，那么退休之后，将无法领取养老金。

2. 会影响医疗保险的待遇。医保是现收现付，参保后就能享受医保报销，一旦社保断缴，从次月起就不能享受医保待遇。如果社保断缴超过 3 个月的，需要重新计算连续缴费年限，这会影响大病医保、基本医保的支付额度。不过，医保累计缴费年限不会清零，只要累计缴满了规定年限（男满 25 年，女满 20 年），退休后就能不用缴费而享受医保待遇。

3. 影响购房、购车、落户的资格审核。现在很多城市都颁布了一些新的政策规定，如购房、购车、积分落户等，都与社会保险的缴纳息息相关。以北京为例，非北京户口的劳动者若要获得购房、买车上牌的资格，其中有一项硬性指标规定就是，必须连续缴满 5 年社保。社保一旦出现断缴，就可能失去购房、买车的资格，而且北京对于积分落户的规定是须连续缴满 7 年社保，如果想要落户，就不能存在社保断缴的情况。

所以，对于劳动者来讲，如果因用人单位的原因导致社会保险断缴的，应当要求用人单位对断缴的社会保险进行补缴；如果是因离职导致断缴的，该行为与用人单位无关，则由劳动者个人承担不利后果。为此，建议劳动者在离职前及时对社会保险的缴纳做好安排，避免因离职导致社会保险的停缴、断缴等问题。

三、劳动者达到退休年龄但社保缴费不足 15 年的处理

根据《社会保险法》第 16 条的规定，参加基本养老保险的个人，达到法定退休年龄时累计缴费满 15 年的，按月领取基本养老金。参加基本养老保险的个人，达到法定退休年龄时累计缴费不足 15 年的，可以缴费至满 15 年，按月领取基本养老金；也可以转入新型农村社会养老保险或者城镇居民社会养老保险，按照国务院规定享受相应的养老保险待遇。同时，《实施〈中华人民共和国社会保险法〉若干规定》第 2 条规定，参加职工基本养老保险的个人达到法定退休年龄时，累计缴费不足 15 年的，可以延长缴费至满 15 年。社会保险法实施前参保、延长缴费 5 年后仍不足 15 年的，可以一次性缴费至满 15 年。第 3 条规定，参加职工基本养老保险的个人达到法定退休年龄后，累计缴费不足 15 年（含依照第 2 条规定延长缴费）的，可以申请转入户籍所在地新型农村社会养老保险或者城镇居民社会养老保险，享受相应的养老保险待遇。

如果参加职工基本养老保险的个人达到法定退休年龄后，累计缴费不足15年，且未转入新型农村社会养老保险或者城镇居民社会养老保险的，个人可以书面申请终止职工基本养老保险关系。社会保险经办机构收到申请后，应当书面告知其转入新型农村社会养老保险或者城镇居民社会养老保险的权利，以及终止职工基本养老保险关系的后果，经劳动者本人书面确认后，终止其职工基本养老保险关系，并将个人账户储存额一次性支付给本人。

如果参加职工基本养老保险的个人跨省流动就业，达到法定退休年龄时累计缴费不足15年的，按照《国务院办公厅关于转发人力资源社会保障部、财政部城镇企业职工基本养老保险关系转移接续暂行办法的通知》有关待遇领取地的规定，确定继续缴费地后，可以缴费至满15年，按月领取基本养老金。根据法律规定，劳动者的基本养老保险个人账户不得提前支取。如果劳动者个人在达到法定的领取基本养老金条件前离境定居的，其个人账户予以保留，达到法定领取条件时，按照国家规定享受相应的养老保险待遇。其中，丧失中华人民共和国国籍的，可以在其离境时或者离境后书面申请终止职工基本养老保险关系。社会保险经办机构收到申请后，应当书面告知其保留个人账户的权利以及终止职工基本养老保险关系的后果，经本人书面确认后，终止其职工基本养老保险关系，并将个人账户储存额一次性支付给本人。另外，参加职工基本养老保险的个人死亡后，其个人账户中的余额可以全部依法继承。

同时，用人单位还应当注意，如果女职工已经年满50周岁达到法定退休年龄，若因工作需要延迟退休的，可以申请将退休年龄延迟到55周岁，在延迟退休期间，用人单位仍应当继续为劳动者缴纳社会保险。

现实中还有一种情形在国企比较常见，一些国有企业为了减员增效，对于企业富余人员实行内部退养机制，即我们经常说的内退。所谓内退，是指劳动者距退休年龄不到5年的，经本人申请，企业领导批准，可以退出工作岗位休养，在退出工作岗位休养期间，由企业发给生活费。根据《国有企业富余职工安置规定》第9条的规定，职工距退休年龄不到5年的，经本人申请，企业领导批准，可以退出工作岗位休养。职工退出工作岗位休养期间，由企业发给生活费。已经实行退休费用统筹的地方，企业和退出工作岗位休养的职工应当按照有关规定缴纳基本养老保险费。职工退出工作岗位休养期间达到国家规定的退休年龄时，按照规定办理退休手续。职工退出工作岗位休养期间视为工龄，与其以前的工龄合并计算。

四、因用人单位的原因导致劳动者的人事档案丢失无法退休需承担赔偿责任

个人档案是劳动者取得就业资格、缴纳社会保险、享受相关待遇的重要凭证，档案与劳动者的利益存在密切关系，其是对劳动者工作经历、奖惩情况等进行的历史记载。用人单位迟延转档或将档案丢失，劳动者要求用人单位赔偿损失的纠纷，属于劳动争议案件受理范围。各地对用人单位丢失劳动者个人档案赔偿数额的认定标准并不一致。以北京为例，《北京市高级人民法院、北京市劳动争议仲裁委员会关于劳动争议案件法律适用问题研讨会会议纪要》第40条规定，因用人单位的过错而使档案迟延移转，劳动者要求用人单位赔偿损失，劳动仲裁委或人民法院在确定赔偿额时，可参照《北京市失业保险规定》及相关政策文件的规定；劳动者因其档案丢失而向用人单位主张赔偿损失的，劳动仲裁委或人民法院可根据当事人的过错程度和受损情况酌情确定赔偿数额，一般不超过6万元。

风险提示

1. 用人单位应当自成立之日起30日内凭营业执照、登记证书或者单位印章，向当地社会保险经办机构申请办理社会保险登记。社会保险经办机构应当自收到申请之日起15日内予以审核，发给社会保险登记证件。用人单位的社会保险登记事项发生变更或者用人单位依法终止的，应当自变更或者终止之日起30日内，到社会保险经办机构办理变更或者注销社会保险登记。

2. 用人单位应当自用工之日起30日内为其职工向社会保险经办机构申请办理社会保险登记。未办理社会保险登记的，由社会保险经办机构核定其应当缴纳的社会保险费。自愿参加社会保险的无雇工的个体工商户、未在用人单位参加社会保险的非全日制从业人员以及其他灵活就业人员，应当向社会保险经办机构申请办理社会保险登记。国家建立全国统一的个人社会保障号码。个人社会保障号码为公民身份号码。

3. 用人单位未足额为劳动者缴纳社会保险费，行政部门要求补缴被拒绝且未提供担保的，社会保险费征收机构可以申请人民法院扣押、查封、拍卖其价值相当于应当缴纳社会保险费的财产，以拍卖所得抵缴社会保险费。

4. 笔者在此纠正一个误区，即使社保断缴超过3个月，劳动者的社保缴费也不会被清零，仍在个人账户之中。

法律依据

《社会保险法》第16条

第二节　医疗保险

第 108 讲：劳动者因病住院产生的医疗费是否可以要求用人单位报销？

案例聚焦

2016 年 3 月 8 日，张某入职某科技公司。2016 年 5 月 30 日，双方签订期限自 2016 年 3 月 8 日至 2017 年 3 月 7 日的劳动合同，约定张某职务为销售员。在职期间，某科技公司未为张某缴纳社会保险。2016 年 12 月，张某因患有右侧颞叶胶质母细胞瘤，在复旦大学附属肿瘤医院住院治疗，住院治疗期间共计花费医药费人民币 101066.6 元。

双方因医疗费报销等问题发生劳动争议，张某向某劳动人事争议仲裁委员会申请仲裁。该委作出裁决书，裁决某科技公司支付张某报销医疗费。某科技公司不服，起诉至法院。

一审法院经审理认为，当事人的合法权益应受到法律保护。某科技公司未为张某缴纳社会保险，致使张某在患病后无法享受医疗保险待遇，某科技公司应赔偿张某由此造成的损失，故某科技公司应支付张某 2016 年 12 月 21 日至 2017 年 2 月 6 日期间的医疗费共计 53207.51 元。某科技公司不符一审判决，提起上诉。

二审法院经审理认为，用人单位不按照规定缴纳基本医疗保险费，致使基本医疗保险基金未能按照规定划入个人账户，职工不能享受相关医疗保险待遇的，用人单位应当赔偿职工由此造成的损失，在劳动者提交相关医疗单据，经区县的医疗保险经办机构协助核算后，用人单位应承担核算后的医疗费数额。

某科技公司未为张某缴纳社会保险，致使张某在患病后无法享受医疗保险待遇，某科技公司应赔偿张某由此造成的损失，故某科技公司应支付张某 2016 年 12 月 21 日至 2017 年 2 月 6 日期间的医疗费，一审法院按照区医疗保险经办机构核算的数额确定医疗费并无不当，某科技公司关于该证据缺少单位负责人签名且并无具体明细的上诉意见并无法律依据，法院对其该项上诉理由不予采纳。最终二审法院作出了驳回上诉，维持原判的判决。

实操技巧

医疗保险对于劳动者来说异常重要，在日常生活中可能感受不到，但一旦出现疾病或住院治疗的情况，通过医保进行实时结算就能够感受到医疗保险的重要性。笔者结合实际情况及法律规定，对医疗保险的相关事宜作如下分析：

一、关于医疗保险的法律规定

医疗保险，是指基本医疗保险，是为了补偿劳动者因疾病风险造成的经济损失而建立的一项社会保险制度。用人单位与个人通过缴费，建立医疗保险基金，参保人员患病就诊发生医疗费用后，由医疗保险机构对其给予一定的经济补偿。

（一）基本医疗保险的征缴范围

根据《社会保险费征缴暂行条例》第3条的规定，基本医疗保险费的征缴范围包括：国有企业、城镇集体企业、外商投资企业、城镇私营企业和其他城镇企业及其职工，国家机关及其工作人员，事业单位及其职工，民办非企业单位及其职工，社会团体及其专职人员。省、自治区、直辖市人民政府根据当地实际情况，可以规定将城镇个体工商户纳入基本医疗保险的范围。

（二）基本医疗保险的缴费基数及比例

根据《社会保险法》第23条的规定，职工应当参加职工基本医疗保险，由用人单位和职工按照国家规定共同缴纳基本医疗保险费。无雇工的个体工商户、未在用人单位参加职工基本医疗保险的非全日制从业人员以及其他灵活就业人员可以参加职工基本医疗保险，由个人按照国家规定缴纳基本医疗保险费。由此可知，劳动者应参加基本医疗保险，费用由用人单位和劳动者按照一定的比例共同承担。

以北京为例，根据《北京市基本医疗保险规定》第10条的规定，职工按本人上一年月平均工资的2%缴纳基本医疗保险费。职工本人上一年月平均工资低于上一年本市职工月平均工资60%的，以上一年本市职工月平均工资的60%为缴费工资基数，缴纳基本医疗保险费。职工本人上一年月平均工资高于上一年本市职工月平均工资300%以上的部分，不作为缴费工资基数，不缴纳基本医疗保险费。无法确定职工本人上一年月平均工资的，以上一年本市职工月平均工资为缴费工资基数，缴纳基本医疗保险费。

关于基本医疗保险的缴费比例，在国家层面并未出台统一的规定，各地的缴费比例也不尽相同，实践中需要根据当地的具体规定确定。笔者简单地整理了北京、上海、广州的基本医疗保险缴费比例，以供参考，如下表所示。

基本医疗保险	北京		上海		广州	
	个人	单位	个人	单位	个人	单位
缴费比例	2%	9%	2%	9.5%	2%	7%

通过上述三个城市的缴费比例可以看出，个人承担基本医疗保险的缴费比例基本上是一致的，主要是用人单位承担基本医疗保险的缴费比例不同。

（三）基本医疗保险的享受条件

根据《社会保险法》第27条的规定，参加职工基本医疗保险的个人，达到法定退休年龄时累计缴费达到国家规定年限的，退休后不再缴纳基本医疗保险费，按照国家规定享受基本医疗保险待遇；未达到国家规定年限的，可以缴费至国家规定年限。根据《北京市基本医疗保险规定》第11条的规定，本规定施行前已退休的人员不缴纳基本医疗保险费。本规定施行后参加工作，累计缴纳基本医疗保险费男满25年、女满20年的，按照国家规定办理了退休手续，按月领取基本养老金或者退休费的人员，享受退休人员的基本医疗保险待遇，不再缴纳基本医疗保险费。本规定施行前参加工作施行后退休，缴纳基本医疗保险费不满前款规定年限的，由本人一次性补足应当由用人单位和个人缴纳的基本医疗保险费后，享受退休人员的基本医疗保险待遇，不再缴纳基本医疗保险费。经劳动保障行政部门认定，职工的连续工龄或者工作年限符合国家规定的，视同基本医疗保险缴费年限。

（四）基本医疗保险的基金支付范围

根据《社会保险法》第28条的规定，符合基本医疗保险药品目录、诊疗项目、医疗服务设施标准以及急诊、抢救的医疗费用，按照国家规定从基本医疗保险基金中支付。但下列医疗费用不纳入基本医疗保险基金支付范围：（1）应当从工伤保险基金中支付的；（2）应当由第三人负担的；（3）应当由公共卫生负担的；（4）在境外就医的。医疗费用依法应当由第三人负担，第三人不支付或者无法确定第三人的，由基本医疗保险基金先行支付。基本医疗保险基金先行支付后，有权向第三人追偿。

二、劳动者因病住院产生的医疗费是否可以要求用人单位报销

劳动者与用人单位建立劳动关系之后，用人单位依法应当为劳动者缴纳包括医疗保险在内的各种社会保险。但是，在司法实践中，有很多用人单位不愿意缴纳社会保险，一旦员工因病产生医疗费损失的，用人单位是否要承担赔偿责任呢？针对该问题，在实际操作中存在一定的争议。

第一种意见认为，用人单位无需向劳动者支付医疗费。劳动者因病住院，其并非属于职业病，也非工伤，属于一般疾病。因一般疾病产生的费用理应由劳动者自己承担，用人单位无此义务。

第二种意见认为，用人单位应当向劳动者支付医疗费。为劳动者缴纳医疗保险是用人单位的法定义务，用人单位未履行该项法定义务，理应向劳动者赔偿损失，即支付医疗费。

笔者同意第二种意见。根据《劳动法》第72条的规定，用人单位和劳动者必须依法参加社会保险，缴纳社会保险费。同时，《社会保险法》第23条规定，职工应当参加职工基本医疗保险，由用人单位和职工按照国家规定共同缴纳基本医疗保险费。因此，参加职工基本医疗保险、缴纳基本医疗保险费是用人单位和劳动者的法定义务。若用人单位未依法为劳动者缴纳社会保险，违反了法定义务，给劳动者造成损失的，应当承担赔偿责任。而这种损失就是劳动者为此支付的相关医疗费。在此应当提示的是，并不是劳动者因病治疗发生的所有费用均由用人单位承担，只有属于医保报销范围内的医疗费用，劳动者才能向用人单位要求赔偿。

三、劳动者因第三人侵权遭受的医疗费用等损失无权要求用人单位赔偿

根据《社会保险法》第30条的规定，下列医疗费用不纳入基本医疗保险基金支付范围:（1）应当从工伤保险基金中支付的；（2）应当由第三人负担的；（3）应当由公共卫生负担的；（4）在境外就医的。医疗费用依法应当由第三人负担，第三人不支付或者无法确定第三人的，由基本医疗保险基金先行支付。基本医疗保险基金先行支付后，有权向第三人追偿。

对于劳动者因第三人的侵权导致的住院治疗等费用，基本医疗保险基金是不予支付的；如果第三人不支付或者无法确定第三人，且用人单位已经为劳动者缴纳社会保险的，可以由基本医疗保险基金先行支付。基本医疗保险基金先行支付后，有权向第三人追偿。所以，对于第三人侵权造成的劳动者遭受的医疗费用等经济损失，用人单位没有向劳动者支付的义务。

风险提示

1. 用人单位不要为了节约用工成本，拒绝为劳动者缴纳包括医疗保险、工伤保险在内的各种社会保险，这样做不但是违法行为，而且潜在的风险更大。对于劳动者一方来说，如果用人单位未依法为其缴纳相关的社会保险的，可以依法投诉要求补缴或要求用人单位赔偿相应的损失。

2. 劳动者因第三人侵权遭受医疗费用损失的，应当保留好相应的医疗单据，在其病愈后，可以通过诉讼等方式向侵权人进行索赔。

3. 劳动者个人医疗保险账户内的本金和利息为个人所有，只能用于基本医疗保险，但可以结转使用和继承。劳动者和退休人员死亡时，其个人账户存储额划入其继承人的个人账户；继承人未参加基本医疗保险的，个人账户存储额可一次性支付给继承人；没有继承人的，个人账户存储额纳入基本医疗保险统筹基金。

法律依据

《社会保险法》第 28 条

第 109 讲：用人单位已经为劳动者缴纳医疗保险的，是否可以拒绝支付病假工资？

案例聚焦

大象公司与王某于 2017 年 1 月 1 日签订期限为 2017 年 1 月 1 日至 2017 年 12 月 31 日的劳动合同，约定王某担任投递员。大象公司为王某缴纳了社会保险。王某因伤于 2017 年 4 月 3 日至 2017 年 4 月 24 日在某骨伤科医院住院治疗。

2017 年 5 月 16 日，王某向劳动人事争议仲裁委员会申请仲裁，提出要求大象公司支付 2017 年 4 月 3 日至 2017 年 4 月 24 日期间病假工资 1112. 28 元及其他诉求。随后，仲裁委作出裁决书，裁决大象公司支付病假工资 1112. 28 元及其他赔偿。大象公司不服该裁决，起诉至法院。

一审法院认为，当事人对自己提出的诉讼请求所依据的事实或者反驳对方诉讼请求所依据的事实，应当提供证据加以证明，但法律另有规定的除外。大象公司在抗辩时认为，已经为王某缴纳社会保险，在其治疗期间无需再支付病假工资。缴纳社会保险是用人单位的法定义务，劳动者因病治疗期间，用人单位需要按照法律规定支付病假工资。王某于 2017 年 4 月 3 日至 2017 年 4 月 24 日在某骨伤科医院住院治疗属实，大象公司应向王某支付 2017 年 4 月 3 日至 2017 年 4 月 24 日期间病假工资。为此，对大象公司不予支付王某 2017 年 4 月 3 日至 2017 年 4 月 24 日期间病假工资 1112. 28 元的诉讼请求，法院不予支持。

最终法院依法判决大象公司支付王某 2017 年 4 月 3 日至 2017 年 4 月 24 日期间病假工资 1108. 8 元。

实操技巧

笔者在本书的第三章第二节中已经就病假工资的问题作过详细的阐述，虽然上述案件也是因病假工资引发的纠纷，但该案件的争议焦点在于用人单位已经为劳动者缴纳社会保险的，在劳动者休病假期间是否需要向其支付病假工资。笔者认为这个案件事实比较清楚，应该是没有争议的，但由于用人单位的错误理解，导致了双方之间的纠纷。为此，笔者借助该案件的实际情况，作如下分析：

一、用人单位向劳动者支付病假工资与是否缴纳医疗保险没有任何关系

病假工资是指劳动者因疾病或伤残而缺勤的期间可以获得的劳动报酬。根据《北京市工资支付规定》第21条的规定，劳动者患病或者非因工负伤的，在病休期间，用人单位应当根据劳动合同或集体合同的约定支付病假工资。用人单位支付病假工资不得低于本市最低工资标准的80%。同时，根据《社会保险法》第28条的规定，符合基本医疗保险药品目录、诊疗项目、医疗服务设施标准以及急诊、抢救的医疗费用，按照国家规定从基本医疗保险基金中支付。

通过上述相关规定可知，用人单位向生病劳动者支付病假工资属于强制性规定，其目的是保障劳动者基本的生活。医疗保险则是在劳动者生病治疗的情况下，通过医院、医保部门进行实时结算，降低劳动者因病治疗支付的医疗成本。即使用人单位已为劳动者缴纳社会保险，劳动者在治疗时可以享受医疗报销待遇，用人单位也仍需向劳动者支付病假工资。因此，病假工资与医疗保险之间没有必然的联系。在上述案例中，用人单位完全是基于对法律的误读或误解作出的答辩，显然是不成立的。

二、用人单位未支付病假工资与未缴纳社会保险，二者的救济途径不同

劳动者因病停止工作治疗期间，享有获得病假工资的权利，这也是法律赋予劳动者的权利，用人单位应当予以遵守。若用人单位违反法律规定，未向生病的劳动者支付病假工资的，劳动者可以向劳动监察大队投诉或直接申请劳动仲裁，要求支付病假期间的工资。若用人单位未依法足额为劳动者缴纳社会保险，劳动者不能通过仲裁的方式寻求救济，只能向社保行政部门进行投诉，要求用人单位予以补缴。所以，二者的救济途径不同，一个是司法救济，一个行政救济。

三、若劳动者因病死亡的，其医疗保险账户的资金可依法继承

根据《北京市基本医疗保险规定》第9条的规定，基本医疗保险费由用人单位和职工个人共同缴纳。用人单位和职工应当按时足额缴纳基本医疗保险费。不按时足额缴纳的，不计个人账户，基本医疗保险统筹基金不予支付其医疗费用。

社会保险经办机构应当为职工和退休人员建立基本医疗保险个人账户。个人账户由下列各项构成：（1）职工个人缴纳的基本医疗保险费；（2）按照规定划入个人账户的用人单位缴纳的基本医疗保险费；（3）个人账户存储额的利息；（4）依法纳入个人账户的其他资金。故，医疗保险是由企业账户和个人账户共同组成的，个人账户中的资金是属于个人所有的私人财产。

根据《北京市基本医疗保险规定》第21条的规定，用人单位缴纳的基本医疗保险费的一部分按照下列标准划入个人账户：（1）不满35周岁的职工按本人月缴费工资基数的0.8%划入个人账户；（2）35周岁以上不满45周岁的职工按本人月缴费工资基数的1%划入个人账户；（3）45周岁以上的职工按本人月缴费工资基数的2%划入个人账户；（4）不满70周岁的退休人员按上一年本市职工月平均工资的4.3%划入个人账户；（5）70周岁以上的退休人员按上一年本市职工月平均工资的4.8%划入个人账户。第23条规定，个人账户的本金和利息为个人所有，只能用于基本医疗保险，但可以结转使用和继承。职工和退休人员死亡时，其个人账户存储额划入其继承人的个人账户；继承人未参加基本医疗保险的，个人账户存储额可一次性支付给继承人；没有继承人的，个人账户存储额纳入基本医疗保险统筹基金。

风险提示

1. 用人单位应当完善规章制度，对于劳动者请病假的，应当要求其严格遵守制度规定履行相应的请假手续，避免员工出现恶意“泡病假”的问题。

2. 即使用人单位为劳动者缴纳了社会保险，也不能免除其对劳动者因病治疗期间病假工资的支付义务。因此，建议用人单位在规章制度中明确规定，劳动者因病休假治疗的，其病假期间的工资按照用人单位所在地最低工资标准的80%支付。

3. 劳动者医疗保险个人账户可用于支付下列医疗费用：门诊、急诊的医疗费用；到定点零售药店购药的费用；基本医疗保险统筹基金起付标准以下的医疗费用；超过基本医疗保险统筹基金起付标准，按照比例应当由个人负担的医疗费用。个人账户不足支付部分由本人自付。

法律依据

《社会保险法》第28条

第三节 生育保险

第110讲：女职工在国外生育子女，可以回到国内报销医疗费用吗？

案例聚焦

范某于2016年5月入职全民公司，担任行政助理一职，双方签订一份为期3年的劳动合同，但公司未给范某缴纳社会保险。2017年11月，范某因怀孕前往美国生育。2017年12月，范某在美国生育一女。2018年3月，范某回国后要求公司为其报销在美国生育产生的医疗费用，并支付产假工资。

全民公司认为，范某在美国生育，应当按照美国的福利政策在美国享受相应的待遇，公司没有支付相关费用的义务。为此，双方产生争议。随后，范某从公司离职，并到劳动仲裁部门申请劳动仲裁，要求全民公司向其支付医疗费用246839元，支付产假工资4674元。仲裁委经审理后，裁决全民公司向范某支付产假工资4468元。范某及全民公司均不服裁决，向某区人民法院提起诉讼。

法院经审理认为，劳动者因生育休产假的，生育津贴应当由社保部门进行支付；在用人单位未为劳动者缴纳社会保险的情况下，生育津贴应当由用人单位支付。本案中，由于范某生育且全民公司未为其缴纳社会保险，应当支付范某产假工资。范某主张的因生育产生的医疗费用不符合相关法律的规定，不予支持。

最终，法院依法判决全民公司向范某支付产假工资4468元，驳回了范某关于医疗费用的主张。

实操技巧

女职工依法生育的享有产假，在实务中常因产假期间的待遇发生纠纷。近几年国内女职工到国外进行生育的不在少数。这些在境外生育的女职工回到国内是否可以申请报销医疗费用，并主张生育津贴呢？笔者结合现行法律规定及司法实践中的实际处理情况，作如下分析，以供参考。

一、关于生育保险的法律规定

生育保险是国家通过立法，在怀孕和分娩的妇女劳动者暂时中断劳动时，由国家和社会提供医疗服务、生育津贴和产假的一种社会保险制度，是国家和社会对生育的职工给予必要的经济补偿和医疗保健的社会保险制度。我国生育保险待遇主要包括两项：一是生育津贴，二是生育医疗待遇。

（一）生育保险的征缴范围

根据《企业职工生育保险试行办法》第4条的规定，生育保险根据“以支定收，收支基本平衡”的原则筹集资金，由企业按照其工资总额的一定比例向社会保险经办机构缴纳生育保险费，建立生育保险基金。生育保险费的提取比例由当地人民政府根据计划内生育人数和生育津贴、生育医疗费等项费用确定，并可根据费用支出情况适时调整，但最高不得超过工资总额的1%。企业缴纳的生育保险费作为期间费用处理，列入企业管理费用。职工个人不缴纳生育保险费。所以，生育保险费用只需用人单位缴纳，职工个人无需缴纳。

（二）生育保险的缴费比例

根据《社会保险法》第53条的规定，职工应当参加生育保险，由用人单位按照国家规定缴纳生育保险费，职工不缴纳生育保险费。

关于生育保险的缴费比例，国家层面并未出台统一的规定，各地的缴费比例也不尽相同，实践操作中还需要结合各地的具体规定予以确定。笔者简单地整理了北京、上海、广州的生育保险缴费比例，以供参考，如下表所示：

生育保险	北京		上海		广州	
	个人	单位	个人	单位	个人	单位
缴费比例	—	0.8%	—	1.00%	—	0.85%

（三）生育保险待遇

根据《社会保险法》第54条的规定，用人单位已经缴纳生育保险费的，其职工享受生育保险待遇；职工未就业配偶按照国家规定享受生育医疗费用待遇。所需资金从生育保险基金中支付。生育保险待遇包括生育医疗费用和生育津贴。同时，根据《企业职工生育保险试行办法》第5条的规定，女职工生育按照法律、法规的规定享受产假。产假期间的生育津贴按照本企业上年度职工月平均工资计发，由生育保险基金支付。女职工生育的检查费、接生费、手术费、住院费和药费由生育保险基金支付。超出规定的医疗服务费和药费（含自费药品和营养药品的药费）由职工个人负担。女职工生育出院后，因生育引起疾病的医疗费，由生育保险基金支付；其他疾病的医疗费，按照医疗保险待遇的规定办理。女职工产假期满后，因病需要休息治疗的，按照有关病假待遇和医疗保险待遇规定办理。

二、女职工在境外生育子女的，在国内仍享有获得生育津贴（产假工资）的权利

根据《社会保险法》第56条的规定，职工有下列情形之一的，可以按照国家规定享受生育津贴：（1）女职工生育享受产假；（2）享受计划生育手术休假；（3）法律、法规规定的其他情形。生育津贴按照职工所在用人单位上年度职工月平均工资计发。根据《女职工劳动保护特别规定》第8条的规定，女职工产假期间的生育津贴，对已经参加生育保险的，按照用人单位上年度职工月平均工资的标准由生育保险基金支付；对未参加生育保险的，按照女职工产假前工资的标准由用人单位支付。女职工生育或者流产的医疗费用，按照生育保险规定的项目和标准，对已经参加生育保险的，由生育保险基金支付；对未参加生育保险的，由用人单位支付。根据《企业职工生育保险试行办法》第5条的规定，女职工生育按照法律、法规的规定享受产假。产假期间的生育津贴按照本企业上年度职工月平均工资计发，由生育保险基金支付。

上述法律法规的规定对于女职工在境外（包含我国香港、澳门、台湾地区）生育享受生育津贴并没有作出禁止性规定，只要女职工生育符合计划生育政策，就属于合法生育，享受生育津贴（产假工资）。如果用人单位为女职工依法缴纳生育保险的，生育津贴由生育保险基金支付；若用人单位未参加生育保险的，由用人单位按照女职工产假前工资的标准支付。

虽然生育津贴就是产假工资，但对于用人单位而言，在已经缴纳生育保险的情况下，在女职工产假期间是否还需要支付产假工资呢？针对该问题，现行法律并未作出明确的规定，很多用人单位认为，既然已经缴纳生育保险，女职工因生育所享受的生育津贴就应当由社保基金支付，女职工在此期间也未提供劳动，用人单位无需向其支付工资。

笔者认为，该观点是错误的。根据《工资支付暂行规定》的规定，女职工因生育享受产假期间应当视为正常出勤且双方之间存在劳动关系，在女职工休产假期间，用人单位仍应当按照女职工生育前的工资标准继续支付工资。在女职工产假结束后，用人单位可以协助劳动者进行生育津贴的申请，再根据最终的数额进行核算。根据《北京市企业职工生育保险规定》第15条规定，生育津贴按照女职工本人生育当月的缴费基数除以30再乘以产假天数计算。生育津贴为女职工产假期间的工资，生育津贴低于本人工资标准的，差额部分由企业补足。即用人单位在女职工产假期间支付的产假工资总额高于生育津贴的，该生育津贴无需再向劳动者进行支付；若生育津贴高于劳动者工资标准的，用人单位在扣除已支付的产假工资后，应将差额部分支付给劳动者。

如果用人单位在劳动者产假期间未支付产假工资的，待其生育津贴申领后，应当全部支付给劳动者。若生育津贴低于劳动者本人工资标准的，差额部分由用人单位予以补足。

三、女职工在境外生育子女所产生的医疗费用不予报销

根据《社会保险法》第 55 条的规定，生育医疗费用包括下列各项：（1）生育的医疗费用；（2）计划生育的医疗费用；（3）法律、法规规定的其他项目费用。《女职工劳动保护特别规定》第 8 条规定，女职工生育或者流产的医疗费用，按照生育保险规定的项目和标准，对已经参加生育保险的，由生育保险基金支付；对未参加生育保险的，由用人单位支付。根据上述法律规定，女职工因生育所产生的医疗费用，在已经缴纳生育保险的情况下，应当由生育保险基金支付。根据该规定，是不是劳动者在境外（包含我国香港、澳门、台湾地区）生育所产生的医疗费用也可以通过生育保险基金进行报销呢？

其实不然。在司法实践中，各地对该问题均有明确的规定。比如，《北京市企业职工生育保险规定》第 19 条规定："下列生育、计划生育手术医疗费用生育保险基金不予支付：（一）不符合国家或者本市计划生育规定的；（二）不符合本市基本医疗保险就医规定的；（三）不符合本市基本医疗保险药品目录、诊疗项目和医疗服务设施项目规定的；（四）在国外或者香港、澳门特别行政区以及台湾地区发生的医疗费用；（五）因医疗事故发生的医疗费用；（六）治疗生育合并症的费用；（七）按照国家或者本市规定应当由个人负担的费用。"《昆明市人民政府关于调整生育保险待遇及有关事项的通知》规定，"（十）下列情况产生的医疗费用不纳入生育保险基金支付范围：1. 因医疗事故发生的费用；2. 应当由公共卫生负担的或者由卫计部门支付（或免费）的生育及实施计划生育手术的；3. 应当由医疗保险或者工伤保险基金支付的；4. 在境外和港、澳、台发生的生育或计划生育医疗费用；5. 男职工未就业配偶 7 个月以下流产及其他的计划生育手术；6. 男职工未就业配偶为境外籍和港、澳、台籍人员发生生育的；7. 单位和职工未申报待遇就将社会保险关系转移离于昆明市的；8. 违反有关法律、法规及政策规定发生生育或计划生育手术的；9. 法律、法规、规章规定不应当由生育保险基金支付的其他医疗费用"。

因此，女职工在境外（包含我国香港、澳门、台湾地区）生育所产生的医疗费用不纳入生育保险基金支付范围，生育保险基金不予支付。另外，对于劳动者在异地发生的住院分娩或计划生育手术费用，可到社保部门申请生育保险医疗费用报销待遇。

风险提示

1. 女职工因生育所产生的检查费、接生费、手术费、住院费和药费由生育保险基金支付。超出规定的医疗服务费和药费（含自费药品和营养药品的药费）由职工个人负担。女职工生育出院后，因生育引起疾病的医疗费，由生育保险基金支付；其他疾病的医疗费，按照医疗保险待遇的规定办理。女职工产假期满后，因病需要休息治疗的，按照有关病假待遇和医疗保险待遇规定办理。女职工生育或流产后，由本人或所在企业持婴儿出生、死亡或流产证明，到当地社会保险经办机构办理手续，领取生育津贴和报销生育医疗费。

2. 根据《北京市企业职工生育保险规定》的规定，若用人单位未按照规定参加生育保险的，职工生育保险待遇由企业按照规定的标准支付。用人单位欠缴生育保险费的，欠缴期间职工生育保险待遇由企业按照规定的标准支付。用人单位向社会保险经办机构申报应缴纳的生育保险费数额时，瞒报工资额或者参保职工人数的，由劳动保障行政部门责令改正，并处瞒报工资额 1 倍以上 3 倍以下罚款。

3. 2019 年 12 月 31 日，北京市医保局印发《北京市生育保险和职工基本医疗保险合并实施意见》。该意见明确，2020 年 1 月 1 日起全面实现生育保险和职工基本医疗保险合并，仍保留生育保险险种。生育保险基金并入职工基本医疗保险基金，统一征缴，全市统筹。用人单位按全部职工缴费基数之和的 9.8% 缴纳基本医疗保险费，职工个人不缴纳生育保险费。

法律依据

《社会保险法》第 55、56 条

第111讲：用人单位已经向女职工支付产假工资的，生育津贴还需要再支付给员工吗？

案例聚焦

周某于2015年6月1日入职动力公司，担任市场运营总监，月工资是25000元，其中2500元打卡发放，其余现金发放。双方签订了期限为2015年8月1日至2017年7月30日的劳动合同。周某于2016年年初怀孕，于2016年8月2日生产。

周某2016年8月2日至2016年12月22日产假期间工资一直按照2500元发放，之后的工资没有发放。周某产假之后从2016年12月23日起上班，一直工作到2017年2月3日。后周某以拖欠产假工资为由向动力公司邮寄被迫解除劳动合同的通知。

周某就本案劳动争议向北京市某区劳动人事争议仲裁委员会提出仲裁申请。2018年2月6日，仲裁委作出裁决：一、动力公司支付周某2017年1月1日至2017年2月3日拖欠工资24564.32元；二、动力公司支付周某解除劳动关系经济补偿金46236元。周某不服仲裁裁决，诉至法院。

庭审中，双方均认可周某于2016年8月2日生产，2016年8月2日至2016年12月22日期间休产假，动力公司为周某缴纳了工作期间的生育保险。周某对此提交了《关于周某生育津贴待遇申领和核准情况的证明》，内容为："经查北京社会保险管理信息系统知，周某已经办理了生育津贴申领业务，申领单位为动力公司，申请时间为2017年1月13日，待遇支付标准为20267.87元，我中心已经核准并按时足额发放了该笔待遇，发放方式为单位发放。"

法院经审理认为，《北京市企业职工生育保险规定》第15条第2款规定："生育津贴为女职工产假期间的工资，生育津贴低于本人工资标准的，差额部分由企业补足。"根据周某提交的核准证明，周某的生育津贴20267.87元，已经发放给动力公司，动力公司应将该笔款项支付给周某。

根据周某工资标准，动力公司应支付周某2016年8月2日至2016年12月22日产假期间工资差额98410.29元。关于产前检查费用，动力公司认可社保机构支付其产前检查费用1400元，动力公司应支付给周某。关于劳动关系解除，周某以动力公司拖欠工资为由提出解除，动力公司确实存在拖欠工资的情况，故动力公司应支付周某解除劳动关系经济补偿金，仲裁裁决数额不违反法律规定，法院予以确认。

综上所述，法院依法判决动力公司支付周某生育津贴20267.87元及产假工资差额98410.29元，支付周某解除劳动关系经济补偿金46236元，支付周某产前检查费用1400元。

实操技巧

在现实生活中，很多“三期”女职工认为，在其产假期间用人单位应当按月向其支付工资，最终从社保部门报销回来的生育津贴是属于缴纳生育保险而获得的补助。那么产假工资与生育津贴到底能否兼得？生育津贴低于或高于工资怎么办？产假工资是否要按月发放，未按月足额发放是否要支付经济补偿？笔者结合法律规定作出回答。

一、产假工资与生育津贴不可兼得

所谓生育津贴，是指劳动者按照国家的有关规定享受产假或者计划生育手术休假期间获得的工资性补偿。根据《女职工劳动保护特别规定》第8条的规定，女职工产假期间的生育津贴，对已经参加生育保险的，按照用人单位上年度职工月平均工资的标准由生育保险基金支付；对未参加生育保险的，按照女职工产假前工资的标准由用人单位支付。同时，《北京市人力资源和社会保障局关于调整本市职工生育保险政策有关问题的通知》第3条规定：“……生育津贴即为产假工资……”从上述规定可以看出，产假工资与生育津贴其实是在产假期间女职工应当获得的劳动报酬。如果用人单位参加生育保险的，由生育保险基金支付，叫生育津贴；如果用人单位没有参加生育保险的，则由用人单位向劳动者支付，叫产假工资。故，产假工资就是生育津贴，二者不可兼得。

二、生育津贴低于工资的，用人单位应当补足差额部分

根据《企业职工生育保险试行办法》第5条的规定，女职工生育按照法律、法规的规定享受产假。产假期间的生育津贴按照本企业上年度职工月平均工资计发，由生育保险基金支付。根据《北京市人力资源和社会保障局关于调整本市职工生育保险政策有关问题的通知》第3条的规定，参加本市生育保险的职工，因生育或计划生育享受产假的，产假期间可享受生育津贴。生育津贴按照职工所在用人单位月缴费平均工资除以30天再乘以产假天数计发。生育津贴即为产假工资，生育津贴高于本人产假工资标准的，用人单位不得克扣；生育津贴低于本人产假工资标准的，差额部分由用人单位补足。

根据上述规定，如果用人单位依法为劳动者缴纳生育保险的，其申领的生育津贴应当支付给劳动者，生育津贴高于本人产假工资标准的，用人单位不得克扣；生育津贴低于本人产假工资标准的，差额部分由用人单位补足。比如，劳动者的月工资标准为5000元，在劳动者产假期间，用人单位已经按月向劳动者支付产假工资，后申领生育津贴的数额为12800元。为此，劳动者在产假期间共计获得产假工资16540元。由于劳动者在产假期间领取的产假工资数额高于生育津贴，故最终申领的生育津贴12800元将不再支付给劳动者。如果用人单位在劳动者产假期间未支付工资或仅支付最低工资的，用人单位在申领生育津贴后，应当将12800元支付给劳动者，并按照5000元/月的工资补足工资差额。

在司法实践中，还存在另外一种情形，即因用人单位或劳动者的原因导致其社会保险未能连续缴足9个月以上，是否可以申领生育津贴呢？根据《北京市人力资源和社会保障局关于调整本市职工生育保险政策有关问题的通知》第4条的规定，按照本通知规定，新纳入参保范围的女职工，自本通知执行之日起9个月内分娩的，可即时申领享受相应的生育津贴待遇；自本通知执行之日起9个月后分娩的，如连续缴费不足9个月，其生育津贴由用人单位支付。同时，参保职工分娩前连续缴费不足9个月，分娩之月后连续缴费满12个月的，职工的生育津贴由生育保险基金予以补支。补支标准为申报领取津贴之月，用人单位职工月缴费平均工资除以30天再乘以产假天数。所以，在劳动者入职后，用人单位应当及时给劳动者缴纳社会保险，否则，因用人单位未能及时缴纳社会保险导致最终连续缴费不足9个月的，劳动者的生育津贴由用人单位支付。

三、如果用人单位未按月向劳动者支付产假工资属于拖欠工资，需支付经济补偿金

对于女职工在产假期间的产假工资是否需要支付，以及未支付是否属于拖欠工资的问题，在司法实践中还存在一定的争议。

第一种观点认为，生育津贴就是产假工资，如果用人单位为劳动者办理了生育保险，并符合发放生育津贴条件的，生育津贴要等产假结束后再申报，申报后发放至用人单位账户，用人单位再支付给劳动者。这时不能要求用人单位按月发放生育津贴，也不能以用人单位未及时支付劳动报酬为由解除劳动合同，支付经济补偿金的主张也不会得到支持。但如果相关部门已经将生育津贴发放至用人单位账户，用人单位未在一个工资支付周期内支付给劳动者，很有可能会被认定为未及时支付劳动报酬，劳动者以此提出解除劳动合同的，用人单位要支付经济补偿金。如果用人单位没有为劳动者缴纳生育保险，或者办理了但不符合发放条件，这时用人单位应当向劳动者支付产假工资。作为工资就应当按劳动合同约定，按月及时足额支付。否则，劳动者可以以未及时足额支付劳动报酬为由提出解除劳动合同，并要求支付经济补偿金。

第二种观点认为，女职工在产假期间也视为正常出勤，无论用人单位是否为劳动者依法缴纳社会保险，都应当按月向劳动者支付产假期间的工资。在劳动者产假结束申报生育津贴之后，再由用人单位进行具体核算，生育津贴高于劳动者本人产假工资标准的，用人单位不得克扣；生育津贴低于劳动者本人产假工资标准的，差额部分由用人单位补足。如果用人单位在劳动者产假期间未向其支付工资或支付的工资数额低于生产前工资标准的，均属于克扣工资的行为，应当依法向劳动者支付经济补偿金。

笔者同意第二种观点。根据《劳动法》第 50 条的规定，工资应当以货币形式按月支付给劳动者本人。不得克扣或者无故拖欠劳动者的工资。无论用人单位是否为劳动者依法缴纳社会保险，都应当按月向劳动者支付产假期间的工资。若用人单位在劳动者产假期间未向其支付工资或支付的工资数额低于生产前工资标准的，均属于克扣工资的行为，劳动者可依据《劳动合同法》第 38 条的规定，向用人单位提出被迫解除劳动合同，并主张相应的经济补偿金。

风险提示

1. 在北京地区，劳动者生育的，由生育保险支付剖宫产术的标准为，三级医院 4400 元，二级医院 4200 元，一级医院 3800 元。

2. 2019 年 12 月 25 日，北京市医保局印发《北京市生育保险和职工基本医疗保险合并实施意见》。该意见明确，2020 年 1 月 1 日起全面实现生育保险和职工基本医疗保险合并，生育保险基金并入职工基本医疗保险基金，职工缴费基数按照本人上一年月平均工资计算。职工本人上一年度月平均工资低于本市职工基本医疗保险月缴费基数下限的，按本市职工基本医疗保险月缴费基数下限为职工缴费基数；职工本人上一年度月平均工资高于本市职工基本医疗保险月缴费基数上限的，按本市职工基本医疗保险月缴费基数上限为职工缴费基数。

3. 如果女职工在产假期间依照法律规定辞职的，用人单位仍需支付至其离职之日止的产假工资，不得以不能申领生育津贴为由拒绝支付。至于离职女职工再就业后继续缴纳生育保险费符合向社保经办机构申领生育保险待遇的条件的，承担先行支付责任的用人单位可以向再次申领的劳动者主张返还。

法律依据

《劳动法》第50条；《女职工劳动保护特别规定》第8条

第四节　失业保险

第112讲：用人单位未向劳动者出具离职证明，劳动者可以主张失业保险金赔偿吗？

案例聚焦

李某于2014年11月14日入职某科技公司，担任软件开发部副总经理，双方签订有期限为2014年11月14日至2017年11月13日的劳动合同，2017年11月10日，李某以某科技公司未足额支付劳动报酬为由解除双方的劳动关系。

北京市社会保险个人权益记录载明，某科技公司为李某缴纳了2014年12月至2017年11月的社会保险，2017年12月至2019年1月期间，李某在本市未有社会保险缴纳记录。某科技公司主张，李某系因个人原因离职，该单位于双方解除劳动合同当天以其自行离职为由办理了社会保险减员，因双方处于劳动争议过程中，故未为李某出具离职证明。

李某以要求某科技公司支付失业保险金等为由向北京市某区劳动人事争议仲裁委员会提出申请，仲裁委员会以仲裁请求不属于劳动人事争议仲裁受案范围为由出具不予受理通知书。李某不服上述不予受理通知书，在法定期限内向法院提起诉讼，要求某科技公司支付2017年12月至2018年8月期间失业保险金13824元。

法院经审理认为，用人单位应当在解除或者终止劳动合同时出具解除或者终止劳动合同的证明，在15日内为劳动者办理档案和社会保险关系转移手续，并将失业人员的名单自终止或者解除劳动合同之日起15日内告知社会保险经办机构。失业人员失业前用人单位和本人已经缴纳失业保险费满一年，非因本人意愿中断就业，已经进行失业登记，并有求职要求的，可以从失业保险基金中申领失业保险金。依据失业保险金申领发放办法，非因本人意愿中断就业的，包括根据

《劳动法》第32条第3项与用人单位解除劳动合同的。

根据已生效的民事判决书可以认定，2017年11月10日李某以某科技公司未按照劳动合同约定支付劳动报酬为由解除双方劳动合同合法有效，故李某符合申领失业保险金之条件。现某科技公司作为用人单位，在与李某解除劳动合同之后，未为李某出具解除劳动合同的证明，也未办理失业保险手续的行为，违反了法律规定。现因某科技公司未为李某出具解除劳动合同的书面证明，并未办理失业备案手续，致使李某不能领取失业保险金，应当予以赔偿。最终法院判决某科技公司向李某支付2017年12月至2018年8月期间失业保险金11628元。

实操技巧

我国的社会保障体系包括社会保险、社会救济、社会福利、社会优抚安置、国有企业下岗职工基本生活保障和再就业等方面，其中社会保险包括养老保险、医疗保险、失业保险、工伤保险和生育保险5个项目。失业保险是由社会集中建立基金，对因失业而暂时中断生活来源的劳动者提供物质帮助进而保障失业人员失业期间的基本生活，促进其再就业的一种保障制度。在司法实践中，因失业保险引发纠纷的案例也不在少数。为此，笔者结合实际情况及法律规定，作如下解析：

一、失业保险的法律规定及申领条件

失业保险是指国家通过立法强制实行的，由用人单位、职工个人缴费及国家财政补贴等渠道筹集资金建立失业保险基金，对因失业而暂时中断生活来源的劳动者提供物质帮助以保障其基本生活，并通过专业训练、职业介绍等手段为其再就业创造条件的制度。

（一）失业保险的征缴范围

根据《社会保险费征缴暂行条例》第3条的规定，失业保险费的征缴范围包括：国有企业、城镇集体企业、外商投资企业、城镇私营企业和其他城镇企业及其职工，事业单位及其职工。省、自治区、直辖市人民政府根据当地实际情况，可以规定将社会团体及其专职人员、民办非企业单位及其职工以及有雇工的城镇个体工商户及其雇工纳入失业保险的范围。社会保险费的费基、费率依照有关法律、行政法规和国务院的规定执行。

（二）失业保险的缴费比例

根据《社会保险法》第44条的规定，职工应当参加失业保险，由用人单位和职工按照国家规定共同缴纳失业保险费。由此可知，用人单位和劳动者都应当

按照国家规定共同依法缴纳失业保险。关于失业保险的缴费比例，在国家层面并未出台统一的规定，各地的缴费比例也不尽相同，实践中还需根据各地的具体规定确定。笔者简单地整理了北京、上海、广州的失业保险缴费比例，以供参考，如下表所示：

失业保险	北京		上海		广州	
	个人	单位	个人	单位	个人	单位
缴费比例	0.2%	0.8%	0.5%	0.5%	0.2%	0.8%

通过上述3个城市的缴费比例可以看出，用人单位及劳动者承担失业保险的缴费比例均不相同。

（三）失业保险待遇

1. 失业保险的享受条件。

根据《社会保险法》第45条的规定，劳动者享受失业保险待遇，需符合下列条件：（1）失业前用人单位和本人已经缴纳失业保险费满一年的；（2）非因本人意愿中断就业的；（3）已经进行失业登记，并有求职要求的。由此可知，劳动者若要享受失业保险金待遇，必须同时满足上述3个条件，缺一不可。

2. 劳动者领取失业保险金的期限。

劳动者领取失业保险金并不是永无止境的，《社会保险法》对失业劳动者领取失业保险金的期限作出了明确的规定：（1）失业人员失业前用人单位和本人累计缴费满1年不足5年的，领取失业保险金的期限最长为12个月；（2）累计缴费满5年不足10年的，领取失业保险金的期限最长为18个月；（3）累计缴费10年以上的，领取失业保险金的期限最长为24个月。重新就业后，再次失业的，缴费时间重新计算，领取失业保险金的期限与前次失业应当领取而尚未领取的失业保险金的期限合并计算，最长不超过24个月。

3. 失业保险金的具体内容。

根据《失业保险条例》的规定，享受失业保险金的劳动者可以根据规定领取失业保险金，领取失业保险金期间的医疗补助金，领取失业保险金期间死亡的失业人员的丧葬补助金和其供养的配偶、直系亲属的抚恤金，领取失业保险金期间接受职业培训、职业介绍的补贴等。

4. 劳动者丧失享受失业保险金资格的情形。

根据《失业保险条例》第15条的规定，失业的劳动者在领取失业保险金期间有下列情形之一的，停止领取失业保险金，并同时停止享受其他失业保险待遇：（1）重新就业的；（2）应征服兵役的；（3）移居境外的；（4）享受基本养老保险待遇的；（5）被判刑收监执行或者被劳动教养的；（6）无正当理由，拒不接受当地人民政府指定的部门或者机构介绍的工作的；（7）有法律、行政法规规定的其他情形的。

二、用人单位在劳动者离职后具有出具离职证明的法定义务

根据《劳动合同法》第50条的规定，用人单位应当在解除或者终止劳动合同时出具解除或者终止劳动合同的证明，并在15日内为劳动者办理档案和社会保险关系转移手续。劳动者应当按照双方约定，办理工作交接。用人单位依照本法有关规定应当向劳动者支付经济补偿的，在办结工作交接时支付。用人单位对已经解除或者终止的劳动合同的文本，至少保存二年备查。同时该法第89条规定，用人单位违反本法规定未向劳动者出具解除或者终止劳动合同的书面证明，由劳动行政部门责令改正；给劳动者造成损害的，应当承担赔偿责任。由此可知，用人单位在劳动者离职后具有出具解除或者终止劳动合同的书面证明的法定义务。不论劳动者是否已经按照规定办理离职手续，用人单位均应当向其出具离职证明。

在司法实践中，有些用人单位在向劳动者出具的解除或者终止劳动合同的书面证明中写明双方之间解除劳动合同的原因并对劳动者的工作状态及能力进行评价，导致劳动者最终虽然取得了解除或者终止劳动合同的书面证明却无法再就业的事实。笔者在此明确告诉用人单位此种方式是不可取的，不论最终作出的评价是否客观，均不符合法律规定。根据《劳动合同法实施条例》第24条的规定，用人单位出具的解除、终止劳动合同的证明，应当写明劳动合同期限、解除或者终止劳动合同的日期、工作岗位、在本单位的工作年限。故，用人单位不得在向劳动者出具的解除、终止劳动合同的证明中进行所谓的“客观”评价，离职原因一般也无需明确。

三、因用人单位的原因导致劳动者无法申领失业保险金的，用人单位需承担赔偿责任

《社会保险法》第45条规定：“失业人员符合下列条件的，从失业保险基金中领取失业保险金：（一）失业前用人单位和本人已经缴纳失业保险费满一年的；（二）非因本人意愿中断就业的；（三）已经进行失业登记，并有求职要求的。”也就是说，劳动者在从用人单位离职后申领失业保险金需要具备上述3个条件。

所谓“非因本人意愿中断就业的”如何理解？根据《失业保险金申领发放办法》第4条的规定，非因本人意愿中断就业的人员是指下列人员：（1）终止劳动合同的；（2）被用人单位解除劳动合同的；（3）被用人单位开除、除名和辞退的；（4）根据《劳动法》第32条第2、3项与用人单位解除劳动合同的；（5）法律、行政法规另有规定的。《劳动法》第32条规定，有下列情形之一的，劳动者可以随时通知用人单位解除劳动合同：（1）在试用期内的；（2）用人单位以暴力、威胁或者非法限制人身自由的手段强迫劳动的；（3）用人单位未按照劳动合同约定支付劳动报酬或者提供劳动条件的。

在司法实践中，认定非因本人意愿中断就业，也就是劳动者非自愿失业，主要是看劳动合同是如何解除的。在我国，解除劳动合同一般分为两种情形：其一，终止劳动合同，即劳动者和用人单位双方在劳动合同中约定的期限已到期或者双方约定的劳动合同终止条件出现，劳动合同终止履行，用人单位不再与劳动者续签劳动合同，造成劳动者失业。其二，解除劳动合同，即劳动者和用人单位双方提前终止劳动合同的履行。根据《劳动法》的规定，解除劳动合同分为三类情况：一是由劳动者个人提出解除劳动合同，主要是指个人主动辞职。由这种情况造成的失业，不属于非因本人意愿中断就业，而是一种自愿性失业。但是，对于用人单位存在《劳动合同法》第38条规定的情形，致使劳动者主动提出解除劳动关系，造成失业的，可以认定为非自愿性失业。二是由用人单位单方解除劳动合同。按照《劳动合同法》的规定，用人单位可在下列情况下单方解除劳动合同：（1）劳动者在试用期期间被证明不符合录用条件的；（2）劳动者严重违反劳动纪律或者用人单位规章制度的；（3）劳动者严重失职，营私舞弊，给用人单位造成重大损害的；（4）劳动者同时与其他用人单位建立劳动关系，对完成本单位的工作任务造成严重影响，或者经用人单位提出，拒不改正的；（5）劳动者以欺诈、胁迫的手段或者乘人之危，使对方在违背真实意思的情况下订立或者变更劳动合同，导致劳动合同无效的；（6）劳动者被依法追究刑事责任的；（7）劳动者患病或者非因工负伤，医疗期满后，不能从事原工作也不能从事由用人单位另行安排的工作的；（8）劳动者不能胜任工作，经过培训或者调整工作岗位，仍不能胜任工作的；（9）劳动合同订立时所依据的客观情况发生变化，致使原劳动合同无法履行，经双方协商不能就变更合同达成协议的；（10）用人单位濒临破产进行法定整顿期间或者生产经营发生严重困难，确需裁减人员的。在这些情况下出现的失业，一般都是非本人意愿中断就业。三是双方协商一致解除劳动合同。如果是用人单位主动提出解除劳动合同并与劳动者协商一致的，一般是按非本人意愿中断就业对待；如果是劳动者主动提出协商解除劳动合同的，不属于被动失业的情形，不能申领失业保险金。

根据《社会保险法》第50条的规定，用人单位应当及时为失业人员出具终止或者解除劳动关系的证明，并将失业人员的名单自终止或者解除劳动关系之日起15日内告知社会保险经办机构。失业人员应当持本单位为其出具的终止或者解除劳动关系的证明，及时到指定的公共就业服务机构办理失业登记。失业人员凭失业登记证明和个人身份证明，到社会保险经办机构办理领取失业保险金的手续。失业保险金领取期限自办理失业登记之日起计算。如果因用人单位的原因未能及时为劳动者出具离职证明，导致劳动者无法申领失业保险金或再就业，由此给劳动者造成损失的，需由用人单位承担赔偿责任。

风险提示

1. 用人单位应当及时为失业人员出具终止或者解除劳动关系的证明，告知其按照规定享受失业保险待遇的权利，并将失业人员的名单自终止或者解除劳动关系之日起15日内报社会保险经办机构备案。劳动者在失业后，应当持本单位为其出具的终止或者解除劳动关系的证明，及时到指定的社会保险经办机构办理失业登记，失业保险金自办理失业登记之日起计算，失业保险金由社会保险经办机构按月发放。社会保险经办机构为失业人员开具领取失业保险金的单证，失业人员凭单证到指定银行领取失业保险金。

2. 失业人员在领取失业保险金期间患病就医的，可以按照规定向社会保险经办机构申请领取医疗补助金。

3. 失业人员在领取失业保险金期间死亡的，参照当地对在职职工的规定，对其家属一次性发给丧葬补助金和抚恤金。

法律依据

《劳动合同法》第50条；《社会保险法》第45条

第113讲：用人单位委托第三方缴纳社会保险，导致员工无法领取失业金是否需要承担赔偿责任?

案例聚焦

2010年3月24日，焦某入职某贸易公司工作。双方于2010年4月1日签订了《劳动合同书》，约定焦某从事销售工作，月工资为3200元+提成工资。后双方又三次续签劳动合同期限至2019年12月31日。工作期间，焦某从2010年4月至2018年6月的社会保险由某贸易公司委托某人力资源服务有限公司以该公司名义办理。

2018年6月26日，焦某以某贸易公司未依法足额为其缴纳社会保险，未依法与其订立无固定期限劳动合同为由，向某贸易公司发出《解除劳动合同通知书》，双方劳动关系于同日解除。2018年7月5日，焦某持本人身份证到社保局办理申领失业保险金手续，被告知因焦某与某人力资源服务有限公司不存在劳动关系，故不能享受失业保险待遇。焦某经仲裁后，诉至法院，请求用人单位支付失业保险待遇损失。

法院经审理认为，劳动者本人因劳动合同法第38条的规定解除劳动合同可以享受失业保险待遇。焦某与某贸易公司之间的劳动关系于2010年3月24日建立，2018年6月26日解除，解除原因系焦某以某贸易公司未依法为其购买社会保险为由提出解除劳动关系。根据法律规定，此种情形属于非因劳动者本人意愿中断就业，符合领取失业保险金的情形，但因某贸易公司未依法为焦某办理失业保险，造成焦某无法享受失业保险待遇，某贸易公司应对焦某的损失进行赔偿，对于焦某要求某贸易公司支付失业保险待遇损失的请求予以支持。

实操技巧

根据法律规定，为劳动者办理社会保险是用人单位的法定义务。但是，在现实生活中，有些用人单位并没有直接到社保部门办理社保缴纳手续，而是通过第三方公司进行缴纳。如果因用人单位委托其他单位为劳动者办理社会保险造成劳动者不能享受社会保险待遇的，用人单位是否需承担赔偿责任呢？

一、用人单位委托其他单位为劳动者缴纳社会保险造成劳动者不能享受社会保险待遇的，用人单位需承担赔偿责任

在司法实践中，对于用人单位委托其他单位为劳动者缴纳社会保险造成劳动者不能享受社会保险待遇的，用人单位是否需承担赔偿责任的问题，存在两种不同的观点：

第一种观点认为，用人单位虽未以自己名义直接为劳动者缴纳社会保险，但是委托了其他单位为劳动者缴纳社会保险，实际上已经出资且履行了缴纳社会保险的义务，对于劳动者主张用人单位赔偿失业保险金损失的诉求，不能予以支持。

第二种观点认为，依法为劳动者缴纳社会保险是用人单位的法定义务。用人单位委托其他单位并以其他单位的名义为劳动者缴纳社会保险，在劳动者与其他单位之间并无劳动关系存在而不能享受社会保险待遇的情况下，用人单位应当承担法律责任。

笔者同意第二种观点。社会保险是指国家通过立法强制建立社会保险基金，对参加劳动的劳动者在丧失劳动能力或失业时给予必要的物质帮助的制度。社会保险具有稳定社会秩序、实现社会公平和保证劳动力再生产的社会功能，因此，依法对不符合法律规定的参保形式进行规制具有重大的现实意义。

根据《社会保险法》第 44 条的规定，职工应当参加失业保险，由用人单位和职工按照国家规定共同缴纳失业保险费。从这一规定可知，为劳动者缴纳失业保险是用人单位的法定义务，用人单位必须以存在劳动关系为前提，并以用人单位的名义为劳动者缴纳失业保险。劳动关系具有强烈的人身依附属性，用人单位处于优势和管理地位，劳动者处于相对弱势和被管理地位。在用人单位损害劳动者合法权益的情况下，劳动者就可以依据法律规定维护自身的合法权益，并对用人单位的违法行为进行制裁。

虽然用人单位委托其他单位以其他单位的名义缴纳社会保险，但是由于劳动关系具有强烈的人身依附属性，劳动者与其他单位之间不存在劳动关系，导致其不能享受社会保险待遇，其过错并不在劳动者而在用人单位。用人单位违反了应依法缴纳社会保险的强制性规定，就应当为此承担相应的法律责任。所以，用人单位委托其他单位缴纳社会保险的，在实际已造成劳动者损失的情况下，用人单位应承担不利的法律后果。

二、如果用人单位委托第三方缴纳社会保险，应当以用人单位的名义缴纳

根据《社会保险法》的规定，依法为劳动者缴纳社会保险是用人单位的法定义务，该义务具有强制性，不允许其为了自身非法目的委托其他单位并以其他单位名义缴纳社会保险。根据《民法典》合同编的规定，双方当事人签订的合同内容违反法律、行政法规的禁止性规定的，其订立的合同归于无效。所以，如果用人单位与其他单位签订代缴社会保险的协议，并以其他单位的名义缴纳社会保险，该合同因违反了法律的禁止性规定而无效。

在现实生活中，如果用人单位基于公司发展或成本等角度考虑而委托其他单位代为缴纳社会保险的，必须是以用人单位的名义进行缴纳，第三方负责对用人单位的社会保险账户进行管理、帮助申请生育津贴、报销医疗费用、申请工伤待遇等事宜，否则，将会被认定为用人单位没有为劳动者缴纳社会保险。

风险提示

1. 再次提醒用人单位，无论是出于何种原因寻求第三方公司代为缴纳社会保险，在实际操作中是可以的，但必须以用人单位的名义进行缴纳，否则，就会被认定为未给劳动者缴纳社会保险，存在极大的法律风险。

2. 如果劳动者不符合领取失业保险金待遇的条件，却利用各种不法手段骗取失业保险金和其他失业保险待遇的，将会由社会保险经办机构责令退还；情节严重的，由劳动保障行政部门处骗取金额1倍以上3倍以下的罚款。情节严重并恶劣的，将会被追究刑事责任。

3. 失业人员在领取失业保险金期间死亡的，参照当地对在职职工死亡的规定，向其遗属发给一次性丧葬补助金和抚恤金，所需资金从失业保险基金中支付。个人死亡同时符合领取基本养老保险丧葬补助金、工伤保险丧葬补助金和失业保险丧葬补助金条件的，其遗属只能选择领取其中的一项。

法律依据

《社会保险法》第44条

第五节 工伤保险

第114讲：劳动者在上下班途中发生交通事故是否属于工伤?

案例聚焦

2017年4月1日，王某与某科技公司签订劳动合同，约定王某的工作期限为2017年4月1日至2018年3月31日，工作岗位为旅游规划/策划师，工作地点为该公司实际经营地。根据某科技公司出具的工作时间证明，该公司上班时间为9时至18时。

2017年5月10日（星期三）8时20分，王某骑自行车从北京市昌平区东小口镇某村出发由北向南行驶至北京市朝阳区立水桥地铁站南侧时发生交通事故，北京市公安局公安交通管理局朝阳交通支队亚运村大队作出简易程序处理交通事故认定书，认定王某在此次事故中无责任。后王某经航空总医院诊断为胫骨平台骨折（粉碎性，左）。

2017年6月1日，某科技公司作为工作单位向某区人社局提出工伤认定申请，并提交了工伤认定申请表、劳动合同书、诊断证明等材料。其中，工伤认定申请表中用人单位意见一栏记载：以上所填内容真实，申请认定王某为工伤，并加盖公章。

某区人社局经调查，于2017年6月30日作出《认定工伤决定书》，主要内容为：2017年5月10日7时45分许，王某从家出来到单位上班的必经路线上，骑自行车沿安立路道路向南方向行进，8时20分，当行进至地铁五号线立水桥站往南200米附近的地方时，发生交通事故，交通部门认定对方负全部责任。伤者王某被送到北京航空总医院治疗，于2017年5月10日住院，2017年5月25日出院，经医院诊断为：胫骨平台骨折（粉碎性，左）。王某同志受到的事故伤害，符合《工伤保险条例》第14条第6项之规定，属于工伤认定范围，现予以认定为工伤。后某区人社局于2017年7月7日向某科技公司、王某送达被诉工伤认定决定。

一审法院判决认为，根据《工伤保险条例》第14条第6项规定，职工在上下班途中，受到非本人主要责任的交通事故或者城市轨道交通、客运轮渡、火车事故伤害的，应当认定为工伤。《最高人民法院关于审理工伤保险行政案件若干问题的规定》第6条第1项规定："对社会保险行政部门认定下列情形为'上下班途中'的，人民法院应予支持：（一）在合理时间内往返于工作地与住所地、经常居住地、单位宿舍的合理路线的上下班途中……"

"上下班途中"应结合职工上下班目的地、路途方向、距离远近及时间等合理因素进行综合判断，职工在合理时间内往返于工作单位和居住地的合理路线的途中，包括职工按正常工作时间上下班以及职工加班加点后上下班的途中。本案中，王某系于2017年5月10日8时20分，骑自行车从居住地出发由北向南行驶至北京市朝阳区立水桥地铁站南侧时发生交通事故，考虑其发生事故的时间、行进方向、行进路线以及所负事故责任，应当认为其符合在合理时间内前往工作地点的合理路线的途中受到交通事故伤害的情形。

某科技公司作为王某的工作单位，向某区人社局提出了工伤认定申请并提交了相应材料。某区人社局根据某科技公司提交的材料，经调查核实并对证据材料进行综合判断后，认定王某受到的事故伤害，符合《工伤保险条例》第14条第6项的规定，并据此作出被诉认定工伤决定，有事实依据，适用法律正确，应予支持。

某科技公司主张根据《工伤保险条例》第 16 条第 6 项，事故发生应当在上下班必经途中，王某发生事故时并非在上下班必经途中，某区人社局适用法律错误，但在某区人社局的行政调查程序中，某科技公司并未就上述主张向某区人社局提交相关证据和依据，在本案诉讼过程中，某科技公司提交的证据亦不足以证明其主张，故某科技公司的上述主张无事实和法律根据，法院不支持。

综上所述，某区人社局作出的被诉认定工伤决定，适用法律法规正确，符合法定程序，一审法院予以支持。某科技公司要求撤销上述工伤认定决定的理由不能成立，一审法院不予支持。故，判决驳回某科技公司的诉讼请求。

实操技巧

在劳动合同履行中，难免会发生劳动者因工作原因或上下班途中发生交通事故等原因受伤，最终被认定为工伤的情形。有时候，用人单位为了规避法律责任，不承认工伤，有的甚至直接否认劳动关系，导致劳动者维权的时间较长，工伤索赔程序变得比较复杂。现在笔者结合实际情况及法律规定，作如下分析：

一、关于工伤保险的法律规定

（一）工伤保险费用的征缴范围

根据《工伤保险条例》第 2 条的规定，中华人民共和国境内的企业、事业单位、社会团体、民办非企业单位、基金会、律师事务所、会计师事务所等组织和有雇工的个体工商户应当依照本条例规定参加工伤保险，为本单位全部职工或者雇工缴纳工伤保险费。同时，用人单位还应当注意，聘用非全日制劳动者就业的，也应当为其缴纳工伤保险。

（二）工伤保险的缴费比例

根据不同行业的工伤风险程度，参照《国民经济行业分类》，将行业划分为 3 个类别，一类为风险较小行业，二类为中等风险行业，三类为风险较大行业。三类行业分别实行 3 种不同的工伤保险缴费率。

社会保险经办机构根据用人单位的工商登记和主要经营生产业务等情况，分别确定各用人单位的行业风险类别。工伤保险平均缴费率原则上控制在职工工资总额的 1.0% 左右，三类行业的基准费率分别为用人单位职工工资总额的 0.5%、1.0%、2.0% 左右。

用人单位属一类行业的，按行业基准费率缴费，不实行费率浮动，用人单位属二、三类行业的，费率实行浮动。用人单位的初次缴费费率，按行业基准费率确定，以后由社会保险经办机构根据用人单位工伤保险费使用、工伤发生率、职业病危害程度等因素，1—3 年浮动 1 次，在行业基准费率的基础上，上下各浮动两档，上浮第一档到本行业基准费率的 120%，上浮第二档到本行业基准费率的 150%，下浮第一档到本行业基准费率的 80%，下浮第二档到本行业基准费率的 50%。

工伤保险费用的缴纳由用人单位承担，劳动者个人不缴纳。笔者简单地整理了北京、上海、广州的工伤保险缴费比例，供各位参考，如下表：

工伤保险	北京		上海		广州	
	个人	单位	个人	单位	个人	单位
缴费比例	—	0.5%—2%	—	0.5%	—	0.5%—1.5%

二、可以被认定工伤的情形

根据《工伤保险条例》及相关司法解释等规定，工伤认定的法定情形、视同工伤的情形以及不能认定为工伤的情形，主要包括以下几种：

（一）认定工伤的法定情形

1. 在工作时间和工作场所内，因工作原因受到事故伤害的。“因工作原因”，是指职工受伤与其从事本职工作之间存在关联关系。“工作场所”，是指与职工工作职责相关的场所，有多个工作场所的，还包括工作时间内职工来往于多个工作场所之间的合理区域。

2. 工作时间前后在工作场所内，从事与工作有关的预备性或者收尾性工作受到事故伤害的。

3. 在工作时间和工作场所内，因履行工作职责受到暴力等意外伤害的。因履行工作职责受到暴力伤害是指受到的暴力伤害与履行工作职责有因果关系。

4. 患职业病的。

5. 因工外出期间，由于工作原因受到伤害或者发生事故下落不明的。职工因工外出期间从事与工作或者受用人单位指派外出学习、开会无关的个人活动受到伤害，社会保险行政部门不认定为工伤的，人民法院应予支持。

6. 在上下班途中，受到非本人主要责任的交通事故或者城市轨道交通、客运轮渡、火车事故伤害的。符合“上下班途中”的情形认定：（1）在合理时间内往返于工作地与住所地、经常居住地、单位宿舍的合理路线的上下班途中；（2）在合理时间内往返于工作地与配偶、父母、子女居住地的合理路线的上下班途中；（3）从事属于日常工作生活所需要的活动，且在合理时间和合理路线的上下班途中；（4）在合理时间内其他合理路线的上下班途中。

“非本人主要责任”事故，包括非本人主要责任的交通事故和非本人主要责任的城市轨道交通、客运轮渡和火车事故。其中，“交通事故”是指《道路交通安全法》第119条规定的车辆在道路上因过错或者意外造成的人身伤亡或者财产损失事件。“车辆”是指机动车和非机动车；“道路”是指公路、城市道路和虽在单位管辖范围内但允许社会机动车通行的地方，包括广场、公共停车场等用于公众通行的场所。

“非本人主要责任”事故认定应以公安机关交通管理、交通运输、铁道等部门或司法机关，以及法律、行政法规授权组织出具的相关法律文书为依据，比较常见的如《交通事故责任认定书》中对责任的认定，包括无责任、次要责任、同等责任、主要责任、全部责任。如果被认定为主要责任、全部责任的，即使劳动者受伤，也不属于工伤。

7. 法律、行政法规规定应当认定为工伤的其他情形。

（二）视同工伤的情形

视同工伤的情形包括：（1）在工作时间和工作岗位，突发疾病死亡或者在48小时之内经抢救无效死亡的。“突发疾病”包括各类疾病。“48小时”以医疗机构的初次诊断时间作为突发疾病的起算时间。（2）在抢险救灾等维护国家利益、公共利益活动中受到伤害的。（3）职工原在军队服役，因战、因公负伤致残，已取得革命伤残军人证，到用人单位后旧伤复发的。职工存在这些情形的，可按照规定享受除一次性伤残补助金以外的工伤保险待遇。

（三）最高人民法院司法解释及相关答复认定为工伤的情形

《最高人民法院关于审理工伤保险行政案件若干问题的规定》第3条规定：“社会保险行政部门认定下列单位为承担工伤保险责任单位的，人民法院应予支持：（一）职工与两个或两个以上单位建立劳动关系，工伤事故发生时，职工为之工作的单位为承担工伤保险责任的单位；（二）劳务派遣单位派遣的职工在用工单位工作期间因工伤亡的，派遣单位为承担工伤保险责任的单位；（三）单位指派到其他单位工作的职工因工伤亡的，指派单位为承担工伤保险责任的单位；（四）用工单位违反法律、法规规定将承包业务转包给不具备用工主体资格的组织或者自然人，该组织或者自然人聘用的职工从事承包业务时因工伤亡的，用工单位为承担工伤保险责任的单位；（五）个人挂靠其他单位对外经营，其聘用的人员因工伤亡的，被挂靠单位为承担工伤保险责任的单位。前款第（四）、（五）项明确的承担工伤保险责任的单位承担赔偿责任或者社会保险经办机构从工伤保险基金支付工伤保险待遇后，有权向相关组织、单位和个人追偿。”第 4 条规定：“社会保险行政部门认定下列情形为工伤的，人民法院应予支持：（一）职工在工作时间和工作场所内受到伤害，用人单位或者社会保险行政部门没有证据证明是非工作原因导致的；（二）职工参加用人单位组织或者受用人单位指派参加其他单位组织的活动受到伤害的；（三）在工作时间内，职工来往于多个与其工作职责相关的工作场所之间的合理区域因工受到伤害的；（四）其他与履行工作职责相关，在工作时间及合理区域内受到伤害的。”

《最高人民法院关于职工因公外出期间死因不明应否认定工伤的答复》规定，“职工因公外出期间死因不明，用人单位或者社会保障部门提供的证据不能排除非工作原因导致死亡的，应当依据《工伤保险条例》第十四条第（五）项和第十九条第二款的规定，认定为工伤”。

《最高人民法院行政审判庭关于超过法定退休年龄的进城务工农民因工伤亡的，应否适用〈工伤保险条例〉请示的答复》规定，“用人单位聘用的超过法定退休年龄的务工农民，在工作时间内、因工作原因伤亡的，应当适用《工伤保险条例》的有关规定进行工伤认定”。

（四）人力资源社会保障部的相关规定

《人力资源社会保障部关于执行〈工伤保险条例〉若干问题的意见（二）》规定，“达到或超过法定退休年龄，但未办理退休手续或者未依法享受城镇职工基本养老保险待遇，继续在原用人单位工作期间受到事故伤害或患职业病的，用人单位依法承担工伤保险责任。用人单位招用已经达到、超过法定退休年龄或已经领取城镇职工基本养老保险待遇的人员，在用工期间因工作原因受到事故伤害或患职业病的，如招用单位已按项目参保等方式为其缴纳工伤保险费的，应适用《工伤保险条例》”。

（五）不能认定工伤的情形

不能认定为工伤的情形包括：（1）故意犯罪的；（2）醉酒或者吸毒的；（3）自残或者自杀的。如果职工在从事本职工作中存在过失，不属于故意犯罪、醉酒或者吸毒、自残或者自杀情形，一般不影响工伤的认定。

三、申请工伤认定的程序

根据《工伤保险条例》第 18 条的规定，提出工伤认定申请应当提交下列材料：（1）工伤认定申请表；（2）与用人单位存在劳动关系（包括事实劳动关系）的证明材料，如劳动合同书、已生效的并确认劳动关系的判决书或裁决书等；（3）医疗诊断证明或者职业病诊断证明书（或者职业病诊断鉴定书），包括住院病历、诊断证明、出院记录等。工伤认定申请表应当包括事故发生的时间、地点、原因以及职工伤害程度等基本情况。工伤认定申请人提供材料不完整的，社会保险行政部门应当一次性书面告知工伤认定申请人需要补正的全部材料。申请人按照书面告知要求补正材料后，社会保险行政部门应当受理。

社会保险行政部门受理工伤认定申请后，根据审核需要可以对事故伤害进行调查核实，用人单位、职工、工会组织、医疗机构以及有关部门应当予以协助。职业病诊断和诊断争议的鉴定，依照职业病防治法的有关规定执行。对依法取得职业病诊断证明书或者职业病诊断鉴定书的，社会保险行政部门不再进行调查核实。如果职工或者其近亲属认为是工伤，用人单位不认为是工伤的，由用人单位承担举证责任。

社会保险行政部门应当自受理工伤认定申请之日起60日内作出工伤认定的决定，并书面通知申请工伤认定的职工或者其近亲属和该职工所在单位。社会保险行政部门对受理的事实清楚、权利义务明确的工伤认定申请，应当在15日内作出工伤认定的决定。作出工伤认定决定需要以司法机关或者有关行政主管部门的结论为依据的，在司法机关或者有关行政主管部门尚未作出结论期间，作出工伤认定决定的时限中止。社会保险行政部门工作人员与工伤认定申请人有利害关系的，应当回避。

四、劳动者在上下班途中发生交通事故，未必都会被认定为工伤

《工伤保险条例》第14条规定："职工有下列情形之一的，应当认定为工伤：……（六）在上下班途中，受到非本人主要责任的交通事故或者城市轨道交通、客运轮渡、火车事故伤害的……"由此可知，劳动者在上下班的途中发生交通事故受伤被认定为工伤，需具备以下三个条件：（1）必须是在上班或下班的途中；（2）通过交通管理部门出具的事故认定书，劳动者在本次事故中承担的是无责任、次要责任、同等责任；（3）必须是发生交通事故或城市轨道交通、客运轮渡、火车事故伤害，既可以是职工驾驶或乘坐的机动车发生事故造成的，也可以是职工因其他机动车事故造成的。若劳动者在上下班途中发生单方事故，如骑车撞树等，或是发生交通事故，但被交警认定劳动者在此次事故中承担主要责任或全部责任的，均不会被认定为工伤。

该条款在司法实践中被运用得非常广泛，也是最容易引起争议的条款。如何正确理解"上下班途中"？《最高人民法院关于审理工伤保险行政案件若干问题的规定》第6条规定："对社会保险行政部门认定下列情形为'上下班途中'的，人民法院应予支持：（一）在合理时间内往返于工作地与住所地、经常居住地、单位宿舍的合理路线的上下班途中；（二）在合理时间内往返于工作地与配偶、父母、子女居住地的合理路线的上下班途中；（三）从事属于日常工作生活所需要的活动，且在合理时间和合理路线的上下班途中；（四）在合理时间内其他合理路线的上下班途中。”

从上述第3项“从事属于日常工作生活所需要的活动”可以看出，员工上下班时，在合理的时间和合理路线范围内，顺便买菜、购买早餐、购买日常生活用品、接送子女上下学等，都可以理解为是从事日常工作生活所需要的活动。如果劳动者在下班后去逛街游玩，约朋友吃饭等，就不能理解为是日常工作生活所需要的活动。《北京市工伤认定办法》第9条第2款规定，区、县社会保险行政部门在适用《工伤保险条例》第14条第6项规定时，“上下班途中”应考虑职工上下班目的、路途方向、距离远近及时间等合理因素进行综合判断，职工合理时间内往返于工作单位和居住地的合理路线的途中，包括职工按正常工作时间上下班以及职工加班加点后上下班的途中。

“上下班途中”的合理时间，指的是职工从居住地到达工作地或者从工作地到达居住地的合理时间。评判“合理时间”时，需要综合考虑工作地至居住地的距离、道路畅通情况、交通工具的种类和性能、气候变化情况等因素。“合理时间”的“起止点”亦是关键因素，既包括职工正常工作时间的起止点，也包括职工提前上班、推迟下班、加班加点的时间起止点。比如，劳动者的工作地点及所居住的单位宿舍均位于同一区域内，单位内部设有食堂和小卖部，可以满足劳动者的日常工作生活所需；如果劳动者在下班后并未到小卖部购物或到食堂就餐，而是到外面的商场购物或外出聚餐，在返回居住地的途中发生交通事故受伤，笔者认为就不可以理解为是上下班途中，也不属于上下班途中的合理路线。

同时，根据《人力资源社会保障部关于执行〈工伤保险条例〉若干问题的意见（二）》第6条的规定，职工以上下班为目的、在合理时间内往返于工作单位和居住地之间的合理路线，视为上下班途中。所以，“上下班途中”是对劳动者在发生事故时出行目的的要求，不应机械地理解为，对职工工伤的认定以发生事故时职工处于所谓上下班的“必经”途中为必要，职工在上下班过程中，考虑到交通状况等客观因素选择不同的出行路线是符合生活实际的。比如，因暴雨导致道路不能通行、交通异常堵塞等特殊情形而正当绕道所经过的路线。

因此，在工伤行政确认案件中对于“上下班途中”的认定，应当主要从目的、时间、空间三要素进行考察。（1）关于目的。对于“上下班途中”的理解，应当考虑目的因素，即事故发生时劳动者是否以上下班为目的的出行。（2）关于时间。劳动者正常工作的上下班时间和加班加点的上下班时间均属于上下班时间。（3）关于空间。劳动者在上下班途中受到机动车事故伤害进行工伤认定时，应该考虑上下班的路线。这里的路线指上下班的合理路线，而非必经路线，主要考察劳动者的路途方向，事故地点与工作地、居住地的距离远近等因素。

由于现实中案件事实的复杂性，对“居住地”和“工作地”应作广义理解，“居住地”通常是指单位提供的宿舍，配偶、父母、子女居住地，实际居住地或者经常居住地等；“工作地”一般是指一处或者其中一处、固定或者不固定工作地，但还包括劳动者往返于多个与其工作相关的工作场所之间的必经合理区域、本单位或者经单位同意参与其他单位组织的集体活动地等。所以，劳动者在上下班途中发生的交通事故，不能一概认为是工伤或不是工伤，还需要结合实际情况进行认定。

五、对于“在48小时之内经抢救无效死亡的”应当如何理解

根据《工伤保险条例》第15条第1款第1项的规定，职工在工作时间和工作岗位，突发疾病死亡或者在48小时之内经抢救无效死亡的，视同工伤。在司法实践中，对于“在48小时之内经抢救无效死亡的”如何理解，存在很大的争议。特别是对“48小时”“死亡”的认定，均存在不同的理解。

（一）如何理解“48小时”

根据《劳动和社会保障部关于实施〈工伤保险条例〉若干问题的意见》第3条规定，“48小时”的起算时间，以医疗机构的初次诊断时间作为突发疾病的起算时间。基于这一规定，在工作时间和工作岗位，突发疾病当场死亡的，认定为工伤没有太大的争议。对于劳动者突发疾病没有当场死亡，直接送往医院的，以医疗机构的初次诊断时间作为突发疾病的起算时间；未送医院的，以突发疾病或者离开单位时作为起算时间。

（二）如何理解“死亡”

依据《工伤保险条例》第15条第1款第1项规定，“突发疾病死亡”分为两种：突发疾病死亡和48小时之内经抢救无效死亡。但在现实中，还存在一种“脑死亡”的说法，那么，如果劳动者在“48小时”内脑死亡是否为死亡呢？

大脑是人体的神经中枢，是生命活动、思想意识的中心，临床医学上对于虽有心跳但无自主呼吸，脑功能已经永久性丧失，最终必致心肺死亡的病人，称为脑死亡。脑死亡者已无自主呼吸，脑功能不可逆转地永久性丧失，仅仅依靠通气、药物升压等病人意识之外的强制力来维持其生命特征，一旦撤除上述设备和措施，所维持的生命体征迅速消失。

根据临床医学的表现，脑死亡的临床诊断依据包括深昏迷、自主呼吸停止、脑干反射消失。认定脑死亡必须同时、全部具备这3项条件，而且需明确昏迷原因，排除各种原因的可逆性昏迷。脑死亡也是人死亡的一种表现，对“48小时”内脑死亡、“48小时”后停止呼吸者应认定为工伤。否则就会出现一个奇怪的现象：如果“48小时”之内脑死亡，仅靠呼吸机维持生命者，是放弃治疗，还是继续抢救？放弃治疗，太不人道，但是能够认定为工伤；继续抢救，一旦抢救失败，就无法认定为工伤。

关于死亡的标准，在法学界一般有脑死亡、心死亡、脏器死亡之说，刑法上以脑死亡为通说，但在医学界，没有统一的界定标准，有不少脑死亡的患者，基于家属的强烈要求，医院会采取延续的治疗手段。所以，医学上的死亡时间，是以临床死亡证明上的时间为准。而脑死亡作为死亡标准比心脏停止作为死亡标准更科学、更理性。笔者认为，对于劳动者在48小时内死亡的认定，应当以脑死亡作为认定标准，这样既符合立法本意，也能更好地保护劳动者的合法利益。笔者也建议有关部门尽快出台相关规定，以避免在司法实践中出现同案不同判的事实，最大限度地保护劳动者的利益。

风险提示

1. 对于劳动者在上下班途中发生交通事故受到伤害且属于非本人主要责任的，应当及时协助劳动者进行工伤认定；若用人单位未给劳动者缴纳社会保险的，应当及时与劳动者就受伤一事进行协商并妥善解决。

2. 建议用人单位在劳动者上下班的出入口安装监控，对于有些劳动者在进入办公场所后摔倒要求进行工伤认定的，要进行审查，避免“碰瓷”的事实发生。

3. 如果劳动者在下班后去看望朋友或者去相亲、约会等，并偏离正常的上下班路线的，即使发生交通事故受伤，也不属于工伤。

4. 在实际用工过程中，劳动者在上下班途中发生交通事故且非本人主要责任，用人单位认为不属于工伤的，应当就相关的事实承担举证责任，比如不是合理的路线、上下班的时间节点等。

5. 用人单位在劳动者入职后就应当及时为其缴纳社会保险，或者统一将劳动者的入职时间安排在上半月进行，这样有利于及时为劳动者缴纳社会保险，避免劳动者受伤被认定为工伤，但用人单位未能及时参保而承担赔偿责任的法律后果。

法律依据

《工伤保险条例》第14条

第115讲：用人单位未为劳动者缴纳社会保险，因工伤产生的费用应由谁承担？

案例聚焦①

张某称其于2018年3月26日入职，与亿家公司建立劳动关系，工作岗位是骑手，负责送餐工作，工作地点在昌平区天通苑附近，未签订劳动合同，未缴纳社会保险；月工资8000元，并提交加盖亿家公司公章的收入证明，工资以现金形式按月发放；最后正常工作至2018年7月28日，当日送餐过程中发生交通事故，当即送医院治疗，在清华长庚医院住院治疗9天，出院后遵医嘱休息；后被认定为工伤9级；双方劳动关系于2019年3月15日解除。

亿家公司称与张某不存在劳动关系，对认定结论不服，已提起行政诉讼，工资应是美团发放，收入证明是假的，是张某为了在交通事故诉讼中多要赔偿，与孙某串通开具的，孙某替美团招聘的张某，偷盖亿家公司公章，认可公章的真实性，银行交易明细与亿家公司无关。

亿家公司对仲裁裁决支付相关赔偿的结果不服，诉至法院。

一审法院经审理认为，对于张某主张与亿家公司之间存在劳动关系、所受交通事故伤害认定工伤予以采信。关于张某主张的停工留薪期工资和一次性伤残补助金，张某提交的《证明》显示其月工资8000元，亿家公司对内容不认可，但认可该公司加盖公章，结合张某提交的银行转账记录，法院对张某主张的月工资8000元予以采信。

亿家公司未为张某交纳工伤保险，张某被认定为工伤9级，主要诊断为左髌骨骨折、多处皮肤浅表擦伤，按照相关规定，停工留薪期应为6个月。故法院以月工资8000元为计算基数，亿家公司应支付张某2018年7月28日至2019年1月27日停工留薪期工资48000元、一次性伤残补助金72000元。

关于张某主张的一次性工伤医疗补助金和一次性伤残就业补助金，用人单位

---

① 案例节选自北京市第一中级人民法院（2020）京01民终1153号民事判决书。

对劳动者的入职日期和离职日期承担举证责任，张某主张2018年3月26日入职，2019年3月15日其向亿家公司邮寄了辞职申请，理由是亿家公司不给其发放工资，双方劳动关系于2019年3月15日解除。亿家公司称双方自始至终不存在劳动关系，未提交证据证明张某的入职和离职日期，应承担举证不能的法律责任，故法院对于张某主张的2019年3月15日解除劳动关系予以采信。2017年北京市职工月平均工资为8467元，亿家公司应支付张某一次性工伤医疗补助金50802元、一次性伤残就业补助金50802元。

关于张某主张的住院伙食补助费和护理费，张某于2018年7月28日至2018年8月6日住院9天，每天住院伙食补助费30元，亿家公司应支付其住院伙食补助费270元。张某提交的2018年8月6日北京清华长庚医院出具的《诊断证明书》中医嘱建议全休3个月、加强陪护、务必在看护下起床扶拐活动，其按照每天150元标准计算护理费并未超出常规护理标准，故对张某主张的2018年7月28日至2018年11月5日期间100天护理费15000元予以支持。

一审法院判决：亿家公司支付张某停工留薪期工资48000元、住院伙食补助费270元、护理费15000元、一次性伤残补助金72000元、一次性工伤医疗补助金50802元、一次性伤残就业补助金50802元。

二审法院经审理认为，本案二审争议焦点为双方是否存在劳动关系。根据本案现有的证据情况，张某提交的《北京市昌平区人力资源和社会保障局认定工伤决定书》、工伤证、《北京市昌平区劳动能力鉴定委员会劳动能力鉴定、确认结论通知书》等证据能够证明其主张的劳动关系和工伤事实成立。现亿家公司未提交足以推翻上述生效法律文书的相反证据，故对张某主张与亿家公司存在劳动关系、所受交通事故伤害认定工伤予以采信。经核算，一审判令亿家公司支付的项目及金额均无不当，二审予以维持。

实操技巧

用人单位依法为劳动者缴纳社会保险是其法定义务。在用人单位未给劳动者缴纳社会保险的情况下，劳动者在工作中受伤被认定为工伤或视同工伤的，因此给劳动者造成的损失，是否应当由用人单位承担？

一、用人单位未为劳动者缴纳社会保险，因工伤产生的费用应由用人单位承担

根据《社会保险法》第41条的规定，职工所在用人单位未依法缴纳工伤保险费，发生工伤事故的，由用人单位支付工伤保险待遇。用人单位不支付的，从

工伤保险基金中先行支付。从工伤保险基金中先行支付的工伤保险待遇应当由用人单位偿还。用人单位不偿还的，社会保险经办机构可以依照本法第63条的规定追偿。所以，如果用人单位未为劳动者缴纳社会保险，劳动者因工伤产生的所有费用均由用人单位承担。

另外，根据《社会保险法》的规定，即使用人单位已经为劳动者缴纳社会保险，劳动者因工伤产生的费用，也有部分需由用人单位承担。

1. 劳动者因工伤发生的下列费用，按照国家规定应当由工伤保险基金支付：（1）治疗工伤的医疗费用和康复费用；（2）住院伙食补助费；（3）到统筹地区以外就医的交通食宿费；（4）安装配置伤残辅助器具所需费用；（5）生活不能自理的，经劳动能力鉴定委员会确认的生活护理费；（6）一次性伤残补助金和一至四级伤残职工按月领取的伤残津贴；（7）终止或者解除劳动合同时，应当享受的一次性医疗补助金；（8）因工死亡的，其遗属领取的丧葬补助金、供养亲属抚恤金和因工死亡补助金；（9）劳动能力鉴定费。

2. 劳动者因工伤发生的下列费用，按照国家规定应当由用人单位支付：（1）治疗工伤期间的工资福利（停工留薪期工资）；（2）五级、六级伤残职工按月领取的伤残津贴；（3）终止或者解除劳动合同时，应当享受的一次性伤残就业补助金。

二、劳动者享受工伤待遇及支付标准

根据《工伤保险条例》的规定，劳动者因工伤所享受的工伤待遇如下：

（一）基本工伤赔偿费用

1. 医疗费。

劳动者因工伤产生的治疗费用，有工伤保险的，由工伤保险基金支付，没有工伤保险的，由用工单位全额支付。

2. 住院伙食补助费。

劳动者住院治疗工伤的伙食补助费标准暂定为每人每天30元。参加工伤保险的用人单位，其职工住院治疗工伤的，社会保险经办机构根据工伤职工住院天数核定住院伙食补助费金额并从工伤保险基金支付给工伤职工。

经医疗机构出具证明，报经办机构同意，工伤职工到统筹地区以外就医所需的交通、食宿费用中的“住宿费”开支标准上限暂定为每人每天150元，在开支标准上限以内的凭据报销；“伙食费”实行定额包干，暂定为每人每天50元。

3. 交通费。

劳动者因工伤到统筹地区外就医的，因行动不便，其所发生的交通费用由工伤职工根据自身情况选择适合的交通工具，凭据报销。参加工伤保险的用人单位，其工伤职工经工伤医疗机构出具证明，报区、县医疗保险经办机构同意，到统筹地区以外就医的，社会保险经办机构根据上述标准凭据核定并从工伤保险基金支付给工伤职工。没有工伤保险的，由用工单位按照该标准全额支付。

4. 停工留薪期工资。

劳动者因工作遭受事故伤害或者患职业病需要暂停工作接受工伤医疗的，在停工留薪期内，原工资福利待遇不变，由用人单位按月支付。停工留薪期是工伤职工暂停工作接受工伤医疗的期间，在停工留薪期内，工伤职工原工资福利待遇不变的规定是保障工伤职工日常生活不受影响的重要措施，工伤职工停工留薪期工资按照工伤职工因工作遭受事故伤害前12个月的平均工资计算，包括工伤职工所有的工资报酬。用人单位未依法支付停工留薪期工资的，工伤职工可以以此为由依据《劳动合同法》第38条的规定提出解除劳动合同并要求用人单位支付经济补偿金。

根据规定，停工留薪期一般不超过12个月。伤情严重或者特殊，经设区的市级劳动能力鉴定委员会确认，可以适当延长，但延长不得超过12个月。工伤职工在停工留薪期满后仍需治疗的，继续享受工伤医疗待遇。

5. 护理费。

生活不能自理的工伤职工在停工留薪期需要护理的，由所在单位负责。工伤职工已经评定伤残等级并经劳动能力鉴定委员会确认需要生活护理的，从工伤保险基金按月支付生活护理费。生活护理费按照生活完全不能自理、生活大部分不能自理和生活部分不能自理3个不同等级支付，其标准分别为统筹地区上年度职工月平均工资的50%、40%和30%。

（二）关于劳动者工伤的具体赔偿标准

对于工伤职工可享受的其他工伤待遇，详见下表。

工伤保险待遇一览表（以北京为例）

<table>
<tr><th colspan="2">工伤待遇</th><th>项目</th><th>费用</th><th>标准</th><th>支付渠道</th></tr>
<tr><td rowspan="17">医疗待遇</td><td rowspan="9">医疗待遇</td><td>挂号费</td><td rowspan="2">诊疗金额</td><td rowspan="4">符合保险诊疗项目目录、保险药品目录、工伤住院服务标准</td><td rowspan="9">工伤保险基金</td></tr>
<tr><td>诊疗费</td></tr>
<tr><td>住院费</td><td>住院服务金额</td></tr>
<tr><td>药费</td><td>药品金额</td></tr>
<tr><td>住院伙食补助费</td><td>住院期间伙食补助</td><td>30 元/天</td></tr>
<tr><td>住宿费</td><td rowspan="3">经医疗机构出具证明，报经办机构同意，工伤职工到统筹地区外就医的交通、食宿</td><td>150 元/天</td></tr>
<tr><td>伙食费</td><td>50 元/天</td></tr>
<tr><td>交通费</td><td>凭据实报实销</td></tr>
<tr><td>辅助器具费</td><td>经劳动能力鉴定委员会确认</td><td>安装假肢、矫形器、假眼、假牙和配置轮椅等</td></tr>
<tr><td rowspan="2">停工留薪期待遇</td><td>停工期间工伤医疗</td><td>原工资福利待遇</td><td>停工留薪期一般不超过 12 个月。伤情严重或者情况特殊，经设区的市级劳动能力鉴定委员会确认，可以适当延长，但延长不得超过 12 个月。工伤职工评定伤残等级后，停发原待遇</td><td rowspan="2">用人单位按月支付</td></tr>
<tr><td>生活不能自理的</td><td>护理待遇</td><td>按实际需求</td></tr>
<tr><td rowspan="6">一次性医疗补助金</td><td>五级</td><td>18 个月</td><td rowspan="6">终止或解除劳动关系时，按照北京市上年度职工月平均工资</td><td rowspan="6">工伤保险基金</td></tr>
<tr><td>六级</td><td>15 个月</td></tr>
<tr><td>七级</td><td>12 个月</td></tr>
<tr><td>八级</td><td>9 个月</td></tr>
<tr><td>九级</td><td>6 个月</td></tr>
<tr><td>十级</td><td>3 个月</td></tr>
</table>

续表

<table>
<tr><td rowspan="25">伤残待遇</td><td rowspan="10">一次性伤残补助金</td><td>一级</td><td>27 个月</td><td rowspan="10">本人工资</td><td rowspan="14">工伤保险基金</td></tr>
<tr><td>二级</td><td>25 个月</td></tr>
<tr><td>三级</td><td>23 个月</td></tr>
<tr><td>四级</td><td>21 个月</td></tr>
<tr><td>五级</td><td>18 个月</td></tr>
<tr><td>六级</td><td>16 个月</td></tr>
<tr><td>七级</td><td>13 个月</td></tr>
<tr><td>八级</td><td>11 个月</td></tr>
<tr><td>九级</td><td>9 个月</td></tr>
<tr><td>十级</td><td>7 个月</td></tr>
<tr><td rowspan="6">伤残津贴</td><td>一级</td><td>90%</td><td rowspan="4">本人工资按月支付（伤残津贴实际金额低于当地最低工资标准的，由工伤保险基金补足差额）</td></tr>
<tr><td>二级</td><td>85%</td></tr>
<tr><td>三级</td><td>80%</td></tr>
<tr><td>四级</td><td>75%</td></tr>
<tr><td>五级</td><td>70%</td><td rowspan="2">保留与用人单位的劳动关系，由用人单位安排适当工作。难以安排工作的，按月发给伤残津贴。伤残津贴实际金额低于当地最低工资标准的，由用人单位补足差额</td><td rowspan="2">用人单位</td></tr>
<tr><td>六级</td><td>60%</td></tr>
<tr><td rowspan="3">生活护理费</td><td>生活完全不能自理</td><td>50%</td><td rowspan="3">已经评定伤残等级并经劳动能力鉴定委员会确认。按照北京市上一年度职工月平均工资，按月支付</td><td rowspan="3">工伤保险基金</td></tr>
<tr><td>生活大部分不能自理</td><td>40%</td></tr>
<tr><td>生活部分不能自理</td><td>30%</td></tr>
<tr><td rowspan="6">一次性伤残就业补助金</td><td>五级</td><td>18 个月</td><td rowspan="6">终止或解除劳动关系时，按照北京市上年度职工月平均工资</td><td rowspan="6">用人单位</td></tr>
<tr><td>六级</td><td>15 个月</td></tr>
<tr><td>七级</td><td>12 个月</td></tr>
<tr><td>八级</td><td>9 个月</td></tr>
<tr><td>九级</td><td>6 个月</td></tr>
<tr><td>十级</td><td>3 个月</td></tr>
</table>

续表

<table>
<tr><td rowspan="5">工亡待遇（在停工留薪期内因工伤导致死亡的）</td><td rowspan="4">一级至四级伤残职工在停工留薪期满后死亡的</td><td>丧葬补助金</td><td>6个月</td><td>北京市上一年度职工月平均工资</td><td rowspan="5">工伤保险基金</td></tr>
<tr><td rowspan="3">供养亲属抚恤金</td><td>配偶40%/月</td><td rowspan="3">本人工资</td></tr>
<tr><td>其他30%/月</td></tr>
<tr><td>孤老或孤儿再加10%/月</td></tr>
<tr><td></td><td>一次性工亡补助金</td><td>20倍</td><td>按工伤发生时上一年度全国城镇居民人均可支配收入</td></tr>
</table>

备注：

1. 本人工资，是指工伤职工因工作遭受事故伤害或者患职业病前12个月平均月缴费工资。本人工资高于统筹地区职工平均工资300%的，按照统筹地区职工平均工资的300%计算；本人工资低于统筹地区职工平均工资60%的，按照统筹地区职工平均工资的60%计算。

2. 工伤职工在停工留薪期内或者尚未作出劳动能力鉴定结论的，用人单位不得与之解除或者终止劳动合同。

3. 上述表格中关于一次性伤残补助金、一次性伤残医疗补助金、一次性伤残就业补助金为北京地区的支付标准，其他地区以各地人社部门公布的数据为准。

三、停止享受工伤保险待遇的情形

根据《社会保险法》第43条及《工伤保险条例》第42条的规定，工伤职工有下列情形之一的，停止享受工伤保险待遇：（1）丧失享受待遇条件的；（2）拒不接受劳动能力鉴定的；（3）拒绝治疗的。故只要工伤的劳动者具有上述三种情形中的任何一种，均停止享受工伤保险待遇。

四、“供养亲属抚恤金”的理解及计算标准

供养亲属抚恤金，是指在劳动者工亡后，发给死者亲属的费用。抚恤金不纳税，不计个人收入，不能作为夫妻共同财产进行分割，一般不作为遗产。享受抚恤金的人必须符合两个条件：一是死者的直系亲属；二是这些亲属主要依靠死者生前扶养。这两个条件必须同时具备，缺一不可。

根据《工伤保险条例》第39条的规定，供养亲属抚恤金按照职工本人工资的一定比例发给由因工死亡职工生前提供主要生活来源、无劳动能力的亲属。标准为：配偶每月40%，其他亲属每人每月30%，孤寡老人或者孤儿每人每月在上述标准的基础上增加10%。核定的各供养亲属的抚恤金之和不应高于因工死亡职

工生前的工资。供养亲属的具体范围由国务院劳动保障行政部门规定。同时，参照《因工死亡职工供养亲属范围规定》的规定，因工死亡职工供养亲属，是指该职工的配偶、子女、父母、祖父母、外祖父母、孙子女、外孙子女、兄弟姐妹。根据上述规定，供养亲属抚恤金赔偿金额的计算根据亲属身份的不同而有不同标准，并且核定的各供养亲属的抚恤金之和受因工死亡职工生前工资的限制，不得高于该工资。具体计算标准为：

配偶每月可获得职工本人工资的40%，其条件是配偶依靠因工死亡职工生前提供主要生活来源，并且完全丧失劳动能力，或者工伤死亡职工配偶男年满60周岁、女年满55周岁。其计算公式为：

供养亲属抚恤金赔偿金额＝工伤死亡职工本人工资（元/月）×40%

例如：赵某为某食品加工厂的职工，操作机器时不幸身亡，他的妻子李某双腿残疾，完全丧失劳动能力，虽然年龄不足55周岁，但仍有资格申请供养亲属抚恤金。赵某生前工资为5000元/月。故，王某可获得供养亲属抚恤金为：5000元/月×40%＝2000元/月。

其他亲属每人每月可获得职工本人工资的30%。其他亲属，指的是工伤死亡职工亲属中除配偶之外的子女、父母、祖父母、外祖父母、孙子女、外孙子女、兄弟姐妹等人。

其他亲属申请供养亲属抚恤金的条件是：（1）完全丧失劳动能力的；（2）工亡职工配偶男年满60周岁、女年满55周岁的；（3）工亡职工父母男年满60周岁、女年满55周岁的；（4）工亡职工子女未满18周岁的；（5）工亡职工父母均已死亡，其祖父、外祖父年满60周岁，祖母、外祖母年满55周岁的；（6）工亡职工子女已经死亡或完全丧失劳动能力，其孙子女、外孙子女未满18周岁的；（7）工亡职工父母均已死亡或完全丧失劳动能力，其兄弟姐妹未满18周岁的。其计算公式为：

供养亲属抚恤金赔偿金额＝工伤死亡职工本人工资（元/月）×30%

例如：赵某为某食品加工厂职工，在一次事故中因工死亡，剩下妻子李某和一个14岁的儿子，此时妻子年龄为42岁并有工作，家中还有老父亲，年迈体衰已丧失劳动能力，赵某有一个弟弟30岁，有固定职业，与赵某共同供养父亲。

按照规定，李某无资格申请供养亲属抚恤金，儿子未满18周岁，可以申请，虽然老父亲已丧失劳动能力，但赵某的弟弟已满18周岁，且有扶养能力，因此也不具有申请资格。这样，赵某的亲属中只有儿子可获得供养亲属抚恤金，赵某生前的工资为8000元/月，其儿子可得的供养亲属抚恤金赔偿金额为：8000元/

月 × 30% = 2400 元/月。

工亡职工父母的年龄应计算至 75 周岁为宜，其他情形，以此类推。

五、由于工伤认定的程序复杂且烦琐，建议赋予司法机关直接认定工伤的权限

工伤认定的程序中往往涉及三方，即劳动者、用人单位及劳动行政部门。一旦劳动者或用人单位对工伤认定结果不服的，就会带来诸多的诉讼程序。在实际生活中，有些用人单位未给劳动者缴纳社会保险，在劳动者因工负伤后，用人单位拒绝申请工伤，但劳动者又没有直接的证据证明双方之间存在劳动关系，就会进入一个漫长的诉讼过程：

第一回合：确认劳动关系

劳动者申请仲裁—用人单位起诉（一审）—用人单位上诉（二审）。

第二回合：工伤认定程序

无论最终是否被认定为工伤，均可能产生行政诉讼。

第三回合：行政诉讼一审—行政诉讼二审

一旦在行政诉讼中，人社局作出的具体行政行为被人民法院依法撤销的，又将回到工伤认定程序。

第四回合：工伤认定程序

无论最终是否被认定为工伤，均可能产生行政诉讼。

第五回合：行政诉讼一审—行政诉讼二审

即使最终人民法院依法认定人社局作出认定结果正确，也可能产生新的诉讼过程。

第六回合：工伤待遇索赔

劳动者申请仲裁—用人单位起诉（一审）—用人单位上诉（二审）—强制执行。

通过上述简要的分析可知，如果劳动者因工受伤进行工伤索赔的，简单的案件也需要一到两年的时间，复杂的案件长达三五年是很正常的事情。劳动者因为工伤进入诉讼索赔的漫漫长路，显然不符合当前的立法初衷，更不利于和谐劳动关系的建立。

为此，笔者建议，在工伤认定程序中，可以通过相关的法律规定或司法解释等规定人民法院在工伤认定行政案件中，可以根据案件的实际情况依职权进行相应的工伤认定，避免劳动者一回合、两回合地打官司，避免浪费司法资源，当然在这一过程中也需要劳动行政部门的有效衔接和配合。

风险提示

1. 劳动者因工外出期间发生事故或者在抢险救灾中下落不明的，从事故发生当月起3个月内照发工资，从第4个月起停发工资，由工伤保险基金向其供养亲属按月支付供养亲属抚恤金。生活有困难的，可以预支一次性工亡补助金的50%。劳动者被人民法院宣告死亡的，按照因工死亡的规定处理。

2. 用人单位分立、合并、转让的，承继单位应当承担原用人单位的工伤保险责任；原用人单位已经参加工伤保险的，承继单位应当到当地经办机构办理工伤保险变更登记。用人单位实行承包经营的，工伤保险责任由劳动者劳动关系所在单位承担。劳动者被借调期间受到工伤事故伤害的，由原用人单位承担工伤保险责任，但原用人单位与借调单位可以约定补偿办法。企业破产的，在破产清算时依法拨付应当由单位支付的工伤保险待遇费用。

3. 劳动者被派遣出境工作，依据前往国家或者地区的法律应当参加当地工伤保险的，参加当地工伤保险，其国内工伤保险关系中止；不能参加当地工伤保险的，其国内工伤保险关系不中止。

4. 劳动者因工伤被赔付后，再次发生工伤，根据规定应当享受伤残津贴的，按照新认定的伤残等级享受伤残津贴待遇。

法律依据

《工伤保险条例》第40条

第六节　住房公积金

第116讲：用人单位是否必须要为劳动者缴纳住房公积金？

案例聚焦

吴某于2012年3月入职北京某机械设计公司，担任设计师，并与公司签订一份为期5年的劳动合同，在劳动合同中约定公司为其缴纳养老、医疗、失业等社会保险，但没有就是否缴纳住房公积金作出约定。吴某入职后一直在兢兢业业地工作，并没有过多关心公积金、社会保险的缴纳以及银行流水的情况。

2018年6月，吴某和女友准备购买住房，在打算进行住房公积金贷款时才发现，公司在吴某入职长达六年多的时间里并没有为其缴纳住房公积金。于是，吴某要求公司为其补缴住房公积金，但公司告诉他，住房公积金仅仅是用人单位给员工的一种福利，国家并没有强制要求用人单位为员工缴纳住房公积金。也就是说，用人单位可以给员工缴，也可以不缴，并不是必须要缴纳。

随后，吴某在咨询律师后，向北京市某区住房公积金管理中心投诉，要求北京某机械设计公司为其补缴2012年3月至2018年7月期间的住房公积金。北京市某区住房公积金管理中心收到投诉后，依法向北京某机械设计公司发送告知函，要求该公司为吴某补缴住房公积金。最终，北京某机械设计公司为吴某补缴了2012年3月至2018年7月期间的住房公积金。

实操技巧

在现实生活中，我们经常会提到“五险一金”，所谓“五险”就是指养老保险、医疗保险、生育保险、失业保险、工伤保险；“一金”就是指住房公积金。当然也有公司在招聘时向劳动者承诺缴纳“五险二金”，这其中的“一金”是指企业年金。但是，在司法实践中有很多企业，尤其是民营企业，通常给劳动者缴纳社会保险，却没有为劳动者缴纳住房公积金。在他们看来社会保险是法律强制缴纳的，住房公积金并不是强制的。其实，这是一种误解。

一、关于住房公积金的法律规定

（一）住房公积金的征缴范围

根据《住房公积金管理条例》第2条的规定，本条例所称住房公积金，是指国家机关、国有企业、城镇集体企业、外商投资企业、城镇私营企业及其他城镇企业、事业单位、民办非企业单位、社会团体及其在职职工缴存的长期住房储金。由此可知，住房公积金的缴纳主体不区分国企、外企、民企、事业单位或其他社会团体等组织，都必须为劳动者依法缴纳住房公积金。职工个人缴存的住房公积金和职工所在单位为职工缴存的住房公积金，属于职工个人所有。

（二）住房公积金的缴纳比例

根据《住房公积金管理条例》的规定，职工住房公积金的月缴存额为职工本人上一年度月平均工资乘以职工住房公积金缴存比例。单位为职工缴存的住房公积金的月缴存额为职工本人上一年度月平均工资乘以单位住房公积金缴存比例。新参加工作的职工从参加工作的第二个月开始缴存住房公积金，月缴存额为职工本人当月工资乘以职工住房公积金缴存比例。单位新调入的职工从调入单位发放工资之日起缴存住房公积金，月缴存额为职工本人当月工资乘以职工住房公积金缴存比例。职工和单位住房公积金的缴存比例均不得低于职工上一年度月平均工资的5%；有条件的城市，可以适当提高缴存比例。具体缴存比例由住房公积金管理委员会拟订，经本级人民政府审核后，报省、自治区、直辖市人民政府批准。职工个人缴存的住房公积金，由所在单位每月从其工资中代扣代缴。单位应当于每月发放职工工资之日起5日内将单位缴存的和为职工代缴的住房公积金汇缴到住房公积金专户内，由受委托银行计入职工住房公积金账户。

因此，住房公积金的缴费比例不能低于职工工资的5%，入职未满一年的员工，其住房公积金是其月工资的5%；如果在用人单位工作满一年，则是员工上一年税前平均工资的5%。所以，住房公积金是由两部分组成：一是职工个人每月缴存部分，这部分属于职工工资；二是单位每月为职工个人缴存部分，这部分实质上是单位以住房公积金的形式给每名职工增加的住房工资，属于职工薪酬的一部分，这两部分都归职工个人所有，属于工资范畴，不能将其理解为福利。

笔者整理了北京、上海、广州的住房公积金缴费比例，供各位参考，如下表所示：

住房公积金	北京		上海		广州	
	个人	单位	个人	单位	个人	单位
缴费比例	5%—12%	5%—12%	5%—7%	5%—7%	5%—12%	5%—12%

（三）住房公积金的缴存登记

根据《住房公积金管理条例》的规定，新设立的单位应当自设立之日起30日内向住房公积金管理中心办理住房公积金缴存登记，并自登记之日起20日内，为本单位职工办理住房公积金账户设立手续。单位合并、分立、撤销、解散或者破产的，应当自发生上述情况之日起30日内由原单位或者清算组织向住房公积金管理中心办理变更登记或者注销登记，并自办妥变更登记或者注销登记之日起20日内，为本单位职工办理住房公积金账户转移或者封存手续。单位新录用职工的，应当自录用之日起30日内向住房公积金管理中心办理缴存登记，并办理职工住房公积金账户的设立或者转移手续。单位与职工终止劳动关系的，单位应当自劳动关系终止之日起30日内向住房公积金管理中心办理变更登记，并办理职工住房公积金账户转移或者封存手续。

二、住房公积金的提取和使用

《住房公积金管理条例》第24条规定："职工有下列情形之一的，可以提取职工住房公积金账户内的存储余额：（一）购买、建造、翻建、大修自住住房的；（二）离休、退休的；（三）完全丧失劳动能力，并与单位终止劳动关系的；（四）出境定居的；（五）偿还购房贷款本息的；（六）房租超出家庭工资收入的规定比例的。依照前款第（二）、（三）、（四）项规定，提取职工住房公积金的，应当同时注销职工住房公积金账户。职工死亡或者被宣告死亡的，职工的继承人、受遗赠人可以提取职工住房公积金账户内的存储余额；无继承人也无受遗赠人的，职工住房公积金账户内的存储余额纳入住房公积金的增值收益。"

职工提取住房公积金账户内的存储余额的，所在单位应当予以核实，并出具提取证明。职工应当持提取证明向住房公积金管理中心申请提取住房公积金。住房公积金管理中心应当自受理申请之日起3日内作出准予提取或者不准提取的决定，并通知申请人；准予提取的，由受委托银行办理支付手续。缴存住房公积金的职工，在购买、建造、翻建、大修自住住房时，可以向住房公积金管理中心申请住房公积会贷款。住房公积金管理中心应当自受理申请之日起15日内作出准予贷款或者不准贷款的决定，并通知申请人；准予贷款的，由受委托银行办理贷款手续。住房公积金贷款的风险，由住房公积金管理中心承担。如果劳动者申请住房公积金贷款的，应当提供担保。

三、为劳动者缴纳住房公积金是用人单位的法定义务

根据《住房公积金管理条例》第13条的规定，住房公积金管理中心应当在受委托银行设立住房公积金专户。单位应当向住房公积金管理中心办理住房公积金缴存登记，并为本单位职工办理住房公积金账户设立手续。每个职工只能有一个住房公积金账户。住房公积金管理中心应当建立职工住房公积金明细账，记载职工个人住房公积金的缴存、提取等情况。

因此，用人单位为劳动者缴纳住房公积金是其法定义务，不能拒绝为劳动者缴纳住房公积金。

四、用人单位不缴纳住房公积金的法律后果

《住房公积金管理条例》第37条规定，违反本条例的规定，单位不办理住房公积金缴存登记或者不为本单位职工办理住房公积金账户设立手续的，由住房公积金管理中心将责令限期办理；逾期不办理的，处1万元以上5万元以下的罚款。第38条规定，违反本条例的规定，单位逾期不缴或者少缴住房公积金的，由住房公积金管理中心责令限期缴存；逾期仍不缴存的，可以申请人民法院强制执行。

可知，如果用人单位未能依法为劳动者缴纳住房公积金，住房公积金管理中心将责令限期补缴并罚款，必要时还会申请人民法院强制执行。如果在北京地区的用人单位确因经营困难、资金短缺等原因暂时无力缴纳的，根据《北京住房公积金缴存管理办法》第28条的规定，经本单位职工代表大会或者工会讨论通过，无职工代表大会或工会的，经全体职工2/3以上同意，并经管理中心审核，报管委会批准后，可以办理降低缴存比例或者缓缴。

风险提示

1. 用人单位应按核定的月缴存额缴纳住房公积金，少缴的应当补足，多缴的经单位和管理中心审核确认后，由用人单位告知职工本人，从职工住房公积金账户中扣除多缴部分，划回缴存单位。

2. 用人单位与职工解除劳动关系，原单位应自与职工解除劳动关系之日起30日内，为职工办理住房公积金转移到集中封存库的手续。职工与新单位形成劳动关系后，新单位应自与职工建立劳动关系之日起30日内，为职工办理住房公积金账户转移手续。

3. 用人单位合并、分立、撤销、解散或者破产的，应自办妥变更登记或者注销登记之日起20日内持管理中心的审核文件，为职工办理住房公积金账户转移或集中封存手续。

法律依据

《住房公积金管理条例》第2条

第117讲：劳动者与用人单位因住房公积金产生争议是否属于法院受案范围？

案例聚焦

贾某于2015年8月入职北京某教育培训学校担任教师，签订一份为期5年的劳动合同，约定基本薪资为3000元，外加课时费及招生提成等，学校为贾某缴纳了社会保险。2018年10月，贾某发现学校仅为其缴纳了社会保险，没有为其缴纳住房公积金，在向学校主张要求补缴住房公积金时，与学校发生纠纷。随后，贾某向北京市某区劳动人事争议仲裁委员会申请仲裁，要求北京某教育培训学校赔偿其住房公积金损失13400元。该委以贾某的请求事项不属于劳动争议受理范围为由，决定不予受理。贾某不服，提起诉讼，要求判决如其诉请。

一审法院经审理认为，《住房公积金管理条例》第37条规定："违反本条例的规定，单位不办理住房公积金缴存登记或者不为本单位职工办理住房公积金账户设立手续的，由住房公积金管理中心责令限期办理；逾期不办理的，处1万元以上5万元以下的罚款。"第38条规定："违反本条例的规定，单位逾期不缴或者少缴住房公积金的，由住房公积金管理中心责令限期缴存；逾期仍不缴存的，可以申请人民法院强制执行。"劳动者与用人单位因住房公积金发生争议，应由住房公积金管理中心负责催缴，不属于劳动争议仲裁的受理范围。

一审法院裁定驳回贾某的起诉。贾某不服，又上诉至二审法院。

二审法院经审理认为，住房公积金制度是我国住房制度改革，实行住房分配货币化的一项重要制度。根据国务院《住房公积金管理条例》的相关规定，劳动者与用人单位因住房公积金发生的争议，应当由住房公积金管理中心负责处理。因此，劳动者与用人单位因住房公积金发生的争议，不属于劳动争议。贾某关于要求北京某教育培训学校赔偿住房公积金损失的诉请不属于人民法院劳动争议受案范围，一审法院裁定驳回关于住房公积金的起诉并无不当，予以维持。

实操技巧

公民、法人的合法权益受法律保护。在司法实践中，当用人单位未依法为劳动者缴纳住房公积金，造成劳动者无法享受住房公积金等待遇的，劳动者是否可以通过诉讼的方式来维护自身的合法权益呢？笔者结合实际情况及法律规定，作如下解析：

一、劳动者与用人单位因住房公积金产生的争议不属于人民法院的受案范围

在司法实践中，劳动者往往认为因住房公积金与用人单位发生纠纷的，也属于劳动争议案件的范畴，也可以通过仲裁、诉讼的形式解决。其实，这是一种误解，并不是所有劳动者与用人单位之间发生的纠纷均属于劳动争议。《劳动争议调解仲裁法》第2条规定："中华人民共和国境内的用人单位与劳动者发生的下列劳动争议，适用本法：（一）因确认劳动关系发生的争议；（二）因订立、履行、变更、解除和终止劳动合同发生的争议；（三）因除名、辞退和辞职、离职发生的争议；（四）因工作时间、休息休假、社会保险、福利、培训以及劳动保护发生的争议；（五）因劳动报酬、工伤医疗费、经济补偿或者赔偿金等发生的争议；（六）法律、法规规定的其他劳动争议。"由此可见，劳动者因住房公积金与用人单位产生的纠纷，并不属于劳动争议的范围。究其原因在于：

住房公积金制度是我国住房制度改革、实行住房分配货币化的一项重要制度。对此，《国务院关于进一步深化城镇住房制度改革加快住房建设的通知》规定了“房委会决策，中心运作，银行专户，财政监督”的住房公积金管理原则，以及由国务院责成建设部会同监察部等有关部门监督检查贯彻执行情况的制度。《住房公积金管理条例》第37条规定：“违反本条例的规定，单位不办理住房公积金缴存登记或者不为本单位职工办理住房公积金账户设立手续的，由住房公积金管理中心责令限期办理；逾期不办理的，处1万元以上5万元以下的罚款。”第38条规定：“违反本条例的规定，单位逾期不缴或者少缴住房公积金的，由住房公积金管理中心责令限期缴存；逾期仍不缴存的，可以申请人民法院强制执行。”由此可见，劳动者与用人单位因住房公积金发生的争议，应当由住房公积金管理中心负责处理，征缴住房公积金属于住房公积金管理部门的职责。因欠缴住房公积金发生的争议，是国家住房公积金管理部门与缴费义务主体之间的行政关系，并且《住房公积金管理条例》也没有规定劳动者可以将要求用人单位补缴住房公积金作为一项民事权利或劳动争议内容向人民法院提起民事诉讼。

尽管《最高人民法院关于审理劳动争议案件适用法律若干问题的解释（二）》第7条列举了不属于劳动争议的6种情况，其中第2项规定劳动者与用人单位因住房制度改革产生的公有住房转让纠纷不属于劳动争议，但并未明确除此之外的劳动争议均属于人民法院审理民事案件的范围。同时，《民事案件案由规定》第六部分“劳动争议”案由所列举的“劳动合同纠纷”“社会保险纠纷”“福利待遇纠纷”三大类案由中，其子案由也未列明住房公积金纠纷。另外，住房公积金纠纷亦不属于劳动争议案由中所包含福利待遇纠纷的内容，不属于福利待遇。因此，劳动者与用人单位因住房公积金发生的争议，不属于劳动争议案件的受案范围。

二、劳动者与用人单位因住房公积金产生争议的，可以向行政部门投诉

根据《住房公积金管理条例》第38条的规定，违反本条例的规定，单位逾期不缴或者少缴住房公积金的，由住房公积金管理中心责令限期缴存；逾期仍不缴存的，可以申请人民法院强制执行。由此可知，劳动者与用人单位因住房公积金发生的争议，应当由住房公积金管理中心负责处理，征缴或补缴住房公积金属于住房公积金管理部门的职责。缴存住房公积金同社会保险一样，都具有强制的法律约束力。不论用人单位与职工对缴存住房公积金约定与否，均不能免除用人单位按规定方式和金额为职工缴存住房公积金的法定义务。当劳动者的住房公积金权益受到侵害时，应当去住房公积金管理中心进行投诉举报，要求用人单位补缴。

若因某种原因导致住房公积金出现漏缴或者断缴的情况，就要及时补上。住房公积金补缴的流程如下：

1. 正常缴存单位为职工补缴住房公积金不超过12个月（含12个月）的，需要到单位住房公积金账户所在地的银行住房公积金业务网点办理补缴。单位经办人员携带材料赴单位开户银行住房公积金业务网点专柜进行补缴审核；开户银行公积金承办人员当场审核，通过后，收取资料，即补缴完成。

2. 正常缴存单位为职工补缴住房公积金超过12个月的，则要先去单位住房公积金账户所在地的公积金管理中心业务网点，然后再到单位住房公积金账户所在地的银行住房公积金业务网点。单位经办人员携带材料赴单位开户公积金管理中心业务网点进行补缴审核。区县管理部承办人员当场审核，通过后，收取部分资料。经办人员携带公积金中心审核后返还的资料到开户银行住房公积金业务网点专柜办理补缴手续，开户银行住房公积金业务网点承办人员审核通过，即补缴成功。

三、用人单位对住房公积金管理部门的具体行政行为不服的可以起诉

在司法实践中，用人单位未能及时为劳动者缴纳住房公积金的，劳动者可依据《住房公积金管理条例》的规定向行政管理部门进行投诉，行政管理部门受理后，将会向用人单位寄发《责令改正违法行为通知书》，要求用人单位限期提供相关资料办理住房公积金的补缴手续。此时，用人单位就应当及时准备相关的材料，如工资明细、营业执照等，到住房公积金管理中心进行陈述和申辩。如果用人单位在收到住房公积金管理中心下发的通知后，在法定时间内未进行陈述和申辩，也未办理住房公积金补缴手续的，住房公积金管理中心将下发《责令限期缴存通知书》。如果用人单位对该通知内容不服的，可以申请行政复议，或依据《行政诉讼法》的规定，向人民法院提起行政诉讼。

风险提示

1. 用人单位应当及时为劳动者缴存住房公积金，如怠于履行缴存义务，住房公积金管理中心将责令限期办理；逾期不办理的，处1万元以上5万元以下的罚款。若用人单位逾期不缴或者少缴住房公积金的，由住房公积金管理中心责令限期缴存；逾期仍不缴存的，住房公积金管理中心可以申请人民法院强制执行。

2. 对违反公积金缴纳规定的行为，公积金中心要将有关单位或者个人的违规信息录入住房公积金监管档案或者系统，将其作为重点督查对象，并可以将有关单位或者个人的信息纳入企业或者个人信用征信系统。

3. 职工住房公积金账户存款利率将统一按一年期定期存款基准利率1.50%执行。

第七节　企业年金与补充医疗

第118讲：为劳动者缴纳企业年金与补充医疗是用人单位的义务吗？

案例聚焦

曹某于2008年6月3日起就职于某银行，双方先后签订4次劳动合同，其中2012年双方签订了无固定期限劳动合同。2014年9月18日，双方将劳动合同改为3年期合同。2014年3月31日，某银行首届六次职工代表大会决议通过了《某银行企业年金方案（修订）》。2014年4月1日，某银行将《某银行企业年金方案（修订）》报送某市人社局备案。

2018年5月14日，某市人社局向某银行出具《关于某银行企业年金修订方案备案的复函》，载明“你们报送的《某银行企业年金方案（修订）》（2014年3月31日某银行股份有限公司首届六次职工代表大会通过）收悉。经研究，该方案符合原《企业年金试行办法》规定要求，同意你公司从2014年颁布之日起执行上述方案，上述方案与2018年2月1日起施行的《企业年金办法》规定不一致的，应当在《企业年金办法》施行之日起1年内变更……”《某银行企业年金方案（修订）》第17条规定，“职工因各种原因与本行终止或解除劳动合同的，本行有权收回企业缴费计入个人账户的年金及其收益”。

在劳动合同履行期间，曹某企业年金账户余额为67684.20元，其中个人缴费部分为6803.22元，单位缴费部分为60880.98元。2017年银行通知曹某劳动合同到期后不再续签，双方于2017年9月17日签订了终止劳动合同协议书，终止了双方之间的劳动关系，协议约定支付曹某经济补偿金140000元。

2017年11月1日，曹某在某银行员工经济补偿金明细表上签字，确认收到给付的140000元，同时确认“本人曹某系某银行员工，经双方协商一致，劳动合同于2017年9月17日到期终止，某银行与我终止劳动合同，某银行为我支付经济补偿金：今收到某银行给予本人经济补偿金壹拾肆万元整，本人认可接收，今后再无劳动争议，一切事宜均与某银行无关”。双方劳动合同终止后，某银行将曹某企业年金单位缴费部分收回归属于企业账户名下。

曹某认为，因公司非法终止劳动合同，致使自己无法在公司退休，责任在于公司，公司将企业缴纳部分年金收回的做法显失公平，故向某劳动人事争议仲裁委员会申请劳动仲裁，该仲裁委员会于2018年4月3日作出不予受理案件通知书，后曹某起诉至法院。

一审法院经审理认为，企业年金方案应当报送所在地区县以上人民政府劳动保障行政部门，劳动保障行政部门自收到企业年金方案之日起15日内未提出异议的，企业年金方案即行生效。2014年3月31日，某银行股份有限公司首届六次职工代表大会决议通过了《某银行企业年金方案（修订）》，并于2014年4月1日报送某市人社局备案，该年金方案即已发生法律效力。该企业年金方案规定，“职工因各种原因与本行终止或解除劳动合同的，本行有权收回企业缴费计入个人账户的年金及其收益”。某银行在与曹某终止劳动合同后收回企业缴费计入曹某个人账户的年金及收益部分，符合该年金方案的规定，并无违反法律之处。

曹某在终止劳动合同后，接受140000元经济补偿金，并确认双方“今后再无劳动争议，一切事宜均与某银行无关”。故曹某要求将某银行单位缴纳部分共计60880.98元，归属于曹某所有，于法无据且有悖诚实信用原则，不予支持。曹某主张所依据的《企业年金办法》自2018年2月1日起施行，而双方于2017年9月17日终止劳动合同，故《企业年金办法》中关于年金企业缴纳部分完全归属于职工的年限不超过8年的规定，并不适用于本案。

某银行同意将企业年金个人缴费部分共计6803.22元归属于曹某，符合法律规定，予以照准。故法院依法判决：企业年金个人缴费部分6803.22元归曹某所有，驳回曹某的其他诉讼请求。

实操技巧

企业年金与社会保险、住房公积金的性质不同，企业年金并不属于用人单位的法定缴纳义务。但是，依据现行相关法律的规定，一旦企业给劳动者缴纳企业年金，就应当遵守双方之间的约定。另外，补充医疗保险也属于用人单位为劳动者提供的福利待遇。笔者结合司法实践中的相关问题，作如下剖析，以供参考。

一、企业年金的性质

企业年金，是指企业及其职工在依法参加基本养老保险的基础上，自主建立的补充养老保险制度。企业年金是在基本养老保险基础上由企业建立的，旨在为员工提供一定退休收入的保障计划，企业年金即企业出于社会责任所提供的“递延工资”，以提供员工退休后的生活费用，其法律性质应当属于福利。企业年金不仅是劳动者退休生活保障的重要补充形式，也是企业调动职工积极性，吸引高素质人才，稳定职工队伍，增强企业竞争力和凝聚力的重要手段。

二、关于企业年金的法律规定

（一）企业年金的缴纳比例

根据规定，用人单位缴纳企业年金的前提是，用人单位依法参加基本养老保险并履行缴费义务，且具有相应的经济负担能力。根据《企业年金办法》第 3 条的规定，企业年金所需费用由企业和职工个人共同缴纳。企业年金基金实行完全积累，为每个参加企业年金的职工建立个人账户，按照国家有关规定投资运营。企业年金基金投资运营收益并入企业年金基金。第 4 条规定，企业年金有关税收和财务管理，按照国家有关规定执行。

同时，根据《企业年金办法》第 15 条的规定，企业缴费每年不超过本企业职工工资总额的 8%。企业和职工个人缴费合计不超过本企业职工工资总额的 12%。具体所需费用，由企业和职工一方协商确定。职工个人缴费由企业从职工个人工资中代扣代缴。

（二）企业年金方案的制定

根据《企业年金办法》第 7 条的规定，建立企业年金，企业应当与职工一方通过集体协商确定，并制定企业年金方案。企业年金方案应当提交职工代表大会或者全体职工讨论通过。第 8 条规定，企业年金方案应当包括以下内容：（1）参加人员；（2）资金筹集与分配的比例和办法；（3）账户管理；（4）权益归属；（5）基金管理；（6）待遇计发和支付方式；（7）方案的变更和终止；（8）组织管理和监督方式；（9）双方约定的其他事项。用人单位应当注意，企业年金方案对处于试用期的劳动者不适用，待劳动者试用期转正后方可签订并适用企业年金方案。

（三）企业年金方案需履行备案程序

根据《企业年金办法》第 9 条的规定，用人单位通过民主程序制定企业年金方案后，应当将企业年金方案报送所在地县级以上人民政府人力资源社会保障行政部门备案；对于中央所属企业的企业年金方案，需报送人力资源社会保障部备案；跨省企业的企业年金方案报送其总部所在地省级人民政府人力资源社会保障行政部门备案；省内跨地区企业的企业年金方案报送其总部所在地设区的市级以上人民政府人力资源社会保障行政部门备案。人力资源社会保障行政部门自收到企业年金方案文本之日起15日内未提出异议的，企业年金方案即行生效。也就是说，用人单位在企业内部实施企业年金计划的，只需要将企业年金方案报送劳动行政部门印可，无需征得审批同意。

用人单位与劳动者根据本单位的情况，按照国家政策规定，经双方协商一致，可以变更企业年金方案，但变更后的企业年金方案应当经职工代表大会或者全体职工讨论通过，并重新报送人力资源社会保障行政部门进行备案。

（四）建立受托人机制

根据《企业年金办法》第5条的规定，企业和职工建立企业年金，应当确定企业年金受托人，由企业代表委托人与受托人签订受托管理合同。受托人可以是符合国家规定的法人受托机构，也可以是企业按照国家有关规定成立的企业年金理事会。受托人是企业年金的保管机构，在司法实践中，一般是委托保险公司、银行等第三方金融机构进行托管。

（五）企业年金方案的终止

根据《企业年金办法》第12条的规定，有下列情形之一的，企业年金方案终止：（1）企业因依法解散、被依法撤销或者被依法宣告破产等原因，致使企业年金方案无法履行的；（2）因不可抗力等原因致使企业年金方案无法履行的；（3）企业年金方案约定的其他终止条件出现的。

另外，为了防止员工中途离职或其他原因导致企业年金无法发挥其用途，用人单位与劳动者可以在劳动合同或企业年金方案中约定，若劳动者因各种原因与用人单位终止或解除劳动合同的，用人单位有权收回企业缴费计入个人账户的年金及其收益。

企业应当在企业年金方案变更或者终止后10日内报告人力资源社会保障行政部门，并通知受托人。企业应当在企业年金方案终止后，按国家有关规定对企业年金基金进行清算，并按照《企业年金办法》第四章相关规定处理。

（六）企业年金待遇

根据《企业年金办法》第24条的规定，符合下列条件之一的，可以领取企业年金：（1）职工在达到国家规定的退休年龄或者完全丧失劳动能力时，可以从本人企业年金个人账户中按月、分次或者一次性领取企业年金，也可以将本人企业年金个人账户资金全部或者部分购买商业养老保险产品，依据保险合同领取待遇并享受相应的继承权；(2) 出国（境）定居人员的企业年金个人账户资金，可以根据本人要求一次性支付给本人；(3) 职工或者退休人员死亡后，其企业年金个人账户余额可以继承。但是，对于劳动者未达到上述企业年金领取条件之一的，不得从企业年金个人账户中提前提取资金。

（七）企业年金归属于劳动者个人的情形及法律风险

根据《企业年金办法》的规定，职工企业年金个人账户中的个人缴费及其投资收益始终归属于职工个人。职工企业年金个人账户中企业缴费及其投资收益，企业可以与职工一方约定始终归属于职工个人，也可以约定随着职工在本企业工作年限的增加逐步归属于职工个人，完全归属于职工个人的期限最长不超过 8 年。也就是说，如果在用人单位实施企业年金方案后，劳动者在用人单位的工作年限在 8 年以上的，企业年金个人账户中企业缴费部分及个人缴费部分均属于劳动者个人所有。

另外，用人单位还应当注意，有下列情形之一的，职工企业年金个人账户中企业缴费及其投资收益完全归属于职工个人：(1) 职工达到法定退休年龄、完全丧失劳动能力或者死亡的。这个比较容易理解，无需赘言。(2) 若用人单位存在依法解散、被依法撤销或者被依法宣告破产等原因，致使企业年金方案无法履行，因不可抗力等原因致使企业年金方案无法履行以及企业年金方案约定的其他终止条件出现的情形，无论劳动者工作年限为多久，企业年金个人账户中企业缴费及其投资收益将完全归属于劳动者个人所有。(3) 非因职工过错企业解除劳动合同的，或者因企业违反法律规定职工解除劳动合同的。如果用人单位是依据《劳动合同法》第 36 条、第 40 条、第 41 条与劳动者解除劳动合同，或者劳动者依据《劳动合同法》第 38 条提出解除劳动合同的，企业年金个人账户中企业缴费及其投资收益均归属于劳动者个人所有。(4) 劳动合同期满，由于企业原因不再续订劳动合同的。如果用人单位因劳动合同到期不续签的，企业年金个人账户中的企业缴费及其投资收益将归属于劳动者个人所有。所以，建议用人单位在与劳动者约定企业年金时，注意劳动者的劳动合同期限。

（八）企业年金方案约定的其他情形

通过上述规定可知，用人单位实施企业年金虽然可以达到激励劳动者的工作积极性、留住人才的目的，但也存在一定的法律风险，特别是在劳动合同解除的时候。当劳动者因个人原因提出解除劳动合同或者因劳动者存在严重违纪被用人单位解除劳动合同时，则劳动者不能享有企业年金个人账户中企业缴费及其投资收益。

三、缴纳企业年金不是用人单位的法定义务

通过上述分析可知，企业年金属于养老保险的补充形式，是劳动者退休之后的一种养老金，可以将其理解为用人单位向劳动者支付的一种福利，待将来某种条件成就时可以获得的货币价值。对于用人单位而言，可以根据企业的实际经营情况来决定是否实施企业年金方案，并不是必须要实施企业年金方案。故缴纳企业年金不是用人单位的法定义务。

四、补充医疗保险的性质及运用

所谓补充医疗保险是相对于基本医疗保险而言的，包括企业补充医疗保险、商业医疗保险、社会互助和社区医疗保险等多种形式，是基本医疗保险的有力补充，也是多层次医疗保障体系的重要组成部分。补充医疗保险与基本医疗保险不同，补充医疗保险不是通过国家立法强制实施的，而是由用人单位和个人自愿参加，是在单位和职工参加统一的基本医疗保险后，由单位或个人根据需求，适当增加医疗保险项目，来提高保险保障水平的一种补充性保险。基本医疗保险与补充医疗保险不是相互矛盾，而是互为补充，不可替代，其目的都是给职工提供医疗保障。

在实际生活中，国家鼓励用人单位为劳动者购买的补充医疗保险，一般都是第三方机构经营的商业保险，具有营利性的医疗保障。用人单位为劳动者按一定数额交纳保险金，遇到重大疾病时，劳动者可以从保险公司获得一定数额的医疗费用，这也是区别于基本医疗保险的显著特征。由于补充医疗保险具有商业性质，其类型主要分为：

1. 普通医疗保险。该险种是医疗保险中保险责任最广泛的一种，负责被保险人因疾病和意外伤害支出的门诊医疗费和住院医疗费。普通医疗保险一般采用团体方式承保，或者作为个人长期寿险的附加责任承保，一般采用补偿方式给付医疗保险金，并规定每次最高限额。

2. 意外伤害医疗保险。该险种负责被保险人因遭受意外伤害支出的医疗费，作为意外伤害保险的附加责任。保险金额可以与基本险相同，也可以另外约定。一般采用补偿方式给付医疗保险金，不但要规定保险金额即给付限额，还要规定治疗期限。

3. 住院医疗保险。该险种负责被保险人因疾病或意外伤害需要住院治疗时支出的医疗费，不负责被保险人的门诊医疗费，既可以采用补偿给付方式，也可以采用定额给付方式。

4. 手术医疗保险。该险种属于单项医疗保险，只负责被保险人因施行手术而

支出的医疗费，不论是门诊手术治疗还是住院手术治疗。手术医疗保险可以单独承保，也可以作为意外保险或人寿保险的附加险承保。采用补偿方式给付的手术医疗保险，只规定作为累计最高给付限额的保险金额，定额给付的手术医疗保险，保险公司只按被保险人施行手术的种类定额给付医疗保险费。

5. 特种疾病保险。该险种以被保险人患特定疾病为保险事故。当被保险人被确诊为患某种特定疾病时，保险人按约定的金额给付保险金，以满足被保险人的经济需要。一份特种疾病保险的保单可以仅承保某一种特定疾病，也可以承保若干种特定疾病；可以单独投保，也可以作为人寿保险的附加险投保，一般采用定额给付方式，保险人按照保险金额一次性给付保险金，保险责任即终止。

因此，用人单位要规避在劳动用工过程中产生的重大赔付风险，在为劳动者缴纳社会保险之外，可以根据行业的性质购买一定的补充医疗保险，以达到降低赔偿的目的。

风险提示

1. 在劳务派遣法律关系中，虽然倡导同工同酬，但由于被派遣劳动者与用工单位之间并不存在劳动关系，故在用工单位实施企业年金的情况下，被派遣劳动者一般是不享有该项福利待遇的。

2. 当用人单位实行企业年金后，如遇到经营亏损、重组并购等当期不能继续缴费的情况，经与职工一方协商，可以中止缴费。不能继续缴费的情况消失后，企业和职工恢复缴费，并可以根据本企业实际情况，按照中止缴费时的企业年金方案予以补缴。补缴的年限和金额不得超过实际中止缴费的年限和金额。

3. 用人单位不能用补充医疗保险或其他的商业保险代替缴纳社会保险，但可以在缴纳社会保险的前提下，为劳动者购买雇主责任险或其他的商业保险，但受益人最好是用人单位而不是劳动者，只有这样才能真正达到降低赔偿数额的目的。

法律依据

《企业年金办法》第3、17条

图书在版编目（CIP）数据

企业人力资源用工管理实务操作指南 / 姚均昌著 . —北京：中国法制出版社，2020. 9

ISBN 978 – 7 – 5216 – 1276 – 9

Ⅰ. ①企… Ⅱ. ①姚… Ⅲ. ①劳动法 – 中国 – 指南 Ⅳ. ①D922. 5 – 62

中国版本图书馆 CIP 数据核字（2020）第 171546 号

责任编辑　李璞娜　　封面设计　杨鑫宇

企业人力资源用工管理实务操作指南

QIYE RENLI ZIYUAN YONGGONG GUANLI SHIWU CAOZUO ZHINAN

著者/姚均昌

经销/新华书店

印刷/三河市国英印务有限公司

开本/710 毫米 × 1000 毫米　16 开　　印张/ 28　字数/ 414 千

版次/2020 年 9 月第 1 版　　2020 年 9 月第 1 次印刷

中国法制出版社出版

书号 ISBN 978 – 7 – 5216 – 1276 – 9　　定价：88. 00 元

北京西单横二条 2 号

邮政编码 100031　　传真：010 – 66031119

网址：http：//www. zgfzs. com　　**编辑部电话：010 – 66066627**

市场营销部电话：010 – 66033393　　**邮购部电话：010 – 66033288**

（如有印装质量问题，请与本社印务部联系调换。电话：010 – 66032926）